傣泰民族研究文集

ANTHOLOGY OF
DAI-TAI ETHNIC GROUPS STUDIES

郑晓云 著

社会科学文献出版社
SOCIAL SCIENCES ACADEMIC PRESS (CHINA)

自　序

我从 1981 年夏天第一次接触傣族以来，至今已经有 37 个年头了。1981 年夏天，当时我还是云南大学历史系二年级的学生，趁着放暑假前往向往已久的德宏傣族景颇族自治州，在瑞丽市大等喊村的一户傣族人家住了 10 多天。这 10 多天由于有当时驻村工作的县委刘副书记的帮助，同时我的户主老杨大哥也是外地上门来的汉族人，他们给我提供了诸多便利，我对傣族的社会文化初步进行了一些调研。在过去的几十年里，只要我到德宏都要到老杨大哥家去看一看。1983 年 7 月大学毕业以后我进入云南省社会科学院工作，当年 10 月随即前往西双版纳基诺山区进行调查研究，并且持续了多年。由于基诺山周边都是傣族居住区，我随后不久就开始了和当地傣族的接触，并对傣族文化产生了浓厚的兴趣，与傣族结下了一生的不解之缘，数十年来对傣族的调查研究一年都没有中断过。1986 年我跟随云南省社会科学院学术代表团前往泰国西北大学进行了 45 天的访问，这次访问是我对傣族的研究跨出国境的开端。在随后的研究过程中，我曾 50 次前往泰国、越南、老挝、缅甸泰人地区进行实地调查研究。更为难得的是，2017 年有机会前往美国丹佛市实地调查美国傣泐人的状况。通过这些调查研究，我掌握了大量第一手鲜活资料，了解了很多过去不为国人所知的社会文化现象，由此也奠定了我对周边与中国傣族有历史渊源关系的泰人研究基础。今天回想起来，这一生能够与傣泰民族结缘，在这个古老而伟大的文明中游历确实是幸运的。

目前呈现给读者的这本文集，汇集了我研究傣族和周边国家及与中国傣族有渊源关系的泰人的大部分论文。另外还有十几篇文章未能收入这本文集中，这一方面是受到这本文集容量的一定限制，另一方面也是由于一些早期写作的文章学术质量不高，或者重复。但是目前收录的这些文章，已经代表了我一生的研究轨迹，而编辑这个文集的过程也是一个初步总结自己对傣族研究的过程。

首先，这本文集之中收录的文章时间跨度较大，从 20 世纪 80 年代中期直至现在，跨越 30 多年。20 世纪 80 年代初期中国的学术，尤其是民族学人类学在停滞了 20 年之后处于一个恢复阶段，这个时期的研究仍然以田野调查和现象记录为主要特征。当时单位对于田野调查研究有较好的支持，因此在 20 世纪 80 年代我每年都有半年以上的时间在农村调查。这个过程于我是幸运的，由此我积累起了大量的田野调查资料，也养成了一生的田野调查习惯。时至今日我不同方面的研究工作都离不开田野的基础，包括近年来大量的海外研究工作。因此在这本文集中 2000 年以前的文章大多数是记录反映当时的傣族社会文化现象和变迁过程，2000 年以后的研究逐步地进入一些理论的范式，更深入地分析傣泰民族的历史文化、变迁过程和理论视野下的发展特征，一些研究也更趋向于学术化。

其次，基于田野的研究，也记录反映了傣族社会自 20 世纪 80 年代以来的变迁历程和特征，我相信通过这本文集对于认识了解傣族的这个变迁过程是有较大价值的，因为很多文章是对傣族社会的细腻观察和真实记录，从这个角度来看，一些早期的研究论文仍然有价值。这包括了 20 世纪 80 年代傣族地区的宗教状况、社会生活状况以及周边国家泰人的社会文化状况的调查研究。

通过这本文集，我也希望向读者展示傣泰民族在 20 世纪 80 年代以来的发展变化规律。在中国，傣族人民在 20 世纪 50 年代进入了一个和新中国一体化发展的过程，不幸的是，在 50 年代末至 70 年代末和全国其他民族一样经历了历次政治动荡所带来的冲击。从 20 世纪 80 年代初以来，党和国家的民族宗教政策得到恢复落实、传统文化得到复兴、经济获得发展、人民逐渐安居乐业，傣族社会进入了一个全新的发展时期。80 年代初，以南传上座部佛教的恢复为代表的传统文化复兴迅速展开，很多男童进入寺庙当小和尚，传统的佛事活动越来越兴盛，同时很多节日习俗都得以恢复。20 世纪 90 年代以后，这些现象在傣族地区有所变化，很多家长更愿意把孩子送进学校而不是进寺庙，以至于造成了很多傣族地区有寺无僧的现象。尽管今天这种现象仍然在延续，但是傣族民众的宗教信仰活动得以自由正常开展。此外，傣族地区产业结构的调整有了明显的成效，改变了传统的自给自足的传统经济模式，转向以市场为导向的商品经济，产业得以多元化发展，除了传统的农业作物，橡胶、甘蔗、蔬菜水果等种植业迅速发展，人民的生活获得了明显改善。在政府的帮助下，通过新农村建设等项目，傣族人民的生活条件进一步改善，一个较好的例子是今天在傣族地区基本完成了传统住房的重建过程，这是傣族人民生活明显改善的一个重要标志。傣族人民的传统文化也获得了前所未有的尊重，传统文化的传承通过不同的方式在展开着，傣族的歌舞、老傣文、传统饮食都获得了新的传承，尽管这其中由于外部环境的变化有很多方面显得困难重重，但它毕竟获得了发展。随着社会的开放，今天傣族人民的社会交往已不局限于国内，近年来和周边国家的傣泰民众也有了更多的交往，包括探亲访友、旅游、做生意、参加境外的节庆活动和宗教活动，这些交往频率都是前所未有的。近年来，政府和学术组织还举办了一系列南传上座部佛教国际论坛和交流活动，举办了一系列和周边国家的文化交流和经贸活动，包括湄公河六国艺术节等。

傣族人民生活的变化，人民的安居乐业对于这样一个跨越边境居住的民族来说具有十分特殊的意义，这不仅是傣族人民的生存状态，同时也是国家边疆和谐稳定的重要基础。我们可以客观地说，在 20 世纪 60 年代以及 70 年代政治动乱的时期，傣族人民的国家认同发生了较大的变化，人心向外，社会不安，甚至有不少人逃到国外。是改革开放以后国家以及傣族地区的发展变化给傣族人民的生活带来了明显的变化，使傣族人民人心安定，国家认同感增强，从而也巩固了边疆的稳定。

与此同时，傣族研究也是一个思想和社会开放的过程。过去由于极"左"思想的影响，学界不愿意承认中国的傣族与周边国家有历史和民族渊源关系的泰人是同一个民族，对于中国的傣族和周边泰人族群的历史关系曾有过激烈的交锋，甚至是国际层面上的争辩。这种现象直至 20 世纪 90 年代末期才得以逐渐改变，我们才正视中国傣族和周边同源的族群为同一个民族。我们对待一些历史问题的探讨和看法也趋于客观，尽管目前仍然有一些待解的历史问题，但是毕竟学术研究的禁区已经越来越小，这有助于学术研究的开展。由于有了这样的变化，对于傣族的研究打开了一个新的局面，我们不仅研究傣族，同时也把傣族和周边国家傣泰族群联系起来共同研究，探讨它们的历史渊源关系和文化多样性，这样不仅揭开了更多的傣泰民族的历史和文化谜底，也探讨他们的合作和交流现状，思考如何利用历史和民族渊源关系去构建民心相通的和谐周边，贡献于区域的和平发展。这些方面都是我近年来所重点探讨的问题。我坚信这不仅仅有助于我们了解周边国家的人文状况，同时也是学术研究的一种重要的拓展。近年来，在这个领域内老中青几代学者的共同努力下，我们对傣泰民族的历史和文化都有了更多的了解，在推动学术研究发展的同时对中国和谐周边构建也起到了积极的作用。在学术研究的同时，我也积极推动了学者之间的交流合作，主要的活动包括操办 2001 年的"新平花腰傣国际会议"和 2004 年的"傣族文化研究国际会议"，以及对诸多的中国和周边国家机构和傣族学者之间学术交流活动的组织和推动。这些活动促进了中国和周边国家相关学者的研究合作和相互间的了解认识。

也正是基于这样的学术背景，我本人首先提出的"傣泰民族"及"傣泰民族文化圈"的概念获得了学术界越来越多的认可。这些学术概念作为学术名词可以科学地定义研究的对象，同时也有助于我们思考这些概念后面的内涵，作为一种分析问题的理论工具。与此同时，我本人过去几十年对傣泰民族的研究也受到了学术界的认可，很多研究成果发表在国内著名的学术刊物上，包括《中国社会科学》、《社会学研究》、《中国社会科学季刊》（香港）以及海外的一些学术刊物。一些观点受到了泰国学者和主流媒体的关注。我也希望更多的学者能够加入这个领域的研究中，共同深化对傣泰民族的研究，因为在目前这个领域的研究后继乏人的现象仍然是值得忧虑的。

傣泰民族是一个爱好和平的民族，也是一个文化底蕴十分丰厚的民族，傣泰民族的研究不仅有十分广阔的发展空间，有诸多的科学话题，同时傣泰民族的研究对于构筑中国的和平周边也有十分重要的意义。总而言之，我经常说我本人仍然是过渡性的一代学者，学术生涯起始于国家学术研究恢复的时期，但是也在这个过程中为推动学术发展做了力所能及的努力，为未来的研究奠定了一定的基础。正如这本文集的文章所反映的时间跨度和学术研究范式变化一样，仅仅是一个过程。由于上面说到的宏观和个人的历史原因，这本文集中有很多研究肯定存在局限性和不足，但是这本文集的出版如果能对傣泰民族的社会文化变迁过程起到一些记录的作用，对于进一步的学术研究有参考价值，那就是我最大的欣慰了。

郑晓云

2018 年 11 月

目 录
Contents

1

下编　傣泰民族历史与社会文化研究

上　编

中国傣族研究

社会资本与当代边疆农村社会的发展[*]

——西双版纳曼飞龙傣族村的实证研究

在中国农村,自 20 世纪 80 年代以来社会各个方面都发生了巨大的变化。"文革"的结束,以家庭联产承包责任制为中心的农村经济体制改革结束了人民公社的集体体制,开始了以家庭为生产单位的一个新的时期,并极大地调动了广大农民的生产积极性,在短短数年内就引发了从内地到边疆经济与社会领域内广泛而深刻的变革。① 然而也就是从这一时期开始,中国农村社会进入了一个大的裂变时期,在早期这种裂变主要表现为农村组织状态的松弛,原有的管理体制随之而弱化,甚至很多地方在集体化时期建立起来的技术推广、基层医疗卫生网络等都随之解体。随着时代的发展,农村的变迁受到的不仅仅是政策的影响,还有来自社会开放,从计划经济到市场经济的经济体制转型,以电视、电话为主体的传媒和通信的发展,交通的改善,人口流动等方面复杂的因素的影响,从而加速了农村社会的裂变的进程。这种变化至少明显地表现在以下几个方面:一是农村管理体制的松弛。尽管在农村一直存在党政基层组织,但是由于农村已实行包产到户,农民自主经营,基层组织对于农民的生产、生活及很多集体事务的管理都已较过去弱化,在笔者到过的很多农村,自包产到户后兴修水

---

* 本文原载秦家华、周娅主编《贝叶文化论集》,云南大学出版社,2004。本次发表前进行了一些资料补充。

① 参见胡潇主编《世纪之交的乡土中国》,湖南出版社,1991;郑晓云:《农村生产责任制对西南边疆民族社会的影响》,《民族研究》1989 年第 4 期。

利、道路、学校等公共事务的组织十分困难。二是农民的人身依附关系发生了变化，集体时期尽管是一个生产效率极低的时期，但农民的生老病死还是由集体负不同程度的责任，也就是说，农民对集体事实上存在依附关系。但是自包产到户后，农民对于集体的依附关系也就随之改变了，农民事实上在使用承包的土地的同时必须自己对自己的生计负责，生老病死、住房穿衣、子女上学全部自己出钱。三是社会传统控制机制的瓦解，在各民族的传统社会中，都存在如宗族、宗教及种种社会控制的规范，今天这些规范在渐渐解体甚至消失。在一些地区甚至由于宗族的解体而出现社会组织的"真空"，并且预示着传统农村社会的毁灭。① 事实上传统社会控制方式与规范的解体所带来的后果是十分复杂的并且是十分严重的，一些典型的后果是人际关系的疏远、社会失信现象的增多、道德失落、对弱者的无助、种种社会治安问题突出等，这在今天中国各地的农村比较普遍。

在社会的大分化过程中，今天的农村面临着一系列新的问题，尤其是在边疆不发达农村。例如，如何提高农村生产力、进一步适应市场经济发展的问题。在走过了40年以家庭经营为主导的历程后，家庭经营的能量已得到了充分的释放，同时家庭经营造成的农村社会组织的松散及对生产力提高的消极影响也日益突出，社会缺少合作对生产发展的制约越来越大。又如由于社会保障制度没有发展到农村，农民的生存安全问题仍然没有解决，生老病死缺乏社会的保障。再如传统社会的瓦解造成了社会秩序的松弛及道德的危机，如何建立农村新型的社会与道德秩序也是一个紧迫的问题。从上面这些简单的分析中可以看出，今天的中国农民事实上处于"自我生存"的状态，从国家承包到土地，在上缴土地承包金及各种税收后，

---

① 世界银行官方网站对"社会资本"的一个简明的解释是"社会资本被称作是一个社会中形成这一社会相互作用的品质与数量的各种制度、关系、规范等。越来越多的证据显示社会凝聚力对于一个社会的经济繁荣与可持续发展至关重要。社会资本不仅是支撑一个社会的各种制度的堆积，同时也是将之聚合在一起的黏合剂"，"从一个狭隘的角度看，它是人们之间的已存在的横向联系，包括那些对社会生产力和社会幸福产生了作用的社会网络与社会规范，这种社会网络能降低工作的成本而提升生产力。社会资本促进（人们之间的）和谐与合作。"（"What is Social Capital?"）被称为当代社会资本理论之父的帕特南将社会资本定义为"可以被视为社会组织的种种特征，诸如信任、规范、网络，它可以通过促进行为的协调而提高社会效率"（参见〔英〕罗伯特·D. 帕特南《使民主运转起来》，王列、赖海容译，江西人民出版社，2001，第195页。）

便自行安排生计，而不能得到国家对一个公民应有的生计的制度性保障，也就是说，中国农民并没有享受到完全的公民权利。

在农村社会的分化过程中，不可否认，国家也在积极进行各种制度的建设，如加强农村精神文明建设、在农村建立新农保体系等，但与此同时是否还有其他的途径与方式解决在国家制度不健全的状态下农民的生存安全问题，促进农民的合作以提高农村生产力，促进农村社会的稳定呢？尤其是由于广大少数民族地区制度建设与经济发展水平的不平衡，大多数少数民族地区发展落后、各种基础设施及社会保障等现代建设投入有限，通过各民族自身的机制与努力来营造一个和睦、合作、稳定、安全的社会显得尤为重要。笔者认为，解决今天农村中存在的种种社会问题完全依靠政府并不现实，而农民对社会生活的重新参与才是关键，农村社会资本的建设就是其中一个关键的因素，它仍然是各民族社会在当代发展中不可或缺的要素。① 本文将通过云南省西双版纳傣族自治州景洪市大勐龙镇曼飞龙傣族村的实例来考察产生于各民族传统社会中的社会资本在今天的命运，以及如何影响到当代的发展。

一　社会资本流失与社会的裂变

1982 年，笔者第一次来到云南省西双版纳进行民族调查。在此之前，傣乡美丽的景色、神秘的风情、淳朴的民风、热情友善的民众早已有所耳闻，在脑海中有了一个先入为主的深刻的印象。当笔者深入西双版纳的村村寨寨时，心灵确实为之震撼，所经历的及所感受到的与先前的印象不仅十分吻合，更有甚之，这是一块净土！在随后的 30 余年中，笔者每年都要到西双版纳进行田野研究，有时一次就要在村子中居住半年。在这个过程中，笔者经历了农村经济体制改革、社会开放及交通、通信等的发展等重大的变革给当地少数民族所带来的变化。客观而言，自 20 世纪 80 年代初在边疆少数民族地区重新落实党的民族宗教政策、推行以农村生产责任制

---

① 参见王朔柏、陈意新《从血缘到公民化：共和国时代安徽农村宗族变迁研究》，《中国社会科学》2004 年第 1 期。

为核心的经济体制改革30余年来，边疆少数民族社会、经济等都发生了巨大的变化，人民的生活有了前所未有的改善。但与此同时，社会的变革中也出现了很多值得关注、与传统不相符的现象，如社会失信、拜金思想盛行、传统规范丧失，甚至道德沦丧，偷盗、强奸、吸毒等恶性事件也频频出现在少数民族社会中，这些事例很多是其历史上极为罕见的。随着经济社会的发展，少数民族社会的稳定与和睦、人们的社会生存保障乃至于幸福与快乐的感受都面临越来越突出的问题。总之，今天的少数民族社会一方面有了明显的进步，但另一方面也让人感到与过去有了很多令人忧虑的不同，这一切表明，当地社会已经处于一个大的裂变时期。

为了深入考察边疆少数民族社会的变化，笔者选择了曼飞龙村作为实证研究的对象。选择一个村子的目的是从一个中观的角度来考察少数民族社会中的社会资本，因为村社是少数民族社会的最基层社会组织，尤其是自然村，它的形成往往脱胎于氏族社会，有其独特的社会网络关系，我们称之为村社。今天在广大的少数民族农村中，人们的政治、经济与社会活动还很难超越村社这一层面，因此对村社的中观研究有利于从根本上揭示社会资本的意义。另外，村社作为一个社会的缩影，折射着一个社会的方方面面，而相对集中则有利于全面获得资料，从多方面进行分析，使研究深入可靠，准确地反映出一个社会的现实。

选择西双版纳曼飞龙村的原因有以下几个方面。一是此村距离县级市——景洪城有一定的距离，处于城市与边远的农村之间，民族文化保存得仍然较完整，但又处于民族文化与外来文化的交融过程中。二是此村在当地傣族社会中较有代表性。在过去，此村在整个傣族社会中的地位处于中等，而近年来由于村中拥有曼飞龙佛塔而远近闻名，形成了较大的无形资产，有利于观察正在较快发生着变迁的少数民族社会中社会资本的现实与重构。三是此村为笔者长期进行民族学田野研究的基地，至今已每年不间断地进行了30余年的田野观察，有较好的研究基础及一批基础的研究成果。①

首先让我们来考察曼飞龙村的基本特点及其在当代的发展变化。曼

---

① 参见郑晓云《当代西双版纳傣族社会文化变迁研究》，《社会学研究》1991年第1期；郑晓云：《社会变迁中的傣族文化——西双版纳曼飞龙村的人类学研究》，《中国社会科学》1997年第5期。

飞龙村位于西双版纳州府景洪县南 65 公里处，行政上隶属大减龙镇曼龙扣行政村公所。全村 2018 年有农户 164 户，有乡村人口 792 人。曼飞龙村地处勐龙坝子的南部，整个村子建在山脚下，面对勐龙坝，背山面坝，是傣族建寨最理想的地理格局。村前水田平整开阔，河流穿流其间，村后山脉相连，森林茂盛，在当地傣族人的心目中，这里是一块福地。该村有接触外部文化的便利条件。由西双版纳州首府景洪县城至中缅边境的公路从村前经过，交通便利；这里有被称为西双版纳的象征的白笋塔，是著名的旅游景点，国内外的游客常来这里，给村子带来了很多与外部交往的机会。

曼飞龙村傣族人信仰南传上座部佛教，在村口有村子的佛寺，远近闻名的曼飞龙白笋塔就坐落在村后的山顶上。白笋塔建于 1204 年，所以该村建寨不晚于 1204 年。白笋塔是国内外著名的宗教活动圣地，加之白笋塔又被国务院定为国家重点文物保护单位，以白笋塔为重要象征符号的南传上座部佛教传统在村中备受关注，该村有丰厚的宗教文化传统。

曼飞龙村在当地有一定的声望。新中国成立之前，傣族村寨分为不同的等级，单就农民聚居的村寨而言，依次为"傣勐"，意为土著、本地人；"领因"，意为迁来者；"宏海"，意为杂居者（其成员包括被各寨赶出的"琵琶鬼"及麻风病人）。曼飞龙村属"傣勐"等级。

水稻种植是曼飞龙村的主要产业，目前全村共有水田 663 亩。由于人口增多，耕地已显得紧张，人均有水田 8 分左右，全村目前有 55 人没有自己的人头田。橡胶种植是主要的副业，目前全村共有橡胶 2000 余亩。种植橡胶树的收入目前是曼飞龙村民最重要的现金收入来源。每一百株开割的橡胶树一年能有七八千元的纯收入，有的家庭拥有四五百株，其收入就相当可观。2016 年全村人均收入有 11218 元。由于经济的发展，村民们的生活有了较大的改善，大多数家庭修建了新的住房。目前曼飞龙村有电话 120 余台，每家每户都有电视机，还有 60 部摩托车。交通、通信、传媒等的改善，不仅提高了人们的生活品质，更具有影响力的是使人们的生活空间扩大了，同时使人们接受外部信息的频率空前提高，这对于促进傣族社会当代的变迁产生着深远的影响。

曼飞龙村中有一所村办小学，建在村佛寺后，为砖混结构平房，在村中属较好的房子。村中孩子在这里能读到四年级，五、六年级到镇完小就读。考取初中的学生要到距村不足 1 公里的景洪县第二中学继续其学业。曼飞龙村办学的历史在当地较早，从 1953 年开始这里就开办了乡中心小学，这对曼飞龙村民接受现代教育有明显的积极作用。

20 世纪 50 年代以来，傣族社会经历了民主改革并进入与全国一体化发展的进程中，经历新中国成立以来的变迁，已经发生了巨大的变化。国家推行的各种现代化建设事业已经在傣族地区有了较大的发展，电话、电视等现代信息传媒、公路、医疗、现代教育等的建设以及新闻媒体传播的发展，社会交往的扩大等都在冲击、改变着傣族社会。

在政治权力结构上，今天的村社已经是一个行政单位中的一个基层构成单位，设有基层党组织及村民委员会。但是，传统社会中的一些社会管理方式仍然在起着作用，比如说，重大事务由村民开会集体决定，村里的婚丧事务以及村里的矛盾由村里世袭的调解员进行调解等仍然保留着。

在经济方面，村民已经改变了传统的以村社为单位拥有土地，以家庭为使用单位的传统模式。在曼飞龙村，20 世纪 50 年代经历了土地改革以后，先后经历了合作社、人民公社等集体化时期的土地集中经营，到 80 年代以后土地承包到了农户，根据承包协议 30 年不变。随着家庭联产承包责任制的实施，傣族改变了传统的生产经营观念，开始了以家庭为单位的经营。在生产结构上，过去傣族仅仅种植水稻，商品经济不发达。今天商品经济已经在傣族社会中获得了较大发展，在曼飞龙村村民不仅种植水稻，同时也种植了大量的橡胶，橡胶种植已成为村民们最重要的经济来源。今天村民的经济模式已从传统的以为满足自己生活消费为主生产产品的自然经济转型为满足市场而生产的市场经济模式。

在社会交往上，过去傣族村子是非常封闭的，曼飞龙村是一个社会地位比较高的村寨，它的封闭性更强，尤其是不和其他村寨通婚，没有更多的社会交往。但是，现在村寨已经有了 50 多个与其他村寨通婚的事例，尤其是近几年来，很多女青年嫁到了曼飞龙村，甚至本村的小伙子并不愿意娶本村的女孩，而愿意娶外村的女孩。人们的社会交往也空前扩大，在每年 11 月祭祀佛塔的日子里，前来参加祭祀的人不仅仅是本地的，甚至远至其他地县和侨居泰国、老挝等国的亲戚朋友，各地对曼飞龙佛塔有敬仰的信徒们都会前来参加，近年来还增加了大批游客。人们过去世世代代务农，但是最近几年来青年人都热衷于到外面去打工，他们的足迹遍及国内的各大城市，有的女青年在外面打工已经有十几年之久，这些年来甚至还有七八个女青年远到马来西亚、泰国打工至今未归。不少女青年由于打工等原因嫁到了外地，曼飞龙的女青年嫁到北京、上海、沈阳、成都、长沙、武汉等地的至今已有9人。曼飞龙村拥有著名的白笋塔，其作为一笔不可多得的无形资产使曼飞龙村远近闻名，也使这个村子的人们有更多的机会走出村子，参加工作的人已有50余人，有不少人成为演员、政府官员、教师等。

在文化方面，历经十年"文革"的劫难之后，20世纪80年代以后，傣族的传统文化又得到了恢复。今天人们可以按照自己的愿意保持自己的文化传统，过传统的节日、穿自己的民族服装、自由地从事宗教活动。因此今天的曼飞龙村仍然是一个傣族民族文化保留较好的村子，民族的传统文化仍然是傣族文化的基础，在此基础上吸收了大量外部文化的因子，形成了以民族文化为基础且吸收了外来文化的新型文化，这是傣族文化在当代的一个明显的特征。

在傣族社会发展进步的同时，与20世纪80年代相比，曼飞龙村也出现了很多消极的变化。这些变化中最突出的特点是傣族传统社会的分化瓦解，这可以从一些有悖傣族社会传统的事例中反映出来。

1996年，曼飞龙村发生了一起集体违法砍伐村地界内的森林种植橡胶树的事件，村里砍伐了约600亩有林地种植橡胶树，受到行政部门罚款2万元的处罚。这一事件不仅是一起破坏森林的违法事件，还有着更深刻的教训，那就是人们在追求经济利益的同时置自己的甚至是子孙的生存环境于不顾。这一事件之所以具有典型性，在于近年来在橡胶种植业的发展中，已出现了很多与傣族传统规范相违背的事例。在傣族传统社会中有很多保护森林的机制与习俗，如傣族在选择地点建立村子时，背靠青山、面对平坝是一个重要的原则，村子后的山林作为具有风景、护村、水源等功能的森林是被严格保护的，不能被破坏。再如傣族还将大片的森林划为"龙山"即神山而加以保护，无人能进入其中砍伐甚至采摘野果，这样大面积的森林数百年，甚至上千年被人为保护下来。傣族对森林的保护还与这一民族对于水的崇敬有直接关系，保护森林也是保护水源。傣族民间有一个谚语说：没有森林就没有水，没有水就没有稻田，没有稻田就没有人。而这一切随着20世纪50年代以后的开发建设而发生了改变。在经历了历次土地与森林权属的变更，即从森林与土地从当地的社区、村社所有到国有、集体所有，再到划分到户管理等几次变革后，当地居民与林地的传统权属关系发生了变化，林地的属主从居民与村社转换为集体与国家，这种变化最直接的后果是居民与林地的利益关系出现了根本的分离，也导致了人们对于森林的传统观念的变化，对林地的开发成为当地居民获得经济利益的途径，谁开发谁获利，谁多砍占谁多得利。在历经了"文革"对传统的破坏、社会开放过程而带来的冲击等社会变革后，很多有关生态的传统观念与习俗也淡化或丧失。这一切导致傣族社会对于生态环境保护的社会控制机制弱化甚至丧失，也导致了对森林的破坏，不少被保护了数百年的神山甚至是护村的山林都被砍伐，或开发用于经济作物的种植。在曼飞龙村，过去曾有近万亩森林，在20世纪60年代初仍然保留较好，尤其是村子中的"龙山"在建立村寨后的数百年间无人敢在其中砍伐，是村子的生活与农田重要的水源地。但是近几十年来随着森林权属的调整及经济利益的驱使，村社对于森林的控制规范已经丧失，人们只顾眼前利益，致使森林基本被砍光。20世纪70年代国营农场建立，占用并砍伐了曼飞龙村的大量森林用于种植橡胶树。80年代以后，森林被划分为集体林与自留山，农民们在自留山中大量种植橡胶树，自留山上的森林基本被橡胶树所取代。进入90年代，在橡胶树种植所带来的丰厚收入的驱使下，人们将集体林也开垦用于橡胶树种植，甚至砍伐神山、护村林，甚至是传统的水源林等被称为"祖宗林"的林地，建村数百年都没有被砍伐一棵大树的龙山也被砍伐光用于种植橡胶树。今天在曼飞龙村地界内，已经没有了森林，山地基本已种上橡胶树。森林的破坏带来了严重的后果：曼飞龙村已出现了较为严重的缺少生活用水的现象。① 这一事例表明传统的社会规范对于人们行为的约束在曼飞龙村已经松弛。

在今天的傣族社会中，在历史上没有出现过的与道德危机相关的事例

① Zheng Xaioyun, "Water Culture as Ethnic Tradition and Sustainable Development of the Tai Peoples of China," 2ed International Conference of International Water History Association, 2001, Norway；这里需要指出的是，橡胶树林也可以视为一种森林，但它对于水土保持的功能与天然森林是完全不同的。天然森林有涵养水的功能，而橡胶树由于要产出胶水，不仅不能涵养水，相反要大量消耗水。橡胶树在种植过程中要使用化肥等，使地处山脚的村子的地下水源也受到污染。

也频繁出现在社会中。近年来，傣族青年打架、吸毒甚至偷盗、强奸、贩毒等恶性事件也在曼飞龙村出现了，用一些村中长者的话说，那就是"给曼飞龙村祖祖辈辈丢了脸!"今天的人们变得十分现实，追求物质利益的愿望十分强烈，尤其是青年一代。近年来不少青年人到外地打工，村中也不断有传闻一些女青年在做不光彩的工作，尽管如此，只要能挣到钱，家里也无奈。笔者在曼飞龙村的实地研究中，听到上了年纪的人对青年一代的普遍评价是"不懂规矩""不守规矩"。这种朴实的评价包含了深刻的意味，青年人不懂、不守的"规矩"事实上就是传统的为人们所普遍认可并且遵守的社会伦理与规范。傣族是一个信仰佛教的民族，传统社会中对于人们的伦理道德、行为规范等都有严格的限制。不守规矩就是违反了传统社会中的规范，这种事实也就是原有的社会资本在减弱。弗朗西斯·福山指出，犯罪率、家庭破裂、吸食毒品、打官司、自杀等都属于社会资本缺乏导致的社会机能失调，原因是社会资本反映了合作规范的存在，社会变异这一事实反映了社会资本的缺乏。[①]

从以上这些变化可以看出，在曼飞龙村传统的社会规范正在瓦解，这也是社会资本正在流失的表现。由于传统的社会规范瓦解，社会上出现了种种与传统社会不相同的现象，这同样表明传统社会处于前所未有的裂变之中，这种裂变最主要的特点就是对传统社会模式的破坏。今天变迁中的现实已经证实，传统社会规范的瓦解对于社会带来了十分严重的影响。因此，我们不得不正视各民族中社会资本的价值与社会资本在当代正在随着社会的变迁而流失的事实。

二 傣族的传统社会与社会资本

尽管社会资本理论之父普兰特对社会资本的考察是基于后工业化社会的，但今天学术界已公认社会资本存在于不同的社会之中，并且不同的民族中还具有不同的核心社会资本，如中国社会的核心社会资本是家庭，以

---

① 参见弗兰西斯·福山《大分裂——人类本性与社会秩序的重建》，刘榜离、王胜利译，中国社会科学出版社，2002，第25页。

家庭为核心展开种种社会网络关系。① 据此我们可以推断，中国各民族中都存在产生于其传统社会中的社会资本，我们称之为原生的社会资本，这种原生的社会资本在各民族社会中产生着广泛的影响。这一点我们可以通过对曼飞龙村的考察中得到结论。

傣族是一个地处边疆的少数民族，其社会资本的产生与存在、社会资本的特征的形成等都与其所处的社会环境分不开。在傣族传统社会中，支撑社会资本的核心要素有两个，一是传统的村社制度，二是宗教。傣族传统社会中的社会资本的产生与存在与这两个要素密不可分。20 世纪 50 年代以来，随着新中国的成立及社会制度的改变，各项建设事业的展开，大量新的影响傣族社会资本整合的要素融入了傣族社会之中，对于傣族的社会资本的整合产生了巨大的影响。下面我们分别来加以简要论述。

（一）传统的村社制度

村社制度是傣族社会中的核心制度。傣族传统的村社一般是一个自然村，是一个集社会生活、政治、经济、文化、宗教为一体的社会基层单位，成为傣族社会的构成细胞。② 这一点与很多民族是不相同的，如在云南的摩梭人中，母系大家庭制度是社会的核心制度，在汉族社会也同样，以家庭为基础逐步展开为家族及更为扩大的社会网络。

在傣族的传统社会中，每一个村社在政治、经济、文化或宗教活动等方面都是相对独立的，成为一个社会的基层实体。村社的结构整体性反映在以下几个方面。

第一，每一个村社都有显示本村社整体性的象征，这就是村社神以及村社的神树、佛教寺庙。在每一个傣族村子里面都有一个被称为"寨曼"的寨神位，以及一棵菩提树。每一个傣族村子在建村的时候都要种下一棵菩提树作为村子的象征，并以此为村子的中心，在菩提树旁建造不同式样的寨神位。由于傣族信仰佛教，每个村子都要建一座佛寺，部分村子还建有佛塔。

第二，传统社会中的傣族村社的权力结构。在傣族传统社会中，除了

① 杨冬雪：《社会资本：对一种新解释范式的探索》，载李惠斌、杨雪冬主编《社会资本与社会发展》，社会科学文献出版社，2000，第40页。

② 参见曹成章《傣族社会研究》，云南人民出版社，1988。

每一个封建地区——"勐"有它的头领以外,每一个村也有村寨的头人,称为"扎""先"。这些头人是由村寨的村民自己选举,然后由勐的头领任命的,因此选举出来的这些头人必须做事公道,有协调事务的能力,相反他做人不公道或没有能力,村民也可以罢免他。村寨的头人可自主安排本村寨的生产、宗教活动,协调社会事务,对勐履行村寨应该提交的封建负担,履行村寨应该履行的封建义务。在傣族的传统社会中,权力的控制主要是分为国王、勐的头人和村等不同的层次,而村社有较大的自主权力,是一个相对独立的权力实体,这种权力国王也必须尊重。①

第三,村社的土地关系。土地制度是傣族传统社会中的核心制度之一,村社的土地关系也反映了村社的一体化特征。在傣族传统社会中土地是公有的,它在名分上属于国王、土司、头人,每一个村社要向国王或者土司、头人上交应有的赋税并承担修筑寺院、饲养王室牲畜、出征等封建义务。但是,土地的实际所有权其实为村社所有,每一个村中有明确的土地界限,村寨拥有使用土地的分配权。土地在村社里是公有的,村寨里的村民可以使用村子里公有的土地,但这并不意味着土地可以为个人私有。土地也不能私自转让及买卖。村民们使用多少土地就要上缴多少赋税,分担勐分配下来的封建义务。

第四,村社的事务管理。在傣族传统社会中,每一个村社都有自己的头人,同时有管理村中各方面事务的负责人。这些负责人各司其职、各负其责,管理着村社各个方面的事务,使村子里的社会事务得到比较好的安排。在涉及村社的重大事务,如分配上缴的赋税、分配土地、兴修水利、选举头人、要接纳新的村民、修寺庙等大事时,要召开全村的村民会议来决定,而不是由村寨的头人来决定,这一点体现了村民对于村社事务的充分的民主权、参与权和知情权。村民能够在村社中拥有自己公平的地位,这一点与傣族传统的村社制度有直接的关系。

传统的傣族村社不仅仅是一个人们集中居住的集落,而且是一个集自主管理权力、经济、宗教(在民主改革以前还有军事职能)及相对封闭的社会网络为一体的社会实体。因此,村社对于村民来说具有强烈的吸引

---

① 国外学者称之为社区权力。"Community Rights of the Lue in China, Laos and Thailand: A Comparative Study," Ratanapron Sethakul, 2001。

力，他必须要依赖村社，才能够获得生存资源，才能够具有安全感，才能够在遇到困难的时候获得帮助，相反如果脱离了村社，他可能就要丧失村社所能提供的一切社会关系。同时作为一个村民应尽相关的义务，维护村社的利益。由于有了村社这一核心的社会资本的载体，每一个村社成员都能够从村社获得生存的资源，如土地、森林、水等，同时也能获得社会的帮助，特别是在有困难、生老病死、家中有大事等时候，获得村社的帮忙，从而提高生存的安全感。由于人们以村社为单位进行宗教等方面的事务，人们能够充分地享受作为一个村民所拥有的权利和利益，享受宗教节日等活动给人们带来的快意及感受。人们的行为规范、村社中的社会网络、观念等的形成无不与此有直接关系。

（二）宗教

傣族传统的宗教信仰分为两个部分，一是自然崇拜，二是佛教。两种宗教在傣族社会中并存，但佛教对傣族社会的影响要远远大于自然崇拜。

应该说，自然崇拜是傣族社会中土生土长的宗教，它信仰万物有灵，在人们祈求现世的愿望中起着重要的作用。在村社中，一个村社有自己的村社神，作为一个村社的保佑神，但在傣族中没有家庭神。在社会生活中，不论有病、外出、生死、狩猎、耕种等，都要祭祀神，祈求神的保佑。

佛教是在13世纪以后才传入西双版纳傣族社会，并深深植根于傣族社会中。由于佛教理论体系的完整性与成熟性远远超过傣族传统的原始宗教，因此它对于傣族社会的影响也远远超过原始宗教。在过去，每个傣族男子在一生中必须有几年的时间到佛寺中出家。在社会生活中，人们的伦理观念与行为规范都受到佛教教义的约束，至今每年人们都要严格按照佛教的教规进行各种佛事活动，傣族的主要节日基本上是佛教节日，如被俗称为泼水节的傣历新年、"开门节"、"关门节"等。在"关门"与"开门"之间的3个月内，人们要严格按照佛教教义规定进行佛事活动，遵守规矩，每7天进行一次赕佛活动。在佛教的影响下，傣族社会还形成了相关的佛教文化，如佛教建筑、文学、绘画、雕塑等艺术以及与佛教相关的社会网络关系。总之，由于傣族信仰佛教，人们在此基础上形成了相应的伦理观念与行为规范，而佛寺与佛塔等宗教的象征物也同样具有凝聚村社、维持人们对村社的认同的功能。

（三）社会变迁与新的社会资本支撑要素的形成

自 20 世纪 50 年代以来，傣族社会经历了民主改革并进入与全国一体化发展的进程中，已经发生了巨大的变化。国家推行的各种现代化建设事业已经在傣族地区有了较大的发展，电话、电视等现代信息传媒，公路、医疗、现代教育等的建设，以及新闻媒体传播的发展，社会交往的扩大等都在冲击、改变着傣族社会。由于相关情况在前面已经论述过，在此不再多言。

三　傣族社会资本与作用

（一）傣族的社会资本构成

傣族社会资本的产生、构成与上述传统的村社制度、宗教等因素密不可分，而在当代又因为社会的变迁而产生了重构。在此基础上所形成的社会资本的要素主要有以下几方面。

1. 村寨内的社会网络关系

社会网络是社会资本理论中的核心因子，因为一个社会是依靠网络来运行与聚合的。在傣族社会中，村社作为一个统一的社会有机体和一个基础的社会细胞，不仅体现在它统一的权力、土地关系以及其他经济关系上，也体现在村社内人们的社会关系上。维系村社的社会网络的重要因子有三个。

（1）亲戚网络。这是民族社会中所共有的，它由每一个村民的亲戚朋友所构成。这一网络中的人们关系都较为密切，在生活上互相帮助，有困难时互相关照，但在西双版纳傣族社会中，亲戚组成的社会网络关系显得相对松散，并没有汉族社会中的家族组织及相关功能，相互间也没有经济上的联系，甚至很多亲戚并不时常来往。

（2）互助关系网络。这是西双版纳傣族村社中最重要的社会资本。在傣族社会中，很多重大的事务并不是以家庭为单位进行的，而是由村寨内的一套互助的体系来实施的。如绝大多数宗教活动是全村统一进行的,在不同的宗教日程里人们以一个村为整体来举行宗教活动。以宗教活动中典型反映村寨整体性的"赆坦"为例,祭奠当年的亡灵是重要的内容,不论哪一个家庭祭祀死者,整个村子在这一天都要自觉停止劳动、不外出,村内的每一个家庭都要到去世者的灵牌前祭献一些钱并去送一些饭菜,供给亡灵,向死者的家属表示慰问,表明人们把死者当作自己的一个亲人。在有建房、开山种地、红白喜事等事时,村寨里的人们都要互相帮助,一家有事,每家都要出人来帮助,往往一个家庭建房全村都会去帮他把房子建起来;遇到哪一家有人去世,全村人都要来帮助,入葬之前每个家庭都要派人来值守,一直到这一家的丧事办完。在耕种和收割的季节,人们也是互相帮助的,这不需要一个村子的共同帮助,亲戚或者村中同一个小组内的成员会在种田的时候互相帮忙,今天种一家,明天种第二家,这样在很短的时间里就可以把一个小组或者亲戚圈里的土地种完;同样地,在收割的时候,也是一个村寨的亲戚圈或者说村寨里的一个小组内的成员互相帮助轮流收割,因此在傣族的家庭中劳动力的多少或者有无,都不会影响到这个家庭的生存和生计。与此同时,每个村社成员都必须尽到自己对于村社公共事务的责任,如修建村寨围栏,保护村寨的地界,修筑村寨的桥梁、道路,新修堤坝,开山种地,开田,新修水渠等等,每个村民必须毫无怨言地尽到自己的责任与义务,这种传统一直保留到今天。这种网络关系是建立在传统的村社制度之上的,由于上述村社在传统社会中的地位与功能,因此村社内部集体的一致性较强,而与之相反,家庭的功能就显得很弱。人们在村社这一基础上编织成的网络关系包括村社中的每一个家庭与个人。

(3)群体网络。傣族社会网络中的又一个重要因子是村社中的小群体组织。在曼飞龙村,与傣族的其他村社一样,存在很多村民中的小群体,如村中同一年龄段的人(还分男、女)、同一小组的人、同学、要好的朋友圈子等小群体,甚至今天的共青团、民兵组织等都成了这种传统的延伸。首先,根据行政划分,村下面又分成了10个小组,每个小组15户左右。今天的村寨已经较过去扩大了很多倍,每个行政小组是一种行政划分。小组要对村里尽应尽的义务,村子里的公务都会被分解到小组中,如公用道路修建与养护,村寨里建寺庙、建学校等要出的钱和力都由小组自己来安排分配；小组内哪一个家庭有困难，如建房、修路、有人婚丧嫁娶等，小组内的成员都有义务去帮助、去解决。有什么矛盾也在小组内进行协调；村中经常举行文艺竞赛、体育竞赛等活动，也都是以小组为单位来进行的。在每年的泼水节或者各种宗教节日中，小组的成员们都要以组为单位进行一次聚餐会（傣语"仁木刚"），反映出小组的团结和小组行动的一致性。小组具有行政职能，但更具有传统小群体的色彩，因为今天的传统小群体的一切功能在小组内存在，事实上成为传统社会网络中的一个环扣。其次，以年龄段来分，村子中就有多个小群体，如 50 年代、60 年代、70 年代等不同年代出生的人，并且还会被细分为男女、同岁（或相差一两岁）等小群体。在傣族社会中，只要是同岁，就成为相互的"老庚"关系，自然就要相互关照。一个村民也可能属于多个小群体，如同龄人小群体、同村民小组等。小群体是村社中重要的社会网络构成因子，同一小群体内的人不仅是一种相处较好的伙伴关系，同时人们在有困难时也要互相帮助，互相承担义务，有了什么矛盾也由小群体进行调解。在节日及各种社会活动中，除了有全村统一的活动外，每一个小群体还要举行单独的活动，如聚在一起吃喝玩乐一次，如在每年的傣历新年期间，一个村子就有可能出现几十个小群体的聚会，人们往往上午参加了一个聚会，下午又要参加另一个甚至多个小群体的聚会。以上这种传统的网络关系在人们的意识中甚至比亲戚网络更为重要，因此也更为人们所看重。因为它照顾到不同社会群体与年龄层的人们的感情与社会需要。如果说互帮互助是一种村社网络中的制度的话，那么小群体就是村社社会网络中的环扣，它用特殊的方式维系着人们之间的社会关系与社会和谐、稳定，也是制度存在的基础。

2. 协调公共事务的机制

由于传统村社形成了事务上的一致性的特点，自主管理与协调公共事务的机制是西双版纳傣族社会资本的又一重要构成因子，对今天仍然产生着影响。今天，村社虽然实行了土地联产承包责任制，但相对其他一些民族及地区在包产到户后出现的集体管理弱化、公共事务难以安排的情况，在曼飞龙村村社的事务仍然比较容易处理。村社的集体事务如修路、建寺庙与安排节日或宗教活动、重要的生产活动等都是以村社为单位进行的，每个家庭出劳动力。对于公共事务每个家庭至今仍然在认真地履行它的职责，并没有哪个家庭因为今天实行了家庭联产承包责任制而不履行。以宗教活动为例，整个村社的宗教活动仍然由村民委员会讨论决定，如什么时候过宗教节日、举行宗教活动等由村民委员会决定，村民参加。1996年由村民委员会决定，在曼飞龙白塔旁建造一座8米高的大佛像。2002年村里决定重新修建寺庙，将已经有数百年历史的寺庙拆除之后翻新重建，村里经过集体讨论每家自愿捐献各种钱物共花费40多万元重新修建了寺庙。2002年村里决定投资14万元人民币将村里的主要道路修成水泥路面，大大改善了村里的卫生和景观，方便了人们的生活。这一切都显示了村社对于社会的控制以及所起到的积极作用。在经济生产上，曼飞龙村所体现出来的村社一致性特点更为突出，在20世纪70年代其他村子都不愿意在农田里使用化肥，但是曼飞龙村一经动员全村就积极使用化肥，使粮食获得了很大的增产。在稻种的使用上，其他村子推广新的品种不为村民们所接受，但是在曼飞龙村只要村社决定推广，那么村民们就会很快地进行种植。70年代末以来，曼飞龙村大量种植橡胶树，也是以一个村子为整体共同进行开发，然后再分到家庭，甚至一个村不惜砍伐被列入保护林地的森林以进行橡胶树种植，这虽然是一个反面的例子，但也可以看出村社对于公共事务的协调能力。

村社的协调机制也反映在对村社社会事务的调解与控制上。在傣族的传统社会中，每一个村寨都有一名世袭的调解员，他负责村子里各种冲突和矛盾的调解，如夫妻之间的争吵、离婚以及村民之间各种经济、土地的纠纷等，使各种矛盾在村子中就可以得调解。同时调解员还担负着结婚、离婚证明人等角色，每当有人结婚的时候，他必须到场以证明婚姻的成立，同时对结婚的当事人进行维护村寨利益、维护传统道德、尊老爱幼等方面的教育；在有人离婚的时候，他也要证明双方的离婚有效或者进行调解。每一个村社都有自己独立的宗教事务，这不仅反映在每一个村社都有自己的寺庙及佛塔，同时村社的宗教事务也是独立安排的。在傣族的传统社会中，每个男子在六七岁的时候都要到佛寺里面去做几年的小和尚，这样才能算一个真正的傣族人。在佛教节日里，各种祭祀活动的议程、寺庙的建设维修，以及升佛爷、送孩子进寺庙等，这些宗教事务都是以一个村子为单位统一进行的，在内容和时间上与其他村子都会有所区别。举行祭寺庙和佛塔等盛大宗教活动的时间和内容往往都由村子自行安排。曼飞龙佛塔远近闻名，每年11月祭佛塔的时候都能吸引远近成千上万的人来到这里，整个祭祀的议程和活动都是由曼飞龙村自己安排的。

3. 被村民们所遵从的共同规范

在西双版纳傣族社会，存在完整的、形成于传统社会中并为大家所共同遵守的规范。在社会生活中，有种种规范是人们必须遵守的，下面我们从三个方面来加以论述。

（1）人们必须遵从村社共同的意志，个人服从村社，积极参与村社的事务，同时也对村社的事务、维护村社的利益尽到自己的义务，这一点上面已经论述，不再赘言。

（2）诚信。傣族社会是一个注重诚信的社会，人与人之间相互信任是其社会正常运行的重要基石之一。这反映在社会生活的各个方面，如在社会交往及交易中，人们信守口头协议，不违约。在过去，尽管居住在山区的少数民族属于被统治民族，在传统社会中与傣族相比地位相对较低，但双方在社会交往及做生意等交往中同样十分注重诚信，很多傣族人都有山区民族中的"老庚"，即同龄的朋友，并时常往来，尤其是在过节时双方都要互相邀请参加，在困难时要互相帮助，总之只要结成了"老庚"的关系，一生都要信守与"老庚"相关的规则与承诺，而不在于对方是何民族及社会地位。在生意往来中双方在价格、货物的品质等方面也讲信用。在曼飞龙村，打制金银制品是很多人的特长，因此也远近闻名。笔者在村中做田野调查期间曾经历过这样的一件事：一个哈尼族人将自己的两个合计重达100克的旧金手镯交给村中的匠人岩勇老人加工，讲好需要的款式及交货时间、加工费等便离去，并不立任何字据。数日后货主来取货时很满意，对笔者说道，现在将金银制品拿到城里加工是很难放心的，原因是在城里一些加工者在加工过程中会截留原料并在原料中加入其他材料蒙骗货主，而在傣族老艺人这里可以百分百放心，因为这里的信用是几代人建立起来的。

又一个反映社会诚信的典型例子是家庭财产的传承关系。在傣族社会中，家庭中的每一个成员都有自己的财产权。家庭中的重要收入及财产都按照人头划分到每一个人头上，如果成员出现离婚、结婚等情况时都可以带走自己的一份财产。家庭中有一个人起着家长的作用，负责分配与支配财产，由于有家庭中的诚信存在，尽管因为结婚等原因而造成分家的情况十分普遍，但在曼飞龙村基本上没有财产分割纠纷出现。一个女孩在出嫁时会带走自己名下的橡胶树、田地、现金甚至牲畜，这一切当家的父母会为她操办好。在家庭财产关系中最生动的是财产的传承关系。当当家的父母到了50岁左右，如果说子女中有人可以接班，他们就会将财产管理权交给子女，在交出财产管理权后，自己只能依靠子女赡养。2003年，笔者亲历了村里岩养家财产管理权的传承过程：岩养当年50岁，由于兄弟姐妹都在外工作，在父母年迈后他便成了当家人，多年来都在尽着赡养父母的义务。他有3个女儿，大女儿已参加工作，小女儿于2002年结婚，按照西双版纳傣族的习俗，小女儿结婚后其丈夫上门安家在岩养家。2003年岩养认为自己年龄已大，应当把主持家庭的权力传承给子女，于是将家庭的财产管理权传给了小女儿的丈夫，这包括家里所有的橡胶树、田地、现金、牲畜、房产等的管理与支配权，对外戏称自己退休了。从此之后，橡胶及田地等的经营收入完全由小女儿一家管理与安排分配，自己将完全依靠他们的赡养。笔者作为一个局外人，确实为岩养将勤劳大半生积累起来的财产完全交给一个上门女婿感到担心，但在傣族社会中人们并不认为这种担心是必要的，因为支撑这种机制的重要条件就是社会中人们必须遵守的公平处置家庭财产及赡养老人的诚信的存在，老人们并不担心自己老无人养，赡养老人是每个家庭义不容辞的义务。一旦这种诚信丧失，这一机制就将崩溃。一个相反的事例曾经在村子里引起了广泛的争议：几年前一个外省来村子里做生意并有了一些资产的男子曾与一对老年夫妇达成口头协议，由他上门负责赡养老夫妇，条件是老夫妇将自己在村头公路边的宅基地低价出让，由他出资进行翻建后作为生活与经营用房。大家认为这也是好事便同意了。但当房子建好后，老夫妇被安置在一个角落里，赡养的责任也没有落实。由于这一情况与傣族社会中存在的诚信有较大反差，因此该男子受到村民们的广泛指责。

（3）宗教伦理与规范。由于傣族信仰万物有灵的原始宗教（这里我们将之称为民族宗教）与佛教，因此人们必须自觉地遵守宗教的伦理与规范。根据民族宗教的伦理，村社有统一的神灵，人们在尊重村社神的同时也必须维护村社的认同与集体的利益，因此人们不能做有损集体的事，在外出时还必须到村社神前进行祭祀。在过去，大片的森林被划为神山，而事实上神山也是当地的水源林。在曼飞龙村，村后的神山约有200亩。依据民族宗教的规范，神山应受到彻底的保护，不能在神山里砍伐、放牧、开地种植、采集果实等，因而各地的神山数百年来直到20世纪60年代前都受到很好的保护。在佛教伦理中，要求社会要平均，要相互帮助，要扶助弱者。因此在傣族传统社会中，人们并不追求超过别人的富裕，这导致人们安于现状。但对有困难的人及弱者人们都会尽力帮助，这在傣族社会中是较突出的。80年代末，笔者在曼飞龙村曾经看到一户山区居民自称受灾来讨要粮食，尽管村民们并不认识他们，但所到之家都大方地给他们粮食，几个小时讨得数十公斤之多，背走都困难。佛教教规禁止偷盗。在20世纪70年代之前，傣族社会中极少偷盗现象，这与佛教规范有直接关系，村子中家家户户基本不上锁。较为典型并且至今存在的例子是在农闲时村民们就将水牛放到村子附近的山上，往往一放就是一两个月，任其自己活动，其间不时去看一下，并不会有人去偷。其他如橡胶树等经济价值较高的作物也很少会有人偷。此外，还有很多与佛教相关的规范也为人们所遵守，如在每年7月至10月的"关门节"期间，人们不能外出远门，不能谈恋爱、结婚等，妇女在月经期间不能进入佛寺等。

3. 村社的集体凝聚力及村民对村社的认同感

由于村社制度与宗教的作用，村民们形成了对村社的强烈认同感。人们将村社当作自己真正的依靠，关心村社、维护村社的利益。例如，每到有重大节日的时候，不仅仅村民们要集体操办这一节日，远在景洪及在昆明等外地居住工作的家属和村民都要返回村子参加活动，显现出一种对村寨的强烈认同感；同时在外面工作的人们也会想各种办法去帮助村寨的发展，关心村寨的发展，关心自己亲戚的生活和生产，对村社的认同感并没有因为土地分散到户经营而丧失。

4. 宗教认同

自20世纪50年代以来，随着政治体制的变革，传统的村社管理体制已经为今天的国家行政管理体制所代替，村社的权力包括村社的整体性作为一个社会的基层单位来说，已经有所减弱。村社由于已经没有了头人，没有了传统的管理体制，已经成为一级行政组织。但是作为一个自然村，传统村社的凝聚要素仍然存在，这就是宗教。村社对于社会规范的控制，尤其是作为社会整体性规范的凝聚力，在当代已经渐渐为宗教所取代。今天在维系村寨的认同、维系村民的行为规范以及维护村寨的一致性方面，宗教起着更大的作用。行政管理单位仅仅负责村寨的行政事务的管理。由于人们信仰民族宗教及佛教，人们有统一的、集中的场所——寺庙、佛塔、神台、神树等；每年有统一的宗教节日，人们在宗教节日中，不断地再现各种传统文化，通过一个村寨对宗教活动的集体参与来体现对村寨的一致性的认同，体现村寨种种社会事务的一致性。另外如上所述，宗教伦理规范仍然为人们所遵守，仍然在社会生活中起着作用。

5. 无形资产。

曼飞龙村近几十年来远近闻名，形成了一笔重要的无形资产，这是由宗教景观所带来的。曼飞龙村的后山上坐落着曼飞龙笋塔，又称白塔，过去就已扬名周边。由于其独特的造型，该塔已成为西双版纳重要的象征物之一，被认定为国家重点文物保护单位。作为宗教与旅游的胜地，曼飞龙笋塔很早就已吸引了外人的关注，尤其是在每年 11 月的祭塔节中，吸引的香客及周围民众、外地游客数以万计。同时，曼飞龙村的佛寺及村寨建筑也较有历史特色，民族文化色彩浓厚，同样也是吸引外人的重要原因。这一切使曼飞龙村远近闻名，造就了一笔可观的无形资产。这一笔无形资产给曼飞龙村带来了很多好处：一是很多人有机会走出村子参加工作，尤其是文化工作。在过去很多单位选择工作人员都会首先想到该村。目前村子中有 50 余人在外部有正式的工作，不少人是有一定成就的文化工作者。如西双版纳州民族歌舞团的演员岩段、玉光广播电台的青年作家玉涛等。该村目前还有多人在国外定居。这种影响还带动了青年人外出打工的热情，每年外出打工的年轻人有数十人之多，有的还到国外打工。无形资产推动了曼飞龙村社会网络的扩大，而扩大的网络与其核心——曼飞龙村的互动作用又不断地推动着这一网络的进一步延伸。因此，这一网络的扩大过去是外部的推动，如外部来招聘工作人员等，而今天这一网络内部的机制已能自己推动自我延伸：已走出去的人们带动了更多的人走出去。

二是增强了村民的文化自信心与自豪感。由于有一笔其他村子不能相比的无形资产，曼飞龙村村民的文化自信心与自豪感是较强的，人们以自己是一个曼飞龙村村民为荣，甚至周围的女孩也以能嫁到曼飞龙村为豪。人们看到了民族文化对于创造与扩大无形资产的重要性，因此还在不断设法进一步扩大已有的无形资产。在 20 世纪 90 年代以后，曼飞龙村多次扩建了白笋塔，并投资 8 万余元修建了一个巨大的佛祖立像。2001 年，曼飞龙村集资 40 余万元，将已有数百年历史的佛寺重建一新。这一切除了村民们的崇佛意愿外，一个重要的原因就是附近的村子近年来也在大建佛教场所，如大勐龙镇上的村子建起了新佛寺及长达 10 米的睡佛像，曼飞龙村的村民希望保护自己已有的风光，进一步扩大知名度，这一点村民们并不隐言。近年来曼飞龙村的各种宗教与节庆活动也办得有声有色，一些赕的活动规格也不断在提高，节庆期间人际交往、歌舞、饮食、手工艺制作等传统文化也不断得到再现，一年四季都可以看到村中歌舞升平、花红纸绿、喜气洋洋的景象。

三是无形资产在扩大的同时也改变着人们的观念，对村子的发展产生了积极的影响。由于外出的人多，见识也多，村民们的观念也较其他村子开放，容易接受新的事物。在接受科学种养殖、发展农村多种经营等方面，曼飞龙村比周围的村子都要快，甚至从外地引进新的种植、养殖品种进行试验，这一点在曼飞龙村所属的整个曼龙扣村公所都是突出的。

除以上几个典型的方面外，今天，很多传统文化仍然在当代发挥着积极的作用。如在傣族传统社会中，由于结婚后男到女家等因素的影响，妇女有相对较高的地位。如果我们消除佛教文化对于妇女的歧视，那么从傣族社会的本质来说，妇女是有较高地位的，她们可以自由恋爱结婚，可以在家里拥有自己的财产，分配到自己的财产，家庭的经济收入主要由妇女来掌握，家庭的开支也由妇女来支配，甚至在过去村社到勐去上交负担的粮食也都是妇女去经办。这些传统在今天得到了较好的延续与发展，这表现在傣族社会中对妇女没有歧视，妇女的地位得到了很多的提高，获得了与男子同等的受教育、参政、到外面工作的机会，甚至比男性有更多的机会到外面去打工、去工作、去赚钱。近年来，曼飞龙村到外面打工的青年人中 70% 是女性。她们也能够完全安排自己的生活，决定自己的婚姻，在结婚后与丈夫一道决定家庭的事务。

（二）社会资本在当代的作用

傣族的社会资本在傣族当代的社会生活中仍然发挥着重要的作用，扮演着积极的角色，这主要表现在以下几个方面。

（1）社会资本维护着村社的统一性，促进了人们之间的和谐与合作。由于村社有共同的宗教，共同的村社象征及产生于传统社会中的村社制度的影响，人们仍然维持着对曼飞龙村的强烈认同感，关心公共事务、关心集体。在村社里传统的社会网络模式、互帮互助的传统等仍然存在。一方面，村寨里人们能够相处和谐，互相帮助，村寨内人们的矛盾能够按照传统的方式进行解决。另一方面村社的社会资本维系并促进了人们之间的合作，使人们达到共同的目标时有了一个重要的基础。这不仅表现在人们能够合作建成大规模宗教设施、组织好全村性的宗教与节庆活动上（在各种大型活动之前都要组织大规模的歌舞排演及种种活动），同时也体现在村里的劳动生产及公益事业上。第一，村社有自我管理的能力，而且这种自我管理的机制是由传统延伸而来的、有村民积极参与的管理机制，这一点对于一个社会基层单位来说是有十分重要的意义的，它降低了行政管理成本的投入。第二，它促进了公共事业的发展。村子中每年都要组织修理灌溉设施、道路及发展全村性的生产性项目等，都能得到村民的积极支持与参与。第三，这种机制仍然有较大的延伸空间，将来集体的事务及项目仍然容易获得村民的参与，对于达成发展中的共同目标有积极的意义。

（2）社会资本促进了村民之间的互助，提高了效率，减轻了个人的困难，降低了人们的生存风险。由于传统的社会资本的存在，人们在生产劳动中互相帮助，形成了以换工为核心的互助机制，这样使劳动效率得到了提高。互助机制不仅体现在生产劳动中，也表现在社会生活的方方面面，尤其是对老人及缺少劳动能力、有种种困难的人的帮扶上，降低了人们的生存风险。这种社会互助关系对于傣族社会的稳定起到了非常重要的作用，它使社会和谐，也降低了个人可能面临的各种风险，提升了人们在有困难，如缺乏劳动力、受到伤害、养老需要等社会安定方面的应对能力，使人们对于传统村社制度的意义有深切的体验。

（3）诚信是支撑傣族社会的重要基石。诚信是傣族人的为人准则，它不仅使社会和睦，也有利于人们的社会交往，在人与人之间的交往与共事中不需要过多的社会成本，在现代社会中可以降低由于人与人之间的不信任而带来的在经济、社会交往中的成本。

（4）社会资本给人们带来了快乐与幸福的感受。在傣族社会中，很多因子能给人们带来幸福与快乐的体验。宗教信仰及其所产生的相关文化，如被俗称为泼水节的佛历新年等多个节日（傣族的传统节日基本上都是宗教节日），种种宗教祭祀活动等，都给人们带来了快乐与幸福的体验。由于有宗教信仰，人们在思想上有依托。每到节日，人们总是高高兴兴，穿着民族盛装，制作各种节日用品与食品、邀亲访友，积极地参与到丰富多彩的节日活动中去。宗教信仰成为傣族人生快乐与幸福的重要组成部分。笔者在实地调查中，听到一些村民说，如果没有宗教信仰，他们的生活将失去许多意义。傣族社会中有男女自由恋爱的传统，男女青年可以自由恋爱，决定自己的终身大事，在这个过程中，男女有很多充满浪漫色彩的交往方式，让人体验人生的快乐。结婚后，傣族家庭中和睦的关系、男女相对平等的地位、敬老爱幼的传统等，都给人带来幸福的感受。

我们在思考以上社会资本的作用时还应考虑到当代一个重要的背景，那就是自20世纪80年代以来所实施的农村生产责任制。农村生产责任制极大地调动了农民的生产积极性，但同时以家庭为经营单位也造成了农村组织状态的松散化，这是一种事实。傣族的社会资本在使社会稳定、和谐的同时，也使村民保持团结与村社利益的一致性，有利于村寨的人们一致来完成村社所需要的公共事务以及公共建设，这一点是十分重要的。如果与其他已经实行包产到户的内地农村，尤其是汉族农村做比较的话，傣族村社传统社会资本的沿袭无疑是有十分积极的意义的。

三 社会资本的存量与培植问题

社会资本既然是一种资本，它自然也就有存量问题，也就存在流失与增值的客观性。从这个意义上来说，社会资本也是可能量化的，也是动态的，随着时间与环境的变化也会发生变化。这样我们有可能考察它在一个社会中随着时间与外部环境的变化而发生的变化。当一个社会中原有的社会资本构成中的很多要素随着时间的推移在社会中的作用减弱或丧失，这就意味着这个社会中的社会资本存量在减少，同时外部因子的介入也会使原有的社会资本增加新内容，扩大了原有的社会资本。

1. 社会变革与社会资本存量的变化

傣族社会中社会资本存量的变化与其经历的社会变革有直接的关系。在社会变革中源自外部的因素直接调整了傣族社会资本的结构与存量。

20 世纪 50 年代初，根据西双版纳的社会实际，政府没有在这一地区进行土地改革，而是采取直接过渡的方式使这一地区进入新中国的发展轨道。传统的政治体制虽然发生了变革，但是对原有的村社制度并没有进行大的调整，传统的村社制度上的社会资本也没有发生大的变化。对傣族社会产生巨大冲击的是自 20 世纪 50 年代后期开始的"政治边防"等各种"左"的政治运动及十年"文革"。在这个过程中，傣族社会中传统的运行机制及规范受到前所未有的破坏。在 50 年代末开始的"政治边防"运动中，进行补划阶级成分的运动，将很多人无辜地划为地主、富农甚至"特务"，鼓动群众相互揭发、批斗甚至毒打，直接的后果是人为地制造了傣族社会中的互相仇恨与不信任。据曼飞龙村的老人们回忆，在当时，人与人之间变得互相不信任，不敢直接来往，甚至在家里做一餐有点肉食的饭都"要像小偷防着别人"去揭发。这一切都是对傣族社会中已有的社会资本的破坏。

在文化方面，从 60 年代到 70 年代末，由于"文革"等"左"的影响，傣族传统文化受到了摧残，宗教活动被禁止，佛像被推倒，佛寺有的被拆除，有的被改作仓库甚至用于养猪。传统的习俗被视为封建落后的东西，民族节日被禁止，甚至不允许妇女留长头发，穿自己的民族服装，以至于出现往往一个家庭只有一套汉族服装，谁去开会、谁外出谁换上这套汉族服装等笑话。与此同时，人们也不再学习传统的文字，唱民歌。在这一时期，傣族的社会资本在政治高压与人为的破坏下大量流失，社会资本的存量降到了最低的水平，因为在傣族的发展历史上，没有经历过任何一个直接针对其社会规范与文化的激烈冲击的过程。如上所述，在佛教传入傣族社会之后，也没有与传统的民族宗教发生过冲突。事实上，社会资本存量的降低，在当时已对傣族社会造成了不良影响，如造成民族文化传承中断、人与人之间的不信任甚至仇视、在社会生活中缺少互相帮助与友爱、民族精神低落、实质上的劳动效率降低等。生活在人民公社大集体中的人们只是在按照政治意志与统一的管理生活，并没有自主的生产与生活积极性，在劳动中应付作假十分普遍。在谈到这一切时，曼飞龙村的成年人都还记忆犹新。因此这一时期的社会生活虽然与过去傣族村社制度上的集体形态有一定的相同之处，都是在过集体生活，但这一时期的集体生活是没有传统社会资本的生活。

在80年代以后，随着党的民族宗教政策恢复，宗教信仰重新获得了自由，傣族的传统又获得了新生，人们可以按照自己的意愿来过自己的节日，来保持自己的传统文化。这一时期最大的变化是从宗教的恢复开始的，自80年代以后曼飞龙村与其他傣族村寨一样恢复了自己的文化传统。人们修复了佛寺及佛塔，恢复了佛教活动，将自己的男孩送到佛寺中当小和尚。

长达20余年的压制之后并没有使文化环链中断，在宗教恢复初期曾经使社会出现了一定的不协调，如在曼飞龙村当时就有许多学校里的学生退学到佛寺里当小和尚。在傣族人的观念中，一个男子的一生中如果没有到佛寺中出过家，它就不是一个真正的傣族人，而是一个"生人"，在过去甚至没有女孩愿意嫁给他。随着宗教活动的恢复，傣族的各种传统文化也得到了恢复，这其中一个重要的原因是今天的傣族文化中的很多内容与宗教有直接的关系，如节日大多源于宗教。今天人们能够自由地信仰宗教，也能够自由地根据自己的意愿和安排从事各种宗教活动，在每年的佛教"开门节"与"关门节"之间，就有主要的祭祀活动"赕"13次。另外，每年过傣族最重大的节日——泼水节。人们可以按照孩子和家庭的愿望把自己的小孩送到佛寺里面当小和尚，也可以决定自己的宗教活动。2003年，曼飞龙村仍然有2名佛爷以及8名小和尚在寺庙里。

曼飞龙村传统文化恢复的过程说明强制性地改变一个民族的文化认同是困难的，因为一个民族的文化认同与一个民族的民族意识、民族感情等深层要素有直接的关系，只要民族认同存在，民族文化就有延续的可能。[1]曼飞龙村在"后文革"时期传统文化的恢复中起到重要作用的就是文化认同。尽管在"文革"时期传统文化受到了摧残，但是人们的文化认同并没有因此改变，很多人仍然在家里偷偷念佛，因此在"文革"结束后，人们恢复传统文化的热情立即高涨起来。随着传统文化的恢复，傣族社会中的社会资本也开始恢复，存量在上升，如上所述，傣族的社会资本是建立在传统文化之上的。传统文化的恢复意味着人们可以按照自己的意愿安排自己的生活，人们可以自由地组织与参加宗教活动，接受宗教伦理的约束。宗教活动作为一个村子重要的集体活动，体现着村子的整体性，村民的参

---

① 参见郑晓云《文化认同与文化变迁》，中国社会科学出版社，1992。

与增强了村民的集体意识。在各种节日中，人们按照传统的方式参与，由于节日活动集中体现了村民们广泛的社会联系，亲朋好友相互邀请参与，前述小群体网络也在其中得到了恢复。在社会生活中，人们互帮互助的传统也恢复了，尤其是随着农村生产责任制的推行，包产到户后的村民们对这种传统机制的需要使它得到了强化——在没有市场化的劳动力介入之前，传统的互助机制是补充一些家庭劳动力不足的重要方式。这一时期尽管有很多体制上的变革，但曼飞龙村的人们仍然按照传统的方式来处理村子中的事务。一个典型的例子是虽然土地已经在 20 世纪 80 年代承包到了家庭，但是从 80 年代到 90 年代这一段时间里，村寨仍然按照传统的方式对已经承包到户的土地进行一定的调整，以使村民们能够获得平均的土地，地多的家庭就要调整出一些给地少的家庭。现在如果有人去世，或者已外出参加了正式的工作，那么他名分下的这一份土地也要归还给村子，由村子统一协调分配给土地少的人家或者没有土地的村民。今天有越来越多的女青年嫁到曼飞龙村，她们的名分下是没有土地的，那么她们只有等待村子里有人去世或者有人搬迁，土地空出来之后她们才能排队补上，目前还有 55 人在候补耕地。这种土地的调节关系也是一种传统的延伸，它并不是一次分定到一个家庭，然后不论这个家庭成员增减，土地都固定在一个家庭的单元内，土地仍然仅仅是在个人的名分下，而实质上仍然是村子的，这些做法与傣族传统村社中的土地制度是一脉相承的。从 2002 年开始，村里决定为了执行土地稳定家庭联产承包责任制的政策，在 30 年以内土地不再做大的调整。

在"后文革"时期，"文革"造成的创伤渐渐得到了修复，一个重要的因素是传统文化的恢复，并且通过传统文化的恢复提升了傣族社会资本的存量：各种民族节日及民俗活动、互相帮助的传统机制等的恢复，人们的传统社会网络关系又得到了修复，人们共同参与社会生活，这其中最重要的是重新拉近了人们之间的关系，使"文革"中造成的人际关系危机在这种传统网络关系的修复中得到了化解；传统的调解员在村子中重新发挥作用，并受到人们的尊重，调解了村民之间在"文革"中形成的大量矛盾；宗教维持了人们的伦理，规范着人们的行为，村社的宗教活动维持并强化了村社的整体性与集体意识等，这一切使在"文革"中丧失了的社会资本又重新回到了傣族社会中。从这个过程也可以看出，傣族的社会资本有促进人们之间的合作、促使社会和睦与稳定的显著功能。

但是在当代，傣族传统社会面临着更为复杂的挑战。如果说在新中国成立以后至70年代末期对傣族社会的改变是一种强制性的改变的话，那么进入80年代以后，对傣族社会的改变不再是一种强制性的，而是一种在外界影响下引发的傣族社会内部自发的变化，这种变化的意义比过去的任何一个时期都更为深刻，因为它为傣族社会所渐渐认同，引发了当代傣族传统社会更深刻的裂变。这些因素主要有几个方面：一是农村生产责任制的推行对傣族社会的影响；二是青年人外出打工的影响；三是电视等传媒的影响。农村生产责任制的推行导致的社会变化已有较多论述，在此不再多言，下面就后两个方面进行一些讨论。

2. 社会资本的增值问题

各个民族在长期的发展中都积累起了自己的社会资本。但也应看到不论在哪一个民族中都不具备发展所需的所有社会资本，一个社会中拥有的社会资本在另外一个社会中可能就不拥有。比如经商的能力与观念，在不同的民族中就是不同的，在边远的少数民族如独龙族、怒族乃至于传统的傣族社会中，自古以来商品经济的意识十分淡薄，甚至耻于经商，耻于买卖。而对于回族、白族、纳西族等民族来说，商品经济的观念和经商的能力十分强，甚至是一个民族的传统。这些民族拥有今天发展商品经济所需的相关的社会资本，而对独龙族、怒族等民族来说，则不拥有相关的社会资本，而是一笔赤字。对傣族等民族来说，这样的社会资本虽不是赤字，但也非常单薄。因此，今天在使傣族的社会资本得到保值的同时，还应当促使其增值。这种增值重要的是要补充其传统社会资本中的不足。例如，提高科学技能的意识与规范。在今天的经济建设中，傣族明显地表现出仍然缺乏发展经济的科学技能，如橡胶树种植的技能、发展新的经济作物及新的产业的技能，这种技能的短缺使曼飞龙村在经济发展中处于不利的地位，主导产业基本上是一种传统产业的延续。如果没有新的产业增长点，没有新的产业的渠道，那么经济的发展也将是缓慢的。曼飞龙村的自然资源很丰富，但目前最短缺的是科学技能。提高科学技能的意识及运用科学的规范是一个大的制约因素，人们仍然安于传统的生产经验（科学技能的意识也包括上述科学生活的意识培养）。再如创新意识。傣族社会和谐稳定，缺乏创新意识，不愿意竞争，安于现状，乐于享受现有的安稳生活。因此，在傣族社会中，创新的精神是不足的，人们不愿意付出代价去闯新的路子。尽管近年来不少青年人外出打工，但是开拓对外的经济发展渠道仍然十分有限。因此，傣族社会资本的增值应补充与现代发展相适应，有助于推动发展的要素。

四　结语

通过上面的分析我们可以看到，傣族社会中以村社为核心的社会资本使傣族社会稳定、团结，形成了人们之间的和睦相处与社会的和谐，形成了人们的互相帮助的机制，增强了人们的生存安全感，尤其是在今天社会保障机制不健全带来的农村普遍存在的养老、贫困、社会能力及经济能力不足等所带来的一系列社会问题，傣族的这种社会资本使这些风险得到了降低。

从公共事务上来说，傣族原生的社会资本使人们能够团结一致，对公共事务尽责任，以达到社会发展一致的目标，这一切对社会的健全来说是非常重要的，它不仅仅是一个经济发展的指标所能够代替的。因此，傣族的社会资本总体上来说是一种良性的社会自我控制、维持生存与发展的体系。以傣族社会来说，如果作为今天仍然起着作用的核心资本的民族文化一旦丧失，那么我们可以肯定地说，这个社会的发展将会因为社会资本的流失而后退，今天社会变迁中的很多事例都已说明社会资本的流失给其社会带来了明显的消极影响。当然在当前的社会发展中，民族文化毕竟是一种传统，是形成于农业社会中的，所以说它并不一定都能够应对今天的发展，这也就是社会资本不足的问题，因此在不同的民族中还需要根据不同的情况强化社会资本，培植新的社会资本以补充传统社会资本的不足，消除社会资本的赤字。

本文的目的在于揭示原生的社会资本在农村社会中的存在及其在今天发展中的价值。原生的社会资本存在于每一个民族的社会中，它在当代最重要的意义在于它是社会中的一种自我控制与协调机制，由于它的产生与存在与一个社会的长期发展相联系，因此它具有社会成员的广泛参与性。它能够促进社会的和谐与稳定，促进人们的合作与团结，使人们生活在这个社会中获得安全感，获得满足感，获得认同；同时促使人们为达成发展的目标而团结在一起。在今天中国农村中各种相关的现代制度建设还不健全的情况下，通过原生的社会资本来解决很多突出的社会问题，如农村的互助需要、家庭与社会的稳定和谐、调解社会矛盾、维持社会诚信、防止社会失范等无疑具有重要的现实意义。在今天中国农村的社会分化过程中所产生的种种问题都与社会资本的流失有直接的关系，因此社会资本的保护与培植显得尤其重要。

另外，社会资本流失而导致的农村传统社会的瓦解对于农村发展来说是十分不利的。在今天的中国，各种使农村社会稳定及保障农民社会生存安全的制度化建设还将有很长的路要走，农民还没有从今天的"自我生存"的状态转变为真正意义上的公民，享受到国家给予公民的社会生存保障，在这种现实下，农村社会中就必须有互助的机制，如良好的家庭网络就可以起到这种作用。外部社会的变化导致地方社会分化的可能性越来越大，民间传统的道德与社会约束机制对于社会的稳定与防止社会失范的作用更加明显。因此社会资本是农村现代制度化建设中不可或缺的要素，在农村的现代发展进程中，原生的社会资本和现代制度化建设是并驾齐驱并有着共同目标的两翼，在这个进程（或者说在中国农民的公民化进程）中，社会资本的流失及传统社会瓦解对于发展来说是一个悲剧。笔者并不赞同一些学者提出的农村传统社会的瓦解是农村现代化进程的起点的观点①，相反，传统社会的瓦解对中国广大农村来说带来的是十分消极的影响，即使农民走出了农村进入城市，农民原有的社会资本仍然是有利其生存的一种自然基础。② 因此，我们应在发展的过程中注重原生的社会资本的保护及与现代因子的融合而培植起新的社会资本，阻止农村社会的消极裂变，使农村社会在农民的真正参与下健康发展，这也是中国解决"三农问题"中的一个重要环节。

① 参见王朔柏、陈意新《从血缘到公民化：共和国时代安徽农村宗族变迁研究》，《中国社会科学》2004 年第 1 期。

② 参见刘江平《关系、社会资本与社会转型——深圳"平江村"研究》，中国社会科学出版社，2002。

社会变迁中的傣族文化[*]

——一个西双版纳傣族村寨的人类学研究

一 引言

民族文化是一个民族的重要特征，它是一个民族在长期的历史过程中对其自然环境、社会环境适应的结果，是一个民族智慧的结晶。民族文化包括一个民族的语言文字、文学艺术、服饰、居住、宗教、风俗、生活方式、生产生活及有关自然与社会的知识等。在当今世界，社会交往的频度和范围超过了历史上的任何时期，不同文化的汇聚和交融也空前纷繁复杂。在这种背景下，一个民族的文化有什么价值，民族文化与发展的关系如何，民族文化在发展中会不会消失，是关系到民族文化命运的问题，也是困扰人们的难题。当前，我国正处在急剧的社会变迁之中，少数民族面临的这一问题更为突出。本项研究将就当代傣族民族文化的变迁来认识少数民族文化在发展中的价值。笔者希望这一研究会对回答上述问题有所裨益。

傣族是分布于云南南部的一个跨境而居的少数民族，人口约 122 万[①]。在中国境内，傣族主要聚居于西双版纳傣族自治州、德宏傣族景颇族自治

---

　　[*]　本文原载《中国社会科学》1997 年第 5 期，收入本书时做了修改。
　　[①]　根据 2010 年第六次人口普查，傣族人口为 1222836 人。

州以及孟连、金平等县。同时,傣族在缅甸、老挝及泰国北部都有分布。傣族是一个以水稻种植为主的农业民族,有自己的语言、文字及生活方式,全民信仰南传上座部佛教。

今天,随着傣族社会的对外开放及各项建设事业的发展,傣族社会正处于前所未有的变迁之中,与此同时,傣族的民族文化同样也在发生变化。为了认识傣族社会的这种文化变迁,笔者选择傣族聚居最为集中的西双版纳的一个傣族村寨曼飞龙村作为研究的对象。在透视这个村寨的同时,笔者将与傣族相邻的一些民族的变迁也纳入自己的视野,以加深对问题的认识。

本研究之所以选择曼飞龙村作为调查的对象,一个直接的原因是,这个村庄是笔者岳父家所在地,便利于调查。更深层的原因有以下几点。(1)该村有较深厚的民族文化积淀。第一,该村有较悠久的历史。曼飞龙村著名的白笋塔建于 1204 年,所以该村建寨不晚于 1204 年。第二,该村有丰厚的宗教文化传统。因为该村的白笋塔是境内外著名的宗教活动圣地,加之白笋塔又被国务院定为国家重点文物保护单位,以白笋塔为重要象征符号的南传上座部佛教传统在村中备受关注,积累丰富。第三,该村在当地有一定的声望。新中国成立前,傣族村寨分为不同的等级,单就农民聚居的村寨而言,依次为"傣勐",意为土著;"领因",意为迁来者;"宏海",意为杂居者(其成员包括被各寨赶出的"琵琶鬼"及麻风病人)。曼飞龙村属"傣勐"等级。高等级村寨对本民族文化有较强的自信,这种心态有利于民族文化的传承和保留。(2)该村有接触外部文化的便利条件。第一,由西双版纳州首府景洪县城至中缅边境勐宋的公路从村前经过,交通便利;第二,该村有 47 人在外面有稳定的工作;第三,该村是旅游景点,国内外的游客常来这里。以上三个因素使曼飞龙村很容易接触到外部的文化。(3)该村的经济状况在西双版纳有一定的代表性。该村的产业结构以农业为主,经济发展在该地区属中等水平,故有一定的代表性。总而言之,曼飞龙村一方面有深厚的民族文化积淀,另一方面又有接触外部文化的便利条件,可以想见,在这里发生的文化汇聚、文化碰撞、文化交融是内容纷繁的,也是值得研究的。

本项研究的资料主要采用人类学的参与观察方法而获得。笔者对傣族的研究始于 1983 年,至今积时 30 余年,其间 30 余次前往曼飞龙村进行调研，从而得以不间断地观察这一村寨 30 余年来的变迁，其中 1984 年、1986 年的两次在 30 天以上。①

曼飞龙村的文化变迁是发生在宏观社会走向现代化这一大背景之中的。因而，要把握这一变迁，必须将其置于传统—现代这样的维度中来进行考察。而关于传统和现代，流行的观点是把"传统"看成与"现代"格格不入的文化模式，二者是对立的两极，它们的关系是此消彼长，难以共存。这种"传统障碍论"几乎成了一般现代化理论的一种前提性认识。后来，一些学者发现，在东方国家走向现代化的过程中，传统并不纯然扮演着一种负面的角色，相反，它有时扮演着正面的角色。② 传统与现代并不存在不可调和的矛盾。王铭铭的福建省泉州地区塘东村民间传统的现代复兴的调查也支持了后者的观点。③ 笔者认为，后一种对传统在现代化过程中可能扮演的角色的看法以及王铭铭的观点颇具启发性。笔者在长期的调查中发现，傣族的传统文化和现代性并非绝对不相容。相反，有许多特质可以和现代社会相协调（例如他们的婚育观）。而在其文化变迁中，我们看到的是传统文化经过重构、被注入新的内容而表现出新的活力，而不是传统文化的丧失。

二 曼飞龙村文化变迁的社会背景

（一） 当代傣族社会的变迁

本研究主要考察 20 世纪 50 年代初以来曼飞龙村的文化变迁。50 年代初，傣族社会的民主改革改变了封建的政治经济体制，傣族社会进入了新

---

① 除去对曼飞龙村寨的调查外，1990 年以来，笔者主持了国家社会科学基金项目"当代西双版纳傣族社会文化变迁与发展研究"，从而获得了有关傣族社会的更多资料。这期间又一次宝贵的机会是 1993 年参加农村社教工作队前往德宏傣族地区进行了 4 个多月的农村工作，这也是一次认识傣族、研究傣族的机会。笔者对曼飞龙村文化的认识是建立在对傣族文化认识基础之上的。

② 参见王铭铭《现代的自省》，载潘乃谷、马戎主编《社区研究与社会发展》，天津人民出版社，1996；王铭铭在该文中具体介绍了持有不同意见的代表性人物的观点。

③ 同上。

的发展时期。在此之后，傣族社会变迁可分为两大阶段。第一个阶段，从50年代初到70年代末。在这一阶段，傣族社会、经济有了很大发展，人民生活有明显的改善。另外，这一阶段也经历了因为"左"的影响而带来的磨难，宗教信仰自由受到压制，民族文化受到无端的批判。

当代傣族社会变迁的第二个大的阶段是从80年代开始的。这是改革开放的新时期。这一阶段，在经济生活中，以大包干为主要内容的农村生产责任制大大地调动了傣族农民的生产积极性，多种经营获得较快发展，人民生活得到较大程度的改善。在社会生活中，宗教政策得到落实，傣族人民重新获得宗教信仰的自由，传统的风俗习惯得到尊重，民族文化获得新的发展，这一阶段傣族社会发展迅速，傣族文化的变迁也十分引人注目，因此，本研究以这一时期的文化变迁为考察的重点。

引起傣族文化变迁的背景因素主要有以下几个方面。

一是政治环境的改变与影响。民主改革以后，傣族的政治、经济、文化发展都进入了一个与全国大致同步的发展时期，这种发展的新格局给傣族社会带来了发展的机遇，也带来了一些冲击。自此之后，历次运动如"大跃进""政治边防""文化大革命"等都波及傣族社会，包产到户等农村改革政策也在这里得以推行。

二是各项建设事业的发展促进了傣族社会的变化。今天，公路通达傣族地区的村村寨寨，景洪县还建起了飞机场。科学技术的种种成果在傣族居住区得到了普及与运用，家用电器进入普通傣家，人们可以通过广播、电影、电视等获得各种信息。现代教育的教育网络已经在傣族居住区形成，小学普及到村寨，中学普及到乡。村社还拥有了初级医疗保障。这一切不仅改变了傣族人民的生活方式，也促使傣族人民的思想观念及思维方式发生变化。

三是社会交往的影响。随着傣族地区社会的发展及社会开放度的提高，这一地区的人们与外界的交往日益频繁，其中最直接、影响最大的当属农垦事业的开拓。以西双版纳为例，自1955年第一批复转军人来到这里建立第一个国营农场——黎明农场后，内地一批批从湖南等地迁来的汉族人来到这里扎根。今天西双版纳州国营农场已有14万人，与796个村、22万当地人相邻。外来者开荒种植、修路、架电、普及科学技术、发展教育医疗事业、帮助当地人民发展生产，他们这些活动对傣族社会的变迁产生

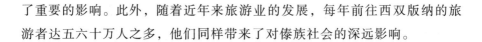
了重要的影响。此外，随着近年来旅游业的发展，每年前往西双版纳的旅游者达五六十万人之多，他们同样带来了对傣族社会的深远影响。

（二）曼飞龙村概况

曼飞龙村位于西双版纳州府景洪县南 65 公里处，行政上隶属大勐龙镇曼龙扣行政村公所。全村有 141 户、713 人（其中女性 374 人）。曼飞龙村地处勐龙坝子的南部，整个村子建在山脚下，面对勐龙坝，背山面坝，是傣族建寨最理想的地理格局。村前水田平整开阔，河流穿流其间，村后山脉相连，森林茂盛，在当地傣族人的心目中，这里是一块福地。远近闻名的曼飞龙白笋塔就坐落在村后的山顶上。

水稻种植是曼飞龙村的主要产业。目前全村共有水田 663 亩，此外还有山坡地 200 亩，种植玉米、花生等作物。橡胶树种植是主要的副业，目前全村共有橡胶树 30000 余株。种植橡胶树收入不菲。每一百株开割的橡胶树一年能有七八千元的纯收入，有的家庭拥有四五百株，其收入就相当可观。1996 年全村人均纯收入有 1000 元。

曼飞龙村民的受教育条件较好。村中有一所村办小学，建在村佛寺后，为砖混结构平房，在村中属较好的房子。村中孩子在这里能读到四年级、五、六年级到镇完小就读。考取初中的学生要到距村不足 1 公里的景洪县第二中学继续其学业。曼飞龙村办学的历史在当地较早，从 1953 年开始这里就开办了乡中心小学，这对曼飞龙村民接受现代教育有明显的积极作用。

50 年代以来，曼飞龙村经历了与傣族社会相同的社会变迁，而自改革开放以来，这里社会变迁的突出之点主要有以下几个方面。

（1）村民经济活动领域的变化。首先是产业结构的变化，变化的趋势是大力发展经济作物，改变了过去的单一稻作农业的状况。1985 年以前，这里的农业以种植水稻为主。此后，村民在政府的倡导下，开始注意种植经济作物。经过几年的摸索，至 80 年代末，村民们发现，种植橡胶树是一种风险较小的增加收入的方式。现在村中家家都在设法种植橡胶树，不仅原有的荒山荒坡种上了橡胶树苗，1996 年初还因为集体开垦林地而被林业部门罚款 2 万元。由此可见村民积极性之高。值得一提的是，由于劳动力不足，在橡胶树种植中村民们纷纷雇用当地山区农民及四川民工开地挖穴，这一行为还引起了村中的一些议论，因为傣族历史上从来没有过类似的现象，这种做法与傣族的传统价值观是不相符的。

其次是农业科技含量的提高。曼飞龙村民的一个突出特点是很乐于接受新事物。在改变传统粗放式经营、增加农业科技含量方面，与邻村相比，他们的行动更为积极，成效也很显著。这表现在：第一，在使用化肥和除草剂上，村民十分热情，不论价钱多贵都要用，甚至有一次发生过乡上调进的化肥被曼飞龙村一个村子全部买完的事情。此外，他们也积极使用绿肥、农家肥。当地傣族传统上种植不使用农家肥，认为不卫生。在曼飞龙村民抛弃这种陈旧观念积极积农家肥时，邻近村子的人们甚至说他们是没事干了才去积肥。第二，积极使用良种。包产到户以来，曼飞龙村的农户积极使用良种，如使用九香稻、三号旱谷等，并进行合理密植，双季稻年均亩产 600 公斤，较其他村子平均高 100 公斤左右，这与他们注重使用良种及其他农业技术直接相关。曼飞龙村还出了一个远近闻名的育种土专家波岩顿，由他选育出的稻种在当地推广达 1 万余亩。他在村中起到了很好的带头作用。第三，在使用农业机械方面，近年来，曼飞龙村也先于其他村子普遍购买了一些小型耕作机械，这减轻了农民的劳动强度，提高了劳动效率，也改变了使用水牛犁田的传统耕作方式。总之，农业科技含量的提高不仅提高了劳动效率，增加了收入，也使村民认识到教育的重要性。

最后是就业方式的多样化。曼飞龙村民除去经营种植业、林业而外，还有少量村民从事其他职业，如有 7 户人家开小商店，有几户是金银匠，打制金银首饰，收入较高。80 年代以来出现的新的从业方式有两种：一是摄影。自从这里成为旅游景点后，村中有六七个妇女在白塔旁为游客摄影，一年收入可达五六千元。二是外出打工。近年来，村中的女青年一有机会就外出打工。打工的收入并不高，打工者处境也不一定好，但在村民看来，出去打工是有本事的表现，十分荣耀，没有外出打工则表明此人没有本事。外出打工者多在餐饮业就业，除做服务员外，常常还兼表演傣族歌舞。目前，村中有 20 余人在外地打工。他们一般只有小学文化，出去的目的主要是"见世面"、"玩玩"，挣钱多少倒在其次。当然，打工者中也有被人看中，嫁了人的，这种女孩子很让村民羡慕。

（2）生活方式的变化。20 世纪 80 年代以来，随着联产承包责任制的推行和经济社会的发展，曼飞龙村民的生活方式有了很大的变化。

第一，活动半径增加，交往面扩大。现在，村民们不仅时常来往于县城、省城，还到内地甚至走出国门做生意、打工、探亲访友、拜佛等。曼飞龙村的一些老年人近年来每年都要到老挝、泰国等国走亲戚、拜佛、做生意。年轻的女性则出门打工，有的是到县城，而更多的是到昆明、上海、北京、沈阳等地。姑娘们常常出去一段时间回来，有了机会又出去，有的姑娘甚至走过半个中国，还有的去过日本。

第二，建新房成为村民的消费热点。如今，不少村民已建了新房，还有不少村民准备建新房，而现在的新房已不同于过去，虽然式样还是干栏式建筑，但所用建材及内装修已经更新，变为以砖及混凝土为构架，室内还铺上了地砖，这使房屋外观更漂亮，居室更加干净、舒适。当然，这种房子所用不菲，如1996年一户人家建新房花费了10万元。

第三，电视机得到了普及。在曼飞龙村，有90%以上的家庭购买了电视机。电视机打开了村民认识世界的窗户，使他们可以在遥远的西南边陲跨越关山阻隔直观便捷地了解中央政府及地方政府的施政精神以及西双版纳以外的不同的生活方式，特别是物质生活的样式，从而刺激了他们发展的动机。此外，尤其值得注意的是，由于不少电视节目使用汉语，村民为了看懂这些节目，产生了自己及让孩子学好汉语的需求。在家中看电视节目时常常是不懂汉语的父母要懂汉语的孩子给自己做讲解，他们说："孩子上学后，电视看得懂了！"电视的普及激发了村民让孩子上学的积极性，这是意料之外的收获。

第四，其他家用电器及通信设施进入普通傣家。在曼飞龙村，不但电视机得到了普及，一些家庭还购买了录像机、VCD机。最引人注意的是，全村72户还安装了电话。1995年，邮电系统来村里动员安装电话（每部电话初装费为1000元），当时村中只有几户人家安装，后来大家发现电话能带来许多方便，安装电话的人家就多了起来。村民安装电话的动机有三个：一是家中外出工作的人多，有电话便于互通音信。二是生活方便。村内村外，邀请亲友来玩、吃饭、商量事情时使用电话十分便捷。三是攀比心理。别人家有了电话，自己家没有说不过去，有电话就有了气派。如果考虑到由昆明到西双版纳要坐三天的长途汽车，翻过哀牢山等山脉的崇山峻岭，就可以理解，电话给村民带来什么样的方便，并在多大程度上改变着他们的生活方式和观念。若再联系50年代以前，这里仍处于封建领主制与农村公社相结合的体制之下，经过不足半个世纪的发展，这里电话普及率竟达到50%以上，发展变化之迅速实在令人惊叹。

第五，积极健康的闲暇生活。这里指坚持经常性的文娱活动，特别是表演性傣族歌舞。傣族是一个能歌善舞的民族，曼飞龙村民更是如此。这个村傣族歌舞基础之丰厚从以下事例可见一斑：这个村最早出去工作的就是一批因擅长歌舞而被招到外面歌舞团做歌舞演员的几个年轻人，西双版纳州歌舞团多年的男1号就出自这个村寨。曼飞龙村民喜歌舞、善歌舞，但在推行承包制之初，曾因集体组织的解体而无人组织，处于低落期。近年来，全村141户分成了10个村民小组，这种小组不仅进行必要的劳动协作，承担一定的社会互助责任，而且还是文娱活动的单位。遇有节庆，常以小组为单位出演节目，进行比赛。这里需要说明的是，曼飞龙村的节庆不但保留了傣族的传统节日如泼水节、开门节、关门节、赕塔节等，同时还吸收了全国人民共同的节日，如国庆节、元旦、春节、"三八"妇女节等。节庆如此之多，演出任务自然就重，为准备演出的排练就成了村民日常闲暇生活的组成部分。在我国广大农村，由于承包制的推行及农业机械的使用，农民提高了劳动生产率，再加上人均耕地的减少，农民的闲暇时间明显增加，如何度过大量增加的闲暇时间是一个新问题。曼飞龙村这种积极健康的文娱活动不仅愉悦了精神，增强了社区的亲和性，还有排斥不健康的闲暇活动（如赌博）的作用。

总起来看，80年代以来，曼飞龙村的经济社会生活发生了明显的变化，这种变化有一个显著特点即具有现代性及开放性的取向。曼飞龙村的文化变迁就是在这一背景下展开的。

三　曼飞龙村的文化变迁

80年代以来，曼飞龙村的文化变迁是多方面的，这里，笔者只择其要者进行讨论。

（一）宗教方面的变迁

宗教是傣族民族文化中的重要内容，对傣族生活的方方面面都产生着深刻的影响。据研究，佛教自 13 世纪就已传入傣族居住区，傣族人中绝大部分信仰南传上座部佛教，而且有悠久的历史。在 50 年代初，西双版纳地区大多数村子建有佛寺，有条件的村子还建有佛塔。传统上，傣族的男性在五六岁就要进入佛寺当几年和尚，他们在佛寺中学习佛经、傣族文字及宗教伦理，结束佛寺生活后按照有关的规范生活。在 50 年代以前，曼飞龙村的男子也无一例外地要在佛寺中度过几年和尚生活，这样才能成为被社会承认的"熟"人，也就是真正的傣族男人；未进过佛寺的男子成婚都困难。由此可见，佛教文化与傣族文化已达到很高的整合水平。傣族妇女虽然没有这样一段寺院生活，但其对佛教的虔信程度是一样的。傣族群众不但虔信佛教，而且佛教的大型祭祀礼仪已成为全民性的活动。曼飞龙村这种佛教祭祀每年共有 15 次，其中影响及于村寨以外的是每年 11 月的祭白笋塔。每逢这时，远近乡邻、男女老少乃至缅甸、老挝等国都有人前来参加，十分热闹，成为当地每年的一大盛事。依据佛规，每年 7 月至 10 月人们不能出远门，要专心在家做佛事。7 月的第一次祭祀为"关门节"，10 月的最后一次祭祀为"开门节"，一年 13 次的对佛寺的祭祀都在此期间举行。另一次祭祀则在傣历新年期间。傣族人不仅在形式上敬佛，在行为上也遵循佛规，受佛规的约束。

傣族在信仰佛教的同时也保留着本民族的民间宗教信仰。傣族的民间宗教主要是多神崇拜。在傣族地区，地方有地方神，村有村神，家有家神，树有树神，并相应地设神坛祭祀。如在家中就设有祭祀家神的神坛，用以祭祀亡去的祖先。对于傣族来说，信仰佛教是为了来世的幸福。同时，为了来世而在现世必须遵循的道德规范在世俗生活中也有明显的正面价值，这也为傣族群众所看重。另外，在傣族社会，民间宗教的功能则是消灾消难，以求平安。在过去，人们都是通过祭神来驱病，今天虽然有了医院，但这种习俗并未完全改变。

沿袭了数百年的傣族宗教信仰在"文革"中曾受到很大的冲击。70 年代末，随着"文革"的结束，党的宗教政策又渐渐得到落实，群众心中的宗教热情得到了释放，宗教活动得以恢复。村民们修复了在"文革"中遭到破坏的佛寺及白笋塔，村中又开始热热闹闹地将孩子送进佛寺当和尚，傣历年、祭佛祭塔等活动也全面恢复。1982 年，曼飞龙村恢复了"文革"后的第一次送男童入佛寺活动。1988 年，村中住寺的小和尚达 23 人，新中国成立以来最多的。他们白天在公办学校上课，学习汉文，晚上在寺中学习经文、傣文及佛教中的做人原则。目前佛寺中仍有佛爷1人，小和尚20人。

尽管如此，傣族的宗教信仰从观念到行为都发生了深刻的变化。这一变化的根本之点在于出现了宗教观念淡化的一代，而这一代又生活在改革开放的大背景之中。由于在"文革"中宗教活动停止了十余年，一代人未进入佛寺当和尚以履行传统的人生义务，这些人今天已成为青壮年，他们不熟悉宗教教义，在他们形成对世界看法的关键年岁，未受到宗教教育的影响，是宗教观念淡化的一代。这一代人生活在以市场为取向的经济体制改革和对外开放的时期，现世幸福对他们的吸引力超过了傣族历史上任何一个时代。因此，强烈关注现世幸福是这一代区别于上一代的明显特征。而由于这一代正值盛年，处于傣族社会的中坚地位，他们的这种取向不可能不向傣族全社会辐射，以致影响到全社会的宗教信仰行为。下面所述及的曼飞龙村民宗教信仰行为的改变在很大程度上是这一代人引起的。

1. 改变了男童均须入寺为僧的惯例

如今，曼飞龙村的家长（正值青壮年）多不愿送孩子入寺为僧。他们说："我们傣族落后就是因为没有文化，因此进学校比进佛寺重要得多。"也有不少男孩子自己不愿进佛寺当和尚，他们的意愿也能得到父母的尊重。在曼飞龙村，80年代以后适龄未进佛寺的青少年已达70余人。目前佛寺中虽有小和尚20人，但未进佛寺的同龄少年多达30余人，超过了在寺男童。除去"文革"的特殊时期，这在曼飞龙村的历史上还属首次。特别是这属于村民自己的选择，其意义也就更为深远。现在男童之所以入寺，有以下几种情况：（1）家长说孩子太闹，读不进书，管不了，只好让他们进寺去学些礼貌，让佛爷来管他们；（2）孩子自愿去的，他们认为寺院生活有意思，不必受学校严格的管束；（3）男童的好伙伴入寺了，于是自己也要跟着去。以上三种情况，都已经是家长或本人选择的结果，不再是过去无须讨论的唯一出路。

2. 宗教观念趋于淡化

今天曼飞龙村寨的中青年人，虽然也参加宗教活动，遵循宗教礼规，大家拜佛他们也跟着拜，但由于不懂佛经，拜佛只是一种形式，膜拜者并不明其含义，问之则曰："拜拜求个心安。"就其对宗教的认识而言，淡化的趋势表现如下。

（1）来世观念淡薄。三世说是佛教教义的重要内容，如果对它产生了怀疑，就动摇了信仰的基石。现在，曼飞龙村的中青年中不少人对来世半信半疑，甚至明确表示不相信有来世。笔者问到今生拜佛能否给来世带来财富时，中青年人多回答："现在就想富了，哪里还等来世？也没有来世。""不相信有来世，只相信有今生。"不过，从他们赕佛的种种表现来看，他们朦朦胧胧还是有来世观念的，因而这里称他们来世观念淡薄。①

（2）心目中佛陀的权威性下降。佛陀究竟能给自己带来什么，在这一代中青年人心中是不大清楚的。当笔者问青年人拜佛有没有用时，很多人回答："有没有用，不知道。"问到拜佛和致富的关系，他们回答：致富是劳动的结果，"拜千赕万，不劳动还是不得吃。"总之，对于佛陀能给予自己什么或不明究竟，或给予消极的回答，表明了这一代人对佛陀的淡漠，佛陀在他们心中的权威性明显下降。

（3）对大宗宗教消费持否定态度。曼飞龙村的中青年人不愿意把大笔钱用于宗教开支。西双版纳傣族有赕大佛（即赕曼哈邦）的习惯。通常人们认为，人到老了要好好赕佛，以"赕"来向佛赎罪，而且是"多赕多得福"。赕曼哈邦是曼飞龙村老年人的心愿，但中青年人对此持否定态度，讪笑他们这是"有嘴巴没有钱"。这种评价多少含有对佛祖轻慢的态度，严格说来，是有失虔敬的。

此外，在民间宗教方面，今天，祭地区神、村神也已较少，人们生病也不像从前那样求神驱病，而是或服药或上医院就医，或就医和求神并重。民间宗教的重要性降低了。

总起来看，曼飞龙村的中青年人更注重现世的功利，对佛陀和来世都产生了一种疏离淡漠的倾向。当然，宗教传统在这里还颇有生命力，人们的宗教开支有时还很大（如集资建佛塔、造佛像），但细究起来，种种宗教行为的内涵却有了世俗化（这里指注重现世功利）的倾向。

---

① 现在村里人对于赕（dan，向神灵奉献祭品）佛的作用做如下理解。总的来说，是向佛表达自己的虔诚，具体来讲，有以下几种想法：求得佛的护佑，消灾免难；赕给自己的先人；给自己死后用。所赕的物品因场合不同而不同。在较大的赕佛活动中，还有化妆品、日用品（香皂等）、收录机。问其用途，说是给自己来世用。由此看来，村民还是有来世观念的。

曼飞龙村民宗教观念的淡化，有其深刻的社会原因。

在传统傣族社会，由于社会的封闭性和相对停滞的特性，下一代人总是重复上一代人的生活模式，上一代人的今天就是下一代人的明天，青年人可以预知自己进入中年、老年的生活状况。依靠自己的努力去改变命运几乎是不可能的，也是徒劳无益的。在这样的社会，将自己的命运寄托给一种超自然的力量具有内在的合理性。50年代以来，特别是80年代改革开放以来，在曼飞龙村民面前展现的是一种完全不同于过去的生活。机会增多了，改变命运的可能性增加了，人们已经有可能通过自己的努力争来一种较好的生活。相应地，在人们心目中，神的权威下降，人的地位上升；对来世的向往弱化，对现世的追求强化。具体来说，引起曼飞龙村民宗教观念淡化的社会因素有以下几种。

（1）替代性功能系统的植入和被认同。这里的替代性功能系统主要指医疗系统的建立。傣族民间宗教的一个核心功能是祛病保平安。自从村镇有了初级的医疗机构，渐渐地，村民们生了病就不再主要靠求神来驱病，而是服药或上医院就医。这种对宗教替代性功能系统的认同，自然引起了民间诸神的权威在村民心中的下降。

（2）出现了宗教以外的求得福祉的渠道。50年代以来，由于实行积极培养、使用民族干部的政策，通过受教育而进入政府部门、银行、企业去工作，从而获得稳定的收入、一定的社会保障和社会声望已不是可望而不可即的事情。曼飞龙村就有47人在外面工作①。它向村民显示：通过现世的努力可以求得较好的生活。这就具有降低村民宗教热情、刺激他们关注现世的作用。

（3）新型消费品的引入增强了现世物质生活的吸引力。在曼飞龙村，中青年消费的热点已不再是衣物、较简单的干栏式住房等，而是彩电、电

---

① 这47人中，演员13人（小学文化），政府部门干部7人（初中、高中文化），电台工作人员3人（高中文化2人、初中文化1人），银行职员2人（初中文化），教师3人（高中文化），入伍4人（初中文化），县、乡企工人15人（小学文化）。在47人之外，另有一名退休医生（小学文化）。这些人中，最早出去的有两类，一是被招去做歌舞演员，二是以复退军人的身份被安排工作，这两类人参加工作与受教育状况无直接的联系。以后的情况就不同了。后来参加工作的大都要通过招工招干这一渠道，其间，受教育程度是一个考量必要条件。因此，这一群体在曼飞龙村民中起到了一种示范作用，让村民们看到了自己的努力——受教育与机会的联系。

话、摩托车、钢木结构的新式傣楼等，男青年若无摩托车甚至谈恋爱都会受到影响。村民生活的均质性和观念的趋同性引来的攀比心理造成了村民心中潜在的消费压力，他们常会认为，某种消费品（如电话、摩托车）人家家里有了，自己家没有会显得不气派。这使人们产生了强烈的劳动致富的欲望。显然，这种欲望是一种现世指向的行为动机。

（4）传媒的作用。电视机的普及使村民坐在家里就能从视觉形象中了解到澜沧江以外的世界。这是一个不同于傣族社区的世界。这一世界中的生活方式、消费模式或多或少地起到了某种示范作用。曼飞龙村民本来就有接纳新事物的开放心态，在传媒的作用下，他们更倾向于认同这种消费模式，这也刺激了他们现世指向的一系列欲望。

（二）婚姻家庭方面的变迁

改革开放以来，曼飞龙村婚姻方面总的变化趋势是通婚的等级性、封闭性规则逐渐失去约束力，通婚的范围逐渐扩大；女青年的择偶观逐渐远离传统而表现出功利的取向。民主改革前的傣族社会处于封建领主制之下，人们被划分为不同的等级，村寨也因由属于不同等级的人聚居而成也分为不同的等级。这种等级制对于傣族的婚姻家庭产生了深刻的影响。概括而言，傣族的婚姻家庭有以下特点：一是通婚的等级限制。通婚的范围限于等级相同的村子之间。等级高的村子的村民在过去是不与等级低的村子的村民通婚的。至于与被认定为"琵琶鬼"的村子及麻风病人居住的村子的村民通婚更为传统所不容。二是婚姻的封闭性。傣族一般盛行寨内婚，不与外寨通婚，这一点过去在社会等级高的村子尤为严格。同时，傣族也不与其他民族通婚。在傣族的四邻居住着哈尼、基诺、布朗等民族，但傣族历来不与之通婚，与汉族也一样。傣族与汉族通婚是70年代以后的事情。三是婚姻自由。在傣族社会中，男女通过自由恋爱结成伉俪，父母无权干涉子女的婚姻，男方家长出面向女方家长求亲也仅是一种形式。婚后如双方不和，则男女都可以提出离婚。高离婚率是傣族传统婚姻的又一特点。四是在西双版纳等地傣族中盛行婚后男到女家，即结婚后男子要到女方家居住一段时间后才能视具体情况决定继续留在女方家还是分出来自立门户。

民主改革后，傣族社会发生了深刻变化，但这种变化对于婚姻的影响并不明显。真正对傣族婚姻产生广泛影响的是80年代以来的社会变迁，它促使傣族的婚姻发生了种种前所未有的变化。

其一，封建等级婚姻制对青年人的影响已不存在。人们认为通婚不应有等级限制，爱情才是婚姻的基础。在经历了青年人的反抗后，目前，村寨之间的通婚已没有多少限制。反抗的典型例子是：1986年曼飞龙村的一位少女与过去曾被认定为"琵琶鬼"寨的男青年相爱，虽受到父母亲朋的强烈反对，但他们仍然结成百年之好。此外，距曼飞龙村十余公里的"傣龙勒"村寨过去是曼飞龙村人最看不起的，但近年来不仅有男子被招来上门，还娶来三四个漂亮姑娘。

其二，婚姻的封闭性已经改变。如上所述，傣族传统婚姻的封闭性表现在寨内婚与民族内婚两个方面。随着社会的开放与对外交往的增多，婚姻的上述封闭性也就渐渐被打破。在1981年以前，曼飞龙村仅有两人与外村人结婚，现在已有20余人与外村人结婚，而且越来越多的青年人不愿意与本村人结婚，认为从小在一起长大，很难产生恋爱的愿望。近年来，与外村人通婚的一个重要原因是曼飞龙村外出参加工作者较多，尤其是女青年，除参加正式工作外，还寻找机会到外地打工，或参加演出队到全国各地巡回演出。她们回来后看不起本村的男青年，不愿意嫁本村人。这自然也引起了本村男青年的不满。

曼飞龙村青年今天通婚的范围不仅突破了村子的限制，也突破了民族的限制。村子中不仅有多个姑娘嫁给汉族男青年，有的远嫁到北京、上海，还有两名女青年与哈尼族青年通婚：一名女青年到大勐龙乡参加了工作，与一名在乡上认识的哈尼族男青年结了婚；一名男青年娶了在村子中民族风情旅游点工作的哈尼族姑娘为妻。尽管村子里对此有一些议论，但也仅是议论而已，并没有影响到两桩婚姻的成立。

其三，离婚率有所上升。60年代以前，傣族社会中的离婚率较高。据1986年的调查，当时曼飞龙村298名妇女中就有41人离过婚，但大多数是60年代以前离的，在六七十年代只有10名妇女离婚。后一段时期离婚率的降低主要是宣传教育和行政手段并用的结果。一方面，离婚是一种不良行为的观点广为传布；另一方面，离婚者不仅要受到生产队的处理，还会受到众人的议论。80年代以来，随着社会的开放，傣族中的离婚率也逐渐上升，曼飞龙村在这一期间共有20余名妇女离婚。在傣族社会，由于离婚有其传统的基础，离婚后再婚率也较高，不论是否有子女，一般都不会对再婚有什么影响。如村中的一个女青年在 1989 年离婚后，尽管已有一个女孩，仍"娶"了一个其他村子的未婚小伙子来上门。

其四，女青年择偶观的功利色彩明显。在择偶观方面，笔者在 1986 年、1996 年分别对曼飞龙村的男、女青年进行过调查。在 1986 年的调查中，男女青年均把"心好""勤劳"列为择偶的首要条件，具有明显的传统社会择偶观的特点。而在 1996 年的调查中，女青年除了仍把"心好"列为首要条件外，"有钱"则取代"勤劳"成了仅次于"心好"的条件。她们并且表示，"最好是外地人，结婚后嫁出去"；"汉族最好，有本事，能关心人，本地村民没有文化，没有气质"。作为对女青年新的择偶观的回应，1996 年男青年的择偶条件中，除了"心好""勤劳"外，明确表示"不找外出工作过的本村姑娘""姑娘不能太活跃"。由 10 年来的变化趋势看，曼飞龙村女青年的择偶观变化最大。现在，她们把"有钱""外地人"列为重要条件，表明她们把家庭生活的物质基础看得很重，特别想通过婚姻找到一条离开传统生活模式、通往五光十色的外部世界的道路，也即通过婚姻实现社会流动。这种功利倾向已同内地对汉族女青年择偶观的许多调查结果十分相似而大异于傣族的传统观念。目前，曼飞龙村已有 16 名女青年嫁给了外地人（其中嫁给上海人的有 2 名、湖南人 1 名、四川人 1 名、北京人 1 名、昆明人 1 名、景洪县城 10 名；其中上海、湖南、四川、北京、昆明的丈夫均为汉族）。这些婚姻无论其事实上是否幸福[①]，但一时都被视为"上升婚"，当事者颇有荣耀之感。曼飞龙村女青年外出开眼界、见世面之后，就会不满意滞留在家乡的男青年，这是一般社会开放度提高的常见现象。不少对内地女性流动人口婚姻观的调查结果都显示了类似的情况。总之，曼飞龙村女青年的择偶观强烈地表现出不愿再重复传统的生活模式，追求幸福、追求发展的功利色彩，这种功利色彩有很强的时代烙印。

相比之下，男青年则处于劣势。他们较少外出打工，在"长知识、开

---

① 据笔者所知，这种婚姻中的男方很多人无固定职业，不少人为农村户口，文化也低，婚后尽管夫妻关系还可以，但日子过得很苦。笔者在昆明常遇到嫁给内地人的傣族姑娘，常常是双方均无城镇户口，也无稳定收入，日子不好过，有时夫妻也不和。因此，这种婚姻是否能给傣族姑娘带来幸福是大可怀疑的。

眼界"上已经落后于女青年一步，又面对女青年择偶观的外部世界指向，只好以不选择外出工作过的本村姑娘为回应①。

总的来看，曼飞龙村男女青年择偶观的这种变化折射出曼飞龙村社会生活的变迁，即从封闭到开放，从传统取向到发展取向。当然，女青年择偶观中的非传统因素并不一定会给她们带来幸福。甚至可以说，外嫁后的不幸福是一代女性为追求新的生活方式所付出的代价。

（三）生育观的现代提升：一个民族文化因子与现代社会要求相协调的实例

傣族在当代社会变迁中一方面吸收了现代性的因子，对本民族文化中明显缺乏现代理性的成分进行改组重构；另一方面，其文化中与现代社会要求相协调的成分又在新形势下得以提升。其中，最明显的是计划生育在傣族的推行和被认同。在西双版纳地区，与其他民族相比，傣族较易接受计划生育的政策与措施，计划生育工作在傣族中推行难度很小。就曼飞龙村而言，近 10 年来没有一个妇女超生，有 40 余名妇女生育一胎就做了绝育手术。其他村寨的情况也类似。究其原因，这与傣族的民族文化有直接的关系。

首先是傣族的社会经济背景的因素。傣族社会在 50 年代仍处于封建领主制之下，但它是和农村公社制度相结合的。在村社中，土地为村社所有，私有财产仍然较少，人们还没有土地和私有财产的继承关系，因而财产继承的观念很淡。同时，傣族没有姓氏、宗族，也就没有子嗣传宗的观念，生男生女在傣族文化中基本不会有不同的价值判断，而若深究起来，似乎更喜生女。凡此种种都直接影响到傣族的生育观。

其次是傣族婚姻与家庭制度的因素。傣族社会的婚后从妻居制使傣族家庭不一定要生男。傣族青年在结婚之后，男方必须先到女方家居住一段时间才能视情况决定是否分家，这其中主要是看女方家庭劳动力的需要。只有在女方家庭不缺少劳动力的情况下才可以自立门户。所以只有女儿没有儿子也不会缺乏劳力。再者，傣族社会中抱养孩子的传统和淳厚的民风

---

① 相应地，男青年认为女青年若有外出打工的经历，就受到城市生活的影响，心变了，不安心农村生活，甚至有"心花、心野""不想劳动只想玩""胆子大、不害羞"等负面评价。

又使接受计划生育的村民免除了后顾之忧。在傣族社会，若一个家庭无子女，则可从孩子多的家庭中抱养一个孩子，孩子长大后一样会孝敬养父母。由于这种社会习俗的存在，子女有一定的社会性，只要家庭需要，就可以获得承担赡养义务的子女。在这种家庭制度及相应价值观念的基础上所形成的生育观念使傣族的计划生育工作易于开展。

最后是傣族社会中有很多传统习俗有利于人们认同节制生育。在傣族社会中有互帮互助的传统，不论是日常生活还是农作、建房、婚事，亲友都会前来帮助关照，在农忙时节，亲朋之间都结成搭档，轮流换工。此外，在傣族社会，孤寡老人同样可以得到村中人们的照顾。这些习俗的存在，也使人们对于子女多少看得并不重要。

总之，在傣族社会经济因素、婚姻家庭制度的因素以及传统习俗的作用下，傣族群众对于子女的多少，是否一定要生男等汉族农民很看重的问题都有自己独有的、不同于汉族农民的观念。这样一种独有的生育观念含有与现代社会计划生育要求相协调的因子。在今天政府推行计划生育政策的时候，这种因子被注入新的政策内容，有了新的文化内涵，从而得到了提升。80年代以来，傣族社会的变迁使傣族妇女打开了眼界。今天，曼飞龙村妇女不愿多生孩子还增加了新的理由：他们认为，孩子多了不但对自己的健康不利，而且也影响自己从事生产劳动，影响家庭经济。

傣族文化中类似的这种良性因子还有许多。例如，傣族群众互帮互助的传统在今天新的村民小组的形式中找到了依托，得到发扬。如前所述，今天的村民小组已经承担了劳动协作、社会互助、开展文娱活动等职能，成为一种颇具生命力的组织。又如，曼飞龙村的节日，不但保留了传统的节日，还吸纳了全国各族人民共同的节日。从内涵上讲，又增添了发展旅游业、增加收入的内容，从而形成了新的节日文化。再如，传统的干栏式建筑很适合亚热带湿热的气候特点，今天他们保留了这种样式，但更新了建筑材料。

四　讨论

总的来看，在社会变迁的大背景中，曼飞龙村傣族文化的变迁是从两个方面展开的，这就是民族文化的重构和合理因子的现代提升。就前者而言，即革除了一些明显缺乏现代理性的因素，如宗教排斥现代教育的因素及婚姻制度的等级性、封闭性等。其他被革除的还有一些陋习，如赶"琵琶鬼"，视双胞胎为妖邪，在河边、河中大便等。在革除弊端之后，民族文化向着现代、开放的方向得以重构。就后者而言，民族文化中一些合理因子被注入新的内容，从而得以理性地提升。如不重生男的因子被注入男女平等、计划生育的内容；互帮互助被注入现代的经济、社会互助的内容等。这样，我们看到曼飞龙村文化变迁的基调是一种民族文化的存优择良，它闪耀着现代理性之光。这种变迁尽量保持了文化的继承性，减少了变迁带来的文化震荡，从而最大限度地降低了文化变迁的代价。

曼飞龙村傣族文化变迁健康合理的取向向我们说明，传统绝不简单的是现代性的对立物，那种认为二者冰炭难容的看法是缺乏根据的。传统民族文化不但有的因子本来就可以和现代性相协调，而且还可以通过重构实现其现代适应。所以，理性地对待民族文化而不是简单地否定和抛弃民族文化，不但可以促进民族文化的繁荣，还可以在社会变迁中降低变迁成本，提高社会的整合水平。

曼飞龙村的例子不但丰富了我们对民族文化现代适应的认识，而且，将其与同样生活在西双版纳的基诺族文化变迁进行比较，还可以启发我们思考对民族文化的理性自觉在文化变迁中的重要作用。

基诺族也是笔者十多年来跟踪研究的对象。他们当代的文化变迁表现出的是另一番景象。近年来，由于种植了砂仁、橡胶树等经济作物，基诺族的经济取得了较快的发展，人民生活有了明显的改观。此外，由于长期重视教育，基诺族人的文化素质与劳动技能也有了明显的提高，整个民族获得了世所公认的发展与进步。但与此同时，基诺族的民族文化与发展也成了一个困扰人们的难题：近年来传统的轮作制难以为继，汉族式的砖平房已基本取代了传统的木结构干栏式建筑，人们穿上了汉族服装，青年人时兴讲汉语、唱流行歌，不了解自己民族的传统与历史，甚至不留坟墓的传统丧葬方式也受到汉族土葬的影响，向汉族的葬俗靠近。很多对民族文化有重要象征意义的传统仪式如上新房、过年俗等都已经或正在消失，传统的价值观受到了冲击。因此，今天基诺族民族文化所面临的危机是前所未有的。基诺族的一位长老及一些知识分子估计，基诺族的传统知识、作为民族历史及文化重要传承方式的歌舞、民族服装、居住风格等民族文化特质不出 20 年将会基本消失。笔者目睹了基诺族的这一快速的变化，对于其经济水平与物质生活水平的明显改观深感欣慰，但也对其民族文化一些因子的较快消失感到惋惜与困惑。困惑在于很多基诺族人并不看重保存本民族的文化，很多青年人认为，近年来基诺族的显著发展与民族文化并无关系，甚至是由于放弃了传统、接受了新事物才取得了这样的发展。在笔者 1985 年所做的百人问卷调查中，有 83% 的受调查者认为应注重保留民族文化（当时表格中列举了民族服装、居住方式、语言、歌舞等要素），而到了 1992 年笔者再次进行相同的调查时，认为保不保留民族文化无所谓的已多达 60%。

基诺族民族文化一些因子的丧失已经带来了很多不良的后果，如在土地使用方式方面，基诺族生活在亚热带山区，在过去，使用土地要严格按照轮歇的方式，即一块山地垦作两三年就放荒十二年后再开垦种植，这样使山地上的树木在开垦后能得到复生，地力得以恢复。但在 70 年代以后，随着土地的重新调整划分，这一传统受到一定程度的破坏，其后果是危害了土地、破坏了森林，从而破坏了生存环境，危及可持续发展。再如居住方式，基诺山区环境湿热，传统的干栏式建筑有利于防止风湿等疾病的发生，而今天新房的式样为汉式，直接建在地面之上，其不良后果是显而易见的。

基诺族上述的文化变迁是一种对外来文化不加分析地照搬，是一种本民族文化因子的丧失。文化因子丧失的后果是严重的。因为一个民族的文化是该民族对其所处自然环境、社会环境长期适应的结果，因而必有其合理性；不加分析地丢掉民族文化中的合理因子，就会降低该民族对其生存环境的适应能力，从而危及一个民族的健康发展。[1]

傣族和基诺族不同的情况很自然地使人产生一个问题：为什么傣族文化可以有良性变迁，基诺族文化却出现了非良性变迁呢？

以笔者十多年来的观察和体悟，笔者认为，这里的一个重要因素是民族自信，或曰对本民族文化的自信问题。

---

[1] 关于文化的适应性及非适应性，请参见〔美〕C. 恩伯、M. 恩伯《文化的变异》，杜杉杉译，辽宁人民出版社，1988，第 43 页。

民族自信是民族自我意识的重要组成部分，它建立在对本民族文化特质的肯定性评价的基础之上。这种自信表现在与异文化接触，发现了"我"与"非我"的不同时，能够对本民族文化和异民族文化都采取分析的态度，存己之优，择人之良①，从而使本民族文化吸取丰富的营养而健康发展。历史上的"盛唐气象"就是一个最生动的例子。当然，自信区别于夜郎自大式的自矜，这就无须多说了。可以说，傣族是具有充分的民族自信的，基诺族就有些欠缺。那么，何以出现这种不同呢？

从社会心理学的观点来看，自信是建立在自我评价的基础之上的。形成自我评价的因素有许多，而十分重要的是来自他人对自己的评价。在这一点上，傣族文化是很幸运的。傣族的文化特质受到传媒的广泛关注，如泼水节、傣族妇女的服饰、孔雀舞等，都受到肯定性评价并广为人知。改革开放以来，西双版纳成为著名的旅游区，本民族文化可以成为别人欣赏、参观的对象，这自然更提高了傣族群众对自己文化的自信心。相比之下，传媒对基诺族的经济发展、教育成效报道较多，而对其文化关注得较少，基诺族群众难得听到别人对自己文化的肯定性评价，基诺族对本民族文化自信心的欠缺与此不无关系。这样，在社会开放度提高、接触外来文化时，基诺族群众特别是年轻人就轻易地放弃本民族文化中的合理因素。

对本民族文化健康的自信是一种对本民族文化理性自觉的表现。在当代，强调这种理性自觉十分重要。因为当前宏观社会发展迅速，不同文化的汇聚也普遍存在，各民族文化不可避免地会发生变迁。于是，怎样使这种变迁朝着健康的方向进行，就成为一个重要问题。为了很好地解决这一问题，我们强调对于民族文化的理性自觉，这种理性自觉因下面的现实而显得十分重要：我国的现代化进程具有后发、自上而下推动的特点。由于不是自发产生的，人的理性自觉在这一进程中就具有举足轻重的作用。民族文化因子的去留存废，何者应当弘扬、何者宜于弱化，如何对外部文化进行选择性吸收，凡此种种问题的解决，都离不开这种理性。为此，笔者主张我们需要通过包括传媒在内的各种手段培育兄弟民族的具有现代理性

---

① 参见杨国枢《中国人对现代化的反应：心理学的观点》，载乔健、潘乃谷主编《中国人的观念与行为》，天津人民出版社，1995。

的民族意识（注意，不是狭隘的、偏激的、夜郎自大式的民族意识），这包括对本民族文化较为客观的自我评价，必要的民族自信，以及健康的心态和开放的胸襟。这样，在多种文化汇聚的时候可以保持冷静的头脑，采取分析的态度，存优择良，以图发展。笔者相信，现代化的实现需要的是各民族文化的共同繁荣，它绝不需要以民族文化的丧失为代价。

傣族的民族心理社会变迁[*]

　　傣族是居住于中国云南境内的一个民族，人口 122 万人。主要分布于云南省西双版纳、临沧、思茅、德宏等地州。同时，傣族又是一个跨境而居的民族，与缅甸、老挝、泰国等国有较深的民族与文化渊源关系。因此，研究傣族的民族心理与社会变迁的关系，不仅对于促进傣族的社会进步有重要意义，对于边疆的稳定与民族团结也同样有较大的现实意义。

　　1. 傣族民族心理形成的社会环境与特征

　　一个民族的心理形成，与其长期的历史、社会、生存环境等因素影响有关。傣族也一样，其民族心理的形成与其所处的地理环境、历史和社会文化密不可分。

　　傣族是一个农业民族。傣族居住的区域主要是平坝，土地平坦肥沃，因此傣族农业的核心主要是稻作。由于地处热带、亚热带，水稻成熟期短。目前很多地区种植双季稻。良好的自然环境给傣族人民提供了丰富的资源。此外，傣族人民还种植水果、蔬菜、棉花等作物，自古就保持着自给自足的生存状态，并且不受饥寒之苦。只要不受天灾及战争等影响，傣族人民获得衣食并不困难。

　　傣族人民居住在平坝地区，但其分布的区域却山高路远，自古以来交通闭塞，十分封闭。与傣族人民同居一区域的民族主要居住在周围的山区，有哈尼族、彝族、拉祜族、基诺族、景颇族等民族，在过去，傣族在

　　* 本文原载郭大烈主编《云南民族传统文化变迁研究》，云南大学出版社，1997。

这一区域内经济、文化水平发展都相对较高。

傣族人民有悠久的历史,有自己的社会文化体系,有自己的语言、文字、服饰、风俗习惯等,这些文化要素是傣族人民有别于其他民族的重要标志。傣族人中绝大部分信仰南传上座部佛教,在傣族居住地区,几乎村村建有佛寺,不少村子还建有佛塔。佛教在傣族人民的社会生活和精神文化中产生了广泛的影响,人的一生中几乎每一个时期都会与佛教发生关系,男子在五六岁时必须到佛寺中出家一段时间,才能还俗成为一个人们认同的傣族人。傣族传统的教育、文化、节日等也与佛教有关,如泼水节、开门节等就属于与佛教相关的节日。

以上简单概述了傣族社会、经济、文化的一些特征。傣族的民族心理的形成与存在,与傣族人民的这种社会背景是分不开的。概括而言,傣族的民族心理特征主要有以下几个方面。

第一,自强与自信心理。在傣族人的自我价值判断中,自强与自信十分突出,傣族在新中国成立前曾经是当地的统治民族,政治、经济、文化等地位都较当地其他民族要高,从而影响到了傣族的这种心理,同时也促成了傣族较强的民族自豪感。在傣族居住地区,其他民族都会讲傣语,而傣族却不学其他民族语言,这就是一种民族自大心理的反映。近年来,随着傣族地区的各项建设事业的发展,傣族人民通过旅游、电影、电视、报刊等渠道越来越多为外部世界所了解,傣族人民的勤劳善良、爱美好洁的良好生活习俗、艳丽飘逸的妇女服饰、傣乡迷人的风光不知迷倒了多少人。外部社会如潮的好评,也同样增强了傣族人民的民族自豪感与民族自信心理。1993年我们在西双版纳景洪市城郊做的一项有关调查中,有92%的傣族被调查者认为傣族民族文化传统优良、发达,作为一个傣族人感到自豪。

第二,开放共容的心理。傣族是一个宽容的民族,在傣族人的心理中,对其他文化的抵触是比较少的,显得较开放,这促使傣族能与其他民族在各方面和睦共处,在文化上能够共容。这种心理特征,从傣族的宗教上就可以反映出来。傣族人中绝大部分信仰南传上座部佛教,佛教对人们的思想及行为有较强的约束性,但与此同时,傣族并不因此而在行为上排斥其他文化与世界观,甚至在思想上也能认同。傣族在信仰佛教的同时,本民族原有的宗教观念也保持着,这主要是一些自然崇拜及鬼神观念,如对祖宗的祭祀，对社区、村、家神及一些自然神灵的崇拜等，并且在日常生活中，对佛教的信仰与对神灵的崇拜是并存的。在人们的观念中，获得社会的认同、祈求世道的平安与来世的幸福靠的是佛教，而人生的凶吉靠的是神灵的保佑。文化共容的另一个典型例子是西双版纳州勐海县的两个信仰伊斯兰教的村子。在绝大部分人信仰佛教的傣族中，勐海县有两个傣族村子由于历史的原因信仰伊斯兰教，但在族属与一般风俗上与傣族没有区别。此外，在景洪市也还有多个村子的傣族信仰基督教。尽管信仰不同，但并没受到其他不同信仰的人们的排斥，长期以来，他们能够在信仰佛教的傣族社会中和睦共处，平和地生活，这一点充分地反映出了傣族的开放与文化共容的心理特征。

第三，民族传统优越心理。尽管傣族包容其他文化，持有开放的心理状态，但并不十分主动地接受外来文化，也就是自己并不主动融于其他文化，而是持有一种民族传统优越的心态。在社会中较全面地沿袭着本民族的文化，保持着本民族的语言、文字、服饰、居住等社会风俗习惯，即使在较为开放的城镇地区也一样。在旅游地区，如西双版纳、德宏等地，民族文化随着旅游业的发展而有了新的价值，这种价值在现代社会生活中的显现更增强了人们的民族优越感，当地一些汉族居民在一些习俗上也吸收了傣族的习俗，尤其是饮食习惯方面。而与此相反的是，一些与傣族同居一地的山区民族，他们的文化随着外来文化的影响而较快地丧失，如居住在景洪市的基诺族，近年来随着与外界接触的增多，他们已较多地放弃了本民族的文化，如服饰，今天基诺族男女都已选择了商店出售的服装，本民族的服饰即使在边远的山寨中也难以见到了。基诺族传统的民居是干栏式木结构建筑，近年来随着人们收入的增多，人们纷纷建盖由外地汉族施工队设计的砖瓦结构平房，传统的民居已较快地被取代。而这两个方面，傣族不论离城远近，都没有多少改变。

第四，和平心理。傣族是爱好和平的民族，傣族人具有较强的和平心理，这在傣族社会生活的方方面面都能体现出来。傣族性情温和，在社会生活中极少与人发生冲突，不仅本民族社会和睦，与周围其他民族也能融洽相处，很少发生冲突，能与不同民族、宗教、文化的人们和睦相处，如前述两个伊斯兰教的傣族村寨的人们也能在信仰佛教的傣族社会中和睦相处。在社会生活中，傣族人民待人和善，团结互助。在一个村子中，不论是建房、种地，有人生病等，都能得到村中人们的自觉帮助，对待孤老更是如此。别人有难，人们也会热心帮助，山区居民常常因自然灾害缺粮，也能得到傣族人的帮助，接济一些口粮，即使不认识的人也如此。

第五，宗教心理。傣族人中绝大部分信仰南传上座部佛教，因而宗教心理在傣族的民族心理中具有很重要的地位。这可以从两个方面来看：一方面，人们怀有对待宗教信仰虔诚的心理，对佛教的信仰甚至成了傣族的一个象征。傣族男子每至五六岁便要到佛寺中出家几年，才能返俗，出过家的人在人们看来才是真正的傣族人。傣族社会生活中的重大节日，如傣历新年、开门节、关门节等，都属于宗教节日，在这个过程中，人们都按照宗教礼俗来规范自己的行为，欢度节日。如在关门节期间，老人们要自觉地到佛寺中住几天，也不出远门，年轻人则不能在关门节与开门节之间的三个月内结婚。同时，人们还会在宗教节日中虔诚地祭祀佛祖。人们对宗教信仰的虔诚在"文化大革命"的灾难中就可以看出来：在"文革"中由于"左"的影响，宗教信仰自由的政策受到了破坏，傣族人民的宗教信仰自由也受到压制，佛寺被破坏，佛像被推翻，僧侣被迫还俗，一切宗教活动都被迫停止。尽管如此，人们对宗教的信仰并未消失，在20世纪80年代初，随着党的宗教政策重新落实，宗教信仰又较快地得以恢复，男孩子们又重新走进寺庙，学习宗教知识，度过人生一段重要的历程。在西双版纳州，1981年重新落实宗教政策时，全州仅有655名僧侣，到1982年入寺的僧人就猛增到4365人，可见对宗教的虔诚并没有因外部社会的动乱而改变，在今天的傣族社会中，对佛教的信仰仍然牢固地保持着。

另一方面，傣族人心理活动深深地受到佛教的影响，人们遵守佛教的教义，按照佛教教义规定的行为规范行事。这一切经过长期的沿袭，成为一种稳定的心理状态，如因果报应观念，人们认为不按照佛教的教义行事，不虔诚地信仰佛，那么来世将不会得到好报。在日常生活中，人们行善戒恶，以行善来积德，相反如果行恶，那么必将得到恶报。在这方面，傣族人有较强的意识。

傣族的民族心理是在长期的历史发展中受历史、社会文化、自然环境、宗教等因素的影响而形成的，并且具有较强的稳定性。在今天的社会变迁中，傣族传统的民族心理面对着新的冲击，也在不断地进行调整，一些新的要素正注入傣族的民族心理中，这将对傣族的发展产生深远的影响。

2. 社会变迁中的傣族心理

自20世纪50年代以来，傣族社会发生着巨大的变化，社会种种层面的变革都是前所未有的，而且从总体上来讲，是向着有利于民族的进步方向变迁发展的。之所以发生这样巨大的变化，与傣族人民所处的外部政治、经济、文化环境的变化有直接的关系。这主要表现在以下几个方面。

一是新中国的成立，使傣族所处的政治环境发生了巨大的变化。自此以后，傣族与其他民族一样，政治、经济及文化的发展都进入了一个一体化发展的时期。这种一体化发展的新格局，不仅给傣族的发展带来了机遇，同时也给傣族社会带来了冲击。今天的傣族社会客观而言正是在与外部社会文化的不断冲突、调整与融合中发展进步的。

二是各种现代化建设事业的发展促进了傣族社会的变化。50年代初，勐腊土司从内地购得一部自行车放在门前，傣族人为满足自己的好奇心，参观一次要花几分钱。而自此之后，傣族人生活中所出现的新事物也许是人们做梦也未曾梦到的。今天，公路通达傣族地区的村村寨寨，景洪市、芒市还修建了飞机场。以现代教育为主的各级教育网络已经在傣族居住区形成，小学普及到了村社。现代科学技术的种种成果在傣族居住区得到了普及与运用，人们用上了电、机械、机动交通工具，通过广播、电影、电视等获得信息，享受现代医疗。凡此种种，都是近几十年来出现的新变化，这一切不仅改变了傣族人的生产生活方式，同时也促使傣族人的思想观念及思维方式发生变化。

三是社会交往带来的影响。随着西双版纳地区的经济建设及对外开放，50年代以后这一地区对外交往也较快地在扩大，这一地区人们的社会交往也变得日益频繁，人们通过不同的经济、文化、社会生活等途径而获得信息并相互影响。这其中最为突出的是汉傣两个民族间所产生的相互影响，如外来的汉族学会了吃傣族菜，甚至吃傣族的典型菜生拌牛肉。当然，在这种影响中，由于汉文化相对较高，并且普及的是汉文化教育，因此汉族对傣族的影响更大。如汉族的思想观念、生活方式等对傣族社会都有很大的影响。这其中影响最直接、最大的个例是农垦事业的开拓。以西双版纳为例，自1955年第一批复转军人来到西双版纳建立第一个国营农场——黎明农场后，内地一批批从湖南等地迁来的汉族开拓者在这里扎根。今天的国营农场已有 14 万人，与 796 个傣族村子，22 万当地各族群众相邻。在这个过程中，外来者开荒种植、修路、筑桥、架电、普及科学技术、教育、医疗，帮助当地群众发展生产，几十年朝夕相处，对傣族社会的变迁产生了重要的影响。近年来旅游业及对外经济文化的发展对傣族社会产生了更为广泛的影响。在这种巨大的社会变革中，傣族的民族心理也在发生变化，对社会的变迁产生着影响。

首先，傣族传统的民族心理在主流方面对于傣族的社会进步是有益的。傣族人民爱好和平，具有较强的和平心理，对于边疆的稳定与民族团结产生了重要的影响。在 50 年代，傣族聚居区都是通过和平方式获得解放，自此之后，尽管经历了"十年动乱"，但居住于边疆的傣族人民始终与祖国的利益保持一致，维护着边疆和平与稳定，以自己是一名中国公民为自豪，今天随着中国各项建设事业的飞速发展，国家的强大更增强了人们的这种意识。与此同时，傣族与周围居住的各族人民也和睦相处，共同促进了边疆的繁荣与发展。

其次，傣族人民具有共容其他文化的、开放的心理，对于傣族人民吸收外部文化以及各项建设事业在傣族聚居区的推行都产生了积极的影响。今天的社会变迁中，外部社会的各种思想、文化对于傣族的影响来说，都是前所未有的，有的甚至与傣族的传统是相违背的，如医疗的普及，过去傣族人民认为人生病都是鬼神在作怪，寄希望于借助鬼神的力量来驱病。而今天，现代医学观已为傣族人民所普遍接受，尽管驱鬼治病的活动在一些地区还存在，但人们有病找医生已成为主流。再如教育，过去傣族的教育是通过佛寺实施，并且妇女没有受教育的权利，但随着现代教育的普及，很快便获得傣族人民的接受，妇女不能受教育的传统观念也迅速改变。今天，初级教育已普及到了傣族居住区村村寨寨。傣族的开放心理所具有的普遍意义在于它对于傣族人民接受外部文化奠定了基础，这一点对一个民族的发展来说有十分重要的意义，较之于思想意识及心理封闭的民族来说，傣族更容易接受外部文化，不断得到新的调整与充实。

最后，傣族共容与开放的心理状态也有利于民族文化的继承与发展。如前所述，傣族在以较为开放的心态接受外部文化的同时，并没有放弃本民族的文化，本民族的文化仍较完整地保存着，如语言、服饰、宗教、住房风格、生活习俗与方式等，而这其中有很多方面是科学而文明的，如傣族爱好清洁是远近闻名的。人们每天都要沐浴，更换衣服，上楼前要脱鞋。这一切，就形成了一种既有鲜明的传统文化，同时又有现代物质与精神文明的产物，如教育、科技产品、医疗、文化等共存的一种文化体。从文化学的角度而言，一个民族的文化是其长期历史发展的产物，也是一个民族物质文明与精神文明的结晶。如果在外部文明的冲击中较快地丧失了本民族的文化，将造成一个民族精神的失落，对一个民族的发展是不利的。而本民族文化在吸收其他民族先进文化的过程中得到新的发展，是一种较好的模式。傣族人民由于传统文化中有相应的机制，其中最重要的就是有与不同文化共容的开放心理素质，因而能选择一种对本民族文化发展有利的模式。

傣族人中绝大部分信仰南传上座部佛教，客观而言，这对其社会也有一定事实上的积极作用。宗教教义作为一种道德准则，对傣族社会产生了广泛的影响，其中的很多内容在今天的社会变迁中仍是有积极意义的，如禁偷、杀、奸、淫，行善戒恶，助人为乐等。可以说，傣族社会的和睦与佛教也有较大的关系。这些方面与傣族今天的社会变迁与进步并不矛盾。

傣族民族心理的形成有其特定的社会历史背景，在今天的社会变迁中有其相适应的一方面，但在新的社会环境中，也同样具有不利于社会发展的一面。

首先，傣族有较完整的民族文化体系，在当地区域内属人数较多的主体民族，也就形成了民族心理状态的稳定性。就其心理特征而言，尽管傣族能共容不同的文化，在很多方面民族文化优越的心理较强，传统的民族心理在今天的社会变迁中仍占主导地位，对外来文化虽不排斥，但也并不积极吸收，这就对傣族今天的社会发展在一定程度上产生了不利的影响。如教育，尽管在今天的傣族聚居区初中级教育已得到普及，但傣族学生接受教育的热情，相对其他民族而言并不高，以1990年在勐腊县所做的一项人口与学生比例的调查为例：小学生分别为汉族12:1，傣族13:1，哈尼族7:1，瑶族6:1；中学生分别为汉族41:1，傣族342:1，哈尼族131:1，瑶族103:1。从这项调查中可以看出，傣族在四个民族的小学生及中学生中所占比例都是较低的。1993年我们在大勐龙景洪二中所做的学生考试成绩调查中，傣族在不同民族学生中的考试成绩总体也是最低的。从经济文化发展而言，傣族都高于当地少数民族，而在接受教育方面的差距究其原因与传统心理与文化价值有直接关系，此外，在接受现代科学技术等方面也有一定的差距。

其次，在传统社会心理较为稳定的状态下，傣族显得易于满足，商品观念仍然跟不上发展的步伐，平均主义思想严重。除靠近村镇的农村商品率较高外，广大农村中的生产投向仍然是自身的消费性生产而不是商品性生产，商品经济仍不发达，制约了傣族经济的发展。

最后，傣族信仰佛教，对其社会的和谐有一定的积极意义，但由于虔诚心理的存在，也同样有一些与现代发展不协调的方面。在人们的心灵深处，由于佛教轮回观的影响，人们对于来世寄予较大希望，而对现世存有一些消极心理。对傣族的鬼神观，老一辈也有较深的认同，认为世间万物都是受鬼神支配的，这一切对于傣族的社会进步是极为不利的，对科学技术的普及更具有制约性，使人们不主动地接受科学技术。

综上所述，傣族的民族心理在现代社会变迁中既有相适应的一面，与现代变迁相协调，对于傣族的社会发展有积极的意义，但也有一些消极的层面，在现代社会变迁中对傣族社会进步起到阻碍作用。以今天社会进步的标准来衡量，傣族民族心理中有一些方面虽谈不上消极，却显得不协调，如民族传统优越的心理，对于民族文化的继承有积极的意义，但同时对于其他文化的吸收却有不利的作用，前述傣族学生接受现代文化教育的例子就是较典型的，因此其民族心理也存在调整与重构的必要，这对于促进傣族社会的进步有十分重要的意义。这种调整的重点在以下两个方面。

第一，对有利于傣族社会进步的民族心理要素使之继承强化，让其在傣族的现代化建设中发挥积极作用。在过去，人们并不重视一个民族的心理对于其社会发展的作用，而事实上它对民族发展的作用是无形而巨大的，我们应承认这种事实，积极加以调整与引导，这样民族心理往往能成为推动一个民族进步发展的强大内动力。以傣族而言，如能将自己共容其他文化的心理状态调整到积极吸收外部的先进文化，继承本民族的优良文化而不故步自封，以此使自己的文化更加完善发达起来，这样对于傣族社会的发展就会起到积极的作用。

第二，对不利于社会发展的心理应积极引导，使之加以调整，尤其应在傣族的民族心理中注入科学的要素，使之能强化发展的、科学的世界观与心理，以一种积极的心态对待外部的事物及今天社会的变迁。在傣族的民族文化中，宗教等理性化的因素较多，而且很多方面都是非唯物的，往往使人的心理与现实世界的发展相脱节。在这方面应加强重视，积极引导，这对傣族的发展是十分重要的。没有心理的调整，外部的很多发展工作如同无源之水，效果并不佳。过去我们在普及科学技术、教育、文化等方面的工作效益不好，甚至受到抵触，原因就在于没有从人们的心灵深处引发其现实的需要与接受的愿望。重视民族心理调整与重构，应是今天民族发展工作中的一个重要课题。

傣族宗教文化的变迁与
社会发展[*]

傣族是居住在云南南部的一个跨境民族，人口约 122 万。在中国境内，傣族主要聚居于西双版纳傣族自治州、德宏傣族景颇族自治州及孟连、金平等县境内。同时在缅甸、老挝及泰国北部都有分布，与这些国家有较深的民族渊源关系。傣族是一个以水稻种植为主的农业民族，有自己的语言、文字及生活方式。傣族人中绝大部分信仰南传上座部佛教，同时也保留着本民族的原始宗教。在其历史的发展中，宗教对傣族的思想观念、行为及社会文化等都产生了深刻的影响，形成了相应的文化体系，至今仍然对傣族社会产生着广泛的影响。与此同时，由于共同的宗教信仰，傣族与缅甸、老挝、泰国等国有种种文化上的交流与相互影响。因此研究傣族的宗教文化①及其变迁，对于认识傣族的社会文化，促进傣族的社会发展，进一步开展对外文化交流都有较大的现实意义。本文依据笔者十余年的实地调查研究，对傣族宗教信仰在 20 世纪 50 年代以来的变迁、现状及发展趋势进行探讨，以期获得对傣族宗教与其社会发展关系更客观深入的认识。

---

* 本文原载《云南宗教研究》1997 年第 2 期。

① 本文侧重于研究宗教与社会的关系，即宗教对社会所产生的影响及其变化，因此使用宗教文化的概念来概括宗教在傣族社会中所产生的相应现象。

一　傣族的宗教与社会文化

傣族的宗教信仰分为南传上座部佛教与自然崇拜两个部分。这两个部分在傣族的宗教生活中同时存在。南传上座部佛教是 13 世纪以后才传入傣族地区的，而自然崇拜则是傣族自己的民族宗教。两种宗教在傣族的社会生活中发挥着相对不同的功能：在傣族人的观念中前者的信仰起到获得清吉平安、来世得福的作用，而后者的信仰则是获得神灵的保佑、消灾免难。但从总体上讲，佛教对傣族社会文化的影响较之原始宗教要大得多。在傣族社会中，宗教信仰的这两个部分不是单纯的精神信仰，它对傣族社会产生了广泛的影响，形成了一种相应的文化。下面我们分别就傣族宗教的这两个部分进行概述。

1. 佛教

傣族人中绝大部分信仰南传上座部佛教。在傣族居住的村寨大多建有寺庙、佛塔。在傣族的传统社会中，佛寺是其重要的文化中心，佛寺中一般都保存有佛教及生产生活方面的典籍，文化教育也在佛寺中进行。佛寺还是人们祭祀及与宗教相关的年节的活动中心。因此人们建立村寨时必须建盖佛寺，而经济条件好时则要把佛寺翻建得更好。佛寺也成为圣洁的地方，进入佛寺必须脱鞋，也不能把不洁的东西带进佛寺，甚至妇女行经期间也要自觉不进佛寺。在德宏地区，妇女不能走到佛像前台上。

在个人的行为方面，人们要受佛教清规戒律的约束，要遵行佛教教义，履行相应的义务。男子在五六岁时就必须进入佛寺当和尚，三四年后才能还俗。在其传统社会中，这是人生最重要的一个过程，只有进过寺庙的男子才被人们看作一个真正的傣族人，为社会所认同。而一个没进过佛寺的男子不但没有社会地位，甚至没有姑娘愿意嫁给他。男孩在佛寺中学会了傣文、佛经及一些天文地理知识，也学到了为社会所认同的为人做事的行为规范，这几点是傣族社会十分看重的。依据佛教的教规，人们不能偷、杀、奸、淫，而要"六根清净"，与人为善。在人的一生中，还必须认真礼佛，参加各种祭祀活动，奉献牺牲，遵守有关的规矩。如在每年 7～10 月的"开门节"至"关门节"期间，人们不能出远门、谈情说爱、结婚，而要认真参加每隔七天一次的祭祀活动，成年人还要到佛寺中住几天。对于佛的祭祀既是一种义务也是一种荣耀，在每次祭祀活动中人们都会力所能及地奉献各种牺牲品，如食物、衣物、各种生活用品、钱等。对于虔诚的信徒而言，一生中必须作几次大的祭祀，如在西双版纳地区的"赕曼哈邦"，即大祭佛活动，就是规模较大的祭祀活动，由于花费较大，并不是每家人都能作，所以一人祭祀，全家光荣。

佛教与人们的社会生活密切相关，这最典型地反映在与宗教相关的各种节日中，如每年的傣历新年"泼水节"，就是傣族最隆重的节日，节日历时三日，人们要杀猪杀牛，唱歌跳舞，泼水祝福。每年一次的祭佛塔活动也是一个重要的节日，尤其是一些知名度较高的佛塔更受人们的重视。如西双版纳的曼飞龙塔，每年祭塔节，远近前来参加者多达数千人，同时也成为人们走亲访友、做买卖、娱乐的机会。再如每年的关门节、开门节，人们不仅要遵守相关的规矩，同样作为节日也是一次重要的社会活动，与过新年一样也要庆贺娱乐，十分隆重。宗教节日与祭祀活动是傣族社会生活中最重要、影响面最广的内容之一。

佛教也是民族文化艺术的重要传承者。傣族的文字在过去主要是用来抄写佛教经文的，人们学习文字主要是通过佛寺教育，当然文字的运用远远超出了宗教的范围。宗教也形成了相应的建筑艺术，如寺庙建筑风格、宗教雕塑、绘画等，为了祭佛还要制作各种祭祀用的工艺品。与佛教相关的文学也丰富多彩，并且有很多古印度及东南亚国家的文学作品也随之而传入傣族地区，如著名的《召树屯》就是一个在东南亚国家广泛流传的爱情故事。佛教的传入也带来了丰富多彩的佛教艺术，与佛教的其他内容一样，在傣族社会中产生了广泛的影响。

2. 自然崇拜

自然崇拜是源于傣族自身的民族宗教，其思想内核是万物有灵。在人们的传统观念中，山、水、天、地、太阳、月亮、树木甚至生产工具都有神灵，因此人们在生产劳动中的每一个环节都要祈求神的保佑。如种植水稻，从犁地、放水到撒种、插秧、薅秧、收割都要进行祭祀。吃新米时更要隆重祭天，感谢天神的恩赐。此外，人们修筑水沟、伐木、上山狩猎等活动都要祭祀相关的神灵。

在社会中，人们也相信人有不灭的灵魂。家庭有家庭祖先的灵魂存在，村寨有村寨始祖的灵魂存在，一个地区也有其始祖的灵魂。这些祖先的灵魂也就成了保佑人们平安的神。为祈求祖先神灵的保佑，也要常常祭祀。在每个家庭中，都设有一个小神坛，过年过节或有好事、出远门等都要祭祖先。在村子中央设有寨神的祭坛，这是全村寨的中心，每个家庭的神都集中在这里，一个家庭放一根木柱，表示一个家庭的存在。平日家庭中有大事，有人出远门都要先来祭祀，每年还要进行一次全寨的集体祭祀活动。傣族的每一个村子在建寨时都要种下一棵榕树，这棵树也就成为村子中的神树，人们日常会祭祀它，祈求树神的保佑。一个地区也有一个地区的神，在民主改革前每年都要举行隆重的祭祀活动。

在人们的观念中，神灵有善恶之分，祭祀一些神灵能够消灾，得到保佑，而一些恶的神灵则要驱之，如人畜不安、有病等天灾人祸，人们便认为是恶鬼作怪，也要祭祀鬼。

以上对傣族的宗教进行了简要的概述。概括而言，傣族的宗教有以下特点：一是对佛教的信仰与本民族的自然崇拜并存。二是宗教与其社会文化有密切的联系，对社会有着广泛的影响，宗教已成为社会中一种客观的文化现象。可以这样说，傣族所保持的很多文化就是宗教的产物，因此宗教文化已成为民族文化的一个组成部分。三是两种宗教并存，在人们的观念中尽管对于两种宗教都有其共同的祈求，但对佛教的信仰更侧重于来世，而自然崇拜则侧重于现世。但由于佛教不论理论体系还是实践活动都要较自然崇拜完整得多，因此佛教对于傣族社会的影响远远超过了自然崇拜。

二　傣族宗教的现代变迁

自20世纪50年代傣族地区实行民主改革以来，傣族地区的政治、社会、经济、文化等方面都发生了巨大的变化：普及了现代科技、教育、文化、医疗等，建设了四通八达的交通网络，大大提高了傣族人民的生活水平，促进了傣族地区社会经济的发展。尤其是近年来电视、电话及航空、旅游等有助于社会对外开放及人们了解外界的事业的发展，不仅改变了傣族人民的生活方式，也促使人们的思想观念与思维方式发生了较大的变化。新的发展格局给傣族社会带来了机遇，同时也带来了冲击，50年代之后的历次政治运动与改革浪潮无不波及傣族社会，引起傣族社会的激荡，如"大跃进""政治边防""文革"等政治运动以及包产到户等农村改革。傣族宗教的现代变迁也正是在这种社会变革的大背景下发生的。

傣族宗教的当代变迁可以分为两个大的阶段。第一个阶段是50年代末到80年代末期，第二个阶段是90年代以来。这两个阶段都具有不同的特点，下面我们分别进行考察。

1. 傣族宗教变迁的第一阶段

在20世纪50年代初中期，民主改革并没有波及傣族人民的宗教信仰。如西双版纳在1955年仅勐龙、勐混、景真、勐遮、勐宽等行政区内的230个自然村中就有佛寺183座，有佛寺的村庄占全部自然村的79.6%，民众也保持着正常的宗教活动。而随后发生的社会变革使这一切发生了改变。

沿袭了数百年的傣族宗教信仰第一次受到巨大的冲击是50年代末的"大跃进"运动，在此期间，各地的僧侣已开始被迫大量还俗，宗教活动被看作旧习俗也受到限制。而到了60年代中后期，对宗教的压制到了极端。一切宗教活动都被禁止，不少佛寺被拆毁，佛像被推倒，佛经被烧毁，僧侣基本都被迫返俗。百姓在家中祭祀祖宗的祭坛也不能再设，没人再敢谈信教，甚至与宗教有关的民族传统节日，如泼水节等都受到了限制。

1979年以后，宗教信仰自由的政策又重新得到了落实，傣族人民的宗教活动又重新得到了恢复，并较快开展起来。首先，寺庙得到了恢复，很多"文革"中被占用的寺庙归还给了群众，并得到了修复。群众又可以自由地送孩子进寺当和尚，这一时期人们恢复宗教活动的热情十分高，如在西双版纳，入寺的和尚1981年为655人，1982年就猛增到4365人，1986年达到6000余人。一时间，父母纷纷送孩子进寺当和尚，甚至有的青年人也为了进寺当和尚而离婚。一些小学校由于男孩进寺而一时间成了只有女孩的小学，影响到了正常的学校教育。在人们的心目中，当和尚是一件十分荣耀而且必须做的事。

其次，人们还恢复了各种宗教祭祀活动及与宗教相关的民族节日，如泼水节、关门节、开门节等。西双版纳的曼飞龙白塔，是一座远近闻名的古塔，自宗教活动恢复后，这里每年都举行隆重的赕塔活动，每次历时三日，每次都有远近百里的数千人参加，已成为当地的一个盛大节日。在赕塔之日，人们打扮一新，尤其是妇女都打扮得花枝招展，来到塔前敬香礼拜，跳起民族舞，一些妇女还借机出售一些小食品及手工制品。入夜之后，青年人或唱起山歌或跳起舞，尽情玩乐。老年人集中在寺中念经，闲谈。

这一时期宗教热情的高涨是长期压制的结果，近20年的压制不仅使傣族人民失去了信仰宗教的自由，破坏了宗教及相关的文化，也使傣族人民的感情受到了损伤。因此在党的宗教政策重新得以恢复之后，人们的精神获得了解放，人们通过宗教活动的恢复而找回民族文化上的自我。很多父母就是在"没进过寺就不是真正的傣族男人"这一传统信念的驱使下也把孩子送进佛寺的。由于大批男孩入寺，教育受到了较大影响，于是在80年代中期勐海县开始试办和尚班，让小和尚们白天上学读书、晚间在寺中念佛，在这其中十分注重维护相关的宗教政策，如男女分隔、不在言行上歧视等，受到了群众的理解与好评。这一做法随后得到了傣族群众的认可，并很快推广开来，到了90年代，小和尚白天在学校受义务教育，晚间在寺读经已成为十分普通的事。

80年代初中期宗教的快速高涨由于是长期压制的结果，因此经过几年之后信教热潮开始有所降温，宗教活动进入了一个正常稳定的发展时期。这其中还有一个重要的原因是宗教活动20年的中断造成了一代中青年未曾出家及接受佛寺的熏陶，他们对宗教的认识不深，观念上与老一辈有较大差异。这种客观的事实对于傣族的宗教发展产生了深远的影响。

2. 傣族宗教变迁的第二阶段

20世纪90年代以来，傣族地区的各项建设事业获得了更快的发展，农村生产责任制的活力真正得到了显示。由于大多数傣族居住区地处亚热带，适宜于经济作物的生长，因此傣族地区在粮食普遍得到稳定增产的同时，以甘蔗、橡胶树种植为主体的经济作物种植业也较快发展起来，并给傣族人带来了可观的经济收入。如在景洪市，市郊农民的年人均收入已达1200元左右，而年人均收入达千元的村寨已占50%左右，农民收入的增加就是来自以橡胶树种植为主体的多种经营。由于收入增加，人民的生活水平也有了较大的改善，如不少农户翻建了新房、安装了电话、购买了汽车，另外还购买了拖拉机等农机，80%的农户购买了电视机，过上了安康的日子。今天傣族地区正处于一个前所未有的经济较快增长时期。与此同时，社会也进一步开放，如旅游业的发展，如今每年前往西双版纳的游客达 50 余万人，前往德宏的游客也达到了 30 万人左右，对傣族社会产生了广泛的影响。在这种经济发展与社会开放的大背景之下，傣族的宗教也进入了一个新的变迁时期。

这一时期傣族宗教的变迁有以下几个特点。

第一，宗教活动正常开展，人们能按照自己的心愿自由地参加宗教活动。今天在傣族居住区，人们按照自己的愿望送孩子进佛寺，参加与宗教相关的节日。一些重大的节日都是与宗教相关的节日，如傣历新年、关门节、开门节等，这都是全民参与的节日。人们也可以以家庭为单位，按照自己的意愿进行祭佛活动，如西双版纳地区的赕"曼哈邦"等。一些村寨也重新修复或新建了寺庙、佛像等。如西双版纳景洪市的曼飞龙村就于 1996 年新建了一尊 8 米高的大佛像，相邻的大勐龙镇村子中也新建了 5 米长的睡佛像及新佛寺、佛塔。今天不论来到西双版纳还是德宏、临沧等傣族的主要居住地区，都可以看到傣族人民在按照本民族的宗教传统进行着正常的活动，并且在社会生活的很多方面都可以感受到宗教的影响。

第二，宗教观念出现青年人和老年人两代人之间的明显分化。在今天的傣族社会中，老年人仍然在按照宗教传统进行着信仰活动，如关门节期间不外出，每隔七天要祭佛一次，要住在佛寺中，也希望能多祭佛，新建扩建宗教活动场所。有病时，既愿意吃药也要祭祖祭鬼。一生中要按照宗教传统进行一两次大的以自己家庭为主的祭佛活动。而今天的青年人在宗教观念上则出现了明显的淡化倾向。这其中主要的原因有两个方面。一是经历了将近 20 年的压制，整整一代人与宗教断了缘，未受到宗教的熏陶，今天 40 岁以下的青年人很多未进过佛寺当过和尚，不懂佛经。二是社会经济大环境的变化对人们的观念产生了深刻的影响，世俗的吸引力使人们的宗教观念发生着变化。由于这两个方面的影响，中青年一代的宗教观念已经淡化了。这最典型地反映在送孩子进佛寺当和尚的看法转变上。在傣族的传统中，进佛寺当几年和尚是人生中一段重要的历程。但是随着人们宗教观念的淡化，很多家庭已不再送孩子进佛寺当和尚了，尤其是城镇周围的农村及一些经济发展较快的地区。如在芒市的城郊乡，已有 70% 的适龄男童不进佛寺当和尚，盈江县这一比例在一些乡高达 90%。在西双版纳地区这一现象同样很普遍，很多适龄男童都已不进佛寺当和尚。如我们重点调研的景洪市曼飞龙村，这一村子近年来未进佛寺当和尚的青年人已达70多人，目前在佛寺中当和尚的男童有20余人，但未进佛寺当和尚的同龄男童达30余人，超过了在寺男童。曼飞龙村的很多村干部认为，本村不当和尚的孩子多了是一种进步，而一些边远的村子还送孩子进佛寺是一种落后的表现。目前当地已就男童入学问题做了一些新的规定，即男童必须在完成小学学业后未升入初中或在初中毕业后才能进寺当和尚，这样进寺的男童将进一步减少，这已成为一种趋势。

上述现象是90年代以来才明显地出现的。在前述大的社会环境的影响下，傣族群众的观念也在发生着变化，这使当前宗教信仰的变化有了相应的思想基础。在近年的调研中，笔者记录了傣族主要居住区的人们对此的看法，今天中青年人普遍的看法是读书比进寺重要，今天不论发展经济、参加工作、外出，甚至看电影、电视都需要文化，青年人没有文化就没有前途，而进佛寺只能学到傣文及一些行为规范，与当前的发展并不相适应，因此孩子应当进学校而不是进佛寺。① 由于这种思想基础的存在，很多家庭都已不愿把孩子送进佛寺。在景洪市的曼飞龙村，很多家长就明确表示不准许孩子进佛寺，而要他们进学校学好文化。曼飞龙村距景洪城70公里，经济处于本地区的中等水平，但近年来发展较快，自70年代以来村中有40余人外出参加工作，对村中中青年一代人的观念影响较大。在80年代初期重新落实宗教政策时，曼飞龙村的宗教活动恢复很快，男童无一例外地进入佛寺，走过传统社会所认同的这一段重要的旅程。而90年代以来，人们的观念已发生了变化，认为男童进学校读书比进佛寺更重要，读书之后外出可以参加工作，在家有利于生产致富，在佛寺中所学到的知识今天在社会上已没有多少用处。很多青年人认为，傣族今天的落后就是文化的落后，要使傣族的经济文化都获得发展就必须学习外部先进的知识，最重要的就是通过学校的教育而获得初步的知识。因此，近年来曼飞龙村送孩子读书的热情很高。本村虽然办有小学，但一些家长还要将孩子送到几公里外的村公所小学上学，不少学生小学毕业后考上了初中，目前全村在读的初中生有13人，是在读初中生人数最多的时期。在过去的几十年

---

① 访问地点：景洪市曼景兰村、曼占宰村、曼飞龙村，芒市城郊乡，瑞丽市大等罕村。

间，全村有初中文化的仅 20 余人。

在看待宗教与现实生活上，人们的观念也发生了明显的变化。对人们来说，信仰宗教目的在于祈求平安，来世幸福。随着人们观念的变化，人们更加注重现实的努力。在曼飞龙村，很多村民都说："赕佛不论赕多少，赕成千上万，自己不劳动还是不能生活，要过上好日子还要靠劳动。""赕佛对于发家致富没有作用。"对于原始宗教的祭祀，也与过去有了较大的变化，今天祭祀地区神、村神的已较少，人们生病也不像从前那样求神驱鬼，而是服药或上医院就医。从心理上讲，人们的宗教信仰已有明显的世俗化特征。1996 年曼飞龙村修建大佛像，笔者就这一动机问过村中的很多人，只有很少人认为是为了强化对于佛的信仰，而大多数人认为是为了超过其他村子，使曼飞龙村更加风光，同时也带来好运。由此可见，今天随着时代的变迁傣族的宗教信仰也发生着深刻的变化，而今天的这种变化有其自身的思想基础，与六七十年代受到压制而产生的变化有着本质上的不同，这种变化其影响将更加深远、深刻。但从另一方面来说，宗教作为一种传袭了数百上千年、对傣族社会产生了广泛影响的文化，从心理上讲人们并不可能在短时期内将它扬弃，不论是佛教还是原始宗教，都还将长期沿袭下去。青年人的宗教观念虽然发生了很大变化，看待事物从较为现实的角度出发，但也并无刻意反传统的意愿。对于传统的宗教活动及礼仪人们并不反对，同样也存在求得平安的心理，但与现实发展相抵触的事，人们往往选择顺应发展的一方，这就是今天傣族宗教文化变迁的一种新趋势。

三　结论与讨论

在 40 余年的社会变迁中，傣族的宗教信仰历经了多次大的波折，同时也发生了较大的变化。在时代的变迁中我们看到傣族的宗教有如下几个特点：一是虽然历经近 20 年的压制，但是并没有改变傣族人民的宗教信仰，因此当 80 年代初党的宗教信仰政策重新得到落实时，傣族人民的宗教热情重新释放，可以看出宗教在傣族人民的民族意识中有较强的稳定性。二是随着社会的开放与经济的发展，宗教观念也出现了青年人和老年人两代人之间的分化，青年一代的宗教观念趋于淡化，这主要表现在对待宗教的世界观及其功能的看法的改变及参与的变化上。这其中最典型的是作为人生一个重要环节——入寺当几年和尚的传统已发生了较大的变化，这一传统在过去的傣族社会中是十分重要的，是作为是不是一个社会所认同的傣族人的标志，因此这种变化意义是深刻的。今天的这种变化在傣族社会内部是受到一定的认同的。在傣族社会文化当代变迁的两个大的阶段中，一个阶段中受到压制而发生变化，一个阶段是社会的变迁中自我产生变化，这是傣族宗教信仰在当代变迁的基本特点。

在经历了40余年的社会变革之后，傣族的宗教信仰已较过去发生了较大变化。对于今天傣族宗教的特点，我们可以概括如下。

（1）人们享有信仰宗教的自由，同时也有了不信仰宗教的自由，这一点与傣族的传统相比是明显不同的。宗教活动及信仰依照民族的传统进行，不干预世俗社会的经济、文化活动及人们的生活意愿。

（2）受"文革"等因素的影响，一代人未受到宗教教育，今天中青年人的宗教观念淡化倾向明显。

（3）人们的宗教观念趋于世俗，重视现实生活，对是否有来世抱怀疑态度。因此人们积极发展经济，通过勤劳改善自己的生活，对于人生持积极的态度，使傣族地区经济获得了较快的发展。在社会生活中与宗教活动相矛盾的方面，如男童入学与入寺的矛盾等都在发展中得到了调适。

（4）宗教作为傣族民族传统文化的一个重要组成部分，仍为人们所广泛认同，仍然有较深的群众基础。傣族的宗教信仰活动开展正常，一些宗教活动场所还得到了新的建设。

总而言之，今天傣族的宗教信仰已进入了一个新的发展时期。如何看待宗教与社会发展的关系及当代傣族宗教发展的实质，对于宗教的健康发展及傣族的社会发展都有重要的意义。通过对傣族宗教信仰的当代变迁研究，我们得出以下两个重要的结论。

第一，宗教已融入傣族的民族文化之中，成为傣族民族文化的一个重要组成部分。两者之间有很多密不可分的因素，人们对于民族文化的情感倾向及认同往往也就是对其民族宗教的倾向与认同。宗教所带给人们的不仅是世界观与伦理，也涉及社会生活的方方面面。

第二，在当代傣族社会中，宗教理性的因素在减少，而宗教所带给人们的作为一笔丰富的文化财富的特征越来越明显。如各种源于宗教的节日、习俗、艺术、礼仪及行为规范等等，在当代都在渐渐退去宗教的色彩，而成为民族的文化符号，为傣族人民所长期维持。

基于这两个关键的结论，我们就易于理解傣族宗教在当前的变化。一方面，随着时代的发展，人们对于宗教中，非科学的内容的认同感渐渐淡化，于是对于进佛寺当和尚、赕佛等的看法及行为都有较大改变，进而乐于接受现代科学技术及教育，积极发展经济，改善生活，使傣族人民成为一个积极向上的民族。

另一方面，宗教作为民族文化的一个重要组成部分，也为人们所看重，与人们的认同与民族情感相联系，在今天宗教活动中人们仍然积极地参与，关键就在于此。如今天仍然有一些家长愿意送孩子进佛寺当和尚，其想法并不是要孩子去学习佛经，而是希望孩子能在寺中学到一些做人的道理，获得传统的行为约束。在各种节日中人们隆重地庆贺及参与，反映了傣族群众对于自己民族文化的认同。一些地方宗教活动场所还有了新的建设，等等，这一切都不能简单地看作宗教的恢复，都掩饰不了今天傣族社会中宗教理性的因素在较快淡化这一客观事实。而宗教文化中的很多要素作为民族文化的一部分而受到人们的维护甚至弘扬。可以说，在未来的发展中，宗教对于傣族人民来说作为精神寄托的功能会更加减弱，而更多的是作为自己的民族文化来加以维护，并长期地在傣族社会中存在下去，因此宗教在傣族社会中并不会因为人们观念的改变及宗教行为的改变而消失，同样也不会随着环境的变化而扩大复兴。它将作为一种文化现象长期存在于傣族社会之中。

宗教与今天傣族社会发展的矛盾并不突出，人们更为看重的是宗教中对于社会有益的一面，如为人的规范，这是傣族社会十分看重的，而相关的宗教教义及伦理满足了人们的需要，如佛教中不偷、杀、奸，与人为善的训律等。再如傣族民间宗教中过去祈求神灵保佑的很多仪式今天成为人们在各种喜庆及纪念场合的表达祝福的方式。把握了这一实质，我们就能对傣族宗教的现状与发展有一个科学客观的认识，这对于宗教工作及如何看待傣族的社会发展都是十分有利的。

当代西双版纳傣族社会
文化变迁研究*

居住在云南省西双版纳地区的傣族目前共有 25 万余人①。这里的傣族人民大部分自称"渤"，除此之外与西双版纳傣族相同的"傣渤"还广泛地分布于思茅、缅甸东北部及泰国北部等地区。千百年来傣族人民在西双版纳这块美丽的土地上繁衍生息，创造了丰富多彩的民族文化，很多方面成为这个民族的精髓与象征。但是随着时代的变迁，傣族的民族文化也发生了较大的变化，面临着新的选择。这种选择关系到傣族的未来发展。本文拟研究 20 世纪 50 年代以来西双版纳傣族社会文化的变迁，对傣族现代化进程中传统文化的发展规律做一些新的探讨。

一 近 40 年来傣族社会文化的变迁

在 20 世纪 50 年代以前，西双版纳傣族社会仍然是一个封闭的封建领主制社会，而后开始进入较快的变革时期。推动社会变革的主要原因有三个方面：一是社会制度的改变。随着 50 年代初民主改革的进行，全国统一的政权体制取代了地方封建统治的政权体制。1953 年西双版纳傣族自治州

---

　*　本文原载《社会科学研究》1991 年第 1 期。
　①　根据 1991 年的统计数据。

的成立，结束了自 13 世纪初傣族第一世"召片领"叭真建立"景龙金殿国"以来长达 8 个世纪的地方封建统治。自此之后这一地区的政治、经济、文化都与全国更紧密地融为一体。二是现代物质文明的建设。在 20 世纪 50 年代以前，西双版纳地区交通闭塞，民族工业及现代教育设施、传播设施等几乎为空白。通过几十年的建设，这种状况已有了较大的改变。在傣族居住区，公路的通达率已在 95% 以上，几乎每个村寨都办起了小学，义务教育得以普及。电视、广播的覆盖面积也达傣族居住区的 90% 以上。这一切都大大加快了傣族地区的社会经济交往及文化的传播。三是文化传播。通过教育的普及，电影、电视、书刊及社会交往，傣族人民了解到了更多的异文化及外部的大千世界，封闭的传统思想观念受到了冲击与挑战，进而影响到了人们的行为方式。这在青年一代中表现得更为强烈。

在以上诸多因素的影响下，傣族社会发生骤变。在这种进程中，傣族传统的社会文化，包括宗教、婚姻、家庭、生活方式、人际关系、社会风俗等方面也在发生较大的变化。这其中有的方面与现代化的潮流格格不入而被扬弃，有的保留下来，有的则融会了新的因素而获得了发展。下面是几个主要方面的变化。

第一，宗教方面。傣族人中绝大部分信仰南传上座部佛教，同时也保留着对原始宗教中鬼神的崇拜。在 50 年代初，西双版纳地区的大多数村寨有佛寺、佛爷。据 1955 年的统计，仅勐龙、勐罕、勐混、景真、勐遮、勐宽等勐的 230 个自然村便有佛寺 183 座，有佛寺的村庄占全部自然村的 79.6%。傣族儿童自五六岁起便要入佛寺做几年小和尚，才能取得相应的社会地位。自 1958 年"大跃进"开始，傣族的宗教信仰活动受到了较大的冲击，佛爷、和尚也被迫大量还俗。到 1966 年"文化大革命"以后，傣族的宗教信仰受到了更大的冲击，一般宗教活动都被禁止，不少佛寺被拆毁、佛像被推倒，宗教人员 95% 以上还俗。直至 1979 年以后随着宗教政策的落实，傣族的宗教活动才又开始得以较快地恢复。入寺院的和尚 1981 年全西双版纳州为 655 人，1982 年猛增至 4365 人，1986 年达 6000 余人，寺院增至 447 座。傣族人民也可以自由地把子女送入佛寺做小和尚，举行各种"赕"（对佛的奉献）及宗教节日活动。从中可以看到：尽管经历了几次较大的冲击，但是傣族人民信仰佛祖的信念并未改变。在 1980 年至 1983 年佛教信仰自由得以恢复的几年中，从宗教活动到参与人数都以惊人的数目增长，甚至一些小学因男童退学进寺院当小和尚而成为"女子小学"。这一切正是长期压制所带来的后果。经过几年的迅猛发展后，近年来信教热有所降温，由于种种因素的影响，毕竟已很难再恢复到原有的模式中了。这其中有三个很重要的因素：一是现年 25 岁以上的青年人由于前些年宗教活动被禁止而未曾出家、接受佛寺的熏陶，宗教观念较淡；二是社会环境的改变促使人们的观念发生变化，人们看到将来要走出农村、参加工作等都需要读书有文化，对于居住于城镇周围有被招工机会的傣族农户更是如此；三是道德观上的变化，过去儿童进佛寺做和尚，目的之一在于培养儿童的一种传统道德规范。今天则不同，很多傣族人认为："过去当过和尚的青年人比没当过的人懂礼貌，现在读过书的小孩比不读书的懂得事、有知识，进过学校的青年懂傣文，又学会了汉文，还是进学校好。"① 这种变化正是近年来宗教观念淡化的实质所在。因此很多傣族家庭已不再强调一定要让自己的孩子到佛寺中当一段时间的和尚，甚至反对孩子当和尚而要让其读书。如景洪的曼龙匡寨，现年 18 岁左右的青年有近30 人，但佛寺中仅有 2 个小和尚，大多数人未进佛寺。曼占宰寨 18 岁左右的青年人有 50 余人，仅有 10 人当和尚。该寨波岩容有 2 个小孩，他本人表示不准他们去当和尚。另一个突出的现象是：虽然傣族是全民信教，但笔者在几十个傣族村寨的观察表明，今天宗教活动的主体已变成老年人，对青年人的吸引力已很弱。因此，宗教观念的淡化已是今天傣族社会变迁中的一个明显的又属必然的趋势。宗教观念的淡化也必然要影响到傣族的信教活动。今天傣族宗教信仰的变迁有其自身的思想认同，而 60 ~ 70年代不能自由地进行宗教活动却属于被迫，这两者间有着根本的区别。而作为有思想认同为基础的变化其影响将更为长远、深刻。

第二，婚姻家庭方面。传统社会中傣族婚姻的特征是：（1）由于在傣族封建制度下人民被划分为"傣勐""滚很召"等不同的社会等级，因而婚姻也被打上了这种等级的烙印，通婚受到等级的限制，一般各阶层之间互不通婚，尤其是封建贵族阶层是不与其他阶层通婚的。在平民阶层中，等级较高的"傣勐"阶层也不与"领因"等地位较低的阶层通婚。（2）婚姻具有封闭性。除了通婚的等级限制外，傣族还盛行寨内婚，通婚的范围多

---

① 1987 年笔者在曼占宰寨座谈笔录。

在本村寨内，很少与其他村寨的人通婚。另外，也存在民族的限制，不与居住在四邻的基诺族、哈尼族、布朗族乃至汉族人通婚。至 20 世纪 40 年代才出现与汉族的少量联姻者。(3) 婚恋自由。在傣族社会中婚姻及恋爱基本上是自由的，青年人可以自己选择配偶，但也必须遵守一些传统的限制。(4) 离婚率较高，婚姻不稳定。由于性爱的自由，离婚较为普遍，手续也简单。双方决定离婚又经老人调解无效即可自行解除婚姻关系。再婚不受人歧视，甚至有的人离婚、再婚达七八次之多。

自 50 年代以来，傣族传统婚姻中的这些特征已经发生了较大的变化。首先，封建等级的婚姻制度已经随着封建社会等级制度的消除而解体，通婚的社会等级已经不存在。尽管在老一辈人的观念中，尤其是过去等级较高的村寨的人们中，等级婚姻的影响还不同程度地存在，但对今天的青年人来说，爱情才是衡量婚姻的价值标准。因此过去互不通婚的等级今天已普遍通婚，甚至过去的贵族后代，在择偶上也没有社会等级的约束。其次，婚姻的封闭性也已改变，寨外通婚如今已成为很普遍的事。如景洪县的曼飞龙村，1981 年以前与其他村寨通婚者只有 2 人，但 1981 年至今已达 18 人。目前傣族除了与汉族通婚者大大增多外，与历史上不通婚的民族如基诺族、哈尼族通婚也不鲜见。通婚的地域范围也空前扩大。据不完全统计，景洪县自 1981 年以来已有近 40 名傣族少女嫁到他省。最后，离婚率普遍降低，婚姻较过去稳定。50 年代以来，民间的很多陈规陋习被革除了，尤其是传统社会中很多压制与歧视妇女的习俗被废除，傣族的家庭关系更加和谐。同时在 60～70 年代离婚被认定为一种陋俗，离婚者甚至可能受到生产队的处分。因此近 30 年来傣族社会中的离婚率大为降低。在曼飞龙村 1986 年的调查表明：全村 298 名妇女中有 41 人离过婚，其中 31 人是 60 年代以前离婚的，在 60 年代及 70 年代这 20 年中仅有 10 人离婚。近年来随着经济关系的变化及外部环境的影响，离婚率又开始明显回升。

今天，傣族青年恋爱自由的传统仍然保存着，但是择偶的价值观念已有了较大的变化。勤劳、为人憨厚的品质已不为青年人所看重。男青年看重女方的相貌及家庭条件，而女青年则喜欢男青年有公职、经济条件好、有文化、读过书，是汉族更佳。

傣族的家庭基本保持着传统的模式。结婚以后男方到女方家"上门"，待 3 年后才能视情况搬回男方家或是自立门户。子女有赡养老人的义务，钱财由当家妇女掌管，家庭较为和睦。家庭规模较小，基本上是夫妇构成的核心家庭，扩散型家庭较少。据曼龙扣、曼飞龙两个村的调查，平均家庭规模为5.3人。

第三，傣族妇女的文化特征与社会地位。傣族妇女的文化特征及地位与整个傣族的传统文化密切相连，从而构成了傣族社会文化的重要组成部分。传统社会中傣族妇女有以下文化特征：（1）在恋爱婚姻方面，妇女有一定的自主权，恋爱时可以自主择偶，而婚后如果夫妻不和睦妇女也可主动提出离婚，这与汉族社会中饱受封建制度摧残的妇女的状况形成了鲜明的对比。（2）在家庭经济方面，妇女起着重要的作用，并且有较高的地位。家庭的收入按人划分，女性不论年龄大小都可分得一份，离婚时可以带走。她们积私房钱，养自己的家畜。尤其是一个家庭的收支钱财由妇女管理，这都反映了妇女在家庭经济中的地位与一定的独立性。（3）与汉族及许多少数民族不同的是，傣族妇女是集市商品交易的主要承担者，她们出售蔬菜、食品及手工制品，甚至向土司缴纳谷子和到市场上出售谷子也由妇女承担。（4）在社会生活中，妇女没有接受教育、参与政治活动及决定社会事务的权利，在宗教活动中也处于从属地位，这又造成了男女在政治、文化及思维能力发展上的不平等。（5）注重礼仪教养。傣族妇女爱美好洁，每日洗澡更衣。性情温柔，讲究礼节，是传统社会中衡量妇女品质的一个重要尺度，如从坐着的客人或长辈前走过必须躬身搂裙而不能直身挺胸而过。由上面这些特征可以看出：传统社会中的妇女具有又受尊重又受歧视的双重文化特征。在经济与婚姻家庭中妇女有较高的自主性，而在政治、宗教等社会生活中又是受歧视的。

50年代以来，随着新的社会制度的确立及社会变迁，傣族妇女在很多方面都已发生了变化。首先，妇女获得了受教育的权利，享有与男性同等的机会，妇女的思想文化素质得到了提高。目前在傣族聚居的村寨小学中，女童入学率已达90%以上。景洪县的曼飞龙村现年25岁以下的女青年中，95%的人受过小学教育，15人受过初、高中教育，而男青年中由于受宗教活动的影响，受过初中教育的仅有2人。这就出现了一个前所未有的现象：女青年的汉文水平超过了男青年，并且在学校中也学会了傣文。这一变化不仅引起了妇女心理上的变化，对于妇女劳动就业，参加公职等都产生了较大的影响。其次，在传统社会中妇女没有与男子平等的参加社会活动的机会，而今很多傣族妇女走出了农村，不少人成为县、乡干部。在勐龙乡政府1987年就有傣族女干部13人。此外不少妇女到城市中从事商业、文艺、教育等职业。最后，由于以上因素的影响，妇女观念发生了深刻变化，对于旧的习俗形成了较大的冲击，过去一些歧视妇女的旧习俗，如妇女要侍候男人喝酒，不能比男人早睡，甚至妇女的枕头不能比男人高，男人不摸女人的衣物，以至妇女产后数日就要下水洗自己的东西等等，都有了较大的改变。这种变化对于提高妇女的社会地位、改善妇女的生活状况都有着积极的意义。

与此同时，妇女作为传统文化的重要传承者，其传统文化特征的很多方面仍然保留着。

第四，生活方式方面。西双版纳傣族的生活方式自50年代以来有两次较大的变化。在1980年以前的20余年中，由于经济制度的变革及历次政治运动的影响，傣族的生活方式发生了前所未有的变化。首先，生产资料公有制的建立所带来的劳动集体化改变了傣族传统的分散的小农生产方式。人们不再像过去那样自行安排生产与生活，一切都进入了高度集体化的模式之中。男女老少都要统一下地劳动、统一收工，方能计分得酬，而除此之外属于自己的时间甚少。其次，由于政治的影响，傣族传统生活方式中的很多内容都被禁止，从宗教信仰活动到青年人恋爱过程中的丢包、对唱山歌、月下纺线，传统曲调的演唱、舞蹈，乃至于传统的节日活动，这一切都被看成需要革除的封建货色，生活方式十分单一，情调低沉。

80年代是傣族生活方式变迁中最为激烈、有生机的时期。自1979年开始，西双版纳地区逐步推行不同形式的生产责任制，直至1984年基本全面实行大包干生产责任制，土地又逐步由集体经营转变为家庭承包经营，农民逐步摆脱了集体生产形式，转向自行安排生产。这一时期劳动效率也大为提高，例如每季谷秧的栽插在集体时期需要一个月左右，而目前只需要一周左右。农民也由此而获得了享受其他生活内容与情趣的时间与自由。这一时期生活方式的变化有三大特点：（1）传统生活方式的很多内容得以恢复。人们可以自由地举行或参加各种宗教活动。尤其对老年人来说，宗教生活是晚年生活中不可或缺的一部分。村寨中又可以时常听到民间歌手"赞哈"的演唱，月光下又可以看到少女坐在大榕树下燃起篝火纺线。老年人不再下地劳动，而是在家看管小孩，好其所好，安度晚年。

（2）传统的生活方式中融进了大量新的内容。从人际交往来看，由于交通发达，劳作时间自行安排，近年来傣族农民的社会交往空前扩大，走村串寨逛县城，乃至于到缅甸、老挝、泰国走亲戚也十分频繁。青年人所选择的配偶往往在数十里甚至百里以外。从文娱生活来看，电影、电视、录像已在傣族农村普及，为农民所喜好，不少村寨中的青年人还热衷于跳交谊舞，在城镇的舞厅中到处可见身穿艳丽傣装的傣家少女。就消费生活而言，建新房，购置新家具、电视机、录音机等家用电器，购买各种生活用品和交通工具，这一切使傣族农民的生活增加了大量新的内容。以傣族女青年为例，在过去谁穿件好看的衣裙则可能遭到众人的议论，而今天追求时髦的穿着打扮已成热潮。（3）生活方式的变化越来越明显地呈现出青年人与老年人两代人之间的差异。在过去的几十年中，由于生活方式的单一而难以显现出两代人之间过大的差别，而今天这种差别随着生活方式的多样化已显得十分明显。老年人在思想上及生活规范中过多地遵守传统，除操持家务、做些传统的手工活计外，更多的时间花在宗教活动中。青年人除了劳作之外，则热衷于交际、各种文娱活动、打扮、学习等，对于宗教活动等并不感兴趣。

以上简要概述了 50 年代以来西双版纳傣族社会文化中几个重要方面的变迁情况。尽管作为傣族的整个社会文化而言，这几点还难以全面概括，如儿童教养及人的社会化问题、语言文字的社会功能转化问题等。但在以上几点中我们已经可以看出这 40 年来傣族社会变化变迁的基本线索：从传统的多元到强制性的单一，这一段时期从 50 年代中期直至 70 年代末。80 年代以来又从单一转向新的多元。这 10 年是傣族社会又一次激烈变革的时期，也是西双版纳傣族社会文化选择性地恢复传统，融会现代文化的时期，对于其社会文化的未来发展将产生重要的影响。如何评价这种变化，探寻变迁的规律，对于西双版纳傣族社会文化的未来发展有着重要意义。

二 变迁过程中的传统文化与现代化

50 年代以来西双版纳傣族社会变迁的过程实际上就是一个传统文化与外部社会、政治环境既对立又融会的过程。传统文化在其社会变迁中是一个既深沉、稳定但又十分活跃的因素。因而在少数民族的现代化进程中也将是一个在较长时期内产生着影响的因素，在西双版纳傣族社会文化近40年的变迁中有以下两个明显的特征。

第一，长期激烈的社会变革并未使傣族的传统文化消失。在60~70年代这20年中，傣族固有的传统文化受到了激烈的冲击，而这种冲击往往就是针对其传统文化的很多方面而来的，试图改变原有的很多文化现象，如宗教信仰、生活方式等。但是尽管经历了长达20余年的变革，青年一代也在这种变革中成长起来，进入80年代后，傣族的传统文化又再次恢复，原有的服饰、语言、道德规范等仍旧保持着，青年一代也认同这种传统。值得注意的是，同样经历了20余年的变迁，与傣族为邻的哈尼、基诺、布朗等族的传统文化则较之于傣族较多地消失了，相反在接受汉文化方面较之于傣族快。这表明傣族传统文化具有较强的稳定性。这种稳定性来自傣族在悠久的历史发展中形成的较为完整的传统文化体系，使传统文化在现代社会变迁中也能得以沿袭，并在社会生活的各个侧面依旧起着较大的作用，同时也具有对异文化的排斥性。

第二，在传统的社会文化中吸收融会进了大量现代文明的内容，使傣族的传统文化获得新的生机。例如在傣族地区已较为普及的电影、电视、广播等，不仅是人们生活中一个不可缺少的部分，同时也开阔了人们的思想及眼界。今天人们的住房尽管建筑材料已由竹木转向用砖瓦，但其风格仍然保留着传统式样。最为典型的是曼景兰村旅游饮食业的兴起，此村紧靠景洪县城，到目前为止，该村的农民已经办起了15家傣族风味餐馆，傣家传统的食品，每天都吸引着大批中外游客，成为到景洪旅游必到之处，同时还带动了作为旅游纪念品的传统手工艺品的开发。

通过对当代傣族社会文化变迁的考察，我们发现其传统社会文化很多方面与现代社会发展并不相悖，相反还能成为傣族现代发展的良好基础。傣族的生育率变化及生育观是一个典型的例子。近几年来傣族的生育率已经明显下降，一对夫妻一般只生育两至三胎，并且对女婴没有歧视观念。据1985年对大勐龙乡的统计，傣族出生率为2.3%，而哈尼、拉祜、布朗族的出生率分别为2.5%、4.1%、2.8%，生5胎也很普遍，均高于傣族。由于这种自觉的变化，政府的计划生育工作在傣族中较容易开展并收到实效。这种变化除了今天傣族妇女的生育愿望能够得到尊重等原因外，更深刻的原因在于西双版纳傣族社会文化方面。首先，在西双版纳傣族传统的婚俗中，结婚后男方到女方家居住，三年后视情况才可搬出，如需要也可留下。这样，就无须顾虑家中无劳动力或无子女照顾年迈的老人。其次，农村存在人们互帮互助的遗风。不论是建房、耕作或有其他较大的劳作，总是村邻相互帮助，子女多少作为劳动力的优势来讲也不是绝对的。最后，傣族社会中赡养老人是一种社会公德，老年人子女少也能得到亲戚及乡邻的照顾。由于这些原因，傣族社会中多子女对于获得劳动力优势、赡养老人、继承家产等的意义都不大。而在汉族农村中，多胎生育尤其是生男孩与这几点都有紧密的关系。因此今天随着社会的变迁，傣族妇女希望从繁重的家务劳动中解脱出来而少生育，同时人们也普遍认识到子女多的家庭难以过上富裕的日子，这促成了西双版纳傣族社会中生育率的下降与生育观的转变。

再如今天仍然保留着的傣族妇女装束，尽管传统的特点未改变，但花色、用料已打破了过去单调的格调，工业生产的五光十彩、质地上乘的面料取代了传统手工机织的土布，使傣族妇女的装束变得艳丽夺目，别具风格，为其他民族所赞美。这种变与不变之间有这样的因素：一是傣族妇女传统的心理约束，不愿改变自己的民族优越感，而去屈就其他民族。二是审美意识。傣族妇女装束的特点是紧身、束腰，能显现出妇女的身段，有优雅飘逸的视觉感受，加之制作面料的多变，更具艳丽夺目的美感。

西双版纳傣族社会文化的变迁给了我们一个重要的启示：传统文化的发展在于寻找与现代文明的衔接点，这其中不适应现代发展的因素将自然被扬弃。回避或强行改变传统来求发展的做法都难以获得好的效果。这在傣族 60～70 年代的社会变迁中已有验证。

在未来的社会变迁中，傣族传统的社会文化仍将在社会中扮演着重要的角色，但同时也将会一次次面临新的危机。这种危机源于异文化的冲击及国家政治、经济、文化发展的影响。如傣族的语言、文字，在今天的社会交往、经济活动、就业等方面已显得狭窄。不通汉语，不懂汉文，对于就业、求学、获得新的知识乃至于看电影、电视都是不利的。因此傣族人中也有这样的说法："傣语傣文过不了澜沧江。"因为澜沧江之外就不是傣族的主要聚居地了。然而目前这种危机与 60～70 年代傣族社会文化在强行压制之下所出现的危机有着本质的区别，因为这往往可能是获得新的发展的前奏，亦如宗教观念的淡化及青年人与老年人两代人生活方式的明显分化一样，是现代社会变革中不可回避的现象。这是西双版纳傣族社会文化正常的发展。而在 60~70 年代用于摧毁傣族社会文化的东西中，有很多本身就是汉族封建的意识及政治上的不良因素，在这种前提下丧失传统文化会使一个民族步入发展的误区。在今天既不应人为地抑制传统文化的发展，但对其消极的方面也不能任其复苏，如打双胞胎、赶"琵琶鬼"等陋俗应坚决从傣族的社会文化中扬弃。重要的是加快现代文明在西双版纳傣族地区的传播与建设，加快西双版纳傣族地区对外开放的进程，以此来促使傣族社会产生进一步的变革。

社会变迁与西双版纳
傣族妇女[*]

傣族妇女的文化特征与整个傣族的传统文化密切相连，对社会变迁中傣族妇女的研究，可以从一个侧面反映出傣族传统文化的变迁。本文拟以西双版纳景洪县曼飞龙村为重点，探讨社会变迁中傣族农村妇女的状况。

曼飞龙村位于西双版纳傣族自治州首府景洪县城以西 58 公里处，有 110 户 616 人，其中男性 318 人，女性 298 人。这个寨子地处平坝，是一个以种植稻谷为主，并种植橡胶树、菠萝、蔬菜、香蕉的杂作村寨。目前，各种作物的种植已全部由家庭承包，1985 年全村年人均收入为 390 元。村民信仰南传上座部佛教，村中有一座缅寺，远近闻名的曼飞龙白塔就坐落在这个村子的后山顶上。这一村寨的人口、经济收入在西双版纳傣族农村属于中等，距县城虽远，但交通方便，在各个方面都具有一定的代表性。

一　傣族妇女的传统文化特征

新中国成立前，西双版纳傣族社会已发展到了封建领主制阶段，生活

＊　本文原载中国社会科学杂志《未定稿》1987 年第 12 期。

于这一社会的傣族妇女，在以下三方面历史、文化因素的作用下，形成了自己的传统文化特征：（1）对偶婚制的残余。相对于一夫一妻而言，傣族社会中的夫权尚未获得充分发展，妇女在婚姻、经济生活中有相对较高的社会地位。（2）封建领主制下的社会生活中已有相当发展的男权。（3）南传上座部佛教教义中对女性的歧视对于傣族社会妇女观的影响。后两点又使傣族妇女受到明显的歧视和压迫。这样，傣族妇女在这种叠压式的历史文化背景中形成了以下的文化特征。

第一，恋爱婚姻方面的特征。新中国成立前，傣族社会早已实行一夫一妻制，但还存在对偶婚的残余。在傣族社会中，青年人恋爱自由，他们可以按照自己的意愿择偶，父母不能包办儿女的婚姻。青年人在日常生活中相互了解，借助晚间纺线或节日的集会对唱山歌、谈情说爱，待双方情投意合，才由父母出面操办婚事。对偶婚残余在婚姻方面的表现，首先是婚礼由女方主持，婚礼的开支自然也由女方承担。婚后男子一律上门居住于女方家。时至今日，成婚时男方只要带上一条垫单前去，婚后数年方能视情况与父母分居。这是对偶婚制中从妻居的残余。其次，婚姻关系的稳定性较差，夫妻可以轻易离异，而且在离异过程中可以看出，夫权还没有充分发展。这里离婚多由女方提出，丈夫游手好闲、有外遇、不体贴妻子，甚至说粗话触怒了妻子，都可能导致离婚。在观念上，妇女不认为自己与丈夫有从属关系。傣族社会的离婚率较高，这种情况至今没有太大改变。例如，在曼飞龙村，有 41 个妇女离过婚，占全村已婚妇女的 22.5%。

第二，家庭经济方面的特征。傣族家庭的财产、收入按人划分，女性不论年龄大小，都可得到与男性相等的一份。离婚时，可以带走这份财产、收入；妇女在家庭中有财产继承权，也有支配权；她们可以养自己的家畜，积私房钱，离婚时可以带走。

在家庭中，除了洗衣物、缝纫、纺织、舂米、做饭之外，傣族妇女还要砍柴、挑水、制作陶器、种植，特别是要负责出售蔬菜并管理钱财，这就典型地反映出她们在家庭经济生活中所起的作用。

第三，在农村经济生产中，男女有明显的分工，妇女扮演着重要的角色。在稻作生产中，除了犁地外，育秧、插秧、薅草、收割、晒谷等劳动也主要由妇女承担。男子只承担劳动量较大的活计，如犁地、伐木、伐竹、建房、运输等。

第四，与汉族及许多少数民族不同的是，西双版纳傣族妇女是集市商品交易的主要承担者。出售蔬菜、食品、手工制品等都是由妇女承担。据调查，在20世纪50年代以前，向土司缴纳谷子或到市场出售谷子，也都是由妇女承担。男子到市场上出售物产将会受人讥笑。只是在近年来，男子才到市场上出售大宗农副产品（如牲畜）。

第五，傣族妇女还有遭受歧视压迫的一面。封建社会是男权社会。傣族封建农奴制在12～14世纪形成，此后男权渐渐发展，妇女地位逐渐下降。傣族全民信奉13世纪传入西双版纳的南传上座部佛教，而该教教义中颇多蔑视妇女的观点，这就加剧了傣族妇女受歧视的状况。在佛教的宗教道德中，禁欲是其中心内容，而女性偏能使人生嗜欲，阻碍人们达到六根清净的境界，故被视为不洁之物，在宗教礼仪中有贱视妇女的各种规定。

在政治上，傣族妇女没有参与政治活动及决定社会事务的权利；在宗教生活中，她们处于从属地位，宗教权利为男性专有；她们没有受教育的权利，这就造成了男女在文化及思维能力发展上的不平等；在道德方面，存在一整套歧视性的妇女行为规范。曼飞龙村长老所收藏的书籍中在妻子对于丈夫的行为规范部分写道：

> 饭好后，先请男人，后请父母，再请一次就要跪下来抬起手。男人起身，自己跟在后，等男人坐下自己才坐下，等男人先拈三筷菜自己才拈菜，这样才能把福气沾。晚饭后收拾停当，又去纺线。线纺得二三两，鸡叫月亮上树梢，全家人都睡静，轻轻走到床前，先向男人磕三个头，再解开发髻，手捏头发扫三次男人的脚底心。枕头要比男人的低四寸，不能同男人的枕头平起睡。天亮之前就起床，灶旁边烧下一壶热水……这时男人已起身，快热洗脸水端上去，双手摊开毛巾献给他……①

上述条文中所规定的妻子的行为规范，基本上为傣族上辈妇女所遵循。

---

① 《民族问题五种丛书》云南省编辑委员会编《西双版纳傣族社会历史调查》云南民族出版社，1984。

傣族妇女既受尊重又受歧视的双重文化特征在她们的文化心理层面上形成了既开朗自尊，又注重礼仪教养的性格。

（1）性情开朗。不论是同性还是异性、本地人还是外地人，傣族妇女和他们交往都没有心理障碍，显得易于接近，在交往中显得落落大方。（2）自尊心较强。对一个傣族妇女直言表达爱慕或称赞她美貌，都会使她感到欣喜；如果当着别人的面说她穿着不如别人漂亮，或言中有说她长得不漂亮或未婚女青年是"老姑娘"等意思，则将刺伤她的自尊心。（3）爱美好洁。每日劳作后，妇女们都要到河边或水井边洗澡，天热时一日数次，每日要换一至两次衣服。她们注重穿着打扮，晚上串门、纺线或街天①节日，都要用艳丽多彩的傣式衣裙将自己打扮一新，从不穿着随便地出现在上述场合。（4）性情温柔，注重礼节。她们极少与人争吵；在与人交往中热情又不失分寸；在家庭生活中以温和的态度为人处世，体贴丈夫，厚待老人，默默地尽着传统社会为她们规定的家庭义务。需要注意的是，在傣族社会中，礼节是社会衡量妇女品质的一个重要尺度。一个妇女注重礼节与否，关系到她"算不算一个人"，懂得礼节者必能得到众人的称赞，反之将受到非议，出嫁都困难。傣族社会对妇女有种种礼节要求，如妇女在坐着的客人或长辈面前走过时必须躬身搂裙而不能直身挺胸，坐着吃饭或坐在他人面前不能双腿分开，梳头必须在房外而不能在房内，洗澡时必须按照一定的顺序脱衣，对比自己稍大的男女都必须按传统习惯以"哥""姐"相称，而不能称"你"，上楼入室必须脱鞋，等等。（5）关于性的道德观念。在傣族社会中，青年人恋爱自由，男女青年可以借助各种场合谈情说爱，不过，在结婚之前，不论关系多深，男女都不能触摸对方身体的任何部位。② 如果这样做了，女方会认为对方作风不好；而假如女子接受了对方的抚摸，则也自认为这说明自己"作风不好"。与汉族相比较，傣族姑娘在与异性接触或谈情说爱时显得胆大，对肉体没有神秘感，在有异性的场合洗澡时裸露身躯也不以为意。由于他们在未婚时忌讳男女身体的接触，所以对于汉族男女相处时含蓄谨慎，却又可自然地握手感到难以理解。傣族社会有很强的贞操观念，妇女尤甚。他们视婚前生育或婚

外性生活为大逆不道。一旦出现这种情况，不但妇女自己日后难以做人，她的家庭在寨中的威望也将一落千丈，这种情况至今没有改变。

社会视有以下行为之一的妇女为不良：自己有丈夫还去找别的男子，爱小偷小摸，不拘礼节，爱议论别人。

二　社会变迁中的傣族妇女

20世纪80年代，社会主义建设在傣族地区已进行了30余年，傣族农村已发生了巨大的变化：村村寨寨都修了公路，从而大大加快了与外部的经济、文化交流；初级教育普及到了村寨，中级教育普及到了乡区；电影、电视不仅丰富了人们的文娱生活，也使人们从中看到了外部的大千世界。尤其是1984年以来傣族农村实行的联产承包责任制，更引起了傣族农村社会经济的深刻变化。这一切都改变着傣族妇女的状况。而在以上诸因素中，尤以社会制度的改变、生产责任制的实施和外来文化的影响三方面对傣族妇女文化变迁的作用最为突出。下面以曼飞龙村的妇女为重点来加以考察。

曼飞龙村有298名妇女，其中，10～40岁的女性占总数的66.6%。这个年龄段女性的状况将是我们讨论的重点。

（1）1953年西双版纳实行民主改革后，在傣族农村开始了社会主义建设，新的社会制度的确立，改变了传统社会中男女的不平等状况。

首先，妇女得到了受教育的权利。在传统社会中，男女在受教育上是不平等的。男子从小进入缅寺当和尚，在其中学习傣族的文字与文化；妇女没有这种权利。而且，很多傣文书籍及宗教经典中充斥着对妇女歧视性的记述，它们又成了男子专权的理论依据。这就又加剧了男女的不平等。正如很多妇女所说，过去凡男人要求女人做的事情都说是经书上写着的，而妇女又不懂傣文，因此什么时候都是男人说的有理。新中国成立后，妇女获得了接受现代教育的权利，可以和男子一样走入学校。今天，在傣族聚居区的各村寨小学中，女性入学率已达90%以上。在曼飞龙村，现年25岁以下的女性中，95%的人受过小学教育，50%的人受过初中教育。在现年18岁至25岁的27个妇女中，12人受过小学教育，10人受过初中教育，有3人是高中毕业，仅有2人未受过教育。而在男青年中，由于入寺为僧的宗教生活的影响，初中毕业生只有 2 人，唯一一名高中学生也未能完成高中学业而弃学回家。① 这样，在这里出现了一种历史上前所未有的现象：女青年的汉文化水平超过了男青年。显然，这一深刻变化必然会引起傣族妇女社会地位和心理上的相应变化。因为有文化不仅是致富的一个重要因素，而且可以参加工作、走出农村。而无论属哪种情况，都可提高人的社会地位，社会地位的提高又会强化妇女的平等观念和自主意识，消除她们过去因文化低而产生的自卑感。

其次，妇女以和男子平等的身份参与社会活动。在传统社会中，妇女没有参与社会活动的权利；今天的情况大不一样了。很多傣族妇女走出了农村，不少人成了县、区、乡级国家干部，有的还担任了领导工作。在曼飞龙村，目前有 2 名女青年分别担任了副乡长、乡计划生育干事，有 21 名妇女进城当了干部、演员、电台播音员等。在曼飞龙村所属的孟龙区公所，傣族妇女干部就有 13 人。

一代有文化、有见识的傣族妇女干部的出现，导致了傣族社会妇女观的深刻变化。第一，这批妇女干部是新社会男女平等的人格化的体现，其存在和社会活动本身就是对旧观念的一种冲击力量。第二，她们以男子平等的身份参加社会活动，这种社会实践更加强化了她们自己的男女平等观念，因此她们对傣族传统社会中歧视妇女的观念、习俗持批判态度。她们这种新观念，由于她们受人羡慕的身份——妇女干部而在傣族社会中具有相当的影响力。过去的一些陈规陋习，如男人通宵喝酒，女人必须侍候在旁，不能提前入睡；因女人被视为不洁、晦气，男人不摸女人衣物，以至妇女产后数日便要下河沟洗衣物，甚至下雨时如果男人必须帮助妇女收拾晾晒的衣物，也只许用竹竿挑而不能用手拿等都有了不同程度的改变。如今，夫妻的枕头高低不必再有区别，男女吃饭不仅可以同桌，也不必分先后，妻子更不必在睡前向丈夫磕头，用头发扫丈夫的脚掌，过去男子不干的家务活如挑水、洗衣服、背孩子、喂猪等，现在男子也干了起来，而由于很多人已认识到产妇自己洗衣物容易落下病根，是对妇女不关心的表现，为夫者在妇女产后一月内为其洗衣物已很普遍，这在过去是妇女想都

---

① 这里男子五六岁就进缅寺当和尚，这一习俗直接阻碍了他们进入学校接受现代教育。1982 年党的宗教政策在傣族农村重新落实后，各地宗教活动纷纷恢复，男孩大量退学进入缅寺，很多村寨小学变成了只有女学生的"女子学校"。

不敢想的事。

（2）1983 年以后傣族农村实施的生产责任制，改变了妇女的生活方式。

生产责任制的实施大大提高了劳动效率，减轻了妇女的劳动强度。如最繁重的插秧已由一个月缩短为一周左右。随着妇女地位的提高，传统的男女分工已被打破，男子承担起了田间的主要劳动，如全部水田的翻犁平整和田间管理、收割和种植经济作物、挖鱼塘等，再加上建房、打短工，劳动强度大大超过了妇女。

劳动效率的提高和劳动项目的减少，使傣族妇女田间劳作的时间明显缩短。据统计，较之大包干前，她们的劳作时间减少了一半以上。这样，妇女就有较多的时间来照料家庭及从事其他经营。包产到户之前，人们天天从早上起床出工忙到下晚收工，晚饭后已是晚上九点多钟，夫妻多说几句话的时间都没有，子女也得不到良好的养育。目前，妇女可以更好地安排家庭生活，体贴丈夫，抚育子女，家庭生活更为和谐，家庭成员的感情更为融洽。劳动生产率的提高还使 40 岁以上的妇女不再下田劳动，而转入以家务劳动为主，这与大包干前必须出工以计分得酬的情况形成了鲜明的对比。

妇女逐步从农田劳作中摆脱出来后，不仅得以更好地安排家庭生活，而且使她们长于市场经营的传统优势得到了更好的发挥。近年来，傣族妇女在从事市场经营中表现出来的新特点是：一是经营品种增加。除出售农产品、手工艺品、一般食品之外，妇女也开始从事颇具"现代"色彩的行当。如曼飞龙村有 5 名妇女掌握了照相技术，在著名的白塔风景点为游人照相，收入超过丈夫数倍。又如，该村有两名妇女除出售自己加工的米线外，还出售自己加工的冰棒。二是从事商品交换的人数增加。社会产品的丰富、视野的扩大、党的政策的引导，使更多的人投入了商品交换。如靠近景洪城 8 公里的曼占宰等寨，现在家家户户培植豆芽，每天早上由妇女骑自行车到景洪等地市场出售。仅此一项，每人月收入就有 60 元左右。在曼南醒寨，户户妇女编织傣锦出售，多数家庭月收入在百元以上。三是经商的地域扩大。如距景洪 50 公里外的勐海县妇女，每日有数十人将紧俏的蔬菜运至景洪县城去卖，这在西双版纳来说，已称得上"长途贩运"了。

可以想见，在上述变化的背后，傣族妇女在经营中扩大了视野，增长了才智，培养了魄力和胆识。这些新的特点将会给傣族妇女心理带来深刻的变化。

生产效率的提高，商品经济的发展，还提高了妇女的消费水平，改变了她们的消费观念。这一点在女青年身上表现得尤为明显。三四年前，如果谁讲究穿着打扮，例如穿条鲜艳的花桶裙，就要招来种种非议，自然更不敢涂脂抹粉。而今，姑娘们赛着穿扮，衣裙更新的速度是前所未有的，每个姑娘的新衣裙都有 10 套左右。在笔者调查的一天，恰遇外面商贩在出售每套价值 70 元的进口傣裙，不出半天，几十套傣裙被抢购一空。姑娘们常常是你买了一条新裙子，我就买一条更漂亮的，且都要买进口货。据对 10 个女青年的调查，她们 1985 年用于更新衣裙的费用平均为 102 元。同时，各种化妆品如口红、香粉等风靡各傣族村寨，如遇街天节日，到处可见装扮艳丽的傣族姑娘三五成群，争芳斗艳。

但是，包产到户的经营方式是分散性的，由此也带来了人们交往方式的变化。在过去，集体劳作，人们可以在劳作中对唱山歌，交谈说笑，妇女们收工后一同到水井边挑水、洗澡、谈笑。此外，各寨还有民兵及文艺组织，常常组织青年人训练、排演。但包产到户后，社交机会减少了，在傣乡也极少听到人们唱山歌，很少看到人们跳民族舞、少女们月下燃起篝火纺线……妇女们普遍感到生活单调，精神上的需求得不到满足。女青年们反映："现在钱多了，但就是不如过去好玩。"这反映了青年人对于社交与娱乐的渴求。

（3）外来文化的影响促使妇女观念变化。现在，交通网连接了西双版纳地区的每个村寨，大众传播事业迅速发展，外地和国外来的游客及出差人员数量骤增，外来文化蜂拥而入，从而使傣族妇女（特别是女青年）的观念发生了巨大的变化。

第一，宗教观念的变化。由于在"十年动乱"中傣族人民的宗教活动长期中断，今天这里中青年妇女的宗教观念较为淡薄。另外，生活的改善和外来文化的涌入，使她们的眼界大为开阔，现实世界对她们的吸引力大大超过了佛教教义描绘的虚幻的来世的吸引力，这也导致了她们宗教观念的淡化。这里的中年妇女认为，自己并没有从每年大量的宗教活动中得到好处，因而已有一些人不再把自己的儿子送进佛寺，而是送进学校接受现代教育，期望他们将来可以参加工作，走出农村。① 女青年则认为，各种宗教活动仅仅是"热闹""好玩"，她们并不真心去拜佛。过去每年7月至10月的佛教"关门节"期间，青年人是不能谈情说爱的，但这规矩在今天已没有约束了。不少女青年还认为老人祭佛、祭鬼、献大量牲牲品是"无事找事干"。

第二，婚姻观念的变化。首先是择偶标准的变化。调查表明，在30岁以上的那一代妇女中，她们的择偶标准是要求男人为人诚实，埋头苦干，并且最好是家庭中的小儿子，因为按照习俗，父母的住房是由小儿子继承的。如今，由于外来文化的涌入，傣族妇女的视野大为开阔，期望的理想生活也就有了新的内容，这就导致了择偶标准的变化：①现在的傣族女青年，尤其是条件较好的，心目中最理想的丈夫是有文化、长得英俊、参加了工作的男青年。姑娘们认为，有文化才谈得上有本事，参加工作的机会也较多；没有文化，"过不了澜沧江"，意思是不能在西双版纳以外的社会生活中立足，此言其前途有限。相比之下，只会埋头苦干的男青年身价已大跌。此外，注重对方的相貌，这也是近年来姑娘们择偶标准的一大变化。②另一个引人注目的变化是，越来越多的女青年希望能找到一个汉族男青年为夫。她们认为，汉族男青年一是有本事，二是"对爱情真诚"，三是汉族丈夫对妻子关心。可以看出，今天的傣族女青年更加强调爱情的专一、忠贞，更注重精神需要上的满足。通过问卷调查，被调查的女青年中的80%都对本民族夫妻轻易离异的习俗持批判态度，她们追求的是男女双方爱情的专一、持久、深沉，羡慕影视节目中男女主人公之间的甜蜜、忠贞的爱情。

择偶标准的变化引起了择偶地域范围的变化。傣族的传统观念认为，男女青年择偶的地域范围以本寨为最佳，因为这样可以对对方有更深的了解，婚后生活容易和谐。假如与他寨通婚，需要看寨与寨之间的等级②。在曼飞龙村这样的最高等级的村寨，与他寨通婚者都是被认为在本寨找不

---

① 现在，西双版纳很多小和尚又走出佛寺进入学校，甚至不当和尚。景洪县城郊曼龙匡寨10～20岁的40余名青少年中仅有2名小和尚。

② 新中国成立前，傣族寨是分为不同等级的。按等级高低，依次分为"傣勐"，意即土著；"领固"，意即迁来者；"宏海"，意即杂居者（其成员包括被各寨赶出的"琵琶鬼"及麻风病人）三个等级。傣勐这一等级村寨的人是不与其他等级村寨的人结婚的，否则就降低了自己的身份，故盛行寨内婚。傣勐以下同等级的村寨间互相通婚则较为普遍。

到对象的，这种观念一直延续到 80 年代初。1981 年以前的 10 年间，曼飞龙村与外寨通婚者仅有 2 人，都有残疾；而 1981 年以来，已有 3 个姑娘与外寨男青年结婚，其中一个是与新中国成立前曾是"琵琶鬼"寨的男青年结了婚。还有一些女青年正和外寨男青年处在热恋之中。再如，传统观念认为，女子 20 岁不结婚就是"老姑娘"；可现在曼飞龙村中 20～25 岁的未婚女青年有 9 人，其中 7 人还没有对象。这些人都读过初中，身材、相貌都是寨中的佼佼者，她们宁肯忍受社会的议论，也要依照自己新的择偶标准去等待碰上自己的意中人，这表现了她们在爱情中新的追求。

第三，生育观的变化。傣族妇女已由过去的希望多生转变为希望少生。现在，育龄妇女生育 2～3 个孩子后便结扎已蔚然成风，改变了过去普遍生育 4 胎以上的状况，傣族成为边疆少数民族中计划生育较为自觉的一个民族。据 1985 年对大勐龙区生育情况的统计，傣族出生率为 2.3%，5 胎以上生育已杜绝，而哈尼族、拉祜族、布朗族的出生率分别为 2.5%、4.1%、2.8%，生 5～7 胎的仍很普遍。促成傣族妇女生育观变化的直接原因有二，一是妇女们希望从繁重的家务劳动中解脱出来，而随着妇女社会地位的改变，她们的生育愿望也能得到更多的尊重；二是人们普遍认识到，子女多的家庭难以过上富裕的日子。可见，由于外来文化的影响，傣族妇女对生活的追求已经有别于她们的祖辈。

在社会主义现代化浪潮的巨大冲击之下，傣族妇女的文化特征产生了深刻的变化，体现了历史的巨大进步。但是，随着物质生活条件的大大改善，在女青年中吃苦耐劳的精神也减弱了，过多地追求物质享受和以钱财论婚配的事例已很多。社会变迁中的傣族妇女抛弃了大量的陈规陋习，也丧失了本民族一些优良的东西。如何一方面抓好物质文明建设，另一方面抓好精神文明建设，这是我们理论工作者应当研究的问题。

民族节日与当代社会生活[*]

——从西双版纳到泰国清迈、日本东京的田野研究

这一篇文稿的形成有一些特别之处。《思想战线》编辑部的何思强先生邀请笔者结合自己的田野研究，就世纪之交中国人类学的学科建设做一些思考，并且并不是做一篇理论文章，而是总结自己在田野工作中的一些真切感受。这对我来说尽管是出了一道难题，但是与我长期的一些想法不谋而合，笔者很乐意地接下了这个任务，并且做了认真的准备与思考。

在笔者从 1982 年至今 17 年的研究工作中，田野研究一直是最基本的工作，占据了整个研究工作约 1/3 的时间，田野研究工作除了以云南省的西双版纳为基地以外，还走到了中国大多数民族地区以及一些国家。今天回忆起来，通过长期的田野工作，笔者不仅积累了大量的第一手资料，还磨炼了自己的田野工作的技能，更重要的是在对不同文化的实际对比研究中增强了对文化的真切感受。在以往的研究中，田野研究实践的感受很难在研究成果中表现出来，今天何思强先生的邀约正好给了笔者一个以田野研究为中心来谈问题的机会。

民族节日是笔者在田野研究工作中接触比较多的一个主题，近年来也进行了一些不同民族节日的对比研究，尤其是最近进行了中国和一些亚洲国家的节日文化的对比研究，在此就以民族节日在当代社会生活中的角色为中心来答题。

---

* 本文原载《思想战线》2000 年第 2 期。

节日是人类共有的一种特殊的社会活动，在每个民族中都存在。节日的起源有不同的意义，节日本身尤其是民族传统的节日也包含很多特殊的内涵，如对自然现象的敬仰、对一些历史人物的怀念、宗教节日等。同时节日也是民族文化荟萃的一个特殊时刻，在节日中各种民族文化往往都能得到充分的展示，如在节日中人们都要举行各种传统的祭祀甚至游行、穿民族服装、表演歌舞、吃各种特殊的食物、重现各种相关的习俗、亲人和朋友团聚等。节日中的很多文化内涵在平日的社会生活中是不会出现的，尤其是传统节日中的很多现象在当代的社会生活中更难看到。因此在当代社会中节日扮演着文化承上启下的特殊角色，是社会变迁研究中一个重要的侧面，这是我对节日文化发生兴趣的主要原因。

一　西双版纳曼飞龙村的赕塔

曼飞龙村是云南省西双版纳傣族自治州一个远近闻名的村子，不是因为村子风光优美，而是因为村子后山上坐落有著名的白塔。因为它的造型像竹笋，因此又被称为笋塔或者白笋塔，据传说已有上千年的历史。[①] 赕白塔是曼飞龙村一年中最重要的节庆活动之一，"赕"是傣族话中祭祀的意思。西双版纳的傣族人都信仰南传上座部佛教，每个村子都建有佛寺，很多村子还建有佛塔，依据傣族的宗教传统，男青年在自己的一生中都要有几年的时间出家到寺庙里当和尚，然后才能返俗，过世俗的生活，也才能成为传统社会中所认同的一个真正的傣族人。曼飞龙村的白塔就是一座远近闻名的佛塔，它的名声不仅仅是在西双版纳地区，在东南亚地区也有一定的名气。

笔者第一次在西双版纳进行田野工作走进的傣族村子就是曼飞龙村，并且很巧合的是正值这个村子的塔节——赕塔，那是 1983 年的 9 月 13 日。这一天村子里热闹非凡，走到老百姓家里，都可以看到一筐筐的猪肉和新鲜的鱼，这是生产队集体饲养的，在今天这个喜庆的日子分给各家各户

①　文中提到的"白塔""笋塔""白笋塔""曼飞龙白塔""曼飞龙佛塔""曼飞龙塔""曼飞龙白笋塔"都是指该塔。

的。老百姓还包粽子，制作了各种节日吃的食品，准备了菠萝、香蕉、甘蔗等水果，这些一方面是节日里吃的，另一方面是用来祭塔的。

曼飞龙白塔坐落在村子后的山顶上，顺着村子后的小路只需20分钟就可以走到塔下。白塔的银白色塔身在阳光的照耀下显得十分壮丽，它是由一座主塔和几座小塔组成的，在塔的侧面可以看到一个据说是佛祖释迦牟尼脚印的巨大石印。塔座是圆形的，在塔的后面还有几间供奉着佛像的房子。今天这里就是全村最热闹的地方，前来参加祭白塔活动的人不仅是曼飞龙村的人，也有来自方圆几十公里的傣族群众，集中在这里的人可达数千。男女老少身穿节日的盛装，最引人注目的是很多女青年相约穿样式相同的裙子，顶着相同颜色的雨伞，甚至穿相同的鞋子。

在白塔下，人们成群结队抬着各家各所的纸花，双手合掌捧着点燃的香，围着白塔从右转三圈，然后到白塔的正面烧香磕头，献上自己对佛的祝愿以及自己的愿望。最隆重的祭祀是一种称为"曼哈班"的大纸花轿，一般是由村里划分出来的不同生产队集体制作并奉献的。这种纸花轿有一人高，现在可能需要两三千元钱，所以都是由集体制作，参与者出钱。赕"曼哈班"一般是轮流的，每天只有几户人家做。

在曼飞龙白塔的侧面是一块不大的广场，这里一群群的男女青年欢快地跳起傣族的民间舞蹈，伴随着锣鼓的节拍一对对男女青年轻快地起舞。这一天虽然是宗教节日，但也是人们欢聚的时刻，男女老少身穿节日的盛装。在广场的一侧还建有燃放高升的架子，不时地把一枚枚高升放到天上。到了晚上，上了年纪的人在家里喝酒聊天，老年人则住在白塔旁的寺庙中，这是佛事的一个重要内容。在这几天晚上最快乐的就是青年男女们，他们相约在村子周围，通宵对唱山歌，或是谈情说爱，这样的场所是男女青年们一种重要的传统交往机会，往往很多男女青年认识，甚至婚姻都是由这样的机会而促成的。

曼飞龙祭白塔一般持续三天。第一天是人们做准备的日子，实际也是人们在家里欢庆的日子。各家各户都要做一些传统的食物，如粽子、一种用芭蕉叶子包着的糯米年糕等，同时也要准备一些用于赕佛塔的用品，如用彩色纸制作各种纸花架、小香烛等。在晚间全家聚在一起吃一次丰盛的晚饭。

第二天是最为重要的，这一天全村子的人很早就到白塔周围，参加赕塔活动，这一天的活动要持续一整天，人们赕塔、出售小食品、尽情游玩。

第三天人们继续在白塔赕佛，而这一天最重要的活动是村子中不同的群体的聚会，这是傣族传统中一种重要社会关系结构的体现。这种聚集分为不同年龄、性别、社会圈子等。如全村子中同一年出生的人、相处较好的同性的小圈子的人们、一个生产合作社的人们等，这样的小圈子的人们相邀聚在一起，大家出钱购买食物等，然后聚在一家吃喝玩乐。在这个过程中人们十分开心，说说各种消息、来年的打算，感情更为融洽了，平日所遇到的一些小矛盾也可以得到调解。

在节日中，人们一方面通过祭塔表达了自己内心的愿望，同时穿节日的盛装，亲戚朋友相聚，制作各种节日的用品，这一切都是人们一年中辛勤劳作之外的另一种生活方式。笔者认为这种生活方式的存在对于傣族社会来说是十分重要的，它使人们的生活增加了五彩缤纷的内容，使一年中辛勤劳动所带来的紧张得到了缓和。同时节日中的各种传统对于维系社会的和谐也是有积极的作用的，如节日中各种传统习俗的再现，在节日的第三天人们分为不同的群体的集会都有这种功能，节日也使人们获得了更多的交往机会。这一点笔者在其他民族中做田野研究的时候有深刻感受。在一些民族尤其是一些山区少数民族中，近年来由于传统文化的丧失，或者说过去也没有非常明确的民族节日，生活方式就显得十分单一，一年到头基本生活在繁重的劳作中，缺少劳作之余的社会调节以及人与人之间的群体性交往。赕塔这一传统节日作为人与人之间群体交往的一种方式，同时又发挥社会调节方面的功能，是十分明显的。因此在每次参加祭塔活动或者其他传统节日时，笔者有一种深刻感受：那就是人生活着，不论你是从事什么职业，以什么作为谋求生计的方式，都不能没有精神上的寄托以及对自己生活情感的调节。在每次参加傣族的节日活动中，笔者都与傣族群众一样受到一种浓烈的民族文化的感染和熏陶，沉醉在节日的气氛中。在祭塔活动中我们可以看到，祭塔是傣族传统文化在一个较短时期内的集中再现。在这个过程中，不仅再现傣族的传统宗教信仰，也集中再现了傣族的民族艺术如绘画、歌舞、手工艺品制作，传统食物制作以及人们之间不同的社会关系、交往方式、礼仪等等。虽然说祭白塔是一个起源于佛教的节日，但时至今日它更多的是作为傣族的一种传统而存在，宗教的色彩在这其中已经渐渐淡去。它留给人们的更多的是一笔文化遗产，成为人们社会生活中不可缺少的一个环节。经过多年持续不断的追踪研究，笔者发现曼飞龙塔节有已经变化的部分，还有没有发生变化的部分，这一点十分有助于我们对民族文化发展走势的思考。

第一，如同我们前面谈到过的，今天这一节日虽然也是以宗教为核心内容，但是宗教的色彩已经越来越淡化，作为一种民族节日的色彩越来越浓厚。由于规划为西双版纳重点旅游风景点，白塔进行了多次扩建，今天的白塔是 1997 年重新修建过的。村民们还集资在白塔的旁边修建了一座 8 米高的佛像。村民们这样做更多的是想扩大这一名胜的影响，而不是出于真正的宗教原因。今天塔节规模越来越大，在大祭之年参加的人可达万人。不仅西双版纳当地的人来参加，内地省份也有很多人前来参加，还有不少人从邻近的缅甸、泰国前来参加。在节日期间还经常邀请一些文艺单位前来演出，同时还增加了一些经贸活动。

第二，这一节日活动也发生了一些变化。在过去生产队每到过节都有一些集体的活动，比如组织集体的文艺体育活动，一年一度分配生产队饲养的鱼、猪等，这些过去是被看作重要的集体活动，今天已经没有了。过去在节日期间的晚上，能够听到男女青年对唱山歌，现在也听不到了。在两三年前青年人更多的是在晚间集合在小食品摊点边玩耍，甚至出现了很多赌博摊点吸引着青年人。在过去每到节日期间不论是生活在村子里的人，还是在外边工作的村民，人们都要穿民族服装，而今天很多青年人，尤其是在外面工作过的青年人已不再穿民族服装出现在节日中。这一切变化也都反映了时代的变迁，生产队的体制已经转变为家庭经营为主体，人们在节日中的行为也更多的是以个体为单位。由于人们观念的变化，人们的生活行为也发生了变化，受到外部文化的冲击已越来越大。

第三，这一节日总体的发展趋势。祭塔这一节日一直为曼飞龙村的人们所保持，成为人们社会生活中不可缺少的一部分。它给人们带来好的期望、节日的享乐、对社会和谐的调节、对民族文化的传递继承等，其重要性是难以估量的。今天傣族社会发生了巨大的变化，经济以及城乡各种建设迅速发展，傣族社会已经融入现代文明的大量内容。但就是在这种社会迅速转型的今天，傣族的民族文化仍然保留着，与现代发展构成了一种传统文化与现代发展二元为一的社会文化体系，这对于傣族社会的发展有着重要的意义。

二　泰国清迈——泰历新年"宋干节"

勐龙村在泰国清迈城郊 30 公里处，分为南北两个自然村子，目前约有 2000 人。这里地处平坝，人们以水稻种植为主要的农业生产内容，同时也种植辣椒、龙眼等经济作物。这个村子经济收入相对比西双版纳要高，人均收入每年可达到人民币 1 万元左右，全村有 260 部汽车。农民们的住房也很漂亮，基本是一家一幢小别墅式住房，风格仍然保留着当地泰人传统的建筑式样，也就是兰那国的建筑风格。村里有一座规模较大的佛教寺庙，金碧辉煌，占地面积达到 10 多亩。与西双版纳不同的是，这个村子已经没有男孩子到寺庙里当和尚，男孩子不必像西双版纳那样在一生中一定要到寺庙里面当几年的小和尚才能还俗，目前寺庙里只有 1 位老住持和 3 位和尚。这里是平日村民们拜佛的地方，也是各种节庆集中活动的主要场所。当地泰人的新年是依据佛历来确定的，目前根据泰国政府的规定，泰历新年在公历的每年 4 月 13 日至 15 日 3 天，这 3 天也是泰国国家的公休日。目前新年的活动一般持续 3 天。1996 年 4 月笔者在清迈参加了新年节庆活动。在一年的最后一天，也就是新年的前一天，人们实际上已经开始做各种各样的准备了，因此这一天也被称为准备日。这一天人们要准备各种节日期间用以供佛的食物，如糯米做的粽子、米饭团以及糖果等各种甜的食品，同时还要准备节日期间用来进行宗教祭祀活动的各种供品，如彩色纸制成的纸花、纸旗，用于宗教活动的树枝等，还要到寺庙前以及自己家的院子里用沙堆成一个佛塔，这是一种重要的传统。这一天晚上人们就会集中在寺庙里，等待着新的一年的来临。而在清迈城里面，这一天人们会开着汽车在市中心集会，或者顺着大街欢呼游行，等待着新年的到来，也在送走即将过去的一年。

新年的第一天，人们起得很早，首先把自己的房屋以及庭院打扫得干干净净，然后带上糖果、米饭团等食品，到村子中的街道上向和尚布施。随后人们在家里进行祭祀祖先的活动，因为新年在人们的观念中也是祭祀祖先最重要的日子。祭祀祖先的主要内容是向自己家庭的灵房献上鲜花、食品及清水。然后将纸旗插在沙塔上，洒上清水，插上菩提树树枝，放生小鸟等小动物。随后人们就带上鲜花、糖果以及各种食物，集中到佛寺中，在老和尚的主持下，进行新年的祭祀活动。这一天男女老少都要穿上节日的传统盛装，作为行政村的官员要穿上白颜色的官方服装。这一活动主要是听老和尚诵经，并且向佛像献花，然后用水浴洗佛像。为佛沐浴是这一天最重要的活动。这一天的仪式结束以后，村子里要进行游行活动，人们抬着佛像以及各种有关的纸旗、经幡等在村里游行。在一些特别的时间，清迈城也可能在政府的组织下进行全城市的游行活动，如果是这样，全村的村民大多数会到城里面参加游行活动。在游行活动结束后，全村村民们集中在寺庙里吃一次简单的午餐，这一次午餐象征着一个村子的团结。当天下午，村里进行互相祝福的活动。在这一活动中，年轻人给老年人祝福，普通群众为官员祝福，学生为老师祝福等，方式一般是用鲜花蘸清水洒向被祝福的人，并说些祝福的话。

第二天的活动，基本上就是泰人新年节日的一致活动，那就是泼水。一大早仍然是在寺庙中，由老和尚主持一个简单的泼水仪式。村里各家的长者来到寺庙里，首先听老和尚诵经，然后由老和尚手持一个银盆，用一些树枝蘸银盆里的水洒向跪在佛像前的人们。仪式结束以后，人们就可以自由地在村子里面泼水。

第三天与第二天的内容基本相同，人们仍然沉浸在泼水的欢乐之中。尤其是年轻人，不仅在本村子里参加泼水，还到清迈市中心去参加泼水，去朋友家玩乐。这一天更多的内容是走亲戚，人们远近的亲戚朋友相约集中在一个家里，或是一些要好的朋友集中在一起，从早到晚围坐在桌子边喝酒谈天，尽情地享受朋友相聚以及节日的闲暇所带来的快乐。

在泰国的研究中，首先是了解到泰人新年来源的不同含义，既有自然的四季循环的含义，也有关于佛教对于世界的认识，还有泰人占星术的内涵。其次，在新年这一活动中，有三个方面显示着各个国家泰人共同的文化，第一个方面是原始的传统，这是自然的传统。在这一传统中反映了人们对以太阳为中心的大自然中四季变化的认识，以及由此而产生的对自然的各种原始崇拜，这主要是一种万物有灵的自然崇拜。这和泰人处于农业社会有关。因此新年中重要的内涵既是农业季节的开始，也是对祖先以及自然界中各种神灵的祭祀。所以在新年中人既要祭祀祖先，也要祭祀自然间的神灵。

第二个方面是佛教的传统。泰人大多数信仰佛教，因此新年活动和佛教有密切关系，新年中的很多内容是佛教活动。这一点如果不深入地研究泰人新年的起源，就会把泰人的新年看作一个佛教的节日，但事实上并不完全如此，它还有关于自然的四季循环、人的生与死、人的灵魂寄托、祖宗崇拜等丰富的内涵，佛教的传统仅仅是新年活动的一个重要组成部分，当然在东南亚国家它是新年节庆活动的核心部分。

第三个方面是一些共同的文化传统，最典型的就是泼水活动，这几乎是除了一部分越南的不信仰佛教的黑泰人以外东南亚泰人共同的节日内容。除此以外，还有与佛教相关的各种活动，如堆沙塔等。今天不论在哪个国家，新年的内容都发生了很大变化。这点在笔者进行田野研究的清迈勐龙村也是一样。虽然说这个村子过去是从西双版纳迁移来的，但是经过几百年与当地民众的共同居住，在文化方面已经和当地的文化融合在一起。比如说在中国的傣族甚至在柬埔寨的泰人中，新年中一个重要的活动就是要进行燃放高升的比赛，每个村子都会在村子中间搭起一个台子燃放高升。各家各户都会把自己制作的高升拿来燃放，并且要评出燃放得最高的给予奖励。而在泰国清迈就没有燃放高升的传统，从西双版纳迁徙到清迈的勐龙村在过去应该是有这一传统的，现在这一传统和当地一样已经不存在。

三　日本传统文化的环链：祭

在日本，节庆活动称为"祭"。日本的节祭起源与日本最古老的宗教——神道有关。神道起源于农业祭祀，是一种信奉万物有灵的宗教，祭祀的目的在于使神与活着的人及死去的人的灵魂沟通，并祈求作物丰收、祛病、防御恶劣天气、人生平安、得福等。

笔者考察的第一个节日活动是东京三社祭，这是日本三大节祭之一。三社祭每年在东京的浅草寺举行，一般在公历 5 月 14 日至 16 日。5 月 14 日是本次节祭内容较为丰富的一天。这一天自中午 1 时开始进行传统的大游行，参加游行的有当地各街（町）区的代表，有妇女装扮成白鹭的白鹭舞、穿着传统艺伎装的艺伎手鼓舞、载着舞乐手的舞乐彩车等，排成不同的方队，吹打歌舞沿着浅草寺四周游行一周。下午 2 时后在浅草寺的神社社殿及神社神乐殿还有被指定为"无形文化财产"①的神舞表演，在传统的鼓、笛等乐器演奏的神乐的伴奏下，表演者装扮成不同的鬼神手舞足蹈。下午 3 时半当地各街区的代表举行"入魂式"祭祀仪式。

5 月 15 日上午 10 时，举行每年的例行祭礼典礼。中午 12 时各街区联合举行祭礼仪式。这一天的内容不算多，但笔者仍然早早就到了现场，有时间慢慢地看看周围的环境。在寺庙旁边有一个很大的木头架子，上面挂满了小木牌，木牌上面写着这几天人们前来过节时的各种愿望。笔者问了当地人才知道这种牌子叫作刺马，一面绘着传统的画，如牛、马等等，另一面则写着每个挂牌人的各种愿望。笔者认真地看了这些木牌子的内容，有的是期望家庭平安，有的是希望能考取某一所名牌大学，有的是希望在公司工作能够尽早地晋升职位。人们期望能够通过在神灵前挂上木牌，把自己的愿望传达给神灵，祈求神灵的保佑。笔者发现这是一条了解日本当代人愿望的重要途径，上面写着的每一句话都真实地反映了日本人心灵深处的想法。笔者为自己的这个发现感到高兴，于是认真记录这些木牌所写的内容，并且把这些内容做了统计归类。从此以后，笔者不论在东京或者是东京以外的旅行中都认真地记录各个寺庙中刺马的内容，并且和在一些博物馆中所能看到的刺马记录的过去的内容进行比较，通过统计来看一看今天日本人最大的愿望到底是什么，与过去有什么不同。通过对这个内容的研究可以写出一篇很好的论文，虽然说现在这一篇论文还没有最终完成，但是从统计的结果来看，升入大学以及在公司里获得更高的职务是当代日本人的最大的两个愿望。

5 月 16 日是一年一度节祭的高潮。这一日整个浅草寺地区人山人海，主要活动是抬着神龛游行。上午 6 时人们便将神龛从神社中迎出，接着不同的街区的人们抬着神龛绕着自己的街区游行一周，然后交给下一个街区的人们，他们再抬着神龛绕自己的街区游行。这一天当地的人们不论男女都身着传统的日本民族服装，包括鞋子也不能穿着现代制品，争先恐后地去参加抬神龛，人们认为抬神龛能给自己带来福气。待神龛传到自己的街

---

① 即非物质文化遗产。

区后，人们在领头人的指挥下，击掌壮行，随后便争着挤进去抬沉重的神龛，多数人只能得到摸一摸神龛的福分。日本的节日期间人们的生活习俗及形式与东南亚泰人有很多相似之处。节日的高潮是晚间6时的神龛入宫仪式。自下午三四时起便有人等待在寺前。吹奏着神乐、呼着号子进入神社，在场的人们也欢呼鼓掌，场面十分热烈壮观。神龛抬入专门的神宫内就要等到次年节祭时才迎出。据组织者统计，每年参与及观看三社祭的人数达200万人之多，当然像笔者这样能有机会在日本人家庭中一起过节的人并不多。

通过对一些日本节祭的参与观察，笔者感到日本的节祭也是传统文化的一个重要的集合。在节祭活动中，集合了人们的宗教意识与社会意识、各种民俗、民间艺术等。与世界上很多国家的节日一样，日本的节祭虽然起源于传统的宗教，但发展至今，宗教的色彩已经淡化，已演变为一种有代表性的大众文化传统。人们在节祭之日所保留的祭祀仪式是最具有宗教色彩的内容，其余的仅是一种节日文化。因此今天参与的人们，尤其是年轻一代对于节祭的起源及其宗教内涵了解不多，甚至并不了解，所做的仅是节日的参与。关于参与节祭的动机，笔者在参加三社祭等活动时曾问过很多人，他们认为参加节祭活动首先是因为它是一种大众节日，如果是本地区的节祭，那么也是本地区一年中最大的节日，自然乐于参与，这已成为一种习惯；其次如果通过节日的参与能够得福，那也是一种心理满足。对于大多数年轻人来说，对参与节祭的理解更为简单：这是一年中的节日。节日的热烈、内容的五彩缤纷、朋友家人相聚的喜气洋洋等都是人们的一种心理需要，这一点对于不同年龄的人都是一样的。为了迎接节祭之日的到来，当地的人们在几个月前就要进行准备，包括排练舞蹈、制作彩车等节日用品，这已成为当地人的一种义务，也因为这种参与，人们期待着节日的到来。这也是节祭在当代日本社会中所发展出的一种新的文化内涵，在节祭活动中，宗教色彩淡化了，取而代之的是人们对于社会交流的注重。通过节祭，人们获得社会的交流，显示人们对于本地区的关注与责任感，证明地方的团结，这一点在今天日益都市化的日本社会中更为明显。在农村中每年的节祭的参与是每个当地村民的传统义务，而在城市中杂居的人们就没有这种传统的义务了，参与成为居住在这个地区的人们自愿的行为及对本地的责任感的体现。这一特殊的盛会成为人们忘却家族及工作的烦忧、相互交流、休息并且体现一个地区团结发展的机会，日本传统节祭的这一新的功能体现得越来越明显。今天日本传统的节祭还融入了明显的商业色彩，很多地区的节祭活动除了传统的意义外，还被当地政府及组织作为发展旅游业及促进地方经济发展的契机，精心组织、宣传，以吸引更多的旅游者。京都、东京及东北很多地区主要的节祭活动每年都可吸引数以百万计的外地游客，小一些的节祭往往也能吸引数万甚至数十万人参与，带动了地方经济的发展。节祭这一传统的宗教节日已发生了极大的变化，已转化为一种大规模的非宗教性文化传统。这种传统是一种传统文化的沿袭，仍带有浓烈的地方色彩，但是商业利益的介入与传统的价值也在发生冲突，节祭的变迁仍然没有最终定型。

通过对日本节庆活动的实地考察，笔者对日本节庆活动得出了以下的结论：节祭是日本传统文化传承的一个重要环链，在每年的节祭活动中，各种传统的内容都得以再现，在节祭中再现出价值，如传统的舞蹈及音乐每年都要排演，传统的艺术品制作每年都要重现，相关的风俗习惯也会再现，这其中最重要的是青少年的参与和学习。这样相关的传统就可以一代一代地延续下去。反之如果没有这样一种载体，传统文化不能不断地再现，那么很多文化要素就会消失。

此外，节祭已成为日本文化的一种象征，节祭在日本社会中具有广泛性，再现了日本人的文化认同（归属意识）。这一点在一些特定的环境中就能反映出来，笔者在相关的资料中看到，在美国各地的日本社区的人们每年也要举行节祭活动，也要抬神龛，这既是日本人的传统，也是日本文化存在的一种表现。

四　比较研究的结论及对人类学田野工作的思考

对云南少数民族和泰国、日本民族节庆活动的研究对于亚洲文化的比较研究以及人类学的田野工作实践都有重要的价值。

首先，这几个国家相关节日文化的起源都有共同的历史背景。中国南部、东南亚国家泰人居住区和日本都是以水稻种植为主的农业社会，这一共同的社会背景对于文化的起源有很多一致的影响。从民族宗教方面来说，在这些传统的农业社会中，都有基本相同的对于自然的认识以及超自然的崇拜。最原始的宗教都是万物有灵的自然崇拜，对天地间的各种自然的变化，大自然中动物、植物以及自己的祖先等，都赋予其神灵，加以崇拜。以水稻种植为例，在水稻种植中从插秧到秧苗的成长过程直至丰收的每个环节，都要进行祭祀活动，举行相关的宗教仪式，祈求神灵对丰收的保佑，这一点不论在中国还是在日本、泰国都是一致的，在比较研究中还可以发现很多与水稻种植相关的宗教祭祀活动是相同的。而起源于与农业祭祀有关的各种节日以及节日的习俗也有很多相同之处。笔者在东京进行有关节日田野调查的时候，发现了一个有趣的现象：各个地区的最大节祭，也是当地一年中最重要的节日。在这一天人们享受着一年中最自由的闲暇，准备了各种精美的食物，在家里邀请了自己的亲戚朋友前来和自己一起过节，而这一天中人们基本是在家里度过的，大家围在客厅里席地而坐，一边喝酒吃东西，一边聊天，等到有热闹的活动时出去参加一下，再回来喝酒聊天。这种习俗虽然是日本的，但与东南亚的泰人是完全一样的，笔者在中国的傣族人家中过节也有相同的感受。因此很多年来有不少学者通过各种各样的途径，寻求各种各样的证据来证明日本文化起源于中国南部以及东南亚地区，在田野的比较研究中，会感受到这种想法不无道理。

其次，节日都有追忆祖先、崇拜神灵以寻求神的保佑、节日期间亲朋好友团聚、协调社会关系、享受节日的休闲与快乐等功能，这些方面都是共同的。在这方面日本的节庆表现得更为典型，当代的日本是一个现代化程度很高的社会，但是传统的节日在现代社会中维系着人们的传统社会关系：节日都是以一个地区为单位举办的，当代的城市中一个地区的居民并不像传统的村落一样有亲属关系或者传统的社会网络关系，但是在节日期间人们同心协力维护一个地区的团结与荣誉。大家因为节日而维护传统的社会关系或者形成一种新的社会关系。随着时代的变迁，这些节日也都发生了巨大的变化，在不同的地区加入了不同的文化，但有一点是共同的，那就是在今天节日文化中传统宗教色彩在渐渐淡化，宗教以及对自然崇拜所延伸出来的内涵已经不再是节日的主要内涵，已经成了现代社会中继承下来的一笔文化遗产。但是失去了宗教的内涵并不证明节日已经失去了往日的魅力，相反的是它产生了很多新的文化内涵，比如说在今天它往往是一个民族共同文化的象征，凝结着一个民族对于自己文化的认同。这一点在与其他民族的相比较中显得更为明显。因此现代生活需要节日，而传统的节日也显现出新的文化价值，显示着现代人的需要。

对中国云南少数民族以及泰国、日本的节庆文化的比较研究是一项以田野工作为基础的研究活动。通过这一研究个案可以看到笔者以田野研究为基础的研究工作的一个侧面，笔者也表达了对基于田野研究的人类学实践的一些认识。这一工作的展开以及取得的初步成果，不仅提供了一项亚洲节日文化比较研究的个案，同时也对人类学田野研究工作的进一步开展提出了一些新的思考。

目前人类已经进入了一个新的世纪，中国的人类学研究应该以一个新的面目出现在新的世纪，求得自己应有的地位，获得发展。就笔者个人的体会而言，在新的时期中国人类学既要继承过去有益的传统，又要有创新，才能谈得上发展。下面几个方面是笔者长期的田野研究工作的体会。

第一，每一个人类学家都应该有一个自己长期研究的基地，这就如同一个科学家需要一个实验室一样，没有基地就没有自己长期研究观察的对象，也就没有深入的研究。就人类学研究方法论而言，参与观察是一个法宝，而以人为本的研究，研究人的行为及其文化、制度、经济等是人类学这门学科的核心要素。要掌握人与其文化的关系，较透彻地研究不同的人，这样就需要对一个群体进行长期的研究。研究的基地可以是一个民族，或者是一个地区的一群人、一个区域的某一个群体等，选中了这样一个基地就应该进行长期的深入研究，了解这一人群中的方方面面，融入这一群体中。如果它是和自己不同文化的人的群体，还应该学习这个群体的语言，进行直接的交流。目前我们国内很多人类学家长期进行某一个民族的研究，但是并不懂得这个民族的语言，这一点必然带来研究上的很大的缺陷。对一个群体的研究，也就是在自己研究基地的研究，应该做到长期的不断跟踪观察。这一方面既是中外人类学好的传统，另一方面也是我国人类学研究领域中需要从整体上补足之处。因此可以说一切真正地道的人类学研究都是基于长期的田野研究工作之上的。长期的观察研究不仅是一种方法论，也预示着研究成果的科学性与不可替代性。

第二，要重视文化的比较研究。这种比较研究不仅是跨越文化的，也应该是同一文化中的比较研究。文化的研究如果没有比较，那么就不可能透彻地认识它，就可能是孤立的。特别是在当代社会中，经济全球化的速度越来越快，信息传播的速度骤增，社会的变迁速度是前所未有的。我们的研究也不能孤立于一个小圈子中，否则研究并不能反映一种文化、一个社会的真实状况。必须要进行文化之间的比较研究，在比较研究中发现人类文化发展的共性及个性，尤其是在当代社会变迁中文化的价值及其内在的稳定因素、不同文化与当代社会发展的关系等，这才有真正的价值。文化真实的一面往往只在比较中才能被认识到。进行跨文化的比较研究，虽然不是人类学研究新的发展，却是我国人类学研究的不足与未来应该发展的趋势。因此每个人类学家在自己一生的研究中应该有两至三个长期研究的基地，最好是研究几个不同的文化，这样必然出新的成果。文化的比较研究也对人类学家自身的素质提出了新的挑战，这要求人类学家不但要适应不同的文化，也要掌握不同研究的手段，如果是在不同的民族、不同的国家中进行人类学田野研究还应该掌握不同的语言。如果一个人类学家熟悉了几种文化，那么他就在成为人类学大师一级的学者的阶梯上跨越了一大步。中外很多大师一级的学者，无不如此。

第三，人类学研究也应研究具有时代感的课题。不应该只沉溺于对一些文化要素的研究，如目前的很多研究仅仅注重一些风俗习惯的研究，这还不是真正意义上的人类学研究。从人类学的学科特点来讲，人类学的研究成果来自活生生的社会，这就是人类学的生命力所在。但是人类学要在新的时期求得发展，要在日益发展的繁多的学科中求得自己的一席之地，关键的就是课题的选择，要看我们的课题能不能服务于社会，服务于时代。这一点已有很多学者论及。今天有很多有时代感的问题需要人类学家去研究，如边疆地区尤其是少数民族地区的生态环境问题、福利保障问题，城市中的社区人们的生存问题，农村人口进入城市以后的就业与生存问题，这些问题我们可以通过人类学独到的学科视野进行研究，提出自己的看法。

第四，人类学家在进行田野研究工作的时候，要以变迁的眼光来审视自己所研究的对象。如上所述，每一种文化都不是一成不变的，也不是在一种封闭单纯的环境中孤立成长的。因此，在田野研究工作中一般性地记述自己所观察到的事物并没有更多的价值，只有真正发现并认识自己所观察的事物在时代的时空中变化与不变化之间的关系，以及为什么变化和为什么不变化，看到这种变与不变对未来发展的影响，这才真正把握了事物的本质，这也是人类学家进行田野研究工作最终的任务。至于说在田野工作中所需要的种种技能和经验都是达到这一目的的手段。

傣族的村寨文化及其当代价值[*]

——西双版纳曼飞龙村的个案研究

村寨文化是认识一个民族文化最基本的层面。在各民族的传统社会中，由于历史与地理环境的原因，村寨是人们集中居住、生存的基本单位，由于村寨中相关制度的存在，人们在生存中对村寨的依赖甚至大于家庭。在各民族中，传统的村寨不仅仅是一个人们居住的场所，同样也集政治、经济、文化甚至军事功能为一体，村寨也因此而成为一个民族文化的基本单位，并且在长期的发展中还可能形成在本民族文化氛围中的村寨文化特点。因此，村寨文化是一个民族文化的缩影，对村寨文化的认识是一个民族文化的重要切入点，同样对民族文化的建设与保护也应重视村寨文化的基本层面。本文将以西双版纳大勐龙镇曼飞龙村的个案研究来探讨村寨文化的功能及村寨文化建设对一个民族文化在当代建设与保护的意义。

一 作为村寨文化基础的傣族传统村社特征

村寨不仅是人们集中居住在一起的住房群落，人们对村寨的依靠更重要的是反映人们在村寨中相互关系的制度，即村社制度，村社制度是傣族传统社会中最重要及最基本的社会制度。傣族的村寨文化的特征与其传统

---

* 本文原载泰国《泰中学刊》2017 年专号。

的村社制度有直接关系，即村社制度决定了村寨文化在傣族社会中的地位。为了理解傣族村寨文化存在的基础及其在整个民族文化中的地位，我们首先考察傣族的传统村寨制度。

在傣族社会中，村社是一个社会构成的基层实体，村社制度是傣族社会中的核心制度。村社作为一个集社会生活、政治、经济、文化、宗教为一体的社会基层单位，是傣族社会的构成细胞。这一点与很多民族是不相同的，如在云南的摩梭人中，母系大家庭制度是社会的核心制度，在汉族社会也同样，以家庭为基础逐步展开为家族及更为扩大的社会网络，但在傣族社会中人们的社会关系往往是以村寨为核心展开的。村寨的社会实体地位体现在以下几个方面。

第一，每一个村社都有显示本村社整体性的象征，这就是村社神以及村社的神树、佛教寺庙。在每一个傣族村子里面都有一个被称为"斋曼"的寨神位，还有一棵菩提树。每一个傣族村子在建村的时候都要种下一棵菩提树作为村子的象征，并以此作为村子的中心，在菩提树旁建造不同式样的寨神位。由于傣族信仰佛教，每个村子都要建一座佛寺，部分村子还建有佛塔。

第二，传统社会中的傣族村社的权力结构。在傣族传统社会中，除了每一个封建地区——"勐"有它的头领以外，每一个村也有村寨的头人，称为"扎""先"。这些头人是由村寨的村民选举，然后由勐的头领任命的，因此选举出来的这些头人必须做事公道，有协调事务的能力。相反他做人不公道或没有能力，村民也可以罢免他。村寨的头人可自主安排本村寨的生产、宗教活动，协调社会事务，对勐履行村寨应该提交的封建负担，履行村寨应该履行的封建义务。在傣族的传统社会中，权力的控制主要是分为国王、勐的头人和村等不同的层次，而村社有较大的自主权力，是一个相对独立的权力实体，这种权力国王也必须尊重。

第三，村社的土地关系。土地制度是傣族传统社会中的核心制度之一，村社的土地关系也反映了村社的一体化特征。在傣族传统社会中土地是公有的，它在名分上属于国王、土司、头人，每一个村社要向国王或者土司、头人上缴应有的赋税并承担修筑寺院、饲养王室牲畜、出征等封建义务。但是，土地的实际所有权其实为村社所有，每一个村社中有明确的土地界线，村寨拥有使用土地的分配权。土地在村社里是公有的，每一个村寨里的村民可以占有使用村子里公有的土地，但并不意味着土地可以为个人私有，不能私自转让及买卖。村民们使用多少土地就要上缴多少赋税，分担勐分配下来的封建义务。

第四，村社的事务管理。在傣族传统社会中，每一个村社都有自己的头人，他们是管理村社各个方面事务的负责人。这些负责人各司其职、各负其责，管理着村社各个方面的事务，使村子的社会事务得到比较好的安排。在涉及每一个村社的重大事务，如分配上缴的赋税、分配土地、兴修水利、选举头人、要接纳新的村民、修寺庙等大事时，都要在村子里面召开全村的村民会议来决定，而不是由村寨的头人来决定，因此在这一点上体现了村民对于村社事务的充分的民主权、参与权和知情权，村民能够在村社中拥有自己公平的地位，这一点与傣族传统的村社制度有直接的关系。

传统的傣族村社不仅仅是一个人们集中居住的集落，而且还是一个集自主管理权力、经济、宗教（在民主改革以前还有军事职能）与相对封闭的社会网络为一体的社会实体。因此，村寨对于村民来说具有强烈的吸引力，他必须要依赖村社，才能够获得生存资源，才能够具有安全感，能够在遇到困难的时候获得帮助，相反如果脱离了村社，他可能就要丧失村社所能提供的这一切社会关系。同时作为一个村民应尽相关的义务，维护村社的利益。由于有了村社这一社会资本的核心载体，每一个村社的成员都能够从村社获得生存的资源，如土地、森林、水等，同时也能获得社会的帮助，特别是在有困难、生老病死、家中有大事的时候，从而提高生存的安全感。由于人们以村社为单位进行宗教等方面的事务，人们能够充分地享受作为一个村民所拥有的权利和利益，享受宗教节日等活动给人们带来的快意及感受。人们的行为规范、村社中的社会网络、观念等的形成无不与此有直接关系。

从以上分析中可以看到，在傣族传统社会中，村社的意义已超越了居住场所的意义，具有更为广泛的内涵，存在于这种传统村社制度之中的村寨文化在其民族文化中的地位也因此十分重要，傣族的村寨文化的形成与存在正是与其传统的村社制度密切相关的，这是我们理解傣族村寨文化的重要基点。

二 曼飞龙村的情况

曼飞龙村位于西双版纳州府景洪县城南 65 公里处，行政上隶属大勐龙镇曼龙扣行政村公所。全村有 148 户 733 口人。[①] 曼飞龙村地处勐龙坝子的南部，整个村子建在山脚下，面对勐龙坝，背山面坝，是傣族建寨最理想的地理格局。村前水田平整开阔，河流穿流其间，村后山脉相连，森林茂盛，在当地傣族人的心目中，这里是一块福地。该村有接触外部文化的便利条件。由西双版纳州首府景洪县城（今为景洪市）至中缅边境的公路从村前经过，交通便利；这里有被称为西双版纳象征的白笋塔，该塔是著名的旅游景点，国内外的游客常来这里，给村子带来了很多与外部交往的机会。

曼飞龙村傣族人信仰南传上座部佛教，在村口有村子的佛寺。佛寺过去是西双版纳的传统风格，当地人说不清有多少年的历史，但可以百年计。20 世纪末，村中对佛寺进行了重新修建，建筑风格已改为现在的泰国佛寺风格。远近闻名的曼飞龙白笋塔就坐落在村后的山顶上。该塔建于1204 年，所以该村建寨不晚于 1204 年。白笋塔是境内外著名的宗教活动圣地，加之白笋塔又被国务院定为国家重点文物保护单位，以白笋塔为重要象征符号的南传上座部佛教传统在村中备受关注，该村有丰厚的宗教文化传统。

曼飞龙村在当地有一定的声望。新中国成立前，傣族村寨分为不同的等级，单就农民聚居的村寨而言，依次为"傣勐"，意为土著、本地人；"领囡"，意为迁来者；"宏海"，意为杂居者（其成员包括被各寨赶出的"琵琶鬼"及麻风病人）。曼飞龙村属"傣勐"等级。

水稻种植是曼飞龙村的主要产业，目前全村共有水田 663 亩。目前由于人口增多，耕地已显得紧张，人均有水田 8 分左右。橡胶树种植是主要的副业，目前全村共有橡胶树 2000 余亩。种植橡胶树的收入目前是曼飞龙村民最重要的现金收入来源。每一百株开割的橡胶树一年能有七八千元的

---

① 根据 2003 年的调查数据。

纯收入，有的家庭拥有四五百株，其收入就相当可观。2003 年全村人均年收入有 2000 元左右。

曼飞龙村中有一所村办小学，建在村佛寺后，为砖混结构平房，在村中属较好的房子。村中孩子在这里能读到四年级，五、六年级到镇完小就读。考取初中的学生要到距村不足 1 公里的景洪县第二中学继续其学业。曼飞龙村办学的历史在当地较早，从 1953 年开始这里就开办了乡中心小学，这对曼飞龙村民接受现代教育有明显的积极作用。

在过去傣族村子是非常封闭的，曼飞龙村是一个社会地位比较高的村寨，它的封闭性更强，尤其是不和其他村寨通婚，没有更多的社会交往。但是近年来曼飞龙村的对外交往已扩大，传统的封闭状态已改变，与外部的联系多是这个村子的一大特点。在婚姻方面，现在村寨已经有 50 余个与其他村寨通婚的事例。近几年来，很多女青年嫁到了曼飞龙村，甚至本村的小伙子并不愿意娶本村的女孩，而愿意娶外村的女孩。人们的社会交往也空前扩大，在每年 11 月祭祀佛塔的日子里，前来参加祭祀的人不仅仅是本地的，甚至远至其他地县和侨居泰国、老挝等国的亲戚朋友，各地对曼飞龙佛塔有敬仰的信徒们都会前来参加，近年来还增加了大批游客。人们过去世世代代务农，但是最近几年来青年人都热衷于到外面去打工，他们足迹遍及国内的各大城市，有的女青年在外面打工已经有十几年之久，两年来甚至还有七八个女青年远到马来西亚、泰国打工至今未归。不少女青年由于打工等原因嫁到了外地，曼飞龙村目前已有十余女青年嫁到了北京、上海、沈阳、成都、长沙、武汉等地。曼飞龙村由于拥有著名的白笋塔，该塔作为一笔不可多得的无形资产使曼飞龙村远近闻名，也使这个村子的人们有更多的机会走出村子。村子里参加工作的已有 50 余人，有不少人成为演员、政府官员、教师等，是附近参加工作的人最多的一个村子，这对这个村子的文化变迁产生了重要的影响。

三 曼飞龙村的村寨文化

一个民族的文化由物质、精神、制度、社会等多个层面构成。曼飞龙村的村寨文化既是整个民族文化的缩影，同时又与这个村寨的环境和历史等因素相关，傣族的村寨文化是傣族文化在一个村寨中的浓缩与体现，同样也有不同的层面与要素，在此我们从节日文化、娱乐文化和社会文化加以考察。

1. 节日文化

节日本身是一种文化，同时也是种种传统文化的载体，很多文化现象如歌舞、饮食、服装、手工艺、宗教活动、特殊的社会关系等在节日中得以集中再现，得到传承。曼飞龙村最重要的节日是赕白笋塔、关门节、开门节与傣历新年即泼水节，其中赕白笋塔是独有的。

赕白塔。曼飞龙村的白塔因为造型像竹笋，因此又被称呼为笋塔，据传说已有上千年的历史。赕白塔是曼飞龙村一年中最重要的节庆活动之一，"赕"是傣族话中祭祀的意思。赕塔在每年9月上中旬，按当年的傣历推算。在赕塔到来之前的几天人们就开始做各种准备，包括打扫卫生、修路、制作各种祭祀的用品等。赕塔的这一天村子里热闹非凡，走到老百姓家里，都可以看到一筐筐的猪肉和新鲜鱼，这是村中集体饲养分给各家各户的。老百姓还包粽子，制作各种节日吃的食品，准备菠萝、香蕉、甘蔗等水果，这些一方面是人们在节日里吃的，另一方面是用来祭塔的。

曼飞龙白塔坐落在村子后的山顶上，顺着村子后的小路花20分钟就可以走到塔下。白塔的银白色塔身在阳光的照耀下显得十分壮丽。它是由一座主塔和几座小塔组成，在塔的侧面可以看到一个据称是佛祖释迦牟尼脚印的巨大石印。塔座是圆形的，在塔的后面还有几间供奉着佛像的房子。这里是全村最热闹的地方，前来参加祭白塔活动的人不仅是曼飞龙村的人，也有来自四周几十公里的傣族群众。近年来参加这一节日的人越来越多，在一些隆重祭祀的年份，前来参加的人达万人以上，不仅有来自西双版纳地区甚至还有从泰国、缅甸、老挝等国来的客人。男女老少身穿节日的盛装，最引人注目的是很多女青年相约穿相同款式的裙子，举着相同颜色的雨伞，甚至穿相同的鞋子。

在白塔下，人们成群结队地抬着各家制作的纸花，双手合掌捧着点燃的香，围着白塔从右转三圈，然后到白塔的正面烧香磕头，献上自己对佛的祝愿。最隆重的祭祀是一种称为"曼哈班"的大纸花轿，一般是由村里划分出来的不同生产队集体制作并奉献的。这种纸花轿有一人高，制作的成本可能需要两三千元钱，所以都是由集体制作，参与者出钱。赕"曼哈班"一般是轮流的，每天只有几户人家做。

在曼飞龙白塔的侧面是一块不大的广场，这里一群群的男女青年伴随着锣鼓的节拍欢快地跳起傣族的民间舞蹈。这一天虽然是宗教节日，但也是人们欢聚的时刻，男女老少身穿节日的盛装，有的出卖小食品，男女青年们则跳舞或者交朋友。在广场的一侧还建有燃放高升的架子，不时地把一枚枚高升放到天上。到了晚上，上了年纪的人在家里喝酒聊天。老年人则住在白塔旁的寺庙中，这是佛事的一个重要内容。这几天晚上最快乐的就是青年男女们，他们相约在村子周围，通宵对唱山歌，或是谈情说爱，这样的场所是男女青年们重要的传统交往机会，往往很多男女青年认识甚至婚姻都是由这样的机会促成的。

曼飞龙祭白塔一般持续三天。第一天是人们做准备的日子，实际也是人们在家里欢庆的日子。各家各户都要做一些传统的食物，如粽子、一种用芭蕉叶子包着的糯米年糕等，同时也要准备一些用于赕佛塔的用品，如用彩色纸制作各种纸花架、小香烛等。在晚间全家聚在一起吃一次丰盛的晚饭。

第二天是最为重要的日子，这一天全村子的人很早就到白塔周围，参加赕塔活动，活动要持续一整天，人们赕塔，出售小食品，尽情游玩。

第三天人们继续在白塔赕佛，而这一天最重要的活动是村子中不同的群体的聚会，这是傣族传统中一种重要社会关系结构的体现。这种聚集分为不同年龄、性别、社会圈子等，如全村子中同一年出生的人、相处较好的同性的小圈子的人，一个生产合作社的人等，这样的小圈子的人们相邀聚在一起，大家出钱购买食物等，然后聚在一家吃喝玩乐。在这个过程中人们都十分开心，说说各种消息和来年的打算，大家的感情更为融洽了，平日所遇到的一些小矛盾也可以得到调解。

关门节、开门节。傣族一年中的重大节日有三个，即关门节、开门节、傣历新年（泼水节）。

关门节和开门节是人们对于宗教虔诚的再现。关门节时间是傣历九月十五日（也就是公历 7 月中旬）。在关门节这一天，各村子的人们都要到佛寺举行盛大的祭祀活动，向佛像、和尚们奉献各种美味食物、鲜花、钱物等。同时整整一天人们都要在佛寺里听和尚们念经，祈求佛的保佑。这一天晚上老年人还有在佛寺里住宿。在关门节后，每隔七天人们都要到佛寺里面进行一次大的祭祀活动，活动当天老人们也都要在佛寺里住宿。

在关门节后的三个月内，人们认真地赕佛、修行养性、刻苦劳动，在这期间青年人不能谈恋爱、不能结婚，也不能出远门，由此表示对佛祖虔诚，自觉地接受佛教对行为规范的约束。

在傣历的十二月中旬，也就是公历10月中旬，就到了开门节。开门节一般来说比关门节隆重。这一天是人们三个月修佛生活的结束，同时也是一年中农忙季节的结束、农闲生活的开始，人们的心情自然不一样。这一天村子里的老百姓首先要到佛寺里举行盛大的祭祀活动，也要准备大量美味的食物、鲜花、钱、日用品等奉献给佛寺，然后听和尚念经。这一天举行盛大的"摆"，也就是传统的庙会活动，人们出售各种传统的食物及日用品，听歌手们唱歌，青年人们跳起传统的舞蹈。在家中，家家户户都杀猪、杀牛，准备丰盛的晚宴。

下面说说傣历新年。每年的4月13日，傣族人民就迎来了一年一度的傣历新年，各地的傣族人民都会以极大的热情参与到一年一度的盛大节日中。节日期间人们走进佛寺拜佛祈愿、身穿节日的盛装参加各种传统的活动，通过泼水的狂欢尽情地宣泄幸福的感情，用圣洁的水洗涤自己的心灵，求得一生的幸福。

泼水节一般是三天，各地傣族在内容上有些差异。在西双版纳，在节日的第一天人们会很早就来到寺庙中，聆听和尚念经、赕佛，祈求幸福、表达自己美好的心愿。

节日的第二天，是参加各种传统的节日活动，也就是当地傣族人所说的"摆"，一般可以翻译为节日集会。在农村中，一个地区每次过年的中心不同，一般每年都会换一个村子主办节日的"摆"，人们穿着节日的盛装集中到当年做"摆"的村子出售各种传统的小食品，玩乐、跳舞唱歌。青年男女们参加传统的丢包活动，会朋友、谈情说爱。男青年们最喜爱的活动是传统的斗鸡。

节日的第三天也就是人们期待已久的泼水狂欢了。这天清晨人们先准备好一桶一桶的清水，老年人及年轻人依次用鲜花和橄榄树枝互相洒水表示祝福。到了中午时分，泼水的狂欢就正式开始，人们互相追逐，用一盆盆清水泼洒向对方，处处变成水的世界，男女老少都加入这泼水的狂欢中，忘却一年中的辛勤劳动，沉浸在节日的欢乐之中。整个泼水狂欢活动一直要持续到日落。

2. 娱乐文化

娱乐文化在村寨文化中占有重要的地位。在傣族社会中，村寨娱乐文化的主体是青年人，娱乐文化的存在与傣族青年恋爱自由有关。在傣族村寨中，直至20世纪80年代中期，每到晚间，男女青年们在村边对唱民歌仍然十分普遍，这一方面是主要的娱乐方式，另一方面也是谈情说爱的方式。

傣族青年恋爱自由，在过去男青年到了十八九岁，女青年到了十六七岁就可以谈恋爱了。恋爱的方式是富有情调的。人们在日常生活中认识，并互相有了恋爱的意向。傣族社会中存在的"窜姑娘"这一特有的方式则为青年人进一步互相了解及表达自己的爱意提供了机会。

"窜姑娘"的方式多种多样。在过去，纺织是傣族妇女们的重要劳动。但姑娘们喜爱纺织还因为它是男女相互接触的一种好方式。每当夜幕降临，姑娘们就会在自己家的房子后面或大树下点起火堆，然后在火堆边架起纺机纺线织布。这时，男青年就会来到她们的身边，与她们谈天，寻机拉近两人之间心的距离。如果女青年心中也有意，也就会与男青年说笑，对唱山歌，约定下一步的约会时间。如果女青年无意，那么对男青年的热情是不会理会的，只会应付，当然第二天男青年也就自觉地不再来自寻没趣了。

在村子边的树林中，凤尾竹下，夜晚传来男女青年的阵阵歌声，那不一定是节日的夜晚。男女青年们相约在这里，说笑、对唱山歌，这是青年们最喜爱的一种交际方式，在山歌中娱乐，在山歌中试探对方的心境，在山歌中表达对对方的爱意，显得十分浪漫。经过一段时间的接触，当一对有情人有了明显的意向后，他们就会约会了。

3. 社会文化

社会文化多种多样，在此我们选择村寨中的社会网络关系来加以考察。在傣族社会中，村社作为一个统一的社会有机体，以及一个基础的社会细胞，不仅体现在它的权力、土地关系以及其他经济关系上，也体现在村社内人们的社会关系上。维系村社的社会网络的重要因子有三个。

（1）亲戚网络。这是民族社会中所共有的，它由每一个村民的亲戚朋友构成。这一网络中的人们关系都较为密切，生活上互相帮助，有困难时互相关照。但在西双版纳傣族社会中，亲戚组成的社会网络关系显得相对松散，并没有汉族社会中的家族组织及相关功能，相互间也没有经济上的联系，甚至很多亲戚并不时常来往。

（2）互助关系网络。这是西双版纳傣族村社中最重要的社会资本。在傣族社会中，很多重大事务并不是以家庭为单位进行的，而是由村寨内的一套互助体系来实施的。如绝大多数宗教活动是全村统一举行的，在不同的宗教日程里人们以一个村为整体来举行宗教活动。以宗教活动中典型反映村寨整体性的"赕坦"为例，祭奠当年的亡灵是其重要的内容，不论哪一个家庭祭奠死者，整个村子这一天都要自觉停止劳动、不外出，村内的每一个家庭都要到去世者的灵牌前祭献一些钱并送一些饭菜，供给亡灵，向死者的家属表示慰问，表明人们把死者作为自己的一个亲人。在有建房、开山种地、红白喜事等大事时，村寨里都要互相帮助，一家有事，每家都要出人来帮助，往往一个家庭建房全村都会去帮他把房子建起来；遇到哪一家有人去世，全村人都要来帮助，下葬之前每个家庭都要派人来值守，一直到这一家的丧事办完。在耕种和收割的季节，人们也是互相帮助的，这不需要一个村子的共同帮助，亲戚或者村中同一个小组内的成员会在种田的时候大家互相帮忙，今天集体种一家，明天种第二家，这样在很短的时间里就可以把一个小组或者亲戚圈里的土地种完；相同地，在收割的时候，也是一个村寨的亲戚圈或者说一个村寨里一个个小组互相帮助轮流收割，因此在傣族的家庭中劳动力的多少或者有无，都不会影响到这个家庭的生存和生计。与此同时，每个村社成员都必须要尽到自己对于村社公共事务的责任，如在修建村寨围栏，保护村寨的地界，修筑村寨的桥梁、道路，新修堤坝，开山种地，开田，新修水渠等等，每个村民必须毫无怨言地尽到自己的责任和义务，这种传统一直保留到今天。这种网络关系是建立在传统的村社制度之上的。由于上述村社在传统社会中的地位与功能，因此村社内部集体的一致性较强，而相反家庭的功能就显得很弱。人们在村社这一基础上编织成的网络关系涉及村社中的每一个家庭与个人。

（3）群体网络。傣族社会网络中的又一个重要因子是村社中的小群体组织。在曼飞龙村，与傣族的其他村社一样，存在很多村民中的小群体，如村中同一年龄段的人（还分性别）、同一小组的人、同学、要好的朋友圈子等小群体，甚至今天的共青团、民兵组织等都成了这种传统的延伸。根据行政划分，村下面又分成了不同的 10 个小组，每个小组 15 户左右，因为今天的村寨已经较过去扩大了很多倍，每个行政小组是一种行政划分，小组要对村里尽应尽的义务，村里的公务都会被分配到小组中，如公用道路修建与养护，村寨里建寺庙、建学校等要出的钱和力都由小组自己来安排分配；小组内哪一个家庭有困难，如建房、修路、有人婚丧嫁娶等，小组都有义务去帮助、去解决。有什么矛盾也在小组内进行协调；村中经常举行文艺竞赛、体育竞赛等活动，也都是以小组为单位来进行的。在每年的泼水节或者各种宗教节日中，小组的成员们都要以组为单位进行一次聚餐会（傣语"仁木刚"），反映出小组的团结以及小组行动的一致性。小组具有行政职能，但更具有传统小群体的色彩，因为今天的传统小群体的一切功能在小组内都存在，小组事实上成为传统社会网络中的一个环扣。另外，以年龄段来分，村子中就有多个小群体，如 50 年代、60 年代、70 年代等不同年代出生的人，并且还会被细分为男女、同岁（或相差一两岁）等小群体。在傣族社会中，只要是同岁，就成为相互的"老庚"关系，自然就要相互关照，亲密无间。一个村民也可能属于多个小群体，如同龄人小群体、同村民小组等。小群体是村社中重要的社会网络构成因子，同一小群体内的人不仅是一种相处较好的伙伴关系，同时在有困难时也要互相帮助，互相承担义务，有了什么矛盾也由小群体进行调解。在节日及各种社会活动中，除了有全村统一的活动外，每一个小群体还要举行单独的活动，如聚在一起吃喝玩乐一次，如在每年的傣历新年期间，一个村子就有可能出现几十个小群体的聚会，人们往往上午参加了一个聚会，下午又要参加另一个甚至多个小群体的聚会。以上这种传统的网络关系在人们的意识中甚至比亲戚网络更为重要，因此也更为人们所看重，因为它照顾到不同社会群体与年龄层的人的感情与社会需要。如果说互帮互助是一种村社网络中的制度的话，那么小群体就是村社社会网络中的环扣，它用特殊的方式维系着人们之间的社会关系与社会的和谐、稳定，也是村社制度存在的基础。

四 曼飞龙村村寨文化的变迁与当代的村寨文化建设

傣族的社会文化自20世纪50年代以来有两次较大的变化。在1980年以前的20余年中，由于经济制度的变革及历次政治运动的影响，傣族的生活方式发生了前所未有的变化。首先，生产资料公有制的建立所带来的劳动集体化改变了傣族传统的分散的小农生产方式。人们不再像过去那样自行安排生产与生活，一切都进入高度集体化的模式之中。男女老少都要统一下地劳动、统一收工，方能计分得酬，而除此之外属于自己的时间甚少。其次，由于政治的影响，傣族传统文化中的很多内容都被禁止，从宗教信仰活动到青年人恋爱过程中的丢包、对唱山歌、月下纺线，传统曲调的演唱、舞蹈，乃至于传统的节日活动都被看成需要革除的"封建货色"，人们的生活方式十分单一。

80年代，是傣族社会变迁中最为激烈、有生机的时期。自1979年开始，西双版纳地区逐步推行不同形式的生产责任制，直至1984年基本全面实行大包干生产责任制，土地又逐步由集体经营转变为家庭联产承包经营，农民们逐步摆脱了集体生产形式，转向自行安排生产。这一时期劳动效率也大为提高，例如每季谷秧的栽插在集体时期需要一个月左右，而目前只需要一周左右。农民们也由此而获得了享受其他生活内容与情趣的时间与自由。这一时期生活方式的变化有三大特点：（1）传统生活方式的很多内容得以恢复。人们可以自由地举行或参加各种宗教活动。尤其对老年人来说，宗教生活是晚年生活中不可缺少的一部分。村寨中又可以时常听到民间歌手"赞哈"的演唱，月光下又可以看到少女坐在大榕树下燃起篝火纺线。（2）在传统的生活方式中融进了大量新的内容。从人际交往来看，由于交通发达，劳作时间自行安排，近年来傣族农民的社会交往范围空前扩大，走村串寨逛县城，乃至于到缅甸、老挝、泰国走亲戚也十分频繁。青年人所选择的配偶往往在数十里甚至百里以外。从文娱生活来看，电影、电视、录像已在傣族农村普及，为农民所喜好，不少村寨中的青年人还热衷于跳交谊舞，在城镇的舞厅中到处可见身穿艳丽傣装的傣家少女。就消费生活而言，建新房，购置新家具，电视机、录音机、摩托车甚至汽车等高档消费品也进入了百姓家庭。这一切使傣族农民的社会生活增加了大量新的内容。（3）生活方式的变化越来越明显地呈现出青年人与老年人两代人之间的差异。在过去的几十年中，由于生活方式的单一而难以显现出两代人之间过大的差别，而今天这种差别随着生活方式的多样化已凸显。老年人在思想和生活规范上过多地遵守传统，除操持家务、做些传统的手工活计外，把更多的时间花在宗教活动中。青年人除了劳作之外，则热衷于交际、各种文娱活动、打扮、学习等。

在当代的社会文化变迁中，曼飞龙村的村寨文化也发生了较大的变化。一方面，尽管在当代的社会环境中，民族文化受到尊重，人们可以传承本民族的文化，但是当代的社会环境对民族文化的影响也是十分明显的，导致大量民族文化因子流失。人们选择了大量的现代文化因子，如电影、电视、音乐、旅游、上网等，同时也使本民族的很多传统文化因子流失，如傣族传统的劳作后集体沐浴、晚间青年人的对歌等，青年人大多不在平常时穿着传统服装。传统文化因子只有在节日才能得到最集中的体现，因此节日对于傣族传统文化的传承发挥着越来越重要的功能。

另一方面，曼飞龙村仍然是一个传统文化保留得相对较好的村寨。由于村社在事务上的一致性的特点，自主管理与协调公共事务的机制是村寨文化存在的重要基础，对今天仍然产生着影响。今天，村社虽然实行了土地联产承包责任制，但与其他一些民族及地区在包产到户后出现的集体管理弱化、公共事务难以安排的情况相比，村社的事务在曼飞龙村仍然比较容易处理。村社的集体事务如修路、建寺庙与安排节日宗教活动、重要的生产活动等都是以村社为单位进行的，每个家庭出劳动力。在佛教的节日里，佛教的各种祭祀活动的议程、寺庙的建设维修以及升佛爷、送孩子进寺庙等这些宗教事务都是以一个村子为单位统一进行的。对于公共事务每个家庭至今仍然在认真地履行它的职责，并没有哪个家庭因为今天进入家庭联产承包责任制而不履行。以宗教活动为例，整个村社的宗教活动仍然由村民委员会讨论集体决定，如什么时候过宗教节日、举行宗教活动等由村民委员会决定，村民参加。这样就使村寨文化的传承与建设有了一个较好的基础。

最能反映曼飞龙村寨文化建设表象的是傣历新年的节日活动。近年来每到赕塔节及泼水节，曼飞龙村都要组织好节日的庆典活动，其中最具特色的是歌舞晚会，这在当地已属于"大型"晚会，全村为组织好这场歌舞晚会进行精心的组织与排演，尤其是排演歌舞，全村青年人都要参与，还会请当地歌舞团的专业指导来导演，一次晚会往往需要排练一个多月的时间，人们都是在晚间义务参加。在节日期间，不仅有传统的各种节日活动，歌舞晚会上百人同时参加演出的民族歌舞为节日营造了更热烈的氛围，也是村寨文化的创新。歌舞晚会还会从不同的村民小组演出的节目中评选出不同奖项。在节日期间，村中还会组织对歌、体育、手工艺等比赛。人们认为，通过村中的这些文化活动，不仅活跃了村民的文化生活、扩大了村子的社会影响，同时也增强了村子的凝聚力、村民的自豪感及村寨的和谐。村寨文化建设事实上是一种和谐文化建设。

五　结论

村寨文化具有重要的功能，它是一个民族的文化在一个传统村寨中的缩影与沿袭，也是传统社会中一个村寨中人们生存中必不可少的因子。对一个传统村寨的人们来说，它体现着人们的社会关系、生活方式与生活情趣。村寨文化是人们体验到本民族文化的重要途径，人们对于本民族文化的体验首先是通过村寨文化进行的，村寨文化将一个民族的文化融进了每个村民的灵魂与生活中，因此村寨文化也具有增强人们对村寨的归属感的作用，是民族文化认同的重要基点。对于一个村寨来说，村寨文化也是一种重要的凝聚力，能增强村民之间的沟通、集体感与村寨的和谐。

在当代，村寨承担着民族文化传承的功能。民族文化的传承具有群体性，一个民族的文化往往都是以村寨为单位而存在的，村寨事实上是民族文化存在的根基，一个民族的文化没有村寨对文化进行传承，那么这个民族的文化就可能断了根基，大量的文化因子就将消失。因此建设村寨文化对一个民族的文化传承具有十分重要的意义。在当代，结合民族传统文化与现代文化进行文化的创新，往往也可能是从村寨层面开始的，而传统文化的改变与消失也同样是从村寨层面发生的，如今天在很多傣族村寨中传统的傣族建筑被现代建筑所取代，这就意味着传统的建筑风格的消失，这种变化正是从村寨开始的。如果一个村寨能够重视传统，那么传统就有可能得到保存、传承。

傣族的水文化与可持续发展[*]

一 前言

中国傣族人口总数 122 万，主要分布在云南省南部，大多数集中在西双版纳傣族自治州、德宏傣族景颇族自治州和临沧市。傣族通常喜欢聚居在大河流域、坝区和热带地区。绝大多数的傣族人信仰南传上座部佛教。

在傣族人的心目中"水"被视作一种圣洁的物质。水与傣族的日常生活的方方面面有着紧密的联系，久而久之形成了一种与水息息相关，并被视为民族传统的水文化。傣族作为一个注重人类社会与自然环境之间关系和谐的民族，水在其社会中不仅仅是一种自然元素，同时还是一种具有丰富文化内涵的产物。随着社会的发展，人类社会和自然环境都发生了巨大的变化，今天人与自然的和谐面临着日益严重的威胁，人类赖以生存的水环境也同样受到威胁，这其中很多不良后果都与人类的行为有直接关系，都是人类活动的结果。因此在强调可持续发展的今天，有必要重新审视人自身的行为与自然之间的关系，有必要重新认识社会中有利于自然环境的传统，这种要素事实上在不同的社会中都存在着，作为一种有利于保持人

———————————

* 本文在全球征文中从 1000 余篇论文中人选于 2001 年 8 月在挪威召开的国际水历史学会第二次大会，英文扩写稿作为"水与文明"一章由 IBT 出版社 2003 年在美国、英国出版。西班牙文稿在巴西发表。修改稿发表于《思想战线》2005 年第 6 期。

与自然和谐的社会资本，应当在当代发展中得到增值，而不是丧失。

在傣族社会中，传统的水文化是保持傣族地区人与自然和谐的关键因素；本文将探讨水与傣族的历史、文化、社会生活及发展中的关系，以期加深对现代社会发展进程中民族传统的水文化的价值的认识。

二　傣族的水文化

1. 傣族的水观念

水是维系生命的基本物质，离开了水，任何生命都不能存在，可以说水是生命之本。作为一个崇尚水的民族，傣族"爱水""敬水"，他们对水始终都怀有一份极为真挚、深刻及特殊的感情。在中国，由于傣族和水有一种特殊的关系，并且傣族拥有一种生动的水文化，因此，绝大多数傣族人通常被其他民族生动地称为"水傣"。

根据傣族的人类起源传说，他们认为天空和大地都起源于水。据说在几亿年以前，在整个宇宙间没有天空和大地之分，没有生命的存在，除了处于一种混沌的状态外，有的仅仅是空气、水和雾的存在。在一亿年前后，水、空气和雾相混合造就了人类最早的祖先——帕亚英。当帕亚英在宇宙中翱翔的时候，发现了水和空气的存在，因此他就用水、空气和自身的排泄物做了一个大球，这样地球就被创造出来了。在他完成了创造地球的这项伟大事业之后，他又用水和空气创造了地球的天空和大地。在这一切都完成以后，他决定创造生命，于是便用水和泥土创造了两尊神，一尊是男性，而另一尊则是女性。此后，这两尊神便用水和泥土创造了3000个人，以及动物和植物等。从此以后，这3000个由水和泥土构成的人类祖先不断地繁衍开来。从这个传说中我们可以看到，傣族不仅相信天空和大地来源于水，而且认为人类生命的一半也是由水创造的。因此，他们认为水是无比伟大和圣洁的。傣族把土地叫作"喃岭"（Namling），在傣语里"喃"（Nam）的意思就是水，"岭"（ling）的意思即土地。这表明傣族把水和土地联系在了一起，把水看作土地的一部分，理解了这一点对于了解傣族精神世界中关于水与地球起源的关系是非常重要的。

傣族信仰万物有灵的原始宗教，他们认为宇宙里的每种事物都有灵魂。太阳、月亮、星星、土地、动物、植物、石头以及其他物体都拥有不同的灵魂，因此，奔流不息的水也拥有自己的生命和灵魂。水是一种具有生命的圣洁物质。人们热爱水、崇拜水，主要是为了让水给他们带来好运，同时也是为了在遇到伤害的时候获得保护。今天我们仍能在傣族社会里看到许多关于崇拜水的活动以及与水有关的祭祀。当一个新生命诞生的时候，人们会用洁净的清水给这个婴儿行洗礼。而当某个人死了，人们也会用洁净的清水去擦洗他的尸体。这体现了傣族信仰人来源于水，并且最后也将回归水的哲理。在过去，傣族人在挖水井的时候，出于对水的崇拜，他们经常建造一座漂亮的房子去覆盖水井。这些房子有的像佛塔，有的则像民居一样。这表明，在傣族村寨中，水井所在的地方是一个非常重要的地方。有一次，笔者在一个傣族村寨进行考察时，一位老人曾对笔者说，因为水井里有神，所以我们必须为他盖一座好房子，只有这样（在他的保佑下）井里的水才会又满又甜。基于这样的理念，傣族社会里关于水井与井神的习俗也就形成了，例如妇女是不能在水井边进行洗浴的；而且每年人们都必须对井神进行祭祀。

傣族认为水神带给人们的不仅仅是好运，有时也会给人们带来灾难。傣族主要聚居在平坝地区，周围常常伴有许多的河流及支流。河水引发的灾难给当地居民和稻田带来了极大的损害。因此，傣族相信有神明居住在河里；并且如果神不高兴的时候，他就会发怒，对人类做出惩罚，对环境造成毁坏。由此，傣族每年都要对河神进行祭祀。每年2月，每个村寨都会在附近的河边举行祭祀河神的典礼。在这一天，所有村民将聚集在河堤上，由村里的长者把金、银饰物以及食物、衣服等祭品放到河里，希望以此来取悦河神，得到神的恩惠，赐予人们充裕的水源以进行稻作生产，避免灾难的降临。

13世纪起，傣族信仰了佛教，因此在其水文化中也逐渐融入了佛教文化的因子。在佛教活动中，傣族把水当作圣物。在佛寺里，我们能看到傣族每天都把洁净的水当作祭品来供奉，人们在念经时也要一边念一边用一个小壶滴水，在重大的佛教祭祀活动中，最后的仪式是滴水仪式。在过傣历新年期间（4月13～15日），最重要的庆祝活动被称为"浴佛"，人们用清水给佛像沐浴。在此期间，人们用清水彼此泼洒，以表达相互间的祝福。因此，傣历新年也被其他民族形象地称为"泼水节"。

2. 水与傣族的居住

在傣族的历史上，战乱频繁、自然灾害以及为找寻更富饶、更肥沃的土地引发过频繁的迁徙。为了找寻具有丰富水源的土地，傣族的迁徙活动往往都沿着大江大河进行，这是傣族历史上迁徙的一个重要特征。有许多傣族的历史传说讲述了当人们想要迁徙的时候，他们总是沿着大河去寻找和开拓新的沃土。他们相信如果一块土地有水，那么人类就有在这块土地上生存繁衍的机会。因此，我们能够看到傣族主要集中分布在澜沧江、元江、怒江等大河的河段及三角洲地区。傣族今天的分布状况是历史迁徙的结果，这种迁徙的结果对傣族的水观念和社会生活产生了深远的影响。

一个傣族谚语说道："没有一条河流，你不能建立一个国家；没有森林和群山的山脚，你就不能建一个村寨。"鉴于此，当傣族建立一个新的村寨时，傣族选中的最理想的居住地就是背靠群山，前临一片平坦土地或山脚的地方。这样，清水能够从山里源源不断地流淌出来，村寨附近平坦肥沃的土地对于稻田耕作是相当适宜的，从河里获得灌溉用水也十分便利。今天，我们到傣族地区通常都能看到许多村寨坐落于山脚和平坝之间，"背靠青山、面对平坝"是傣族人建村寨的最佳选择，背靠青山可以使人们获得丰富的水资源，面对平坝则易于水稻的耕作。与此同时，如果人们不能找到合适的地方来建立村寨，如近些年来可利用的土地已变得日益减少了，人们一定会选择河流附近的地方居住。傣族择居时对水的依赖，是其民族精神中一种延续了数千年的内在思想观念的体现。

3. 水与社会生活

水在日常生活中的用途可分为饮用、烹饪、洗涤、沐浴以及祭祀，这对任何民族都是一样的。但是，不同民族对水的使用有着不同的习俗。傣族人民对水的使用是同日常生活、社会活动紧密联系在一起的，因此在许多方面和其他民族是不一样的。

傣族水文化的一些典型特点可以概述如下：在传统社会中，人们通过不同渠道来获取用于饮用、烹饪和洗涤的水。每个村寨通常都有一至两口专作取用饮水的井。直到今天，尽管许多村寨已经建立了自来水系统，但大多数村民仍习惯从井里取水。这是因为村民们相信源于大森林的井水比人工的自来水要洁净得多，味道更好。而河水则多被作为洗涤和沐浴之用。

在傣族地区，在位于路边或村旁小径的小木棚里常常能够发现盛满清水的陶罐及喝水用的杯子，这是村民们为过路人口渴时所准备的。这一习俗在傣族地区已延续了数百年，并且已成为傣族典型的民族特征。这是傣族人民施恩行善的一种表现，其目的是和其他民族一起分享这种美好的祝福。因此，傣族人民用水来表达施恩行善的做法，与其水观念也是密不可分的。

傣族通常被别的民族称为"水傣"。原因之一就在于傣族比居住在其周围的其他民族更喜欢沐浴。通常情况下，他们每天都会洗一次澡，有些人甚至一天洗上两到三次。每天劳作结束后，傣族人会到河堤边洗澡。根据傣族的风俗，男人们在河的上游洗澡，而女人们则只能在河的下游洗浴，这是人们一天中最为快乐的时光。河面上映射着灿烂的阳光，河里碧波荡漾，人们一边洗浴、一边嬉戏，相互泼洒着水花，不时地还会唱起优美的民歌。泡在水里，人们洗去了辛劳一天之后的疲惫，尽情地享受着悠闲的时光。与此同时，这个时候也是人们传播新闻，促进相互间的紧密联系的最佳时机。

傣历新年也被称为"水节"，或者被其他民族称作"泼水节"。在新年这一天，因为水在傣族的心目中被视为一种圣洁的物体，因此，人们彼此会用橄榄枝蘸水洒向对方，借以表达相互间的祝福。在洒水祝福的仪式结束后，人们在一天中都将沉醉于互相泼水嬉戏的欢乐中。

上述事例表明，水在傣族的社会生活中具有丰富的文化内涵，对于傣族而言，水的重要性不仅仅局限于日常之用，其更为重要的作用在于它对整个傣族的社会传统、价值观念都产生了极其深远的影响。

4. 水与传统农业

在传统的傣族社会里，稻米种植是农业体系中最重要的部分。今天，绝大多数傣族仍在种植水稻。傣族的这种农业体系数千年来一直依赖于高效的水利灌溉系统。如果没有水源，是根本不可能进行农业生产的。例如，当秧苗插入稻田的时候，就需要用到水；在种植和移植的过程中，秧苗茁壮成长，而在此期间人们需要多次灌溉稻田。

稻作农业的灌溉体系是由多条自然河流及其支流所构成的，同时还包括一些人工沟渠。在傣族社会里，灌溉系统的管理是一项极其重要的任务。在过去每个村寨都有一名专职的管理者（水官）来管理灌溉系统的运作，负责水的调配。根据傣族的历史文献记载，这一制度曾延续了数百年之久。例如，景洪地区100多年前就已经开凿了12条人工沟渠，并由此形成了一套完整的灌溉体系。20世纪50年代，12位官员曾受当地王国国王的指派去管理这12条沟渠。每年春耕之前，村民们会被组织起来修补这些沟渠。在水渠修好后，将举行一个庆典仪式来祭祀水神并检查沟渠的修缮状况。水官把祭神用的一条满载肉、米、酒及其他物品的竹筏放到沟渠里，人们跟着这条竹筏向下游行进。在整个过程中竹筏如果在中途停止了，则预示着村民们将不得不重新修补这条沟渠（因为竹筏停止，表示水神对这次祭祀活动不满意）。检查结束后，人们将在佛寺里或佛塔旁举行一个庆典仪式，以表达对水神的崇敬、感激之情。

由于关系到农业生产，因此，水源调配在傣族社会是一项非常重要的工作。每年在农耕生产开始之前，村里的水官将分配灌溉用水，每户家庭所分到的灌溉用水的份额取决于其家中所拥有的稻田数及人口数。

5. 水资源的保护

在生产生活中，傣族人民强烈地意识到水是维系生命的基本要素。因此，他们知道保护水资源对于他们的生活是多么的重要。他们热爱水、崇拜水，并且不遗余力地保护着水资源，这是可以通过傣族社会的许多典型事例来证明的。

傣族通常喜欢沿着河堤和坝区居住。前面也曾经提到过傣族喜欢选择山脚地带来兴建村寨。50年前，有大片森林因被当地居民认为是归属于山神所管辖的地区或地方行政区"勐"，而得到了完好的保护。这类森林便是人们通常所说的"龙林"，"龙林"一词在傣语里就是"神林"的意思。每个傣族村寨都有受到保护的"龙林"。例如，大约在40年前，西双版纳辖区内的"龙林"覆盖了整个地区5%的面积。因此，直到今天这一地区自然保留的植被区域仍达30%左右。"龙林"在傣族地区已存在了数百年，"龙林"里没有任何树木被砍伐，果实被采摘，也没有狩猎和放牧行为的发生。这块圣地里的土地、植物和动物都不受侵犯。表面上，人们是为神在保护这些森林；而实际上，根本的原因则在于传统的水文化使人们意识到只有保护好森林，才能更好地维系水源。因此，大片的"龙林"得到了保护。作为水源林，"龙林"数百年来一直维护着当地的生态环境。

绝大多数傣族地区地处热带，"龙林"的存在在很大程度上有效地保护了当地的水资源。1958年以前，傣族人民仅仅依靠河流及沟渠的供水就能满足生产需要，实施农业灌溉，当地并不需要修筑任何的水库来蓄水。生产中所需要的灌溉用水全都来源于自然。在景洪地区，当地最大的神山被称为"龙南"山。该山的面积达万顷，当地的主要河流，特别是担负着当地50%以上农田灌溉用水的河流都发源于此山。过去，每个村寨都保护本村的"龙林"，因此，森林里流淌出的水完全能够满足村寨的需求，由于拥有很好的森林涵盖，一年四季水井里都能保持充裕的水源。

数百年来，傣族地区都种植一种名为"黑心树"的树木。这是一种既能保护水源，又能提供燃料的树，被傣家人种植于房前屋后、道路两边，它的生长周期很短，其枝干每隔一至两年就能被砍伐作燃料，一个家庭只需要种植十余棵就可以满足烧柴的需要。今天，我们仍能看到许多家庭都种有这种树。人们砍伐黑心树作燃料，以代替从"龙林"中砍树，这种做法对保护森林是相当有好处的，它集中体现了傣族人民爱护森林、珍惜水资源的可贵思想，并且和傣族传统的水文化紧密相连。

三 水文化的变迁

1. 社会环境和自然环境的变迁

在20世纪50年代初，随着中华人民共和国的成立，傣族地区迎来了翻天覆地的社会大变革。一系列社会改革也随之开始，改革在废除了原有的封建政治体制后，建立了一套与全国相一致的新的政治体系。从那时起，傣族社会进入了一个新的发展时期，政治、经济、文化的发展均遵从于中央政府的政策和计划。改变现实物质世界的现代工业、灌溉系统以及通信体系也在当地随之兴起。

随着傣族地区社会改革的结束，全国性的种种体制性的变化、中央政府制定的发展计划，甚至历次政治运动都对当地产生了深远的影响。1958年，中国掀起了遍及全国的"大跃进"运动，这股浪潮也波及边境地区。"大跃进"期间，为响应政府的号召，当地居民砍伐大片的森林以种植农作物，使许多地区保护了数千年的神山遭到了破坏。在西双版纳这个傣族主要聚居的地区，20世纪50年代初，森林覆盖率一度达到70%，而到了

80 年代，这一数字则降至 30%。

如果把前面所提到的"大跃进"运动算作毁坏森林的第一个原因的话，那么 20 世纪 60 年代从内地迁徙人口去开发边疆地区的浪潮则是造成森林毁坏的第二个原因。这个时期有 10 多万人口迁徙到了傣族地区。为了发展农业生产，实现某些经济目的，森林遭到了大面积的开发。随着大量移民的迁入，橡胶树、茶树、甘蔗等经济作物得到了广泛种植，尤其在平坝地区森林更是被随之而来的经济作物的大面积种植所取代。近些年来，不但国营农场广泛种植橡胶树、茶树和甘蔗，就是当地的农户也在大量地种植这些经济作物。越来越多的森林，尤其是原先靠近村寨旁的水源林被大肆开发。与此同时，傣族地区也成为仅次于海南省的全国第二大橡胶树种植地。① 经济作物产业使当地政府和人民获得了很大的经济效益，推动了当地经济的发展，促进了人民生活水平的提高。但是，随之而来的是生态环境为经济的发展付出了沉重的代价。

20 世纪 60 年代以后，为了改进灌溉体系，在傣族地区兴建了许多水库。水库的兴建有利于农业的发展，但是在修建水库的过程中，大片的森林遭到砍伐。一些例子表明，水库修好以后，库区周围的森林植被遭到了严重的破坏。随着林区面积的大幅度减小，水源也日渐枯竭；人们为了解决用水问题，又不得不修建更多的水库，由此而造成了破坏生态环境的恶性循环。

上面分析的是影响环境变化的主要因素。傣族地区环境恶化的主要原因就是森林遭到破坏。环境的恶化直接导致了水资源的变化。过去，当地居民的灌溉及日常用水主要依靠丰富的森林植被供给。而近几年，人们已不得不更多地依靠人工取水工程来获取水源了。当然，我们应该看到上面所提到的大多数国家项目，作为基础工程而言，它们既是国家经济计划统筹安排的要求，同时也是当地经济建设发展的需要。例如水库的修建、经济作物的发展计划和自然保护区项目建设等方面都使当地人民受益。但与此同时，环境保护往往受到忽视，甚至直到 20 世纪 80 年代也是如此，在

---

① 这里需要指出的是，橡胶树林也可以视为一种森林，但它对于水土保持的功能与天然森林是完全不同的。天然森林有涵养水的功能，而橡胶树由于要产出胶水，非但不能涵养水，反而要大量消耗水。橡胶树在种植过程中还使用化肥等，使地处山脚的村子的地下水源也受到污染。

建设项目中对生态环境保护的重视远远不够，很多地区水源的严重污染是当地工业生产造成的。

2. 政治变革对傣族传统水文化的影响

20 世纪 50 年代初，一个新时代的到来，取代了傣族社会旧有的封建制度。随后的社会变化尤其是历次政治运动对傣族文化传统产生了深刻的影响，许多与水相关的传统习俗也随之发生了变化。

首先，传统的灌溉管理系统发生了变化。正如前面谈到的那样，在傣族封建社会的灌溉管理体系里，通常拥有熟知地方条规和风俗习惯的专职管理者。但随着新的政治体制的建立，传统的灌溉管理系统已为当地政府的相关下属部门所取代，灌溉系统和水利工程的管理已由政府所掌控。各级水利局作为政府的一个部门，已经在地区（州）和县一级设立；而在乡、镇（区）和村一级的行政单位则建立了水管站；来自这些机构的专职人员负责对水资源的管理。

其次，大量与水相联系的传统文化消失了。最典型的例子莫过于神圣的"龙林"体系及村寨生态环境的变化。前面所提到的在傣族传统社会里，大片的森林被当作"神林"来保护，村寨的生态环境也受到传统条规和习俗的保护。但到了后来，特别是 20 世纪六七十年代的"文化大革命"时期，绝大多数的传统文化遭到了严重破坏。一方面，人们大面积地砍伐森林以进行农业耕作、橡胶树种植和其他经济活动；另一方面，与"神林"相关的传统文化观念则被当作"迷信"，人们被迫改变自己的信仰，大部分被保护得很好的"龙林"遭到了破坏。近些年来，傣族地区的橡胶树种植园发展迅速，包括"龙林"在内越来越多的森林被砍伐。现在，随着林区面积的逐渐缩小和水源的日渐匮乏，一些傣族村寨甚至连人畜饮水都很缺乏，为了寻找新的水源，他们不得不向新的地方迁徙。

从 20 世纪 80 年代初开始，环境保护问题受到了政府的高度重视，傣族地区开展了森林保护和植树造林活动。越来越多的森林被纳入自然保护区的范围，木材的砍伐受到了国家的严格控制。尤其是最近几年，砍伐森林的行为已被政府明令禁止。与此同时，国家还积极开展植树造林活动，当地的森林植被又重新得到有效的恢复。到目前为止，森林覆盖率已由 20 世纪 80 年代初的 30% 上升到了 60% 以上，有效地改善和提高了当地的水资源环境。

3. 水文化的变迁

20 世纪 50 年代后期，整个傣族地区纷纷修建了人工灌溉系统。沟渠、水库和堤坝构成的新的灌溉体系逐渐取代了传统的灌溉系统。在有效地改善灌溉条件的同时，新的灌溉体系在防洪抗旱等方面也起了积极作用。西双版纳地区修建了 150 座水库，使 24 万多亩的农田得到灌溉。随着社会的发展，传统水文化的许多方面也开始发生变化。近几年来，许多傣族村寨在日常生活中已经基本使用自来水，这对过去花费大量时间及劳力从井里取水的传统习俗产生了巨大的影响，导致水井文化发生了变迁，水井和人类日常生活的密切联系也逐渐消失了。过去，在传统傣族社会里，在河里洗澡既是一项重要的个人活动，同时也被看作社会生活的一个重要组成部分。而今天，由于自来水的广泛使用以及河流的污染，很少有人会到河里洗澡了，人们的日常社会接触也大大减少。尽管发生了这些变化，在傣族社会里人们依然把水当作"圣物"，他们崇拜水、热爱水、敬仰水，在欢庆节日、进行宗教活动和日常生活中仍用水来表达祝福，以泼水来互致祝福依然是傣族传统节日中最重要的活动。

4. 当前面临的水问题

大多数的傣族地区地处热带，过去在自然植被的覆盖下，这些地区有丰富的水源，完全能满足人们的需要。随着社会的进步、人口的增长、森林植被日渐破坏、经济作物的发展以及工业项目的兴建，水资源发生了很大的变化。在当代社会的发展进程中，傣族地区也面临许多与水有关的问题。

首先是水污染。许多地方的河流和湖泊被工厂及日常生活中排放的污水所污染。近些年来，橡胶生产、造纸业、制糖业以及采矿业等工业项目的不断发展，在给当地人民带来显著经济效益的同时，也对生态环境造成了严重破坏。在一些地方，村民们过去常去洗澡的河流现在已出现了干涸的现象。随着污染的不断加剧，传统的社会生活已无法继续进行。由于森林植被的破坏，许多河流的支流早已枯竭，导致农业灌溉用水的严重不足。在有些村子，包括大勐龙等相对边远地区的很多村子，村民们甚至连日用水和饮用水都很缺乏。过去傣族人民通过两种途径，即从源于森林的水井和自然流淌的溪流中获取洁净水。但现在由于很多地区森林植被的破坏，这种传统的取水途径已很难进行，取而代之的是许多村寨修建了新的供水系统。近些年来，村民们纷纷投资修建水管系统把水从山里引出来，但不幸的是，由于水源的枯竭，很多村子连山里也没有足够的水可引。因此，村民们又不得不重新开始挖井取水。

2001年5月，笔者在傣族地区进行了专题调查，以当地的两个村为考察对象。下面所描述的就是水在这两个村的现状。

上尹角村是普洱市孟连县的一个傣族村，全村共283人。数百年来村民们一直从事稻作农业生产。20世纪60年代以前，由于村寨背靠大山，并且四周被原始森林所环绕，因此村里获取洁净的水源是不成问题的。并且，得益于良好的森林植被，人们有充裕的水源作为日用及生产灌溉。源于森林的溪流也源源不断地流进村里。村子旁边有一个龙潭，龙潭水是村民们灌溉农田、沐浴洗澡的主要来源。同时，龙潭也被村民们当作"圣湖"来看待。每年，村民们都会举行隆重的仪式来祭祀湖神。"龙林"和龙潭为村民的生产、生活提供了充足的水源。20世纪60年代以后，村子后面的森林遭到严重的毁坏，导致水源逐渐枯竭。现在，只能在雨季的时候才能看见山涧里有水渗出，但流出的水已非常浑浊，根本不能喝了。今天，村民们主要依靠挖井来得到洁净的水，但不幸的是由于森林的减少，有时甚至连井水都不能满足日常所需了，日常用水的缺乏已成为困扰村民的一大难题。过去，龙潭作为维系全村农田灌溉的基础，对村里农业的发展曾起过重要的作用。但到了20世纪90年代，村里在龙潭旁建了一个甘蔗加工厂，结果龙潭被加工厂排出的污水严重污染。从此以后，村民们再也不能到龙潭洗澡、游泳了，传统的祭神仪式也随之消失，村里30%的农田灌溉面临着缺水的困难。

曼飞龙村是景洪县大勐龙镇的一个村。由于当地坐落着具有800多年历史的曼飞龙佛塔，因此这个村远近闻名。曼飞龙佛塔坐落在村子后面的山上，现在已成为西双版纳地区的标志。曼飞龙村共有760人。在农业方面，村民们主要从事稻作生产，全村共有360多亩稻田。此外，有35000棵橡胶树的橡胶树种植园也是村里一项很重要的经济产业。曼飞龙村拥有悠久的历史和前临坝区、背靠群山的优越的地理位置。村寨背靠茂密的"龙林"，面对河流纵横的平坝，生态环境十分优越。从20世纪60年代到80年代，为了种植橡胶树和经济作物，当地农民不惜损害生态环境而大肆砍伐"龙林"。尤其最近几年，村民们为了经济利益而对一些森林进行了持续的砍伐，使村里出现了缺水的严重现象。原先，村民们主要是从位于山脚和位于村旁低地的两口井里取水，但到了今天，情况已变得十分严重，山脚下的那口井已完全干涸，再也不能使用了，现在村民们都集中使用剩下的那口井。为了改变水源供应日益恶化的状况，人们想到了从森林里引水。为此，1999 年村民们曾投入大量的人力、物力和财力，花费 14 万元修建了一套水管系统。但由于森林植被的大量破坏，即便从森林里也只能获取少量干净的水了。现在更为严重的是，随着环境的恶化，水源进一步枯竭，甚至连浑浊的泥浆水也只能每周输送两次，这给村民的生产、生活造成了严重的威胁。为了生活，村里的一些家庭尽管住得很远，但他们仍然不遗余力地从村里仅存的那口井里取水。过去流经村旁，人们常常去洗澡、游泳和洗东西的那条小河早已受到了当地小橡胶加工厂的排放污染，河水根本不能使用了。现在，村民们只能用浑浊的水管水来洗澡和洗东西，日常用水的供应已成为曼飞龙村面临的一个严重问题。一个个背靠青山、面对河流纵横的平坝的村子面临严重的生活用水危机，这不能不发人深思。

四 水文化和持续发展

1. 水文化的现实价值

在当代社会，我们面临着一系列与水有关的问题。随着人口的增长、经济的发展、社会的进步以及环境的变迁，这些问题也日益凸显出来。水文化的变迁就是一个重要的表现。正如上文所提到的，在傣族的传统社会，尤其是民族文化中，蕴涵了许多与水有关的文化因子。傣族人民的思想观念、社会生活习惯以及他们在生产、生活中长期积累的知识经验，构成了其传统的水文化。在长期以来的传统社会里，水文化指导并规范着人们的社会生活。数千年来，傣族人民一直清楚地认识到水是维系人类生命最重要的元素，懂得水是生命之本的道理。他们热爱水、崇拜水、保护水，把水看作极其神圣的物质，在此基础上形成了崇尚水的思想观念，并把它融于民族精神中；他们发扬水文化，推崇水文化，并使之成为本民族的文化精髓。由此，我们可以说傣族是一个极其崇尚水的民族。在傣族传统社会里，人们保护着大片的水源林，这样做表面上是为山神在保护森林，而实际上则是因为傣族对人与自然和谐发展这个道理具有清醒的认识，他们已意识到只有在保护好森林植被的同时，才能更好地维护丰富的水资源。因此，如果热爱水、崇尚水的观念丧失了，那么与之相关的人类社会行为将随之改变，传统的水文化也将面临瓦解和消失。20世纪50年代以后，随着大部分"龙林"遭到严重破坏，环境发生了变迁，从而也导致了原先在传统社会里盛行的规范和习俗的消亡。发人深思的是，为什么保护了数百年的水源林会在这短短数十年之内就被毁坏了呢？除了政策的失误外，一个很重要的原因就是在许多方面人们对传统水文化的态度和认识发生了变化。尤其是年轻一代，对与水有关的传统文化及相关知识极其淡漠，许多与水文化相关的传统思想观念已经消失。

数千年来，水文化不仅仅是作为传统社会生活的一部分而存在于傣族社会中的，同时它还作为一项规范维系着人与自然之间的和谐发展。水文化最重要的价值就在于它让人们懂得了热爱水、珍惜水和保护水资源，这就是我们不应该忽视水文化在当代社会的重要价值的原因所在，只有从思想深处对水的价值有深刻的理解，在社会中形成规范，才能促使人们珍视水源。水的存在有一个相关的环境，即水环境，与社会、自然环境密切相关。水环境包括了水源、水的涵养方式（如森林、水域环境）、水的使用等自然与社会的要素。水文化是促使人们对水的产生与存在过程、对水与人类存在的价值产生深刻的理解的重要途径。因此重新理解水文化的价值不仅对傣族地区，还对其他少数民族地区的可持续发展具有极其深远的现实意义。

2. 水文化与可持续发展

实现水资源可持续发展的关键因素是什么？在笔者看来，这不仅关系到自然环境问题，同时也涉及社会问题。尤其是地处热带和亚热带的大部分傣族地区，在很多情况下水能够为人力所控制。例如，如果当地的森林植被保护完好，那么人们既能享有足够的水源，也能顺利地防治灾害。因此，笔者认为人与自然的和谐发展是实现水资源的可持续利用，实现自然界和人类社会可持续发展的根本途径。

传统的水文化是人类社会实现可持续发展的一个极其重要的因素。过去，傣族地区有着极其良好的生态环境，这不仅归功于当地的热带气候，同时也应归功于水文化所起到的重要作用。20世纪50年代以后，由于政治体制变革的影响，水文化发生了变迁，水文化作为一笔重要的社会资本已经大量流失。可见人类社会的变革影响并制约着自然环境的变化。因此笔者认为水文化是水资源持续使用和发展的关键因素，在傣族社会里重新构建水文化的观念体系已十分迫切。

（1）重新倡导传统的水文化。正如上文所提到的，水文化中包含了社会生活、民族习惯、原始宗教以及生产劳动等一系列重要内容，由这些内容构成了一个完整的体系。随着社会的发展，这个体系内的多个部分发生了巨大的变化。最为突出的是，现在傣族的年轻一代对于传统的水文化已经越来越淡漠，水文化的传承已是一个迫切的问题。因此，当前对傣族传统水文化进行研究，整理并总结水文化的精髓是非常必要的。我们的工作重点应着眼于对傣族年轻一代的教育，帮助当地人民进一步改善并提高"爱水""节水"的意识，在立足于保护生态环境的基础上，促进当地的可持续发展。虽然传统水文化中的许多重要部分现在已经消失了，但我们应当利用传统水文化中的那些可能对现代社会产生积极影响的因素，使之与新思想、新观念相结合，更好地服务于当地的可持续发展。因此，新的水文化在包容传统的社会生产实践经验、社会的文化习俗和传统的水价值观的同时，还应当结合现代高科技的研究成果，只有这样才能对当地的可持续发展产生巨大的推动作用。

（2）恢复传统的水利系统。过去傣族人民拥有一套完备的水利系统来进行日用和灌溉。这套系统在历史上曾经发挥过重要的作用。随着水库、堤坝、沟渠、水管等人工水利设施的出现，传统的水利系统逐渐遭到了废弃。今天，当人们越来越依赖现代水利设施时，一系列环境问题也随之出现。因此，笔者才提出重新恢复传统水利系统的想法，继续发挥传统水利系统的作用，使之为现代水利系统的有益补充。具体的做法包括：恢复对传统水源林——龙林的保护。近几年来，绝大多数的"龙林"遭到了砍伐或被作为他用（例如大片的"龙林"为经济作物所替代），这在很大程度上造成了水源的枯竭。因此，重新设计和规划"龙林"来防止水土流失已非常迫切。尤其是在村寨，重新恢复传统的供水系统对于促进当地的可持续发展已十分必要。由于水源林能够有效地防止水土流失，因此过去为了经济利益而被开发用作种植经济作物的林地，现在应当退耕还林，村民们可以用传统的方法对这些森林进行管理。村里天然的水利系统包括水源林、小水坝、溪流和水井等，村民们可以请专人帮他们管理这些设施。此外，坚持运用传统方法对水利系统进行管理，恢复传统的水文化习俗，也将有助于村民们重新树立"节水""爱水"的观念意识。应帮助当地村民重新规划建设更为科学的村子内水源、水渠、水井系统，解决目前存在的用水问题。

（3）鼓励村民们积极参与水利系统的管理。传统水利系统向现代水利系统过渡，其中一个重要的表现就是对水利系统的管理从村民转向政府。同时与水利系统相关的森林、水库、河流、沟渠和溪流等也一并归于政府的管理，村民们不再拥有参与管理水利系统的权利，这在很大程度上削弱了人与生态环境之间的传统联系。例如，过去每个村都有一名专职的"水官"来管理水利系统，他们既管理河流、沟渠和溪流，同时也负责分派农田的灌溉用水。到了20世纪60年代初期，政府在当地建立了水利管理部门，这一制度也随之消失。水利部门的管理一般很难兼顾到村寨，到了耕作季节分派灌溉用水时，由于地处上游的村民可以获得充足的水源，而地处下游的村民则缺乏足够的水源，因此村民们常常会为此而产生矛盾和冲突。所以，现在非常有必要让村民们重新参与对水利系统的管理，并且在适当的条件下还可借助传统的管理方法。当然传统的水利系统是不可能代替现代水利设施的，但是如果我们能把两者的优点有机地结合起来，相互之间取长补短，充分发挥它们的积极作用，就能有效地改进水利系统的管理，进一步地推进傣族地区的可持续发展。

注：文中所用到的大部分资料数据均为作者1983～2001年在傣族地区进行调查研究时所获得。

参考文献

江应樑：《傣族史》，四川民族出版社，1983。
赵世林、伍琼华：《傣族文化志》，云南民族出版社，1997。
朱德普：《傣族的原始崇拜》，云南民族出版社，1996。
高立士：《西双版纳传统灌溉与环境保护研究》，云南民族出版社，1999。
德宏年鉴编辑部编《德宏年鉴（1999）》，德宏民族出版社，1999。
西双版纳州傣族自治州统计局编《西双版纳统计年鉴》，1983、1999。
郑晓云：《社会中的傣族文化》，《中国社会科学》1997年第5期。

元江流域花腰傣的文化与
当代变迁*

一 引论：元江流域的傣族

居住在中国的傣族共有 122 万余人，主要分布在云南省南部地区，其中以西双版纳傣族自治州、德宏傣族景颇族自治州、临沧市最为集中。傣族除集中居住在一些地区以外，顺着大江大河迁徙定居是一个重要的特征。在中国境内傣族在大江大河的分布主要集中在澜沧江、元江两条大河两岸的河谷地带，其中元江流域是傣族居住较为集中、文化独特的一个重要区域。由于元江流域的傣族有自己独特的文化特点，因此在傣族文化中有独特价值，但是今天对于花腰傣的文化特质研究和认识还很少。本文将通过元江流域花腰傣与其他地区的傣族的文化特质的对比研究，来认识花腰傣的文化价值及其在当代的变迁与未来的前景

元江是发源于云南省大理白族自治州茅草哨的一条长河。沿东南方向经巍山、南涧、南华、楚雄、新平、元江、元江、元阳、个旧、蒙自、金平，到河口出境，流经 12 个县，在中国境内全长 692 公里，进入越南后称为红河。①

---

* 本文原载日本《国立民族学博物馆研究报告》2002 年第 3 期。

① 参见李荣梦等《云南水资源及其开发利用》，云南人民出版社，1983。

"花腰傣"是其他民族对主要分布在元江流域的傣族的一种约定俗成的称呼。主要原因是这里的傣族服装上有一种独有的特征，那就是妇女的腰带是使用一条长长的彩色布带围成的，因此被其他民族形象地称为"花腰傣"。

　　居住在中国境内元江流域的傣族大约有15万人，人口占中国傣族人口的13%左右，其中以新平、元江两个县最多，人口占元江流域傣族的50%以上，花腰傣也基本分布在这两个县境内。这一地区也是云南著名的山系——哀牢山腹心地带，山水相伴，是元江流域傣族文化的中心区域。

　　在傣族的历史上，由于战争、自然灾害或寻求更为富裕的土地而迁移是十分频繁的，而傣族迁移又具有明显的特点，那就是沿着大江大河而迁移，寻求水资源丰富的河谷地带定居，今天在元江流域的傣族基本居住在海拔1000米以下的河谷地带。傣族在元江流域的分布与傣族的历史迁移有直接关系，因而今天在元江流域的傣族支系繁多，并且很多地区由于长期的封闭使傣族古老的习俗能够保留至今。这也就使元江流域傣族的研究在傣族研究领域中具有重要的价值。

　　元江流域的傣族有不同的支系，并且有自称，自称来自居住的地方名称、历史迁移的特点、服装的特点、生活习俗以及在迁移来之前所属的支系的名称等，但共同的特点是虽然不同支系的傣族都有自称而相互被区分为不同的支系，但首先称呼自己为"傣"。下面首先对元江流域的傣族支系进行简单的概述。

　　元江流域傣族较集中的新平县大多数傣族是花腰傣，主要的支系有自称傣洒、傣卡、傣雅的三个支系。其中傣洒分布在新平县戛洒乡、水塘乡，"傣洒"因为主要居住在戛洒一带而得名，"洒"的意思是"沙"，"戛洒"在傣语中是"沙滩上和街子"之义。

　　傣卡分布在漠沙乡与腰街乡，自称与其文化有关，"卡"在傣语中是"汉人"的意思，也被其他民族称为"汉傣"，根据传说这一支傣人在历史上曾与汉族相融合。

　　傣雅分布在漠沙乡，自称的含义是"历史上大迁移中被遗下来的傣人"，与历史迁移有关。

　　除了三个花腰傣支系外，新平还有一支称为"傣折角"的傣人，因为居住在平掌乡折角村而得名。①

元江县有傣泐、傣仲、傣卡、傣雅、傣郎、傣德、傣涨七种自称的支系。② 除傣泐（水傣）、傣郎（黑傣）外都被称为花腰傣。

傣仲居住在大水平、大北田、龙洞、那路、荔枝村、大路新村、沙沟头等村子。"仲"是大头之意，因此也被称为"大头花腰傣"，原因是头上的装饰较大。

傣雅居住在西门村、鲁林村、新村、双高、高坎等村子。傣雅的含义与新平相同，但当地人因为其头饰小也称其为"小头花腰傣"。

傣德分布在整个东峨坝子，"德"傣语中东峨坝子的意思。

傣涨分布在整个甘庄坝子。"涨"是傣语中甘庄坝子的意思。

傣卡居住在撮科、南马、南洒、热水塘、西庄等村子。"卡"就是"汉族"之义。

在元江中下游地区分别有傣端、傣泐、傣尤、傣尤倮、傣倮、傣郎、傣亮等自称的支系。其中傣端（白傣）分布于金平县的米河、藤条江沿岸，这里是中国与越南的交界地带，傣端与越南白傣属同一支系。傣泐与西双版纳傣族自称相同，文化上也相近，如他们爱好装金齿、住房为干栏式建筑等都与西双版纳、德宏等地傣族相同，主要分布于元阳县、金平县等地。傣端、傣泐也被当地人称为"水傣"。

而除傣端、傣泐之外其他支系傣族则被称为"旱傣"，他们分布于元江中下游沿岸的弥勒、泸西、个旧、建水等县。这些支系傣族则爱好染黑齿，居住在用泥土筑成的平顶、两层或三层的"土掌房"。由于傣族与当地的彝族、汉族、哈尼族等交错杂居，这几个支系的傣族在生产、生活方式上与当地民族已没有大的差别。元江流域的大多数支系的傣族尽管自称不同，文化上也有一定的差别，但都有傣族基本相同的文化特征，其中大多数被称为"花腰傣"。

元江流域是一个民族众多、交错杂居的地带，其主要的民族有哈尼族、彝族、汉族、白族、拉祜族、壮族、苗族等。傣族在这一地带人口不

---

① 傣折角不被称为花腰傣，在节日上与花腰傣一个很大的不同是傣折角有过泼水节的习俗，但与西双版纳等地信仰佛教的傣族不同的是傣折角不信仰佛教。

② 花腰傣在元江流域以外的其他地区也有。如西双版纳的小勐养就有花腰傣村子。据传说这里的花腰傣是100余年前从新平县的漠沙迁去的。

是最多的，以上游的新平、元江两个县为例：新平县彝族人口占总人口的47.3%，傣族人口占15.8%，汉族人口占30.8%。在元江县，哈尼族人口占总人口的38%，彝族人口占21.9%，傣族人口占12%，汉族人口占23%。① 在这样一个民族众多的地区，文化的交融是不可避免的，各民族文化之间也有相互影响。②

二　傣族文化中的花腰傣特质

作为傣族，不论分布在哪里他们都有自己普遍的文化特质，但是由于居住的地理环境及历史发展（如迁移、融合等）的不同，不同地区的傣族形成了不同的支系及地域文化特征。今天的元江流域的傣族也不例外，除了具有傣族共同的文化特征之外，也有自己的文化特质。

第一，让我们来看看元江傣族与其他地区傣族共同的文化特征。傣族典型的文化特征之一是选择平坝与河谷地带作为居住的场所。背山面水是傣族人观念中的最佳居住场所。元江流域傣族在这一观念上与西双版纳、德宏等地傣族是一致的，他们所选择的也是这一流域海拔 1000 米以下的河谷平坝地区作为居住的场所，面对江水背靠青山，由此也使傣族的生产生活与其他居住在山区的民族有较大的区别。

第二，傣族是农业民族，不论居住在哪里的傣族自古以来都以水稻种植为最重要的产业。元江流域的傣族也是以种植水稻为生的，在历史上与其他地区的傣族一样，他们主要种植糯米，在生活中也喜欢食用糯米。近年来由于需要提高粮食产量以满足市场和自己消费的需要，糯米的种植已经逐渐减少。

第三，染齿、文身是傣族最古老的习俗，自古以来各种史籍在记述傣

---

① 根据两县第四次人口普查资料整理。
② 在元江上游地区，傣族与当地更为古老的土著民族彝族就有很多文化上相同之处，如傣族与彝族的祭龙在时间上及内涵上基本是相同的。傣族普遍居住的"土掌房"与彝族一致，"土掌房"是彝族典型的居住建筑，元江流域内外的彝族都基本相同，就较多数傣族更早定居于元江流域的彝族来说，当地傣族在这一点上受彝族文化的影响是可能的。此外，从清朝时期当地傣族开始学习汉族、哈尼族建造梯田，并形成相关的农耕文化，这一点当地史书有记载。

族时都会把染齿与文身作为傣族的典型特征记录下来。这里的花腰傣染齿的主要是妇女。人们以一种名叫"臭藤果"的野草及崖硝为主要原料，加上未成熟的石榴等，捣碎放在芭蕉叶上，每天晚上睡前包在齿面上，数日之后齿面就会变成黑色。再用木柴焦油涂擦，让齿面渐渐发亮。染齿成为傣族妇女美丽的一种标志。文身多纹在手背上，图案有花、动物等，同样也是美的一种标志。

第四，共同的语言，这里的傣族与其他地区的傣族一样属于同一语支，即壮傣语支，语言中有基本的共同要素，但由于不同的地域及不同的支系的影响，语言有明显的支系与方言特征。在元江流域的傣族中，不同的傣族支系中语言有一定的差别。如在新平县的三个支系的傣族中语言虽能相通，但有语音调及表达方式的差别①。

第五，反映一个民族归属意识最重要的是自称，与其他地区的傣族一样，元江流域的傣族虽然分为不同的支系，但是在支系的前面人们都无一例外地称呼自己是傣，然后才加上支系的名称，这一称呼自古就有，反映了不同支系的傣族人对傣族这一大的民族群体认同与归属，这是居住在云南各地的傣族都共有的一种认同特征。

以上所举的几个方面的特征是傣族共同文化特征中的一些重要内容，尽管不能包容全部共同的特征，但是从中可以看到元江流域的傣族与其他地区的傣族有着共同的文化特征。

除了这些共同的特征之外，由于不同的居住区的影响，不同地区的傣族已形成了自己独有的一些文化特点，这在各个地区的傣族中都是很明显的。居住在元江流域的花腰傣人由于内外社会环境的影响，在长期历史发展中已形成很多自己鲜明的文化特征，同时也有很多方面与其他地区的傣族人在文化上有很大差别。这种差别就是花腰傣人自己的文化特质，认识这种差别对于认识元江流域花腰傣的文化价值有重要的意义。

我们可以从以下方面来看花腰傣人与其他地区的傣族文化上的不同之处。

（1）服饰文化。元江流域的大多数傣族人之所以被称为花腰傣，一个很重要的原因是这里的傣族妇女习惯于用一条色彩缤纷的长腰带系在腰

---

① 三个花腰傣支系的语言相通，但语音有区别。傣雅语音调较轻，傣卡、傣洒语音调较高。

间，这也形成了相关的文化，包括腰带的编织、使用以及它的内涵。而其他地区的傣族是没有这一习俗的。在西双版纳、德宏的傣族中，妇女们习惯用银制的腰带，因此银制的腰带也同样具有与花腰傣的腰带相同的很多文化内涵，它是一种用品，同时又是财富与身份的象征。

服饰文化方面的第二个重要特质是元江流域的花腰傣喜爱在服装上装饰很多银制品，有的妇女全套服装银饰品的装饰重达四五公斤，这在其他地区的傣族中是很少见的。

第三个特征是元江流域的傣族人普遍使用竹篾帽子。不同的是其他地方的傣族虽然也使用竹篾帽子，但是它的功能主要是遮阳光，傣族妇女更多的是喜爱用大围巾包在头上。元江流域的花腰傣妇女把竹篾帽子作为整体服饰不可分割的一个部分，并且是当地不同支系服装的象征之一。当地不同的傣族中竹篾帽子的造型也不同，被称为"鸡枞帽"① 的竹篾帽子不仅是当地傣族的识别特征之一，并且具有很多文化内涵，例如傣卡人在结婚时，新娘来到新郎家，新郎要很庄重地为新娘戴上新的竹篾帽子，以此来表示一种新的身份与新生活的开始。

（2）居住。元江上流的花腰傣在居住文化方面与其他地区有很大差别，当地的傣族人居住的是被称为"土掌房"的屋子。这种住房是用土砖砌起来的，一般是两层，平顶。这样的住房一般上层住人，同时还有一个很大的外阳台，可以晒东西、休息、制作农机和土陶器等，下层则用来烧饭、待客、堆放杂物等。在元江下游地区的傣族，他们居住的房子也是这种类型，但大多数只有一层。在云南，大多数地区的傣族住房类型是被称为干栏式建筑的二层房，传统的干栏式建筑基本上是用竹木建筑而成的，干栏式建筑是历代史籍中记述傣族的一个重要的文化特征。

（3）婚姻家庭。元江流域的花腰傣与其他地区的傣族一样，恋爱是自由的，在历史上由于这一带的傣族居住于河谷热区，男女青年恋爱和结婚都比较早，一般到了十六七岁，就可以借助各种节日谈情说爱。这里最典型的就是"赶花街"，在每年"赶花街"的日子里，男女青年互相认识，谈情说爱，互相赠送礼物，或早已在日常生活中男有情女有意，借花街节表明爱慕之意，待爱情的果实成熟时定下终身。在 20 世纪五六十年代以

---

① 鸡枞是一种珍贵的野生蘑菇，"鸡枞帽"因形似鸡枞而得名。

前，花腰傣中早婚的现象很突出，男女青年十五六岁就恋爱结婚，往往不懂得婚姻生活的内容，这也是造成花腰傣中过去离婚率较高的原因，据老年人说，现年60岁以上的一代中1/4的人都离过婚。

在过去，虽然同为傣族，不同支系之间是不通婚的，通婚的大范围限制在同一支系之内，同时在同一支系中通婚大多数是一个村子的人们通婚。在20世纪50年代以前，虽然青年人可以自由恋爱，但是往往父母不同意也很难以成婚，同时受到汉族文化的影响，包办甚至买卖婚姻的情况也很多，不少青年人在父母的包办下被迫与自己并不相爱的人结婚，并往往导致随后的离婚。据老人们回忆，包办婚姻与花腰傣自由恋爱的传统并不相符，是20世纪40年代才盛行起来的。在新中国成立以后，随着婚姻法的实施，改革包办婚姻，如今青年人的恋爱完全由自己做主。与此同时，如今也有很多青年人打破了传统的通婚限制，与其他支系的人通婚，如在戛洒，傣雅与傣卡通婚的近年来就有30余人，人数虽然不多，但这表明人们的思想观念已有了改变。除了支系之间通婚外，近年来傣族与汉族、彝族通婚也开始多见，尤其是在城镇中，青年人在通婚中受到传统观念的影响越来越小。

花腰傣的婚姻模式是结婚之后女方到男方家庭居住，这其中一个很大的特点是结婚之后新娘不马上到新郎家中居住，在行完婚礼的各种程序之后，戛洒等地的傣洒当天就回到娘家居住，而傣雅在举行完结婚仪式后虽然当天在男方家居住，但也不与新郎同宿，而是由自己的女伴们陪同而宿，第二天一早就回娘家去了。在随后的日子里，新娘要在农忙、家中有事、过年、过节等时日才由男家去接过来住，每次只住两三日。这个过程有长有短，有的长达一两年，有的两三个月，一直到新娘有了身孕才被接回男家长期居住。这种不落夫家的婚姻习俗在元江上游的花腰傣中过去普遍存在，但是近年来也已有了较大的变化。大多数青年人在结婚后仅仅象征性地分开居住几天；长的住一两个月便到男方家长期居住了；有的青年人已完全放弃了这种婚姻习俗，如在腰街的一些傣卡人中，不落夫家的习俗目前已经很少见，青年人完全按照自己的意愿生活，只要家庭需要，居住在男方家或是女方家都是可以的。

新的家庭有了孩子并且长大之后，就有可能考虑与父母分家居住。在过去分家的时间一般视家庭的情况而定，如果家中需要有人照看老人或缺少劳动力，则分家的时间可能晚一些，如果还有其他兄弟则可能一两年后就分家，甚至更短一些。从 20 世纪 80 年代中期包产到户以来，尤其是近几年，经济上的因素对于分家起了很大的作用，为了获得宅基地、耕地，大多数青年人一结婚就与父母分家居住，这样就有可能从村子里获得宅基地或承包地的调整机会。

花腰傣经自由恋爱而组成的家庭男女双方是平等的，他们在家庭里都有义务和权利，有传统形成的男女在劳作上和社会生活中的分工，一旦夫妻双方不和，离婚也是很自由的，并且手续很简单，往往是双方一旦分开居住，就算是离婚了。过去在离婚后小的子女由女方抚养，年龄大的留在男方家，离婚后女方无权提出分财产的要求，最多只能要回自己的嫁妆。新中国成立后，随着婚姻法的实施，离婚后的财产分配中女方也有应有的权利，可以通过协商获得一份财产。

在西双版纳傣族的婚姻模式中，男女青年恋爱也是自由的，结婚之后是新郎上门到新娘家居住，一般都要在女方家居住三年左右才能视情况从女方家分出来自立门户。在德宏傣族的婚姻模式中，过去家庭包办婚姻的情况比较突出，男女双方相爱之后还要得到父母的认可才能结婚，很多青年人往往因为父母的干涉不能结婚。结婚之后女方住到男方家庭中，与男方家庭共同生活，离婚也不自由。而处于西双版纳与德宏之间的临沧市的傣族在婚姻模式上是两者之间的一种过渡模式，婚姻有的是自由的，有的是父母包办，结婚之后有可能是新娘到男方家庭生活，同样也可以是新郎到新娘的家庭中生活，几年之后再分家居住。

（4）宗教信仰。元江上游的花腰傣信仰的是万物有灵的自然崇拜。这一点是傣族共有的，人们认为世间万物都有灵魂，水有水灵，山有山灵，树木有其灵，农作物也有其灵。由此产生了人们对各种灵魂的祭祀与自然崇拜。种植水稻之前要祭祀，求神灵保佑获得好的收成，春耕之前的祭祀活动是每年的重大活动。收获之后也要祭祀感谢神灵。上山打猎之前祭祀，求山神保佑赐给猎物，打到猎物后也要祭祀感谢。每年村子中最隆重的宗教活动是祭寨神与祭龙。

每个傣族的村寨都有神，在村子中都立有一块石头或有一块被人们认定的石头为寨神石，有的村子也种植一棵大青树作为寨神，这也就是人们通常说的"寨心"。不论是过年还是人们有病、出远门都要到寨神处烧香祭祀，祈求平安。在漠沙乡的关圣村，每年祭寨神在大年初三。祭祀之日全村成年男子一早就要上山打猎，不论打到什么动物都要用来作为牺牲。同时各家都要杀猪、鸡，用于祭祀。祭祀时将牺牲品供在寨神前，然后村中长老带领村中男人们行礼祭祀。妇女们不能参加这一活动。在祭祀之后，人们集体吃喝，说笑，直到很晚才散。

每个村子都有一棵大青树，当地人称为龙树，是村子的中心，每年最隆重的祭祀活动之一就是祭祀大龙树。每年春天全村人都要在大树下面进行隆重的祭祀活动，杀猪宰牛，称为祭龙，目的是求天神保佑风调雨顺、五谷丰登。漠沙乡的傣雅人每年农历二月的第一个属牛日是祭龙日。在此之前各家都要准备各种祭品，如竹编的神器、祭祀用的食品等。在祭祀当天的清晨，村中负责祭祀的主持者就将驱鬼用的竹神器插在大龙树下，布置好祭坛。村中每一家都出一个人前来参加，但是妇女不能参加。人们在大龙树下点燃香，搭起灶，杀牛杀猪，将猪牛各个部位的肉供在神台上，在主持者的带领下行礼祭祀。祈求龙神保佑来年风调雨顺、五谷丰登、人畜平安。在祭祀完之后，参加祭祀的人们便一道吃喝。这一天村中家家户户都杀猪杀鸡，摆下丰盛的宴席，请远近的亲戚朋友前来过节。

此外，花腰傣还有一些规模不大的祭祀活动，分别讲述如下。

祭鬼：如果有人生病，人们也会认为是魔鬼作怪，也要进行祭祀活动驱赶鬼神，一般是杀一头羊，用羊头羊脚供在祭坛上。

祭祖先神：各家都在房内设有一个祖先的小神台，除了平日要供上水、饭外，年节或婚丧都要以酒肉祭之。

祭水神：家家户户堂屋里都有一个小土台子，上面放一个陶缸，平日盛上饮用的水，而在过年时要杀公鸡祭之，这样过江河时才平安。

祭灶神：过年时在灶台上点上香，供上酒、肉等祭祀灶神，祈求灶神保佑全家丰衣足食。

祭太阳神：在漠沙傣雅中，家家户户房子外都用木板搭一个祭台，有的还要插上两根鸡毛。在过年时要祭祀太阳神，祈求它保佑人们风调雨顺。

祭谷神：每年收完谷子之后，都要在谷仓的柱子上挂上几串谷穗，在谷堆上放上几个鸡蛋，由家中年纪最大的妇女来祭祀谷神，因为人们认为谷神是女性。祭祀谷神是祈求谷神保佑来年五谷丰登。

元江流域大多数傣族在宗教信仰上与其他地区的傣族的不同之处是不信仰佛教，而其他大多数地区的傣族信仰南传上座部佛教。由于对佛教的信仰，佛教文化融入傣族文化之中，成为傣族文化不可分割的一部分。比如说在人生礼仪方面，男子在一生中必须要有几年的时间到寺庙中出家当和尚，在社会生活中人的各种行为都受到佛教规矩的限制，人的思想观念也受到佛教伦理的影响，不仅看重现实的生活，也对来生充满希望。与佛教相关的经典、艺术、文字、歌舞、节日等也都成为傣族文化中的部分。元江流域之外的傣族对佛教的信仰使这两个地区的傣族之间在文化上显现出了鲜明的差别，这从人们的观念上、社会行为、日常生活、艺术等方面都显现出了因为宗教信仰不同而带来的明显差别。但特别要指出的是，在元江流域的傣族中，尤其是在花腰傣存在的万物有灵的自然崇拜在其他地区的傣族中大多数内容也同样存在，除祭祀的时间不同外，内容基本是一致的，如祭祀祖先、地方神、寨神、谷神、水神、山神等。

（5）节日文化。元江流域傣族的节日与其他地区傣族的节日有明显不同。在元江流域以外的大多数傣族人中由于受佛教文化的影响，节日基本上都是从佛教节日而来，如新年就是佛历的新年，也被其他民族称为"泼水节"，这一个节日是傣族人民最隆重的节日。其他隆重的节日也与佛教有关，如每年7月进入佛教斋期的"关门节"，斋期结束时的"开门节"，等等。

元江流域的傣族人的节日文化受到汉族文化的影响，每年中的主要节日基本与汉族的节日相同，他们过春节、端午节、中秋节等节日，但节日中也有一些自己的特点。

春节，农历正月初一。新年的清晨，在通宵的鞭炮声中守夜的人们很早就要担着水桶、拿着点燃的两炷香到村子中的水井抢挑新水。据说哪个抢到新年的第一挑水，在新的一年中就最吉利。而在大年初一，男人们要负责平日由妇女们负责的挑水、做饭、扫地等活计，让妇女们休息，做些自己喜爱的轻活计。

端午节，每年农历五月初五。这天，各村的人们都要杀猪、牛、鸡等。这一天，男人们上山去打猎，妇女们一般下江去捕捞鱼。

中秋节，农历八月十五日。中秋节之夜，家家户户都要在屋顶阳台上摆上一个盛满丰盛食物的竹篾桌子，上面摆上干鳝鱼、鸭肉、糯米粑粑等食物，全家人一道祭祀月亮，祭完后一起赏月饮酒。

花街节。花街节是当地傣族人最具有民族特色的节日。花街节的时间各地与各支系有所不同。在元江县，一年有两次，一次是正月初七的热水塘花街，另一次是五月初七的大水平花街。在新平县，漠沙一带的傣雅一年中过两次，一次是农历正月十三的"小花街"，一次是五月初六的"大花街"；在戛洒、水塘一带的傣洒中，花街节的时间是每年农历二月的第一个属牛的日子。

与其他节日相比，更具花街节有群众的广泛参与性。过节之日，远近的傣族群众打扮一新，尤其是年青的妇女们更是把自己打扮得花枝招展，会集到节日的场所。这里人山人海，不仅有傣族群众，也有当地其他民族的群众前来过节，近年来漠沙、戛洒等地大的花街节参与的人数有三四万人。人们跳民族舞蹈、做买卖、吃牛肉汤锅、会朋友，青年人谈情说爱，这其中最重要的内容是男女青年的相会。男女青年在这个活动中结交朋友，无数青年人的婚姻生活是从花街节开始的。节日这天男女青年都穿起自己的民族盛装，姑娘们成群结队来到花街上，早已等候的男青年们便睁大自己的眼睛寻觅中意的女孩。当姑娘们在树荫下休息时，男青年便上前与自己看上的姑娘搭话，并赠送小礼物。如果姑娘有意，也会回赠自己做的手绢、花带等，并与他单独到树林中寻一个安静的地方相会。姑娘将自己随身带的小竹箩里的糯米饭、炸鳝鱼干、腌鸭蛋等拿出来一点点亲手喂给小伙子吃，并互诉爱慕之情、相见恨晚之意。有的往往一次花街节就约定了终身。这个过程就是远近闻名的"吃秧箩饭"。当地老人说，在现年50岁以上的人中，50%的夫妻都是通过花街节认识或表达爱意，定下终身的，因为"文化大革命"时期花街节被禁止，所以很多中年人没有这样的经历。

花腰傣与其他地区傣族在节日文化上的明显不同，反映了不同地区接受不同文化影响的程度。元江流域的傣族受到汉族文化的影响，而其他地区的傣族则受到佛教文化的影响。两者之间所不同的是元江流域的傣族明显反映出受到汉文化影响的要素就是节日，在其他方面接受汉文化的要素并不多，而在信仰佛教的傣族人中，文化中融入的佛教文化非常广泛。

以上是元江上游的花腰傣与其他地区的傣族在文化上的差别。但由于花腰傣也是由多个支系组成的，因此在文化上也有一定的差别，在历史上甚至各支系之间不通婚，至今虽然有少数通婚者，但仍然不普遍。下面让我们通过几个侧面来看这种支系之间的区别。

首先以妇女服装为例。服饰是花腰傣文化中最典型的文化特征之一。居住在新平县漠沙镇的傣雅妇女的头饰是先用一条宽约两寸的青布头帕将头发层层包住，再用一条两头有红缨的青花布条将一块红条花布包扎在上面，扎成一个高耸的发型。上身着无袖右襟内褂，前胸饰有成排的银泡，衣领由一条宽约两寸镶满银泡的布条沿脖子往后反搭而成。外衣为无领无襟的青色短衫，可以将内褂的银饰露出。下面穿筒裙，裙摆有五色花边，这里的傣族妇女一次要将数条裙子叠穿，一条比一条高，将里面一条的花摆露出来。腰间系上一条花腰带。身后用一块镶满银饰、缀满红缨的布块叠成三角形围在腰上，用青色布包在腿上作为绑腿。外出时头戴一顶竹帽，竹帽的特点是外沿向上。

居住在戛洒乡的傣洒未婚少女头戴一顶镶满银泡的小圆帽，已婚妇女将头发结于脑后，缠上一串串银泡。上衣是用绸缎做成的，内衣为右襟无领无袖短褂，左前方镶满银泡。外衣为无袖无领衣，用红、绿、紫色绸缎制成。下着黑色筒裙，裙端有各种图案。腰间系有一条五色花布带。用白布在小腿上打成绑腿。头上戴的竹帽外沿向下。

除服饰这一典型的特征外，各支系之间的文化也还有一些不同处。如在婚姻习俗上，在傣洒中，提亲要由男方的母亲亲自去，而其他的支系则可以请自己的父母或族中有威信的长者去。在漠沙的傣雅中，新娘被接出家门时是由自己的兄长从内房背出来的，迎亲的队伍在途中要吃一次饭才能到新郎家，就是两家人离得很近也要绕道到其他地方象征性地吃饭后才能前行进新郎家的门。到新郎家后，婆婆要抱牛草带新娘去喂牛，并给新娘戴上从娘家带来的新篾笠。其他支系的傣族人就没有这些习俗。

在傣雅中，在新娘新郎入洞房之后，要有一个吃饭的仪式，新郎家人将一个装有糯米饭的甑子抬进洞房，上面横放着一把钢刀，让新郎新娘从两边拿饭吃，表示夫妻从此要在一起生活了，但横放在甑子上的钢刀也表示双方如有背叛，手就会被砍断。在傣洒中，入洞房后也有吃饭的仪式，仪式主持者手中拿着两个包有蛋黄的饭团，表示金银，让新郎、新娘吃下，意味着夫妻幸福，但不放钢刀。

三　社会变迁中的花腰傣文化

今天的中国社会、经济、文化都在飞速发展，从而促使各民族的文化也进入较快的变迁之中，社会从封闭走向开放，传统的产业结构在不断调整之中，外来文化对各民族传统文化产生着深远的影响。对于居住在中国境内的各少数民族来说，今天的社会变化是历史上前所未有的。但是由于在这个过程中不同的民族历史文化传统、居住环境、与外界的接触、人口的多少不同，各民族文化在这个过程中所受到的影响也是不同的。

在花腰傣居住的元江上游地区，社会环境的变化也是巨大的。种种影响花腰傣文化的外部因素也不断地在增多。以当代对人的观念影响最大的传播业的发展为例，在新平县及元江县傣族居住区电视的覆盖率已达到98%以上，90%以上的家庭拥有电视机，人平均日看电视1.7小时，选择观看的节目排序前三位分别是电视剧、新闻、专题片，这些节目使当地人看到外部的生活方式、新闻事件等，直接对人们的观念产生影响。再以学校教育为例，自1952年秋在漠沙办起第一所针对傣族的小学——省立漠沙小学以来，至今在新平傣族地区已有4所中学、4所乡中心完小、20余所村中心小学、50余所村普通小学。傣族小学生的入学率已达100%。教育的发展对傣族人学习科学技术、接受外部文化及社会、经济、文化交往等都起到了重要的作用，对傣族的发展影响十分深远。

在这个过程中，傣族文化也不可避免地发生着变化，认识这其中的变迁的规律对于民族文化发展有重要的价值。在当代傣族文化的变迁中，以保持本民族文化为基础，吸收其他民族文化加以融合发展是一个主要的特征，[①] 花腰傣文化的当代变迁发展也基本上是这样一种模式。

（1）今天元江流域傣族的文化变化的特点是在保留传统的基础上的变化。今天来到新平、元江等花腰傣主要居住区，仍然可以感受到浓郁的民族传统。这里让我们选择一些典型的文化要素来观察。

[①]　一个傣族当代文化变迁的实例，参见拙作《社会变迁中的傣族文化——一个西双版纳傣族村的人类学研究》，《中国社会科学》1997年第5期。

传统服饰。不论是在家里还是在节假日的街道上，到处可以看到花腰傣妇女头戴传统的竹篾"鸡枞帽"，腰间带着花竹篓，身穿缀满银饰、五彩斑斓的传统服装。当然，由于传统服装不方便劳作、制作复杂等原因，今天青年人普遍选择了穿商店里买来的衣服作为日常服装，大多数青年人往往只在节假日、礼仪、庆典期间才穿着民族服装，但是老年妇女则仍然愿意在日常生活中穿着民族服装。

居住。今天的花腰傣仍然保留着"土掌房"的传统民居，虽然有不少富裕的家庭已经重新建盖新房子，但是造型与格局仍然完整地保留着传统的风格。可以看出，传统的建筑风格与居住文化已经凝固下来。今天由于经济的发展及农民收入的提高，越来越多的傣族农户开始建新居，在保留传统的建筑风格及居住格局的同时，人们选择水泥、烧制砖、装饰用瓷砖等新型建筑材料，使传统的居住风格得到了改变。

染齿、文身的习俗。今天的花腰傣大多数中年人和老年人，尤其是妇女仍然保留染齿、文身的习俗，也有很多青年人也染齿、文身，反映出这一区别于其他民族的重要习俗仍然作为当地傣族的传统在代代传承着。与染齿习俗有密切关系的嚼槟榔的习俗也仍然保存着，嚼槟榔仍然是当地人的一种嗜好，这种嗜好在今天的青年人中也普遍存在。当外来的客人登上傣家的楼房时，热情好客的傣家人就会拿出槟榔果来招待客人。

语言。今天已有很多人尤其是青年人读过书，甚至到过外地工作，能讲汉语，但民族语言仍然是花腰傣人日常生活中的主要语言。

节日。传统的节日仍然保留着，春节、端午节、中秋节虽然源于汉族，但已经本土化，成为当地花腰傣的传统节日。这其中最典型的是具有花腰傣特色的"赶花街"。在过去花街节主要是男女青年们谈情说爱的集会，主要的内容是男女青年的交往活动，男女约会、跳民族舞、对歌等。20世纪50年代，"赶花街"由于被认为是男女之间的庸俗活动而被迫中止。规模较大的漠沙镇赶花街于1991年2月27日恢复，其他地区的花街节也于此前后恢复活动，目前已成为一年中当地花腰傣最隆重的节日。恢复后的花街节保留了传统的内容，如男女青年的约会、跳民族舞蹈、对歌等。由于当地政府有意将花街节办成代表本地特色的节日，并以此来促进旅游、经贸的发展，因此也增加了很多新的内容。2001年2月4日笔者在新平县漠沙镇参与花街节观察到的情况是：今天的花街节已不是一个群众自发的节日，当地政府对节日活动进行了精心组织。在节日当天，前来参加节日的远近群众达 4 万余人。首先在搭建起来的舞台上举行了节日大会，傣族、彝族村子中的男女青年和当地中小学生等进行了传统歌舞表演。约两个小时的表演结束后，人们便在场子上围成一圈跳傣族舞。村子中，村民们搭起了一个个棚子，架起了大汤锅，出售当地出名的牛肉汤锅及种种食品，十分受欢迎。人们玩累了就相约来品尝当地的种种食品。一些外地的民间表演队伍也不失时机地前来表演，同时很多商人也前来做生意，出售各种日用品等。由于当地政府有意将花街节作为促进当地旅游业的项目来加以发展，因此今天的花街节已从过去以青年人为主的节庆发展成了今天既有男女青年集会娱乐等传统内容，同时又有商贸、旅游等现代内容的节日。

宗教。在今天的花腰傣中，自然崇拜的主要活动仍然保留着。这反映在每年仍然要进行两次大的祭龙活动，第一次在农历二月属牛和属虎的日子，第二次在属马的日子。其次还有祭祀江神，每年春播种前的春耕祭祀等祭祀活动，这些活动的内容与过去相比基本没有多少改变。这些原始宗教中的祭祀活动反映了人与自然之间的关系，是人们为了获得丰收、平安的良好愿望的反映。然而这些活动在"文革"中都曾经被禁止，直到 20 世纪 80 年代中才又得以恢复，因此在观念上也有较大改变。鬼神观念，尤其是与人的生老病死相关的鬼神观念已经渐渐淡化，大多数年轻人已经不再相信。生老病死相信科学，有病一般都到医院治疗。同时祭祀活动的主持者大多数是中老年人，很多青年人对此并不感兴趣。由于这种祭祀活动的精神内容的变化，今天这种传统的宗教祭祀已经民俗化，变为一种民俗活动，每年的活动期间人们都会参与，但同时原有的宗教精神内涵已经淡化。笔者在 2001 年 2 月参加戛洒乡傣洒的春耕礼活动时，观察到人们都以过节的热情参加祭祀活动，在田边插上松树枝，并点燃香，妇女们下田进行春耕开始的象征性劳作。但当问及人们关于传统春耕祭祀的有关鬼神的内容时，人们一方面已不十分清楚，另一方面也表示并不相信有神灵存在，仅仅是把祭祀看作民族的一种传统，并且在其中表达自己的愿望，祈求五谷丰登。

需要特别指出的是，元江上游的这些对自然的祭祀活动在整个傣族地区属于保存较完整的，在其他傣族地区，尤其是信仰佛教的傣族地区，传统的自然崇拜虽然也还存在着，但是从内容到形式上都已不能和花腰傣相比较了，较大的活动如祭龙等都已经不多见。

上面所选择的是今天的花腰傣文化中的一些典型要素，事实上在花腰傣的社会生活中传统文化的要素保留得更多，今天的花腰傣人民仍然沐浴在自己祖先祖祖辈辈创造的、抚育了一代又一代人的传统文化之中。而能够被人们所代代保留着的文化，大多数是人们所认同的精华。

（2）经济生活发生了较大的变化。花腰傣居住在亚热带河谷，自古以来以种植水稻为主要的谋生方式，其他农产品都是满足自己需要的副业，事实上稻作文化是花腰傣社会文化的重要基础。人们对自然的认识，包括利用土地资源、水资源，农作物生长的有关知识，以及祈求神灵保佑获得五谷丰登的各种农业祭祀活动、人们每天的生产劳作等都与水稻种植这一最重要的生存基础直接相关，这种单一的经济结构一直保持到20世纪80年代中期。

花腰傣农业文化的当代变化有两个大的阶段。第一个阶段是传统水稻种植业的改良与发展。首先是种植水稻的梯田的建设。由于花腰傣居住区是河谷地带，并没有大面积的平坦地，因此改造河谷建设水田就成了当地农业发展的一个关键。在明清时代，随着汉族人口的不断迁入，傣族地区开始了梯地的建设与改造。1932年后，新平、元江等县傣族地区再次进行了相对较大的梯田建设热潮。从1951年到1970年的20年间，花腰傣地区经历了50年代初及60年代"农业学大寨"两次改造建设梯田的高潮，元江、新平等县花腰傣地区的河谷、坡地、丘陵地带基本被改造成了种植水稻的梯田。同时还修建了相关的灌溉系统，将哀牢山上的河流水引到了梯田中。今天当人们来到花腰傣居住区时，无不为村子四周层层叠叠从山顶到江边大片的梯田所折服，花腰傣人民将自己居住的河谷地带改造成了梯田层叠的人造景观，并且由于有哀牢山丰富的水资源的供给，今天仍然保持着良好的生态系统，令人叹为观止。梯田生态系统的建设是花腰傣人民在当代依据当地自然环境特点进行的一项重要创造，它使当地的水稻生产状况得到了前所未有的改善，同时也成为花腰傣居住环境的一个重要特征。

传统种植业发展的第二个内容是推广了双季稻及优良品种的种植。从1952年起，在花腰傣地区开始推广双季稻种植，同时引进了"滇端410"

"汕优"等杂交水稻推广种植，同时推广使用了化肥、农药等，使水稻的产量得到了较大的提高。水稻的亩产量从 1952 年的 200 斤提高到了 1982 年包产到户前的平均 900 斤，目前也基本稳定在这一产出量。在这一阶段农业的改良提高了粮食的产量，满足了人们的粮食需求，尤其满足了增长的人口的需求。①

第二个大的变化是在 20 世纪 80 年代以后，随着农村生产责任制的实施，社会的改革开放，花腰傣族地区的产业结构发生了巨大的变化。这一变化主要反映在多种经营的发展，以及产品由以满足自己消费为主转向以满足市场需求为主两个方面。花腰傣居住区是亚热带的河谷地区，适合种植各种亚热带农作物与经济作物。在当地政府的帮助下，近年来这一地区在保持水稻种植不减产的情况下，积极种植热带水果，如甘蔗、荔枝、香蕉、杧果等的种植。在一些地区，政府还帮助少数民族引进种植番荔枝、台湾青枣、早熟优质葡萄等优质热带水果。与此同时，积极发展蔬菜种植，利用当地气候炎热的优势积极发展冬蔬菜的种植，大面积种植豆类、瓜类蔬菜、辣椒、茄子、黄瓜、甜菜等在冬季早熟的优质蔬菜，尤其是在冬季这里的蔬菜供不应求，远销省内外，以新平县为例，2000 年农产品对外销售额达到 1776 万元。②

随着产业结构的调整，以水果蔬菜的种植为主要内容的新的产业的发展，给人民的生活带来了较大的改变。一方面，人们的收入有很大增加，生活得到了改善。以腰街镇的南碱村为例，1998 年全村 271 人，农业总收入 56 万元，人均收入 2157 元，人均纯收入 1627 元。这一收入水平已经与西双版纳傣族地区中上收入水平的村子差不多了。另一方面，产业结构的调整也改变了人们的思想观念，增强了人们的商品经济意识，不少村民近年来直接把农产品推销到县外、省外，同时也促使当地的农民学习新的生产知识，掌握种植水果和蔬菜的技能，这一切都是在传统知识结构、生产技能、相关的生活方式与生产方式之上新的发展。

产业结构的调整以及花腰傣地区的产业市场化，与市场的关系十分紧密，生产的产品必须是市场所接受的产品，这种产业与花腰傣传统的自给

---

① 以新平县为例，1964 年第二次人口普查时傣族人口为 21764 人，而 1990 年第四次人口普查时已是 39083 人。在不变的土地资源中，要养活的人口 25 年间增加了近 1 倍。
② 新平县政府提供资料，2001。

自足的产业有实质性的区别。总体而言，产业结构的调整增加了农民的收入，也促使当地农民的思想观念、劳动技能发生变化，但同时也带来了明显的问题。这主要是市场风险的问题，今天外部市场千变万化，农产品总体上而言处于供大于求的状态，如当地有名的甘蔗，2001 年 1 公斤当地收购价格仅 0.3 元人民币，而在 1998 年 1 公斤曾达到 0.8 元人民币。种植甘蔗的成本以种子、化肥等计算每公斤已达到 0.2 元，这样一个甘蔗的种植季节农民的收入就很有限。其他如蔬菜的种植中也存在同样的问题，时常出现由于市场波动而滞销的情况，造成亏损。在市场上有竞争力的产品必须是一些新产品，如 1998 年以来引种的台湾青枣，就十分受市场欢迎。市场中的起伏对于当地农民来说将会成为一个长期要面对的现实，而农民在这个过程中缺少开发种植新品种的技能及自主扩大市场的能力。

（3）社会开放大环境中的花腰傣文化。今天的中国社会环境的开放程度是前所未有的，这就带来了民族文化走向外部以及外部文化更多更快地进入民族文化中的机会，加速了民族文化的变化。花腰傣文化也同样处于这一现实之中。下面是几个典型的方面。

第一，花腰傣文化受到外部越来越多的关注。由于花腰傣文化的独特性，近年来花腰傣文化引起了外部越来越大的兴趣，知名度在不断地提高。近年来花腰傣妇女的图片大量地出现在种种报刊上，同时也有大量对花腰傣风情介绍的文章与影视作品出现。花腰傣民族歌舞表演曾在全国性演出中获得过一等奖，多次获得省内奖项。2001 年由笔者作为主要筹办人的"新平花腰傣文化研究国际会议"在新平县召开，8 个国家的 120 余名学者及 80 余名新闻记者参加了新平历史上对外交流规模最大的这次盛会，花腰傣文化进一步引起了包括 80 余位外国学者在内的专家及新闻记者的高度关注。随着会前会后的宣传影响，在国内外一定范围内造成了花腰傣文化热，很多国内外学者都认为花腰傣将成为国际泰学研究的一个新热点。这种现象具有重要的意义。首先，从外部来说，这种知名度的扩大将使花腰傣地区受到更多的外来文化影响，将会吸引更多的外地人去花腰傣地区进行旅游、研究、文化体验、做生意等。其次，对于花腰傣文化的影响也同样巨大，它对花腰傣人民的心理也产生了影响，传统的文化在这其中有了更多的复兴机会，同时由于花腰傣文化受到外部的称道，强化了花腰傣人民对自己文化的自信心。较前几年而言，今天传统的文化活动，包括女青年穿着民族服装的机会也已明显增多。花腰傣文化也将有更多"走出去"的机会，新平县的花腰傣歌舞在 2001 年就应邀到澳大利亚进行表演。

第二，旅游业在花腰傣地区较快发展，目前较为封闭的新平县也因为高速公路的修建而变得易于到达，从昆明只需要 2 个小时就可以到达新平县城，较过去缩短了四五个小时，元江县过去就因为昆洛公路的贯穿而易于到达，这样使花腰傣地区成为距离昆明最近的热带风景区。云南省旅游部门已将漠沙的大沐浴村规划为民族生态旅游村，并投入资金加以建设，其他如戛洒等地的一些村子也规划为县级旅游开发点。由于近年来花腰傣知名度的扩大，旅游业发展很快，新平县上半年就吸引了近 2 万名旅游者，尤其是在春节、五一等重要的节日，新平、元江都是旅游者云集，在新平的漠沙等旅游地当地的旅游设施已远远不能适应旅游较快发展的需要。

旅游业的较快发展对于当地的文化影响也将是深远的，民族文化往往因成为旅游商品而从传统的角色中转换出来，这一方面是使传统的文化有了新的发展机会，如传统的纺织、制陶、食物制作、歌舞等都在旅游业的发展中有了新发展机遇，很多外出打工的青年人近几年来也因此而回乡参与旅游开发。一些民族餐馆也开张了，传统的迎宾习俗也成为旅游项目。另一方面，旅游业的发展也在冲击着传统文化，使传统文化商品化，人们的价值观也将受到影响，这将是一个不可回避的事实。2001 年笔者在戛洒曾遇到这样一件事：当笔者为一个身着传统服装的小女孩拍了一张照片后，她的母亲马上走上前来要求付给 1 元钱，这确实让笔者很意外。这说明旅游业已经使人们在不知不觉中观念已跨越了传统的界限，这种现象被美国学者 Gordon Mathews 称为经济认同现象，即传统的观念受经济因素的影响而出现对传统的超越。

第三，人口流动加速。随着花腰傣地区对外开放的加快，人口流动也在加速，这一方面是外地人进入花腰傣地区旅游、经商等，在此不详述。有意义的是近年来花腰傣中也有很多人流动外出。今天的青年人普遍受过教育，成为有知识有文化的一代，能讲汉语、写汉字，如上文提到的南碱村就有 5 名高中毕业生，21 名初中毕业生，这一水平与西双版纳、德宏等傣族居住区已经基本相同。他们具备外出的条件，与此同时在包产到户后农村也出现了剩余的劳动力，这就促使很多青年人外出打工，做生意。今天的青年人都希望出外打工，尤其是以女青年外出最多，因为女青年有更多的工作机会，如到餐馆、宾馆、旅游区做服务员，或进行歌舞表演等。
在漠沙的大沐浴村，大多数女青年近年来外出到昆明及周边城镇打过工。
花腰傣中也出现了一批经商者，将本地的商品贩到外地，在外地长期居住
做生意。目前人口流动的数量无法进行统计，但给花腰傣社会带来了诸多
影响：一是使当地剩余的劳动力得到了疏散，使一部分青年人有了就业的
机会。二是赚了一些钱，使家中的生活有一定的改善，如一些做生意者赚
钱建起了新房，一些做小工的也买了家用电器回家。三是促使人们的观念
发生变化，尤其是青年人在外面受到的影响最大，很多青年人已不愿意当
农民，而一心只想着外出。在婚姻观念方面，已很少受传统的约束，过去
女孩十八九岁不结婚就会受到人们的议论，而今天结婚的年龄上升到了 20
岁以上，有的女孩二十四五岁也还不愿结婚，并且不希望与当地人结婚。
笔者在大沐浴村调查时曾问过 10 名女青年，她们愿意与本地人结婚还是嫁
到外地，8 个回答愿意嫁到外地，而全部人表示与哪个民族结婚都可以，
只要双方愿意。在一些村子，甚至还有一些青年人不结婚就同居，这已不
是个别例子。在结婚后，今天的傣族计划生育工作容易开展是远近闻名
的，大多数家庭服从政府的计划生育政策，生育 1～2 个孩子，超生的现象
很少。这些变化与近年来的人口流动有直接关系。

四　花腰傣文化的当代内涵与前景

花腰傣文化在傣文化中独树一帜，走过了数以千年的发展历史，成为
各民族人民共同的一笔宝贵财富。但是，作为发源于农业文明中的传统文
化，在今天已经有了较大的变化，并且还将要随着社会的发展而变化，尤
其是在今天全球化发展的背景下，这一文化还将以前所未有的空间与速度
与外部文化接触、整合。这一文化在当代应有一种新的发展的定位、新的
内涵，这已是时代发展的需要，在世界上没有一种文化是永久不变的。民
族文化在不同的时代应该有不同的定位，这本身也是民族理论研究的一个
前沿性的问题。因此花腰傣文化本身只是一个大的概念，它具体的内涵在
不同的时期也是不同的，它在当代具有的文化定位对于其未来的发展有着
积极的意义。

花腰傣文化的当代内涵可以包括以下几个方面。

第一，花腰傣文化是一种服饰文化。在花腰傣文化中，象征性的要素就是花腰傣的服饰，它是花腰傣与当地其他民族以及傣族这一民族内部各支系相区别的重要标志，是代表花腰傣文化的一种重要符号，"花腰傣"这一称谓的来源就是从其服饰文化中形象地引申而来的。另外，服饰中有重要的文化内涵，其服饰由不同的要素构成，如竹篾帽子、不同样式的衣服、银饰、花竹篾箩等，其中也有不同的文化含义，不同的支系还有自己的风格。进一步说，花腰傣服饰从棉花种植与制作的过程也具有丰富的内涵，它与人们劳动的技能、性别的分工、生活方式等有密切的关系，如服饰的制作主要由妇女承担，是妇女正常劳作之外一项重要的劳作，在这个过程中又引申出更多的文化，如能否制作精良的服饰是社会看一个妇女灵巧与否的标志，纺织的场所也是青年男女约会的一种场所，等等。因此花腰傣的服饰从制作、风格、象征等方面来说都具有丰富的内涵，在其民族传统文化中最具有典型性。

第二，花腰傣文化是一种原生文化。今天的花腰傣文化是一种没有受到佛教文化影响的傣族原生文化，它凝固了傣族有史籍记载以来的文化。虽然今天元江沿岸的傣族迁徙的历史已经没有办法考证，然而今天花腰傣文化所反映的无疑是傣族最古老的文化，染齿、文身以及自然崇拜祭祀活动等古老习俗今天在花腰傣中仍然保留着，在社会生活中也同样有大量的可以反映傣族古老习俗的内容，这一切都证明今天的花腰傣文化仍然可以反映出傣族千百年来古老的文化，其他信仰佛教的傣族在接受佛教之后，已经受到了佛教文化的广泛影响。花腰傣文化由于没有受到佛教文化的影响，因此从今天仍然可以看出傣族文化的原生形态，这一点在傣族文化研究中有重大的价值。

第三，花腰傣文化是一种人与自然和谐发展的文化。傣族自古以来就定居于河谷平坝地区，以水稻种植作为主业，对于水的价值及利用有十分深刻的理解，因此爱护环境、保护水源是傣族十分重要的一种传统观念。傣族有大量种植果树以及其他经济林木的传统，营造了一种美丽的田园环境，这是傣族居住区的特征。另外，花腰傣人民从明清时代就进行了梯田的改造，今天居住区内的河谷平坝地带基本都已改造成了片片相连的梯田，并且成功地建设成了有效的灌溉系统，在水源地森林得到了较好的保护，做到了人工与自然生态系统的和谐。今天每一个来到傣族居住区的客人都会被傣族地区秀丽的田野风光所陶醉，而人们没有多加思考的是这一切都是一种文化价值观的反映，都是一种刻意的追求以及环境的营造。傣族传统的文化价值观在现实中的体现，使傣族地区有较好的生态环境，营造了一种人与自然和谐发展的文化氛围，今天的花腰傣文化典型地反映了这种文化价值观。

第四，花腰傣文化是一种能与现代发展相适应的文化。在当代的发展中，花腰傣文化并没有与现代社会相矛盾的地方，相反与现代社会能共融，并且在当代的发展中已经吸收了大量外部的优良的文化，如教育、科学技术、医疗卫生、文明的生活观念等。在其传统的文化中，本身也就有大量的文化在当代的发展中是有价值的，如人与人之间、人与自然之间的和谐，男女在家庭中的平等、婚姻的自由、多姿多彩的民族风情等。因此，今天的花腰傣文化是一种以自己的民族文化为基础的，融合了现代文化的复合文化，花腰傣文化在当代的发展中也具有较强的适应性。

以上我们从四个方面分析了花腰傣文化在当代的内涵，从中可以看出它具有鲜明的民族文化特征，同时也具有与现代文化发展的适应性。它不仅具有自身独特的文化价值，使"花腰傣"这一文化体系在傣族文化中独树一帜，同时这四个方面的内涵也是花腰傣文化未来发展的良好基础以及应当加以进一步完善的文化模式。

在未来的发展中，它仍然将具有良好的前景，我们可以从以下三个方面来理解。

第一，花腰傣文化的存在与发展，将体现民族文化的多样性。花腰傣文化在当代的发展中并不是淹没在现代性中，甚至如一些弱小民族那样文化在现代发展中丧失，而是获得了新的发展，并且每一支系都有自己的文化特质，都保存得较为完整。在新平，我们可以看到三个支系的花腰傣，它们人数虽然都不多，但是自己的文化特质都较好地保存着，由于获得了人们的认同，花腰傣文化仍然能够传承下去。世界是因为五彩缤纷才显得绚丽，人类的文化也是一样，多样性对于人类的发展不仅是一道风景，同时也具体体现了人类的创造与文明的发展，民族文化的多样性是人类地球村中最重要的一个部分。花腰傣文化的存在与发展，本身就是对人类文明发展的贡献，也是傣族文化未来发展的一个重要组成部分。花腰傣文化将在保留自己基本文化要素的基础上，吸收其他民族的文化进一步加以融合，形成一种自己的民族文化特色与外部文化相融合的复合文化，这将是一个大的趋势。在当代，没有一个民族能够完整不变地保留自己的文化于全球化的大环境中。因此在未来将有更多的外来文化融合进花腰傣文化中去。

第二，花腰傣文化的存在与发展有利于振奋民族精神。一个民族如果丧失了自己的文化，将会导致一个民族的消沉，这一点是在当代社会中已经得到检验的，因为一种文化的消逝必然是因为它没有抗拒外来文化的能力，或者是因为落后、和现代社会发展不能相融合，在这种状态下文化的消逝必然导致民族精神的失落，不利于一个民族的发展。花腰傣文化存在以及在现代社会中发展，证明了它与现代社会发展有共融性，并且得到人们的广泛认同与热爱，人们保护自己的文化、发展自己的文化，在这一文化中体会民族文化的自豪感。生活在自己的文化氛围之中，吃自己喜爱吃的食物、穿自己喜爱的民族服装、唱自己喜爱的歌曲、用大家认同的方式打交道、过自己民族的节日等，都能够使人们体验到幸福，这就如同今天遍及世界各地的华人都要保持自己的生活方式一样。今天在当地的花腰傣人民中，这种特点已经显现出来。由于花腰傣文化越来越多地受到外部的赞美，人们的民族自豪感明显增强，对于自己所处的环境、自己的民族文化、自己民族的未来发展前景都有前所未有的自我好评。人们乐于接受外部的文化，同时也不愿意完全放弃本民族的文化，不认为本民族的文化落后。在当代的环境中外部对于一个民族的评价对于一个民族的自信心强弱趋势有着直接的关系。

第三，花腰傣文化在当代发展中能够促进民族发展。由于花腰傣文化独特的文化内涵、鲜明的表现形式，它在民族文化之林中独树一帜，受到外界的广泛赞誉。例如花腰傣的歌舞在近年来的各种比赛中频频获奖，花腰傣的服饰文化名扬海内外，这一切都促使这个民族的文化走向外部、走向世界，带动了当地知名度的扩大，带动了当地的对外开放，提升了花腰傣居住区的知名度。这一切都将有利于增强花腰傣人民的民族自豪感以及民族自信心，有利于花腰傣文化的保留与发展。花腰傣文化的发展也将带动当地经济的发展。随着花腰傣文化知名度的扩大，花腰傣居住区将会逐渐成为旅游业发展的热点地区，花腰傣的手工艺制品如土陶器制品、食品、服装、用具等都将成为受人欢迎的旅游产品，花腰傣居住区的其他农林产品也将因为花腰傣文化知名度的扩大具有新的文化附加价值。花腰傣文化将以其独特的文化魅力带动当地社会、经济、文化的发展。在全球化浪潮的不断高涨中，花腰傣文化将因为上面这些前景的实现而获得新的发展机遇，民族文化对于全球化的适应，花腰傣文化也将是一个积极的实践，那就是以自己的民族文化作为民族存在的基础，吸收由于全球化而带来的种种信息与资源，同时自己的文化也因为全球化而带来的文化传播环境而走向外部世界，获得更广阔的发展空间。①

当然在未来的发展中我们也应该看到，在越来越开放的社会环境中将会有更多的外部文化融合进花腰傣文化中去，同时也将有更多的民族文化面临着在融合中消失的危险。如何处理民族文化与发展的关系问题仍然是目前民族学研究中需要进一步深入研究的问题。在花腰傣文化中，旅游业的较快发展势必使有限的人文与自然生态系统受到前所未有的压力，在这其中，过度的文化商品化甚至庸俗化都将不利于民族的发展。如笔者就反对将传统的男女青年在约会时女青年亲手喂食物给自己的男友的"吃秧箩饭"列入旅游项目，而旅游业所带来的金钱至上的观念所造成的危害更是要防范的，如项目开发中只讲金钱而忽视道德、质量等。

关于文化与发展，笔者的观点是民族文化应从属于发展才能获得生机。在当代的社会环境中没有哪个民族能够保持自己的文化在时代的发展中一成不变，花腰傣文化也同样面临着被外部文化融合的危机，在这个过程中，更重要的是花腰傣人民自己的选择与做法，而不可能让当地人每天必须穿着传统服装，只能居住"土掌房"，妇女必须保留染齿的习俗等。很多习俗只能由花腰傣人民自己来选择，同时传承的方式将通过日常生活中的应用（如饮食习俗、服装、生活习俗）、民族节日中的再现（节日中再现歌舞、祭祀、服装、饮食习俗、人际交往礼仪等）、婚姻仪式（结婚仪式中的种种习俗相对易于稳定）、建立不同档次的博物馆（一些没有生活实用价值的文化只能通过博物馆这种方式来加以保存）等方式加以传承。在将来花腰傣文化中的核心部分——服饰，也许只有在节日、庆典、旅游项目中才有使用的机会，这也将是正常的。在一些特定场所的使用，

---

① 参见拙作《全球化与民族文化》，《民族研究》2001 年第 1 期。

使这种文化不断得到重复，也将较好地使这一文化得到保护。在日本这样一个现代化国家中，很多传统的民族文化也只有在节日、庆典中才能再现，但对于民族文化的保护也有较好的效果。[①]

参考文献

《新平彝族傣族自治县概况》编写组编《新平彝族傣族自治县概况》，云南民族出版社，1986。

罗永祥主编、中国人民政治协商会议云南省新平彝族傣族自治县委员会编《新平彝族傣族自治县文史资料选辑》（第十辑），中国人民政治协商会议云南省新平彝族傣族自治县委员会，2000。

新平彝族傣族自治县民族事务委员会编《新平彝族傣族自治县民族志》，云南民族出版社，1992。

元江县民委、县志办编《元江哈尼族彝族傣族自治县民族志》，云南大学出版社，1990。

红河哈尼族彝族自治州民族志编写办公室编《云南省红河哈尼族彝族自治州民族志》，云南大学出版社，1989。

王国祥：《新平南碱文化生态资源调查》，油印稿，2000。

[①] 参见郑晓云《日本民族文化的价值与保护：当代"祭"的考察》，《国学院大学研究纪要》（日本）2000 年第 5 期。

文化的碰撞与调适[*]

——基诺族与西双版纳傣族当代文化变迁的人类学比较研究

　　中国社会目前正处于一个大的变革时期，社会的改革、开放，经济的增长、文化的融合等无论速度与数量都是前所未有的。在这场大的社会变革中，中国境内的各民族都在经受洗礼，处于不同的社会变迁进程中。这种进程之所以不同，在于中国境内各民族处于不同的社会、经济和文化发展水平上，加之各民族都有自己的民族文化背景，从而导致在相同的社会变革环境中产生变迁的差异。在外部社会变革的影响下，各民族社会都产生着不同的变化，除政治与经济体制外，最深刻的变化聚焦在民族文化与外部的接触与调适中，各民族存在对外来文化的选择与调适，对本民族文化的反思与新的选择，通过本民族文化与外来文化的调适而产生一种混合传统与现代文化的社会变迁形态。也正是因为这一原因，各民族都面临着这样一个历史的命题：在外部社会的影响下，各民族如何选择自己的文化与社会发展模式，如何看待民族文化与发展，本民族的文化在当代发展中价值何在。^① 这些问题直接关系到各民族的未来发展，成为重大而具有普遍性的课题。

---

　　*　本文原载《中国社会科学季刊》（香港）1998 年第 3 期。

　　①　本文所用的文化概念是一个包容人类精神与物质生活创造及其存在的范畴。各民族的当代文化变迁，其政治、经济体制的变革与外部社会是处于一体化的格局中的，而除此之外的文化范畴的变化却并不是一体化的格局，各民族有选择的主动性，诸如生活方式、宗教信仰、民族言语及服装等，这些是社会文化变迁中最根本的范畴。

由于当代社会变迁的焦点集中在文化与发展上，从而也赋予了人类学家回答这些问题的时代使命，探索社会变迁中各民族文化与发展的关系，做出科学的评判，笔者认为是世纪之交中国人类学家最具有时代感的课题。笔者历时十余年田野研究所成的研究论文《社会变迁中的傣族文化》一文在《中国社会科学》杂志 1997 年第 5 期刊出后，其中关于民族文化价值及傣族与基诺族不同的文化变迁模式等论述引起了不少学者的关注，但由于不是专论，一些相关问题未能展开讨论。在此本文将通过基诺族与傣族这两个中国南方民族当代社会文化变迁的比较研究，对文化与发展这一主题做进一步的探讨。①

一 社会变迁中的基诺族与西双版纳傣族社会

基诺族是聚居于云南省景洪县基诺山区的一个民族，人口约 2.3 万人②，是中国境内一个人口较少的民族。傣族与基诺族相邻，分布于西双版纳、德宏、临沧等州，人口约 122 万，是一个跨境民族，在缅甸、老挝及泰国北部有分布。与基诺族相邻的西双版纳地区傣族约 29 万人③。

在今天的变迁中，傣族与基诺族基本处于相同的社会环境之中。自 20 世纪 50 年代以来，这一地区的傣族与基诺族通过民主改革进入了一个与全国一体化发展的时期。在大的时间变迁跨度上，可以分为三个大的时期：第一个时期自 50 年代至 60 年代中期，这一时期通过民主改革使两个民族与相邻的边疆其他民族一道进入了与全国一体化的发展时期，这其中最重要的是改变了传统的政治与经济体制，废除了原有的地方政权，建立了人民政府。在经济上改革了传统的封建村社经济体制，逐步建立了生产合作社，走上了集体经济的道路

第二个时期自 60 年代中期至 80 年代末期。这一时期在经济上实行了

---

① 本文的资料获得主要依据笔者的田野工作。笔者自 1982 年至 1998 年每年都前往进行田野调查，1983 年、1984 年等年份每年田野调查都历时半年以上，不间断地经历了 80 年代以来基诺族与傣族的社会变迁过程。

② 根据 2010 年第六次人口普查，基诺族人口为 22759 人。

③ 根据 1997 年的调查数据。

人民公社化，是一个大集体、低效率的时期。这一时期土地为集体使用，生产由集体安排，人们不论男女老少都集体劳作，按工分获得报酬。在政治上这一时期经历了"政治边防"及"文革"等政治运动，不仅造成了各民族社会的大动乱，也使各民族的文化受到了无情的摧残。

第三个时期自80年代中期以来。80年代以来，与全国各地一样，是边疆民族地区变革最快的时期，这一时期在政治上纠正了极"左"的错误，各项民族政策重新得到了落实，人们又恢复了宗教信仰自由，自主对待本民族的文化。在经济上实行了以家庭为单位的承包责任制，极大地调动了农民的生产积极性，通过多种经营搞活了经济，生活状况明显改善，各民族社会进入了一个新的变迁时期，今天这一过程仍在继续着。

下面我们分别对今天处于社会变迁中的基诺族与傣族社会经济状况进行一些考察。首先看看基诺族。

（1）经济方面的变化。基诺族全部居于山区，自古以来以种植旱稻为生，传统的生产方式是被称为"刀耕火种"的山地轮歇烧耕。作为商品的产品仅有茶叶，自给自足，产品的商品率不足10%。由于交通不发达，社会相对较为封闭。自80年代以来，基诺山区的产业结构发生了较大的变化，在外部科技支持下，依据当地的自然环境特点发展了中药砂仁的种植，在80年代中后期砂仁曾一度成为抢手货，给农民带来了可观的收入，有的农户因此而年收入万元。目前基诺山区砂仁种植面积达1.5万亩，虽然受到市场因素的影响而时有滞销，但仍是当地农民的主要收入来源。在80年代中期还进行了橡胶树试种，并获得了成功，目前全区种植橡胶树2万亩，加上茶叶等生产，目前产品的商品率已占生产总值的70%。这种变化是十分可喜的，它意味着农民获得新的经济收入来源，生活状况由此而发生变化，同时也改变了基诺族农民传统的生产方式，对社会的很多方面都产生了深远的影响。

（2）物质生活方面的变化。在传统的基诺族社会中，基本保持着自给自足的状态，自己纺线织布，以草木建房，外来的商品仅有一些铁工具及饮具。自50年代以来这种状态已有了巨大的变化。在居住方面，如今基诺族农民大多数已建起了砖瓦房，传统的草木结构住房已为数不多。在穿的方面，人们基本都买商品成衣，而很少纺线织布。在行的方面，大多数村社已修通了车道，在80年代很多农民购买了手扶拖拉机拉人运货，进入

90 年代则有不少农民购买了汽车，目前全山区已有汽车 40 余辆，其中多数为微型小客车，使基诺山区的人货流通空前增大。此外，彩色电视机、电饭煲、洗衣机等现代消费品都已进入普通农民家庭，物质生活的这些变化是老一辈基诺族人做梦都未曾梦到的。

（3）社会方面的变化。自 50 年代基诺山区兴办学校以来，至今村村寨寨都办起了小学校，乡政府所在地还办起了一所初级中学。教育的兴办提高了几代基诺族人的文化素质，使人们的精神面貌发生了根本的变化，新的一代基诺族人由此成长起来。有 30 余人接受了高等教育，100 余人获得了公职，成为政府公务员、医生、教师及科技人员等。有 2 名基诺族人先后担任西双版纳州副州长。一些农民走出基诺山做生意、打工，远及广东广西等地。这些变化对于在五六十年代还十分封闭落后的基诺族来说是巨大的。

以上是基诺族在当代发展中的一些情况。下面来看看傣族的变化。（1）经济方面。传统社会中的傣族是一个以水稻种植为主的农业民族，到 60 年代中期在当地国营农场的帮助下，一部分农民种植了橡胶树，但产业结构的调整在 80 年代中期才大规模展开，傣族农民大面积地种植了橡胶树及甘蔗，现全区已种植橡胶树 50 余万亩。近年来，部分村寨还推广种植了一些经济价值高的热带作物，如香荚兰、西番莲、澳洲坚果以及花卉、西瓜、蔬菜等，其中热带水果及蔬菜每年产值都已超过 1 亿元人民币。今天傣族农村的产业已形成了以水稻种植为基础、以热带经济作物种植为主体的格局，今天农民生活水平的提高与此有直接关系。

由于农村实行包产到户，这其中的收益直接为农户享有，傣族农民的现金收入提高，生活状况得到明显改善。今天傣族农民的人均年收入已超过了 1000 元，而景洪市郊等城镇附近的农村人均年收入已达到 1700 元左右。[①]

（2）物质生活方面。今天的傣族居住区内已全部通电，95% 以上的农户拥有了电视机，部分家庭拥有汽车、摩托车、录像机、VCD 机等高档消费品。这其中尤其是摩托车成为青年人追求的时尚。

目前标志着农民生活水平提高的消费热点是新建住房。近几年来不少

---

① 1997 年西双版纳全区农民人均年收入为 1300 余元。以上综合当地政府有关统计资料。

农户已建了新的住房，更多的农户也在准备着翻建住房。在建房时人们保留了傣族传统的干栏式建筑风格，但建筑用材已由木瓦改为钢、砖及混凝土等，室内也铺上了地砖，使室内外更为干净、美观。目前新建一幢住房一般需要 5 万元左右人民币，一些农民的住房投资达 10 余万元人民币。以景洪市大勐龙镇傣族村社为例，近几年来农民新建住房率已达到 30%，农民的人均住房面积已达到 18 平方米。

（3）社会方面。除了义务教育的普及、就业机会增多等普遍性的变化外，傣族近年来变化最明显、影响最深远的是与外界的接触所带来的社会的开放。傣族居住区与当地国营农场 14 万汉族人为邻，相互产生着社会影响，是傣族与外界接触的开始。近年来随着西双版纳机场的建成及西双版纳成为旅游热点，每年有近 5 万海外游客、近 200 万国内游客到西双版纳旅游，傣族人民有了空前多的与外界接触的机会，傣族的传统饮食、歌舞、建筑风俗民情等在其中显现出了新的价值，同时也有数以千计的傣族青年前往内地进入服务业等行业工作，带回新的信息与观念。社会交往的扩大是引发傣族文化变迁的一个重要的深层原因。①

从上述考察可以看出，今天不论基诺族还是傣族都处于较快的社会变迁之中，社会对外开放的程度加大，对外的社会经济交往增多，产业结构已从传统的农业生产转向以商品生产为主导的产品经济结构中，由此而增加了民众的收入，生活水平得到提高，这就是今天仍处于社会变迁之中的基诺族与傣族的时代特点。

二 基诺族与傣族的当代文化变迁

基诺族与傣族的社会经济结构今天正处于较快的变迁之中，对于这两个民族的文化同样也产生了深远的影响，但这两个民族的文化在社会变革的碰撞下调适的结果是不相同的，这就是本研究所要探讨的一系列问题的出发点。

---

① 目前西双版纳傣族社会变迁研究的一个实例可参见郑晓云《社会变迁中的傣族文化——一个西双版纳傣族村寨的人类学研究》，《中国社会科学》1997 年第 5 期；《当代西双版纳傣族社会变迁研究》，《社会学研究》1991 年第 1 期。

（一）基诺族与傣族当代变迁的文化背景

人类社会的一切变迁都是以一定的社会基础为起点的，因此在考察这两个民族的文化在当代的变迁之前，我们有必要简单介绍这两个民族的文化背景。

20 世纪 50 年代，基诺族以村社为主要的社会单位，聚居于基诺山区的密林之中。村社是一个相对独立的社会团体，土地为村社公有，家族或家庭占有使用，但不能作为私有财产拥有或买卖。村社的水源林、护寨林、护道林、坟山等都不能开发使用。

基诺族传统的生产方式是山地轮歇耕作，种植旱稻，一块土地开垦之后种植两三年后就放荒七八年，待其林木复生长大后又再次耕作。这种有规律的轮歇利用土地，有利于林木的复生。除种植旱稻外，还种植棉花、花生、茶叶等。基诺族过去所穿衣服全部依靠自种棉花纺织。基诺山自古就是当地著名的茶山，盛产大叶茶，是当地人传统的商品，在 50 年代以前就有外地商人前往贩运，而基诺人传统的商品生产与交易也仅仅局限于此。

基诺族聚居的每个村寨都有自己的村社首领——"卓巴"，他负责处理村中的事务，如农事、各种典仪、调解矛盾等。在基诺族中没有统一的政权结构，在名义上这一地区都归属傣族地方政权"勐"管辖。各个村寨在文化上有相对的特点，如服饰上有差异，各村寨的不同的背包图案就是各村的标志。在婚姻习俗及家庭结构上也有较大差异。如亚诺寨在 60 年代初还基本保留一个家族共同居住一所竹楼的习俗，最后一所大竹楼到 80 年代中期才解体，但在基诺族的其他村子这种居住形式并不普遍。

基诺族传统的宗教信仰是万物有灵的原始宗教。山有山神、木有木神、人与动物也有鬼魂。人们在生产劳动、进山打猎、人畜有病、建房、节庆时等都要进行祭祀。

基诺族有统一的语言，无文字。服装也基本是一致的，节日、婚姻、生产、生活等方面的习俗也基本相同。最重要的是，基诺族有一致的民族认同，即所有的基诺人都认定自己是基诺族人，以此而区别于其他民族，从而确立了基诺族这一人类群体在文化上的单一性。

在 50 年代民主改革以前傣族是当地人口最多的主体民族，地方政权也由傣族上层世袭，因此傣族社会中存在不同的封建等级，如贵族、平民、杂居者等，其中平民等级"傣勐"约占80%。不同的封建等级者享有不同的权利，尽不同的义务，同时也互不通婚，甚至不交往。

傣族是一个以水稻种植为主的农业民族，土地在名义上也为民族土司"召片领"所有，但实际上分为不同的村社所占用，个人从村社中获得土地的使用权，土地在原则上只能由本村社的人使用，不得出售转让，因此在土地关系上仍呈现出共有共耕的农村公社特征。

傣族有自己的语言文字。傣文是源于印度巴利文的拼音文字，在过去主要是运用于佛教的经典书写。

西双版纳傣族全民信仰南传上座部佛教，大多数村子建有佛寺，一些村子还建有佛塔。佛教对傣族社会生活产生了广泛的影响，人的一生中每一个重要的时期都要与佛教发生关系，男孩子七八岁就要进佛寺当几年和尚才能返俗，成为一个真正的傣族男人。除此之外，傣族的教育、文化等都与佛教有关，傣族的重要节日如泼水节、关门节、塔节等都源于佛教。在其传统社会，教育完全受之于佛寺之中。与此同时，傣族也保留着对万物神灵的信仰，对万物神灵也要祭祀，如寨神、家神等。

西双版纳傣族有自己的生活方式。如婚姻模式中结婚之后男子要上门到女方家居住，两三年后才能决定是搬回男方家还是自立门户。在传统的傣族家庭中经济由妇女操持，财物由妇女掌管，到市场上出售物品也是由妇女负责，男人不到市场上交易物品。其他明显的文化特征还表现在特有的服装、妇女的发型和生活中的种种习俗。

（二）基诺族与傣族的当代文化变迁

在50年代以初，依据西双版纳地区所处的社会发展实际，国家对这一地区进行了民主改革，废除了封建地方政权，自此西双版纳进入了一个与全国一体化发展的新时期。在国家的政治、经济、文化的影响下，基诺族与傣族的社会经济发生了较大的变化，民族文化也进入了一个新的变迁时期。但是由于两个民族的文化背景不同，文化变迁至今也呈现了不同的轨迹。

1. 基诺族的文化变迁

基诺族文化变迁中较为明显的有以下几个方面。第一，一些物质文化方面的要素渐渐消失。基诺族传统的民族服装已基本被商品服装所取代，只有少数老年妇女穿着民族服装，与之同时的是青年人追求新颖的商品服装已成为时尚。在 80 年代过年过节时人们还穿着民族服装，但如今在过年过节时也很少看到人们穿着民族服装。在居住方面，传统的基诺族建筑是木结构干栏式楼房，上层住人，下层堆放杂物。上层隔为内外两间，外间为人们做饭、吃饭、休息娱乐的日常活动场所，内间为睡觉之用。随着人们物质生活的改善，在 80 年代很多基诺人将木楼的草顶换成了瓦顶，进入 90 年代则兴起了盖建新房的热潮，但在风格上已完全放弃了传统的木楼式样，完全变成了由外来施工队建设的一层多间瓦顶砖结构平房，卧室、客房、厨房分开，起码卫生等较过去有了较大改进。至今全基诺山区 80% 的居民已建起了砖瓦平房，再过五六年，基诺族传统的住房只能在政府有意保护的场所如旅游点才能看到。以上两方面能反映基诺族物质文化变迁的特点。

第二，社会生活方面。在社会生活习俗中，较能集中体现基诺族文化的是传统的建房及上新房仪式、过年习俗等。在建房时，人们要进行祭祀，一个村子的青壮年都要前来帮助，体现出了传统的互助精神，在传统社会中这种互助精神是人们生存的共同需要。上新房时也要杀牛祭祀，宴请村中长老，唱传统的歌谣，跳传统的大鼓舞，这其中还显示出敬老、娱乐、回顾民族历史、教育后代等功能。在过年时也要集中唱回顾民族历史的歌，跳大鼓舞等。如今传统的上新房仪式的内容基本消失，一般只是请亲朋及村中老人来吃一次饭，过年时除一些村子有组织地跳跳传统舞外，传统的内容也较少了。由于基诺族居住于山区，狩猎是基诺男人生活中的一项重要内容，并且农闲时节常常也集体围猎，这种传统是集体精神的体现。如今由于森林中动物的减少，过去男子出门时随身携带的火枪换成了打小鸟的气枪。自 80 年代初基诺山区实行包产到户后，劳动生产及经济生活基本以家庭为单位进行，集体的行为已大大减少。因此今天的基诺人都感到以家庭为单位的个体生活模式已成为社会生活的主流，传统的集体特征已大大减少，随之而来的就是大量传统文化内容的较快消失。

今天随着交通的改善，基诺人社会与经济交往空前扩大，为基诺人带来了种种对外交往的机会，传统社会生活中的封闭状态已大大改变，这其中最典型的就是通婚范围的扩大。在过去的基诺族社会中，通婚的范围基本限制在本村寨内部，基本不与外部通婚，更不与其他民族通婚。过去的女性结婚年龄一般为十六七岁，男性为 18 岁左右。今天村寨内部通婚的状态已基本被打破，很多青年人与其他村子的同龄人结婚，甚至有的青年人就不愿意与本村子的人结婚，认为从小生活在一个村子，很难有爱的激情，并且一个村子的人亲戚及社会关系太近，有消极影响。不仅村内通婚的封闭状态有了改变，一些青年人还与汉族人、傣族人结婚，这都是基诺族社会生活中的明显变化，对于基诺族来说是一个大的进步。

第三，一些深层的文化内涵发生了变化。这较典型地反映在传统的宗教信仰及民族语言上。今天的基诺人中除了一部分老年人在人畜有病时还进行一些传统的祭祀活动外，基本不进行传统的宗教祭祀活动，在观念上也发生了变化。在 1992 年笔者所进行的一次百人问卷调查中，40 岁以下的人中 91% 都不相信有鬼神存在。

民族语言是一个文化涉及面较广的要素，今天的基诺族老少大多能讲汉语，这其中又以青年人最为突出，与傣族相比，基诺族人的汉语听讲技能高得多，甚至一些青年人日常都以讲汉语为主，年轻父母教孩子、与孩子日常对话都讲汉语，他们认为汉语需要从小教起，而本民族语言自然就会，作用也不大。很多青年人已听不懂本民族的一些讲述传统及历史的语言。汉语的普及有利于基诺族接受现代文化教育、信息及对外交往，但本民族语言的渐渐丧失也较明显，引起了基诺族一些有识之士的关注。

2. 傣族的文化变迁

傣族当代文化变迁主要表现在以下几个方面。第一，传统文化中一些不利于社会发展、不文明的因素已被扬弃，如赶"琵琶鬼"①、打双胞胎、规模较大的祭勐神及祭鬼驱病等。随着社会的进步，很多文化要素向着有利于民族发展方向重构，如在傣族传统的婚姻模式中，一般不与其他民族通婚，甚至不与其他村子、其他社会等级通婚，通婚范围十分封闭，而今天这种状态已被打破，傣族不仅各村子之间通婚十分普遍，也没有了封建等级的限制，与其他民族、地区之间的通婚随着社会的开放也越来越多，一些女青年远嫁到了北京、上海等内地城市。再如在传统社会中妇女没有受教育及参与政治的权利，而今天傣族妇女也可以与男子一样平等接受教

---

① "琵琶鬼"是傣族社会普遍相信的一种会依附于活人并加害于他人的鬼怪。在过去一个村子中如有人被认定为"琵琶鬼"则要被全家赶走，房子放火烧毁，是危害较大的一种邪恶迷信。

育、参与社会工作。

第二，长期激烈的社会变革并没有使傣族的民族文化过多丧失，民族文化在社会变革中显现出较强的稳定性。传统的民族服装、生活方式、建筑风格、道德规范及语言文字等都基本保留着。今天来到傣族居住区，仍然可以看到傣族传统的干栏式建筑，傣族妇女飘逸的民族服装，人们讲傣语，信佛教，深厚的民族文化显示出与其他民族不同的个性。这其中尤其以佛教信仰的变迁最具有代表：在 60 年代随着国内政治运动的开展，傣族的宗教信仰自由权利也受到了压制，进而被全面禁止，佛像被推倒，和尚被迫还俗，佛寺大多被改作仓库，在长达 20 年的时间里，无人再敢公开言信教。然而 20 年的压制并没有使傣族人民的宗教信仰的信念泯灭，在 80 年代初随着民族政策的重新落实，傣族人民又重新获得了信仰的自由，人们又重新恢复了各种传统的宗教活动，送自己的孩子进入佛寺当小和尚。重新恢复了包括傣历新年、开门节、关门节等在内的各种宗教节日及祭佛像佛塔活动。如今这些活动仍然正常开展着，尽管已发生了很多变化，但主要的形式仍然存在，成为傣族传统文化的一个重要组成部分。

第三，民族文化随着时代的变迁而注入了很多新的内容。在时代的变革中，傣族的民族文化尽管基本保留着，但也有了较多的变化，除了已消失的内容外，现存的要素也不可能一成不变，且今天傣族青年一代已成长起来，经过学校的教育成为有文化的一代，对待传统也有了自己的态度。如现代教育的普及，不仅使傣族人民掌握了汉语汉文，也获得了更多的学习科学文化知识，与外部交流的机会。交通、能源的发展及现代工业品的普及，大大地改变着人们的生活方式，提高了人们的生活品质；电视、电影等媒体的普及，不仅丰富了人们的生活，也冲击着人们的观念。今天的青年一代中就有很多人不愿意再进入佛寺当和尚，也不愿意送自己的孩子进寺庙，而要把孩子送入学校读书，青年一代的宗教观念淡化倾向更加明显。

三　基诺族与傣族文化当代变迁的特点分析

通过上述考察，我们可以看出基诺族与傣族 50 年代以来的文化变迁的轨迹是有较大差异的。在社会变革基本一致的大环境中，基诺族的文化调适轨迹是放弃了很多本民族的文化要素而较快地接受外部的文化。如本民族的服装、居住风格及很多生活、生产的习俗，甚至最能代表一个民族特征的语言今天也在发生着明显的变化。但与此同时，基诺人对于外部事物的接受又是十分积极的，如接受教育的热情之高在当地民族中是突出的，经济也获得了较快的发展，人民生活有了明显的改善。在民族文化的变迁中，基诺族所选择的是一条放弃传统文化的跳跃式发展道路。

傣族的当代文化变迁与基诺族明显不同的是在民族文化传统保留基础上的调适。这种调适一方面是放弃一些与今天发展不相符的内容，另一方面是吸收了很多外部的文化充实到本民族的文化中来，这在上面已经加以考察。因此傣族的当代文化变迁是一种在保留传统的基础上进行调适的渐进模式，在今天经济较快发展、社会结构有了较大变化的同时，民族文化仍然保留着，并且其中的一些要素在现代社会中还有了新的适应与更新。

基诺族与傣族在相同的社会大背景下，文化变迁走出了不同的轨迹，其原因有以下几个方面。一是历史原因。在历史上傣族是当地的主体民族，而基诺族则不是主体民族，与此同时人口数量也有较大差距。这一点在文化心理上对两个民族是有深层影响的，如傣族文化在当地被视为主流文化，老一辈基诺族人普遍会讲傣话，而傣族则不讲基诺话，这在两个民族相邻的村子也如此。

二是文化体系的原因。基诺族与傣族都有自己的文化体系，也因此而区分为两个民族，但就基诺族的文化结构而言，其内部的稳定性与傣族是有差异的。基诺族居住于山区，以村社为基层社会单位，相对分散、封闭，在过去有的人一辈子都没到过几个村寨，也没有共同的市场与节日集会使人们能相聚交融，因此村寨之间在文化特点上也有一定的差异，这种村社结构对于文化的稳定是有不利影响的。而傣族居住在平坝，人们之间在经济社会中的交往便利，有利于共同文化的形成，对于文化的稳定是有利的。傣族文化中有一个重要的原因是佛教信仰，对傣族社会产生了广泛的影响，其中的教义、伦理、人的行为规范、相关的节日等，都成为傣族共同的文化，从而维系了傣族文化的稳定性。

三是文化自觉的因素，在当代的文化变迁中这是一个关键要素。对一个民族来说，其文化认同是变迁的根本内因，一旦对本民族的文化在认同上发生了变化，那么文化的其他层面也将发生变化。在对待民族文化的自觉与自信上，也就是对民族文化的认同上两个民族在当代已发生了变化。今天的很多基诺人并不看重本民族文化的价值与保留，甚至很多青年人认为近年来的发展是放弃了传统、接受了新事物才获得的。在笔者 1985 年所做的百人问卷调查中，有 83% 的基诺族受调查者认为应保留民族文化（当时表格列出的有民族服装、语言、居住方式、歌舞等要素），而到了 1992 年笔者进行相同的调查时，认为保不保留民族文化无所谓的人已占 60%。而傣族在文化心理上就较基诺族要自信得多，尤其是与佛教相关的文化的传承对傣族来说属于自觉范畴。近年来，随着傣族地区对外交往的增多，对傣族文化好评如潮，傣族的歌舞、饮食、建筑等也走向外界，这些因素对增强傣族的文化自信是有益的。

在基诺族与傣族的当代文化变迁比较中，我们可以看出，像基诺族这样人口较少的民族在相同的社会变迁大背景下本民族的文化更容易丧失，这已成为一个事实。

四　讨论：民族文化的当代价值与选择

在当代中国社会变迁的宏观背景下，基诺族与傣族文化所受到的碰撞是相同的，两个民族与外界的文化碰撞自 20 世纪 50 年代以来一直是十分激烈的。在 80 年代以前历次政治运动的冲击中，很多方面是针对各民族的文化而来的，如傣族的民族服装、宗教、节日等都曾被禁止过，基诺族的上新房活动等被视为旧习俗被禁止。80 年代以来，尽管政治运动已经停止，各民族的传统文化也能得到尊重，但社会的开放、经济的发展又带来了新的对各民族社会的冲击，从而促使各民族社会发生新的变化。如果说在 80 年代以前的社会变革中是外部力量对民族文化的强行改变，各民族无力选择，那么 80 年代以来的社会变革所带来的变化则是自内而外的，各民族可以在本民族及外来文化中进行选择与调适。因此对于一个民族的文化的前途最有意义的时代就在今天。

然而在当代社会变迁中，民族文化到底有什么价值，用什么尺度来衡量民族文化在当代的价值，民族文化与发展的关系如何，这是一个长期困惑人们的问题，并且不是一两个民族中存在的问题，在全世界后进民族中都普遍存在，尤其是一些人口较少的民族，在现代化的浪潮中其传统文化受到的冲击就更大。这些问题不解决，对于一个民族的发展是不利的。

基诺族与傣族的比较研究为我们认识上述问题提供了较好的例证。实际上，在上述两个民族社会与文化变迁的考察中，笔者力图多做客观描述。在基诺族与傣族这两个民族的当代变迁中，走出了两种不同的轨迹，在当代的发展中也各有利弊，如果不持一种尺度来加以衡量，那么也同样要陷入一种两难选择的境地。

基诺族在当代发展中持有积极接受外来事物的心态，对外来文化认同感较强，因而在经济、教育、社会等方面发展较快。其重视教育的观念之强是令人钦佩的，每个家长都把支持子女读书作为大事。笔者曾经历一件令人感动的事：1984年小曼洒因故搬迁，一时无法落实定居地点，这时全村人居住在草棚中，生产生活没有恢复正常，而人们却首先建起了一座简易教舍，让孩子们能马上恢复上课，反映了人们对教育的看重。经过40余年的变迁发展，基诺族取得了明显的发展与进步，这是不可不承认的事实。

然而基诺族在发展中所选择的模式对于民族文化来说代价也是较大的，这就是放弃了文化中的很多构成因子。如居住方式，基诺山区地处亚热带，环境湿热，传统干栏式楼居有利于防止风湿等疾病的发生，而今天新房直接建筑于地面上，其不良后果是显而易见的。再如服装、歌舞、语言等的渐渐消失，使基诺族的历史与文化的传承失去了与现代文化相接的环链：基诺族的传统耕作系统中有一些有利于保护森林的内容，如土地的轮歇使用，一些特定林地的禁耕传统等，都有利于森林的保护，如今这些传统的丧失对生态环境所带来的就是已成事实的不良后果。

傣族在当代变迁中所选择的是另一种模式，即在传统的基础上进行调适，从而使傣族在今天仍然保留了基本的文化体系，而这些文化对于傣族人民来说不仅是生活的规范与内容，在现代社会中也显现出了新的价值，从长远来看对于傣族的发展是有利的。但另一方面也相应地带来了一些发展中的消极现象，如对外部新事物的接受相对基诺族就显得较慢。以教育为例，傣族接受现代教育的热情就低于当地其他民族。1995年笔者曾调查了景洪市第二中学的两个初中班级的期末考试成绩，在两个由基诺族、傣族、汉族、哈尼族学生构成的班级中，成绩好坏依次为基诺族、汉族、傣族、哈尼族。西双版纳傣族很多村子至今仍将男孩送入佛寺当小和尚，同样也会影响其学习，可见傣族的传统文化中也有一些与现代发展不相适应之处。

由此，在对待民族文化时出现了文化价值何在及评定在当代发展中文化价值的尺度的问题，成为最直接的两个问题。

问题之一，关于文化价值。一个民族的文化是其在长期的历史发展中劳动创造，对其所处的自然与社会环境长期适应的结果，一种文化的存在在一定的条件下有其合理性，是人类生存的一个必须条件。[①] 美国人类学家墨菲说："文化是知识和工具的聚集体，我们以这些知识和工具适应于自然环境。文化是一种规则，凭这些规则我们互相联系。文化是知识、信念、准则的宝库，据此我们力图理解宇宙及人类在宇宙中的位置。"[②] 文化对于每一个民族来说既是长期适应的结果，也是继续适应的必要条件。如果不加分析地放弃民族文化中的合理因子，就会降低这一民族对生存环境的适应能力，从而危及一个民族的健康发展。如果一个民族中人们交往及维系社会和睦的传统准则丧失后，人们的社会关系必然受到危害，今天的傣族社会中青年人打斗、偷盗，基诺族青年中赌博等不良现象的增多，与其社会相关的社会规范的丧失就有直接关系。

另外，对于外部文化如果不加以分析，则外部文化中的不良成分也同样会危害民族的社会发展，这一点对于后进民族来说很重要，在中外都有很多例子。

基于上述立论，笔者认为，一个民族的文化在当代的变迁中仍然是其未来长期适应发展的基础，如果今天不重视这一点，在未来要重新构筑传统的体系，代价较之今天就重视其价值要大得多。在今天的美洲印第安人中，丧失民族文化已给人们带来了巨大的痛苦，为了抢救民族文化，人们面对着高昂的成本。[③] 也因此我们可以肯定傣族文化在当代变迁中所选择

---

① 关于人类文化与其生存的关系及文化存在的价值，请参见郑晓云《文化认同与文化变迁》，中国社会科学出版社，1992。

② Robert F. Murphy, *Cultural and Social Anthropology*, Englewood Cliffs, New Jersey: Prentice-Hall, Inc., 1986；另参见罗伯特·墨菲《文化与社会人类学引论》，王卓君、吕迪基译，商务印书馆，1991。

③ 参见杨福泉《苦斗不息的酋长们》，《光明日报》1997年6月11日，第7版。

的是一种良性的变迁模式，而基诺族在当代的文化变迁中已出现了非良性趋势，放弃民族文化中的很多因子，对外来文化往往不加分析地照搬，这一点在其社会经济发展中取得显著进步的同时也令人忧心。

问题之二，既然民族文化在当代变迁中具有两面性，那么应当以什么尺度来衡量文化的取舍。很多有识之士尤其是学者都在呼吁要保护少数民族文化，民族服装要穿上，民族文字要恢复等，但往往不可理解的是很多本民族人士持相反的态度。这其中矛盾的结点在于未将民族文化的取舍放在发展中来加以分析。时代在变迁，要让一个民族一成不变，如同"活化石"保留下去，这是不可能的。不同民族的文化产生于不同的自然与社会环境中，与当时的自然与社会环境相适应，当今各种环境已发生了改变，文化就自然会出现不适应之处，这也在情理之中。因此，仅仅持一种善良的愿望而不尊重发展也是偏颇的，汉族的文化发展至今也已发生了巨大的变化，少数民族文化在当代变迁中也不例外。看待民族文化，既要看到其存在的合理性，采取措施、支持鼓励各民族重视民族文化的保护，重视各民族文化中有利于发展的、合理的因子的升华，同时也应以民族的发展为根本尺度，用发展来衡量民族文化取舍的价值，因为保护也是为了一个民族的健康发展，没有发展也就谈不上保护，本民族就看不到文化在当代的价值，没有发展的民族文化当然只能被看作落后的文化，这一点一些少数民族都已意识到。片面强调保护民族文化或放弃民族文化都是不可取的。长期从事关于民族文化价值的困惑的根本原因就在于忽视了保留与发展的关系。如果有利于民族的长远发展，对一些文化因子的取舍也应采取发展态度，包括文字这样重要的文化因子，只有获得了发展的文化才具有生命力。

综上所述，对于民族文化的价值的正向认同在当代社会变迁中对于各民族都具有十分重要的意义，有利于一个民族的健康发展，展现一个民族存在的价值。但是在新的发展时期，如果持一种文化保留的固化观念，不看到与时代发展的适应，也是不现实不可取的。重要的是，各民族文化中一些合理的因子在现代发展中应得到升华，使之与现代发展相适应，这一点在傣族的文化变迁中已经证明是现实的。笔者相信在各个民族中都存在与现代发展不矛盾，并且能得到升华的因子，有赖于各民族文化自觉意识的增强而得到发展。

　　在此特别需要强调的是，像基诺族这样的人口较少、经济落后的民族，其文化的保护与发展往往是本民族力不从心的，需要外部的帮助。只看到其经济与社会有了一定的发展，只在这些方面进行扶持，而看不到民族文化也需要建设与发展，同样是不够的。中国的现代化需要的是各民族文化的共同繁荣，而不能以民族文化的丧失为代价。在当代的民族文化变迁中，需要进行指导与帮助，增强各民族的文化自觉意识，使各民族在本民族文化的基础上进行调适，这是一种良性的文化变迁趋向。

从几个侧面看当代德宏傣族
社会文化的变迁[*]

德宏地区是中国傣族一个重要的分布地区，今天属于云南省德宏傣族景颇族自治州管辖。由于德宏地区和缅甸接壤，因此德宏傣族的文化和缅甸掸邦泰人、印度阿萨姆泰人的文化在历史上有很多的交流，同时也有很多文化共同性，从而形成了德宏傣族在中国傣族文化中的地域性特征。20世纪50年代后，德宏地区傣族的社会、经济、文化变迁发展也进入了一个新的时期，不同阶段的社会变革对德宏傣族的文化产生了较大的影响，促使德宏傣族文化进入一个不断变迁的过程中，这些变迁也将影响到傣族文化的未来前景。本文将通过几个文化侧面的变迁过程的考察，来观察新中国成立后德宏地区傣族文化的变化。

一　节日的变迁

传统节日是民族文化的重要组成部分，傣族的传统节日包括了丰富的内容，也是傣族传统文化再现与传承的重要环节。各种传统文化包括饮食文化、服饰文化、歌舞音乐、宗教等都会在节日中得到再现。过去傣族的传统节日主要是宗教节日，节日大多数和宗教有关。德宏主要的节日是傣

---

*　本文原载《泰中原刊》2011年刊。

历新年（又称为泼水节）和进洼、出洼（在西双版纳傣族中称为关门节、开门节），以及和一些宗教活动相关的节日活动，例如对佛塔的祭祀活动。在这些相关的节日活动中，过去最主要的活动内容是佛事活动，人们在节日期间每天都要到寺庙中参加不同的佛事活动，奉献供品、听经诵经。其次在节日活动中准备丰盛的饮食，家人和亲戚朋友尽情吃喝，活动期间泼水狂欢、跳舞、走亲戚、赶街。很多节日中的一个重要内容就是赶集，当地人称为"赶摆"。"赶摆"在平日农闲的时候也会有一些村子举办，周围的人们都去参加。在德宏的一些傣族人中，也有过春节、端午节等节日的传统。节日活动不仅是傣族人民重要的传统文化，同时也是傣族人民重要的社会生活组成部分。

在 20 世纪 50 年代民主改革初期，人们并没有把傣族的传统节日和政治过多地联系在一起。但是在 60 年代和 70 年代，节日和政治扯上了关系，70 年代傣族的宗教活动被全面禁止，因此傣族的传统节日也基本被禁止。在这个时期，人们主要过的是国家法定节日，如元旦、春节、国庆节、劳动节等节日。这个时期，缺少了传统节日的傣族社会显得沉闷而单调。

从 80 年代起，随着党的宗教信仰自由政策的落实，傣族人民又恢复了宗教活动，各种传统节日也逐渐得到恢复，人们又开始享受各种节日活动。在 80 年代以后的节日活动中，除了各种传统的内容得到恢复，又加入了很多新的内容。在传统方面，传统节日的各种宗教活动内容得到了恢复，节日期间的歌舞、饮食、服饰等文化内容丰富多彩，今天各种节日还有了很多新的内涵和内容。这主要体现在以下几个方面。

一是节日有了新的内涵。在过去傣族的传统节日主要是傣族人民自己的节日，但是在今天很多傣族的节日都成了当地各民族人民共同欢庆的节日，在节日期间当地的各民族民众都会前来参加，载歌载舞共同欢庆。今天节日活动除了体现民族团结、普天同庆的内容之外，也包括经贸活动、旅游活动。民族节日也成了当地对外宣传品牌和发展旅游业、促进经贸发展的平台。经贸活动和旅游活动已经成为各个县和自治州举办节日活动的重要内容。由于有了当地各民族人民的参与，很多传统节日事实上已成为当地各民族人民团结和友谊的载体。

二是今天当地主要的节日主办者从民间转向了政府。每年泼水节到来的时候各级政府都要举行盛大的庆典活动，庆祝节日。在各个乡镇，泼水节开始的时候，政府会组织、参加各种专门活动，按照传统上山采花，组织节日庆祝活动，各个村寨的群众代表和歌舞表演队都要到乡镇来参加节日庆祝活动，表演歌舞，庆祝节日，因此在节日期间也能够看到穿着不同服装的各民族群众的歌舞表演。在乡镇上组织的庆祝活动结束以后，各个村子才开始自己的节日庆祝活动。在各个县政府及州政府所在地，也要举行盛大的庆祝活动。

三是傣族人民有了更丰富的节日生活。除了传统节日以外，今天一些新的节日在傣族群众中有了更大的影响，例如国庆节、元旦、妇女节等节日，傣族群众也越来越多地参与节日活动。在这些节日中，人们也会按照传统准备丰盛的饮食，穿着民族传统节日服装，载歌载舞庆祝节日。在妇女节期间，很多农村妇女也会放假休息，集会聚餐、唱歌跳舞庆祝节日。今天在边境地区，一个很大的特点是在节日期间人们跨国走亲戚、访朋友，不论是中国傣族人民过节还是缅甸方面的泰人过节，或者有什么庆典活动，双方的群众都会前往参加，这样不仅丰富了人们的节日活动的内容，使边境地区呈现出一片和平的景象，同时也促进了边境地区的社会和谐。在德宏州，自60年代以来每年都要持续不断地举行中缅边境大联欢活动，这有效地增进了中缅两国人民的友谊和边境地区的社会和谐，也推动了经济的发展。

"赶摆"是傣族人民节日活动的重要内容，也几乎是所有节庆不能缺少的内容，赶摆是节日期间有庙会性质的群众活动。德宏傣族人民的"赶摆"活动具有自己鲜明的特色。赶摆来源于佛教活动，每当有重要的佛教活动或者佛教节日，人们都要举行赶摆活动。50年代初，傣族的赶摆活动主要还是以传统的佛教活动为主，按照佛教活动的规律来进行，如每年正月十五日举行祭祀佛塔赶摆，在春季做佛教活动期间的赶摆，某一个村子送孩子去当小和尚的赶摆，村寨里轮流赶摆活动，进洼的赶摆，等等。20世纪60年代和70年代，赶摆活动全面停止。80年代初随着宗教活动的恢复，当地傣族人又开始了每年丰富多彩的赶摆活动。随着时间的推移，赶摆活动也增加了很多新的内容。赶摆活动一般也是根据传统的佛教活动的时间来安排的。但是今天各种节日期间，也包括农村的很多重要的活动期间也要举行赶摆活动，包括有的村子修建好了新道路、桥梁甚至学校校舍等公共设施，有重大的喜庆活动也会举行赶摆活动。在很多地区农村的赶摆活动除了正常的节日期间举行之外，不同的村子会轮流主办。在赶摆期间人们会准备专门的空阔场地，搭建起临时的销售食品和百货的竹棚供人们出售商品。每到有一个地方办赶摆的时候，方圆几公里甚至几十公里的人们会集中到这里，近年来包括缅甸的很多客人都会到中国参加赶摆、做生意，中国的老百姓也会到缅甸参加赶摆。赶摆活动一般持续3~5天，在这个活动期间，主人要热情接待各地的客人，在赶摆的地方，人们白天出售商品、做买卖，和朋友一道吃喝。到晚间，赶摆的场所更是人山人海，人们唱歌跳舞、燃放烟花、放电影，年轻人结交朋友、娱乐、谈情说爱，很多年轻人的爱情都是从赶摆开始的。傣族人民普遍有赶摆的习俗，但是德宏傣族人民对赶摆更情有独钟，赶摆的活动不仅是一种传统，也是当地傣族人民最重要的娱乐活动和社会交往场所。

最近几年，赶摆活动也有了较大的变化：一是赶摆的内容已经从单纯的佛教活动转变为以经济和娱乐活动为主，渐渐成为一种单纯的节庆活动，甚至有的地方举办赶摆活动的目的是使当地的经济创收。二是赶摆活动在边境地区成为两国民众经济和社会交往的重要内容，在赶摆活动期间两国民众都会抓紧机会去做生意，或者探亲访友、娱乐。三是赶摆活动较过去更为频繁，很多地方会抓紧各种机会办赶摆活动，这样也带来了很多负面的影响，如较多地消耗资金，一些地方的赶摆活动由于太频繁而吸引不了很多人参加，出现亏本的现象。当然随着时代的发展，傣族人民的赶摆活动将增加越来越多的新的内容，也成为一种吸引外地游客的旅游资源。

二 宗教活动的变化

德宏地区的傣族人信仰南传上座部佛教，每个村子有自己的佛寺，很多村子还有佛塔。在过去按照传统每个男子一生中都必须要有一两年的时间到寺庙中出家做和尚，这样才能成为一个真正的傣族人。大多数寺庙中也会请身份较高的僧人做住持。在20世纪50年代实行民主改革以后的一段时期，政府仍然尊重各民族的宗教信仰自由，傣族人民也和过去一样进行宗教活动。但是，20世纪60年代以后，尤其是在"文化大革命"期间，宗教信仰自由政策遭到破坏，傣族人民的宗教信仰被全面禁止，佛教寺庙被破坏或者改为他用，僧侣和出家人全部被迫还俗，参加生产活动。

从20世纪80年代初开始，党和政府重新推行宗教信仰自由政策，傣族人民的宗教信仰自由得以恢复。80年代初，尽管傣族人民恢复了信仰自由，可以自由地参加宗教活动，但是经历了一段时间的中断德宏傣族的宗教信仰和其他地方傣族一样也发生了较大的变化。

20世纪80年代初宗教信仰自由政策恢复之后，人们的宗教热情高涨，每个村子都很快重建了寺庙，修复了佛塔等宗教活动场所。如著名的芒市风平佛塔1966年被毁，1986年得以重建。人们开始将家中的男孩子送到寺庙中当和尚，由于很多男孩正在上学的年龄阶段，家长们不惜让他们退学去做和尚，这种现象甚至一时间影响到了学校教育。例如在瑞丽市的大等喊、小等喊等村，1982年村子里80％以上的小学在校男孩做了和尚，很少到学校读书，使学校教学受到了很大的影响。每逢各种宗教节日，例如泼水节、进洼、出洼等，所有人都会热情地参与。在修复佛塔的过程中，村民们都积极捐献财物，甚至很多老人将自己珍藏了一生的金银饰物都捐献出来。1992年章凤重建大佛塔，在佛塔奠基的时候，大批的傣族群众将大量的金银首饰、珠宝丢进奠基坑中，场面十分壮观，也表明了傣族群众对佛教信仰的虔诚。

但是，在经历了一段时间的中断后，一两代人的宗教观念已经发生了较大的变化，尤其是年轻一代没有进入过寺庙当和尚，没有接受宗教教育和宗教文化的熏陶，加上社会变迁使人们对于人生的选择有了新的看法，造成了宗教信仰的较大变化。在宗教信仰自由恢复以后直到今天，人们仍然保持着对佛教的信仰，但是宗教活动主要集中在各种宗教节日的过程中，每逢宗教节日到来，傣族人民都会认真地对待，按照传统举行不同的宗教崇拜活动，欢庆节日。例如每年的傣历新年泼水节、进洼和出洼等节日都是当地傣族人民最盛大的宗教活动，各种对佛教的崇拜活动都会在这些节日中进行。传统的民族节日也成为傣族人民宗教信仰集中体现的时候。在平日里的信仰活动，往往只有老年人坚持到寺庙之中做些活动。

从20世纪90年代以来，德宏傣族地区的佛教信仰发生的较大变化是青年人已经很少到寺庙中当和尚。20世纪90年代初，事实上已经不到1/10的青年人到寺庙中当和尚，很多寺庙中已经没有了小和尚。例如2007

年畹町共有 9 座傣族的佛教寺庙，但是仅有 3 个僧人。今天的德宏地区的傣族村寨中，小和尚已很少，很多村寨的寺庙也没有了僧人。当一个村子需要举行佛教活动的时候，人们往往到邻近的村子甚至到缅甸邀请和尚来主持佛教活动，这种现象已非常普遍。甚至在今天有很多德宏傣族村子中的寺庙中常驻的和尚多是从缅甸邀请来的，虽然由于这些和尚的来来去去及时间不固定难以统计人数，但是这种现象在德宏地区已很普遍。2005 年前后，德宏瑞丽市的僧人中有 1/3 是从缅甸等地来的境外职业僧人。这种现象的出现，有不同的复杂的因素。一是由于一段时间宗教活动被中断，很多年轻人没有进过寺庙当和尚，从而造成宗教人才的断层，本土的宗教人才没有成长起来，有较高宗教修养的高级宗教人才更是缺乏。由于这种现象的存在，佛教的教义在傣族民众中得不到深入的理解，今天傣族民众对宗教的信仰形式上的内容比宗教教义上的内容更容易接受。二是由于社会的开放、现代教育的普及、经济生活的变迁，傣族对于佛教信仰的形式有了新的选择，人们更愿意保留形式上的内容，但是对于将自己的小孩子送到寺庙中当和尚，人们在观念上已发生了巨大的变化。很少有家长愿意像过去一样将孩子送到寺庙中当和尚，人们更愿意将小孩送到学校中接受教育，让孩子们能够更好地掌握融入现代社会的技能。三是德宏州还没有培养宗教教职人员的机构来培养宗教人才，满足当地佛教信仰的需要。

近几年来，德宏傣族民众的宗教信仰在空间上有了很大的扩展，边境内外的宗教交流非常频繁。当中国境内有重要的宗教活动的时候，很多缅甸的群众会到中国参加相关的活动。同时缅甸如果有重要的佛教活动，中国境内的傣族群众也会到缅甸去参加活动，甚至到更远的泰国参加佛教活动，这种宗教来往已经非常频繁。有一些德宏的傣族和尚通过政府的渠道或者民间关系前往缅甸学习。德宏的傣族宗教人士也常应邀前往缅甸、斯里兰卡参观访问、交流佛学。芒市勐焕大金塔的修建成为德宏傣族地区佛教文化弘扬的标志。这座全亚洲最大的空心佛塔于 2004 年 6 月 30 日破土动工，2007 年 6 月底竣工。它坐落在德宏州芒市东南郊区海拔 1079.6 米的雷崖让山上，塔高 73 米，基座直径长 50 米，主体结构为八角形空心佛塔。由斯里兰卡宗教界人士赠送的菩提树也种植在这里，成为佛教文化对外交流的象征。这一座佛塔的建成，不仅对傣族地区的佛教发展、增进佛教的对外交流有重要的意义，对于当地的旅游业发展也起到了积极的促进作用。

近年来，当地政府有关部门积极采取了很多措施，保护傣族人民合法的宗教信仰自由，保护宗教文化交流的开展，同时也在人才培养方面做了很多有成效的努力。目前傣族人民正在按照自己的意愿信仰佛教、享受宗教生活。

三　妇女生活状况的变化

20世纪50年代初，德宏地区傣族的婚姻和家庭生活与西双版纳傣族有较大的差别。这一点尤其表现在婚姻生活中。德宏地区的傣族青年人在长大以后，男女之间的社会交往是自由的，一般在16～17岁就可以有男女之间的社交生活。在各种节日和赶集的日子里，都是男女青年社会交往的重要场所，同时当地有晚间男女交往的习俗。每到夜幕降临以后，男女青年都会集中到村子的周边集会，对唱山歌，在这个过程中很多青年人建立起了恋爱关系。这一阶段男女恋爱是自由的，但是谈到结婚的时候，往往就不是自由的。包办或买卖婚姻在当地是非常盛行的，青年人虽然有一定的谈情说爱的自由，但是结婚仍由父母做主。如果父母对对方不满意，那么青年男女也很难结婚成家。因此在当地女孩子跟着自己喜欢的男友私奔也很常见。和西双版纳傣族婚后男方到女方家上门习俗不一样的是，德宏地区傣族在结婚以后是女方到男方家居住。

在家庭关系中，妇女承担着传统的劳动义务，除了要到田地中干农活，同时还要在家中做家务，如做饭、带孩子、洗衣物、做针线活等，但是在经济生活中妇女没有什么地位，家庭的经济权力是由男人掌握的，甚至妇女在吃饭的时候都没有权利和男人坐在一起。在过去妇女由于没有节制生育的手段，因此生育多子很普遍，有的甚至生育七八个孩子，给妇女带来了极大的生存压力。妇女没有受教育的权利，女孩不能到学校上学，更没有参加政治生活的权利，不能参加决定社会事务的活动，甚至在民间流传这样的话："母马不挂铃铛，女人的话不能听"，这反映出了过去对妇女的歧视。

20世纪50年代初，德宏傣族地区实现了民主改革，随着社会的变革，傣族的婚姻关系和家庭关系都发生了较大的变化。在民主改革以后，首先实现了在经济关系上的男女平等，在分配土地的时候，实行男女同等分配土地，妇女有史以来和男人一样能够分到自己的土地。土地分配作为一个重要的经济环节，使妇女在社会生活中有了和男人平等的经济地位，因此这个环节除了经济意义以外，还有着重要的象征意义，喻示着妇女在经济上有了地位。另外，政府从 50 年代开始兴办学校教育，接管了原有的私立和公立学校。1952 年，小学发展到 144 所，并在潞西、盈江建立了 2 所民族中学，在校中小学生 7100 人。1957 年开始兴办幼儿教育，潞西芒市第一小学附设了幼儿园，招收 5~6 岁儿童 45 人。1958 年成立州中级农校，附设于州民族干部学校内，同时设立州农学院，附设于州民族中学内。1959 年成立德宏州农业技术学校和云南芒市林业学校，后来还开办了咖啡栽培技工学校、卫校、财贸学校、农业机械化学校等。2008 年，在德宏州傣族学生占 60% 以上的学校有 210 所，傣族学生约 6 万人，其中女学生的比例不低于 40%。事实上自新型学校开办以来，招收学生时一直都注重招收女生，这使女孩有机会走进学校接受现代教育，从而改变了很多妇女的人生轨迹。今天很多行业中都有傣族妇女参与，尤其是一批女科技人员和女干部成长起来，与这一点是分不开的。50 年代初随着政府工作的开展，学校教育的推动，政府也积极培养妇女干部，使一些妇女干部成长起来，改变了传统社会中妇女不能参加政治生活的历史，今天在当地各行各业中都有一批傣族妇女干部。

这些变化改变了妇女在社会生活中的状态，同时也改变了妇女在家庭中的状态。这主要表现在以下几个方面：一是青年人有了更多的婚姻自主权。到 20 世纪 70 年代，女孩子受教育已经非常普遍，男女平等的观念已经在家庭和社会中获得了普遍的认同，因此男女青年在自由恋爱决定要组成家庭的时候，往往只是要请父母向对方家庭提亲，父母也不再过多地加以反对。在家庭中，妇女也已有了一定的地位，掌握着日常的收入和支出，到市场上出售农副产品的收入由自己支配。在家庭的日常生活中，男女不能同桌吃饭的习俗也渐渐改变。生儿育女中重男轻女的观念也改变了。二是妇女有了参加社会生活的更多机会。在 50 年代和 60 年代的集体化时期，妇女和男子们一起参加生产队的各种生产活动，还成立了妇女组织。这其中比较典型的是由于德宏地处边境一线，因此在农村中成立了很多民兵组织，每一个村子都有妇女参加，甚至有专门的女民兵组织，自己组织训练和执行任务，在社会事务中有活动空间。由于这些变化，妇女在家庭生活中的地位同样有较大的提升。在今天的傣族地区，婚姻生活和家庭生活中男女平等已经成为一种普遍的现象，妇女接受教育、自主决定婚姻，掌握一定的家庭经济支配权，参加工作成为国家机关工作人员，甚至自己开办经济实体也很普遍。今天在傣族集居的集镇，都有大量的小店或摊点，而这些小店或摊点的经营者大多是妇女。在家庭生活中，妇女的生活质量有了较大的提高。80年代初妇女们追求的是有一身漂亮的傣族裙服，90年代以后妇女穿金戴银在农村已成为时尚风气，尤其是在赶集的日子和过节的时候，妇女们都会穿金戴银，做一番打扮。

经过50多年的变革，妇女的社会地位和经济地位有了较大的变化，但是在家庭生活中妇女仍然维持着传统的角色，自觉地尽到一个妇女应尽的义务，操持好家庭生活，照顾好家庭成员，尽到一个传统妇女应尽的责任，这仍然是傣族总体的状态。但是由于傣族妇女的经济和社会地位发生了较大的变化，今天傣族的家庭生活更加和谐。

四　对当代文化变迁的探讨

通过上面对德宏傣族文化几个侧面当代变迁的分析，我们可以看出，在新中国成立后，德宏傣族文化的变迁总体上来说受到了国家政治、经济、文化在不同时期变化的深刻影响，我们可以把变化的过程特征分为三个时段。

第一个阶段是50年代。在这个时期，总体上尊重各个民族的文化，但是对社会制度和经济制度进行了改革，废除了当地的封建土司制度和旧的政权管理制度，建立了全国一体化的国家政权组织，在经济上改变了原有的封建经济制度，按照国家当时所设计的经济模式进行变革，如改变土地私有制，成立合作社，后来成立人民公社等。在文化上没有做大的变革，但是开始办现代教育和通信、广播等文化事业。

第二个发展阶段是60年代和70年代。这一时期，傣族文化受到了破坏，传统节日、民族宗教等都被禁止。

第三个发展阶段是 80 年代以来。傣族地区的经济、社会、文化都获得了新的发展。在经济上实行了包产到户，调动了傣族人民的生产积极性，尤其是近年来产业结构有了较大的调整，从传统的水稻种植为主的农业发展为以经济作物种植为主体的复合型农业，发展了甘蔗、咖啡等经济作物的种植，经济收入有了较大的提高，生活有了较大的改善。在文化上傣族的传统文化活动开始恢复，尤其是宗教活动又获得了恢复，当地的傣族人民可以自由信仰宗教，参加宗教活动。傣族人民的其他文化不仅获得了恢复，还有很多新的发展，尤其是近年来旅游业的发展带动了傣族文化产业的发展。傣族地区的现代教育、科技、卫生、文化等事业都有了前所未有的发展。

纵观傣族社会 60 年来的变迁过程，我们可以看到以下几个特点：一是傣族文化的变迁总体上还是以傣族的传统文化为基础的，没有脱离传统文化。如今德宏傣族地区仍然是一个民族文化浓郁的地区，保持着鲜明的民族文化特色。傣族的传统节日活动、宗教活动与其他社会活动丰富多彩，傣族人民的各种传统社会习俗仍然是傣族人民社会生活中不可缺少的部分。当地的傣族人民和当地的政府、相关的知识分子、专家学者都在积极地探讨傣族文化的传承和发展问题，推动德宏傣族文化的发展。因此尽管经历了一段时间的中断，傣族的传统文化并没有消失，近年来又获得了新的发展。

二是在社会变迁中，傣族的社会文化显现出了和现代社会的适应性，与现代社会的发展一致。例如傣族妇女社会地位的变化就是非常典型的，在现代社会中妇女拥有了和男性基本相同的政治和经济地位，有了受教育的权利和参加国家政治生活的权利。因此今天大多数的傣族妇女接受了不同程度的现代教育，为妇女参与政治生活和经济生活奠定了基础，很多妇女能够有机会成为国家的公务人员和管理人员，甚至是高级领导干部，很多妇女在经济生活中扮演着重要的角色，在家庭中的地位有了较大的提高。近年来随着国家对外开放的扩大，德宏傣族文化和外界发生了更多的接触和交流，不仅傣族民众经常前往缅甸、泰国、老挝参加经济、宗教和其他文化活动，在官方层面上也积极推动了德宏地区傣族和其他国家的文化交流，尤其是宗教交流，傣族文化成为这一地区和谐边疆建设的重要基础。

三是在当代的发展变迁中存在很多不利因素。尽管在当代的社会发展变迁中傣族文化获得了发展，但是也存在很多不利因素。这其中最深刻的是傣族文化的核心理念的变化。虽然傣族的文化近年来得到了恢复和发展，但是文化中的核心价值并没有获得很好的传承，甚至很多传统的文化价值观都已经消失了。今天傣族人民虽然也信仰佛教，积极参与佛教活动，但是对佛教的价值观的理解并不深刻，尤其是青年一代，大多数青年人已经不到寺庙中去当和尚，对佛教的教义并没有深刻的理解。傣族传统文化价值理念的淡化使傣族的很多文化现象都趋于表象化，同时也带来了很多社会问题，例如近年来在德宏傣族青年人中出现的吸毒、酗酒、斗殴、赌博等不良社会现象都和传统文化价值观的丧失、传统社会价值对社会的控制力弱化有直接关系。因此在当代的社会文化变迁中我们不仅要注重傣族文化活动的恢复，更要注重傣族传统文化中有利于民族发展、社会和谐以及社会文明的文化价值观和文化理念的传承。

傣族的生活环境与饮食文化

　　傣族是一个古老的民族，在长期的历史发展中创造了灿烂的民族文化，对人类文明的发展作出了巨大的贡献，今天的傣族文化仍然像一块绿宝石放射出璀璨的光芒。

　　傣族在云南省境内主要集中居住在西双版纳傣族自治州、德宏傣族景颇族自治州、普洱市、临沧市以及元江、澜沧江、金沙江等几条大河流域。傣族的居住地主要是云南南部的平坝以及大河流域的河谷地区，这些地区大多数是亚热带地区，气候炎热、降水充沛、植物茂盛、物产丰富，傣族的文化也与其居住的地理环境有密切关系。尤其是傣族饮食文化的形成，与傣族居住的自然环境有直接关系。本文就将重点论述傣族居住的自然环境与饮食文化的特点。

一　傣族的自然环境特点

　　傣族居住于热带、亚热带地区，在环境与傣族的社会关系中，水是最突出的特点，因此在这里我们将重点论述傣族居住区水的特点与文化，来认识傣族居住的自然环境与文化之间的关系。

　　水对于人类来说是必不可少的生存条件，每一个民族对于水都有特殊的感情，然而对于傣族来说这种感情更为浓厚，水的含义在傣族文化中更为深刻。

傣族是一个古老的农业民族，水稻种植是傣族农业的基础。傣族种植水稻有悠久的历史，虽然今天已经没有可资考证傣族种植水稻历史的文献资料，但是在西双版纳发现的野生稻证明了傣族在远古时期就已经从事水稻农业。日本学者渡部忠世在西双版纳发现了多个野生稻品种，从而证实在远古时代西双版纳已经有稻作农业存在。

　　水稻种植使水与人们的生存关系更加密切。水是水稻种植的关键要素，水稻种植与旱地农业有很大的区别，那就是水稻种植是以人工灌溉为基础，而山区旱地农业主要依靠自然降水补给水分。这样，水稻种植必须有水利灌溉设施。在傣族历史上最早出现的社会分工就有专门管理水的人，在进入阶级社会后，不论地方政权还是村社组织，都有专门管理水的官员和专门人员。傣族各地的封建地方政权中，都制定有有关水利的法律法规，对水源的保护、水利设施的修建与维护、水的分配做了详细的规定。比如每个村子都必须保护水源林，牛马牲畜不能破坏田埂，每到种植之前都要组织村民们修通道沟渠、分配用水，对于不参加的人要进行严格的处罚，等等，都写在有关的乡约中。与此同时人们的原始宗教祭祀中也有大量的祭祀水神、保佑丰收的内容，在每年兴修水利之前以及播种之前，都要举行专门的宗教祭祀，祈求神保佑有充沛的水以保证水稻的生长。在每年的丰收之后，人们也要再次举行祭祀，感谢水神的保佑带来了丰收。水稻农业的发展，养育了一代又一代傣族人民，也推动了傣族社会的发展。

　　为了水，人们选择自己生存环境，爱护周围的环境。

　　傣族是一个择水而居的民族。傣族选择自己的生存环境总是和水连接在一起，在历史上傣族人一般选择居住在有水的平坝以及大江大河的河谷地区，因此傣族人民迁徙的规律总是顺着大江大河寻找新的居住地，在今天云南境内几乎所有的大江大河流域都可以找到傣族的踪迹，水是傣族人民生存的希望所在。

　　在选择一个地方建立村子时，傣族人心目中最理想的居住地是背靠青山、面对平坝，这样人们可以依靠背后的青山源源不断地供给清水，而平坝里纵横的河沟也为傣族人种植水稻提供了丰富的水源。今天我们来到傣族人居住地区，仍然可以看到，历史悠久的村子总是建在山脚下与平坝接壤的地带，一座座傣家的住房掩映在山脚下郁郁葱葱的树木中。

　　傣族人选择水源丰富的地方居住，同时他们也在保护着心中神圣的水。选择在山脚下建立村子，最重要的就是保护好山上的水源，因此傣族人在自己居住的村子后面规划出了一片片水源林，制定种种乡规民约对水源林加以保护，任何人不能在水源林里面砍伐树木、放牲口，更不能开垦种植，为的是让子孙后代都有水喝，都能在这块土地上世世代代生存下去。

　　为了保护水源，不砍伐树木，傣族人世世代代沿袭着一个古老的传统，那就是种植一种叫作黑心树的树木，用来采伐烧柴。在傣族居住区，家家户户都在房前屋后种植黑心树，这种树生长非常快，每一两年就可以砍伐一次枝干，满足生活用材的需要，这在云南少数民族中是不多见的，这一传统是傣族人保护自然生态环境、维持人与自然和谐的一个最典型的例子。

　　水不仅仅保障了傣族人民的生存，让傣族人民世世代代在这块土地上生存下去，同时水也带给了傣族人民生活的欢乐。因为傣族人民离不开水，有的地区的傣族甚至被其他民族称为"水傣"，这一形象的比喻，来自傣族人民对水的敬仰以及水中寻找到的人生的欢乐。

　　沐浴是傣乡一道亮丽的风景。每天傍晚，当太阳金色的余晖洒满大地的时候，劳作了一天的人们伴着欢声笑语向村外河边走去，下河沐浴，让清澈的水洗涤身躯，洗去一身的疲倦。在江河边，男子们在上段沐浴，妇女们则在下段沐浴。妇女们脱去上衣，用筒裙围住胸部，慢慢向水中走去，下水之后再将筒裙向上卷起盘在头顶上，裸露出身躯开始沐浴。沐浴是欢快的，人们一面享受着水对于肌肤的滋润，一面欢歌笑语，互相嬉戏，推推打打，或扬起飞溅的水花，或与上段的男同胞们对唱山歌，一直到太阳完全被西边的山遮盖之后人们才依依不舍地返回家中。傣族人民喜爱沐浴，沐浴已经成为人们每日生活中必不可少的一个部分，这是对水的体验与热爱。

　　水不仅伴随着人们每天的生活，更是洗涤人们灵魂、给人们带来欢乐的圣洁物。这一点在每年傣历年伊始体现得淋漓尽致。泼水节，是其他民族人民对傣历新年生动的称呼，每年的泼水节就是水的狂欢节。每年的公历4月13日至15日是信仰佛教的傣族人民的新年，在这个新年里最令人激动的是最后一天的泼水狂欢。这天早晨，人们首先举行水的祝福仪式，家家户户都准备了清澈的水,屋前摆满了鲜花。在泼水狂欢之前,人们要用橄榄树枝洒一些水给被祝福的人,首先是老人给年轻人洒水表示祝福,然后是年轻人给老年人洒水表示祝福,然后互相洒水。在这里水代表美好的祝愿,洒向对方的水也就是把自己美好的祝愿洒向对方。

洒水祝福仪式结束之后,就是人们期待已久的泼水狂欢活动了。人们先试用橄榄枝向对方洒水,随后俏皮的小伙子就会将一盆盆水洒向姑娘们,挑起水的狂欢大仗,一盆盆水泼向自己的亲朋好友,欢声笑语伴随着飞溅的水,不一会儿整个世界就变成了一个水的世界,人们忘记了人世间的喧嚣与烦恼,忘记了贫富贵贱,这世界里只有圣洁的水在飞溅,只有人们的快乐在真实地存在着。

没有一个民族不需要水,没有一个民族不爱水,但是像傣族这样将自己民族的灵魂与水紧密地联系在一起,水对于每一个人来说这样重要是十分典型的。

二　傣族的饮食文化

傣族地区有丰富的水环境资源,地处热带、亚热带,自然物产丰富,可以食用的动植物种类繁多,同时家庭种植、养殖也十分方便,为人们提供了丰富的食物来源。另外,人们热爱水所形成的水的文化也与人们的饮食文化的形成有直接关系。如泼水节中的饮食文化,由于气候而使人们形成的饮食习俗等。

1. 傣族的饮食文化和它所居住的环境的关系

傣族主要居住在河谷及平坝区,同时傣族居住区大多数是热带、亚热带地区,降水充沛、植物茂盛、河流纵横,动植物资源十分丰富。傣族是种植水稻的民族,由于地理环境优越,所生产的大米除了满足一日三餐的需要以外,也为以大米为原料制作其他副食品提供了条件。大米是傣族的主要食品,人们以大米为主食,同时也以大米为原料制作各种副食品,例如米粉、米线、粽子等10多种食品。

在傣族居住区内,沟渠密布,背靠青山,有丰富的动植物,这是傣族的主要食物来源之一。平日傣族妇女在收工回家的路上,就可以捕鱼捞虾、捉河蟹、捞田螺等。在夜晚，在农田里捕捉田鸡、鳝鱼是青年男子的一大乐趣。每到夏天河流发水季节，人们还要下河捞青苔，清洗后晒干，这是傣家的一道风味食品。傣族男子过去也经常上山打猎，不仅可以猎得野鸡、山猫等动物，还可以猎获野牛、野猪等大的动物。在山上，还能捅野蜂窝。

傣族家庭中饲养的牲畜主要有牛、猪、鸡、鸭等，在过年及宗教祭祀活动、结婚的时候，就杀自己所饲养的牲畜。

傣族地区可以食用的野生植物也非常丰富，人们每天在田间地头、村子前后就可以采到大量的可以食用的野生植物作为蔬菜，例如竹笋就是傣族喜爱的野菜，每年发笋季节，人们都要采来制作干笋或者是腌制酸笋。此外，水芹菜、芭蕉花、蕨菜等可食用的野菜多达数十种，今天对于城市人来说这些已经是菜类中的珍品了。

傣族地区水果种类繁多，产量也很高。常见种植的水果有杜果、菠萝、香蕉、波罗蜜、甘蔗、柚子等。水果是傣族人日常生活中不可缺的食品，不仅用来佐餐，也是招待客人、各种节庆场合少不了的食品。

2. 傣族食品的制作

食品制作是饮食文化的重要组成部分，食品制作水平的高低标志着饮食文化的发达程度，甚至与整个社会的经济发展水平也直接相关。傣族食品制作在长期的发展中形成了自己的特色，堪称独特的菜系。傣族食品的制作从原料到工艺都十分考究，对于色香味等都有特殊的要求，并且主食和副食品的种类繁多。

傣族的菜肴有生熟两大类。熟菜的烹制有烤、蒸、煮、炒等方法。

烤菜在傣族菜中最有特色。烤菜主要是肉类，如鱼、鸡、鸭、牛肉、猪肉等。烤肉的时候放很多大蒜、葱、姜等佐料及香茅草，这样烤出来的肉香脆可口。烤肉时又分为夹心和不夹心两种。一般的小动物例如各种鱼、鳝鱼、鸡、鸭等都是夹心烤，就是将各种佐料放进动物的腹腔内，再用香茅草捆起来烧烤，这其中最典型的有香茅草烤鳝鱼、香茅草烤牛肉、烤鸡等。除了烤肉以外，很多蔬菜也可以烤，如苦瓜、竹笋、芭蕉花等，这样烤出来的蔬菜别有风味。

蒸菜在傣族中算家常菜。可以蒸肉，也可以蒸蔬菜。蒸肉中最典型的是芭蕉叶蒸肉，烹饪的方法是将猪肉或牛肉切碎加上各种佐料，用芭蕉叶包成小包，放进甑子里面蒸熟。这样熟出来的肉不仅十分鲜嫩，也有芭蕉叶的清香味，别具一格。蒸小瓜也是一道美味菜。先将它的心挖空，然后放进各种各样的佐料，整个地蒸熟，吃的时候再切成小块。青苔蒸鸡蛋更是风味独特，将青苔切细，把鸡蛋打碎搅拌后一起蒸熟，还没有开锅就可以闻到它浓浓的香味。

傣家的煮菜也是别有风味的。煮菜的特色一种是多种菜一起煮，另一种要放进很多佐料例如香茅草、辣椒、生姜等，这样煮出来的菜很爽口。煮菜最典型的是酸笋煮肉汤，酸竹笋煮牛肉、鱼、鸡肉、田螺等都是佳肴。煮菜中最为独特的莫过于酸荞菜叶煮蚂蚁蛋了。蚂蚁蛋是傣族菜中的珍肴，得之不易。做法是选较鲜嫩的酸荞菜叶子入锅先煮几分钟，再加入香茅草、大蒜、葱等佐料，然后将漂洗好的蚂蚁蛋放入锅中，汤沸即可。

傣族喜爱吃生菜，很多蔬菜都可以生吃。但是生吃菜离不开酱。傣族制作的酱品种繁多，吃法也不同。有用辣椒、番茄制作的番茄酱，也有用花生为主料制作成的花生酱，这其中最珍贵的是用田里面的小螃蟹制成的螃蟹酱。在吃各种生菜时用不同的酱，不同的菜沾不同的酱。

腌制的食物也为傣族人喜爱，有数十种之多，除了腌制蔬菜之外，最有特色的是腌制动物下水。牛脚、牛皮、猪脚、猪头、鱼等都可以腌制，十分美味，当地人称为"酸皮"。腌制的方法是将要原料上的肉剔净、煮烂，加入辣椒、花椒、姜等佐料一起煮好，出锅后放入瓦罐中，再撒上一些酒，封好后可以保存一年以上。

傣族食物制作丰富多彩，别具一格，难以用文字完美表述，如果有机会去到傣族的家乡，坐在芭蕉林中，享用着桌子上丰盛的菜肴和美酒、听着芭蕉林沙沙的声响，那真是人生的一大享受。

3. 傣族的饮食文化习俗

饮食之所以被称为文化，这不仅是由于饮食制作反映了人的智慧及创造，还因为饮食与整个社会文化都有密切关系。饮食文化往往是社会文化的一个缩影。傣族的饮食文化也反映了傣族的文化观念，让我们通过不同的饮食习俗来进一步加深对傣族饮食文化的了解。

居家饮食习俗。傣族人吃饭时男女可以同坐一张桌子，但是方向不同，在过去男子面向火塘，女子则背对着火塘。西双版纳一带的傣族人吃饭时每个人脚下放一碗茶，一边吃饭一边喝茶。

德宏一带的傣族人吃饭时使用四方桌，桌子的四个角上放一个盘子或竹箩，一边吃一边加，菜煮好之后只上少量放到桌子上，吃完后再增加。外地的客人初到时，总以为菜少而不敢放开胃口吃，吃到一半才知道其中的奥秘。吃饭时按照傣族人家的规矩，要等到老人动筷子以后其他人才能吃。女子吃饭时不能披散着头发，男女都不能把脚分开，这是人们所注重的涵养之一。

节日饮食习俗。傣族节日较多，最为盛大的是傣历新年，也就是泼水节。在这期间各家各户都要做大量的粽子。在一个地区过节的中心每年都不同，不同的年份在不同的村子过年，也就是当地老百姓称的"摆"。到哪个村子过年，这个村子杀猪宰牛，准备好各种食品。过年时，附近村子的亲戚朋友甚至山区的哈尼族、布朗族朋友都会前来参加，反映了当地人淳朴的互助观念。作为主人，村子中家家户户都要摆出几桌酒席，从中午到第二天天明，人们围坐在桌子旁边，一边吃一边谈笑，或听歌手们通宵歌唱。当客人走时，还要送一些食品给客人带回去。第二年的过年又移到其他村子。

宗教活动的饮食习俗。傣族地区既有自然崇拜也有佛教。傣族人民每年不仅要祭祀各种自然神灵，也要祭佛。这其中也有相关的饮食习俗。例如在每年一度的祭祀村神，村子中各家出大米、鸡、蔬菜等，并凑钱买一头牛在祭祀的地方宰杀。祭神完毕之后架起大锅煮熟，村里参加祭祀的男人一起来吃，妇女和儿童不能吃。各家各户用于祭祀的食品，在祭祀完毕之后又分给各家拿回家去，这样妇女也可以吃。

每年的祭佛以及祭祀塔时，各家都要准备紫米饭、粽子、肉及各种水果前去祭祀。每家的老人整天都在佛寺中，吃一些祭祀用过的食物，同时家中也会送一些好吃的东西去。在此期间也如同过年一样，家家户户会准备好一些好吃的食物，请远近的亲朋好友前来。祭祀的时间也如同过节一样受到人们的重视，老年人、中年人、青年人及亲朋好友往往都要分为不同的场合一起吃一次饭，以表示大家的团结。

生育的饮食习俗。傣族生育以后的食物较为特殊。首先是在生育后的五天以内不能吃油腻的食物，每天只能吃烤米饭圆子，五天以后便可以吃一些蔬菜及鸡肉、猪肉等，但不能吃牛肉及花色毛的鸡，也不能吃酸笋等腌制的食物。

从上面这些习俗可以看出，傣族的饮食文化不仅反映在制作中，也反映在社会生活中，是傣族文化中的一个重要组成部分。而傣族饮食习俗更多的是反映了人与人之间的一种和谐关系，如过年在不同的村子轮流，过年中不同的社会群体通过集中吃饭加强人们之间的联系，在宗教活动中大家出份子办伙食，全村子每年一度的集体会餐，等等，通过饮食习俗使人们的关系更加紧密，更加和睦。

4. 傣族的饮食文化发展

在当代文化中，饮食文化也是傣族文化中的一个亮点，尤其是在旅游业的发展中大显身手，傣味餐馆不仅风靡云南省，同时也在全国各地受到广泛欢迎。在傣味餐馆中，一面享受着种种傣族传统的食品，一面观看傣族小姑娘优雅的舞蹈，确实是人生中一种美好的体验。目前傣族的饮食已经形成了一定的产业规模，但要获得更大的发展，笔者认为在以下几个方面还需要改进。

第一，要对傣族的饮食文化进一步进行发掘，发现更多新东西，使它走向市场，而不是现在的单调局面。

第二，要有更多的文化内涵，把文化与饮食结合在一起。

第三，要进一步改进制作工艺，提高档次。

第四，要进一步总结提高，使傣族饮食也能形成体系与特色。

傣族的水文化、水环境与
健康生活[*]

　　水环境与健康有直接的关系，而良好的水环境与当地的水文化又是密切相关的。在传统的认知中，大多数科学家一般过多地认为水环境的变化是当代的经济增长、生产结构的调整所带来的污染等因素造成的，治理水环境也较多地从技术的角度考虑，对于当地的相关文化甚至一个民族的文化也会对水环境的变化产生深刻的影响考虑不足。笔者认为，当代人类学家可以在这个方面做出有说服力的解释，解决长期以来在水环境整治过程中以及在人们的健康生活中一些难以解决的棘手问题。

　　在傣族中，水环境与人们的健康生活有着密切的关系，而水环境的变化以及水环境的建设与傣族的水文化有直接的关系，文化的因素在这其中起到了十分重要的作用。因此，对傣族水文化的认识不仅仅对于今天傣族地区整治水环境及保持人们的健康生活有重要的价值，同时也可以从人类学的角度提高人们对于文化与健康之间关系的认识。

---

　　* 本文原载《全球化与民族文化——郑晓云学术研究文集》，中国书籍出版社，2005。本文的资料全部依据笔者的田野研究，2000～2004，景洪市、孟连县、芒市。参见郑晓云《傣族的水文化与可持续发展》，国际水历史学会（IWHA）第二次会议论文，2001，BERGEN，挪威。

一 傣族的水文化与水环境

傣族是一个十分崇尚水的民族。水不仅是一种生存资源，同时也被赋予丰富的文化内涵，这典型地反映在以下几个方面。

1. 水与傣族的生命观

傣族不仅相信天空和大地来源于水，而且认为人类生命的一半也是由水创造的。因此，他们认为水是无比伟大和圣洁的。傣族把土地叫作"喃岭"（Namling），在傣语里"喃"（Nam）的意思就是水，"岭"（ling）的意思即土地。这表明傣族把水和土地联系在了一起，把水看作土地的一部分。

傣族信仰万物有灵的自然崇拜。他们认为宇宙里的每种事物都有灵魂，太阳、月亮、星星、土地、动物、植物、石头以及其他物体都拥有不同的灵魂，因此奔流不息的水也拥有自己的生命和灵魂，是一种具有生命的圣洁物质。人们热爱水、崇拜水，主要是为了让水给自己带来好运，同时也是为了在遇到伤害的时候获得保护。今天我们仍能在傣族社会里看到许多关于崇拜水的活动以及与水有关的祭祀。当一个新生命诞生的时候，人们会用洁净的清水给这个婴儿行洗礼。而当某人死了，人们也会用洁净的清水去擦洗他的尸体，这包含了傣族信仰人是来源于水，最后也将回归到水的哲理。相同的例子还有很多，例如傣族在挖井饮水的时候，先于对水的崇拜，他们经常建一座漂亮的房子去覆盖水井。这些房子有的像佛塔，有的则像民居。在傣族村寨里水井所在的地方是一个非常重要的地方，笔者在一个傣族村寨进行考察时，一位老人曾对笔者说，因为水井里有神，所以我们必须为他盖一座好房子，只有这样（在他的保佑下）井里的水才会又满又甜。基于这样的理念，傣族社会里形成种种关于水井与井神的习俗，例如妇女不能在水井边洗浴，每年人们都必须对井神进行祭祀等。

2. 水与傣族的居住

在傣族的历史上，由于战乱频繁、自然灾害以及为找寻更富饶、更肥沃的土地而引发过频繁的迁徙。为了找寻具有丰富水源、适宜种植水稻的土地，傣族的迁徙活动往往都沿着大江大河而进行，这是傣族历史上迁徙的一个重要特征。有许多傣族的历史传说讲述了当人们想要迁徙的时候，他们总是沿着大河去寻找和开拓新的沃土。他们相信如果一块土地有水，那么人类就有在这块土地上生存繁衍的机会。因此，我们能够看到傣族主要集中分布在澜沧江、元江、怒江等大河的河段及三角洲地区。傣族今天的分布状况是历史迁徙的结果，这种迁徙的结果对傣族的水观念和社会生活产生了深远的影响。傣族建立村寨时同样也要选择靠近河流的地方。傣族择居时对水的依赖，是其民族精神中一种延续了数千年的内在思想观念的体现。

3. 水与社会生活

水在日常生活中的用途可分为饮用、烹饪、洗涤、沐浴以及祭祀等，这对任何民族都是一样的，但是不同民族对水的使用有着不同的习俗。傣族人民对水的使用是同日常生活、社会活动紧密联系在一起的，因此在许多方面和其他民族相比有其特点：在传统社会中，人们通过不同渠道来获取用于饮用、烹饪和洗涤的水。每个村寨通常都有一两口专作取用饮水的井。直到今天，尽管许多村寨已经建立了自来水供水系统，但大多数村民仍习惯从井里取水。这是因为村民们相信源于大森林的井水比人工的自来水要洁净得多，味道更好。而河水则多被用来洗涤和沐浴。

在傣族地区，在位于路旁或村旁小径的小木棚里常常能够发现盛满清水的陶罐及喝水用的杯子，这是村民们为过路人口渴时所准备的。这一习俗在傣族地区已延续了数百年，并且已成为傣族典型的民族特征。这是傣族人民施恩行善的一种表现，其目的是和其他民族一起分享这种美好的祝福。因此，傣族人民用水来表达施恩行善的做法，与其水观念也是密不可分的。

傣族通常被别的民族称为"水傣"。原因之一就在于傣族比居住在其周围的其他民族更喜欢沐浴。通常情况下，他们每天都会洗一次澡，天热时一天洗两到三次。每天劳作结束后，人们会到河边洗澡，这一习俗是傣族社会中的一种重要文化。根据傣族的风俗，男人们在河的上游洗澡，而女人们则在河的下游洗浴，这是人们一天中最为快乐的时光。河面上映射着灿烂的阳光，河里碧波荡漾，人们一边洗浴，一边嬉戏，相互泼洒着水花，或唱起优美的民歌。沐浴让人们洗去了辛劳一天之后的疲惫，尽情地享受着悠闲的时光。与此同时，这个时候也是人们传播新闻，促进相互间关系的最佳时机。

傣历新年被其他民族称作"泼水节"。在新年这一天，人们彼此会用橄榄枝或鲜花蘸水洒向对方，借以表达相互的祝福。在洒水祝福的仪式结束后，人们就会泼水狂欢，沉醉于泼水嬉戏的欢乐中。

4. 水资源保护

千百年来傣族人民强烈地意识到水是维系生命的基本要素，因此傣族人民热爱水、崇拜水，同时也不遗余力地保护水资源。傣族保护水资源主要是通过保护森林来实现的。在20世纪50年代以前的傣族社会中，傣族人民通过宗教规范对森林进行了很好的保护。在傣族的居住地区，大片森林被划定为神山，被认定为神居住的地域与居所，因此，数百年来不能被砍伐，受到了较好的保护。良好的森林保证了稻田的灌溉系统有充足的水供给。

傣族人民在历史上形成并保持了自己的水文化，从而保持了良好的水环境，这主要表现在傣族的居住地区有充足的生活与灌溉水资源，水质处于无污染的良好状态。这种水环境与傣族水文化相互适应，对傣族人的生存与健康起着积极的作用。

二 傣族的水环境与健康生活

由于傣族在历史上保持了良好的水环境，因此，水环境对于傣族的健康生活起到了积极的作用，我们可以从以下两个方面来看。

第一，良好的水环境对傣族的食物系统产生了积极的影响。在饮用水方面，傣族在历史上都可以饮用源自森林中优质、清洁的水。傣族人对水的使用是有严格限制的。傣族人一般不直接饮用河流中的水，而是饮用井水，人们认为井水源自森林中，再通过土壤的过滤，就可以更清纯、甘甜。在每个村寨都有水井供人们取水，修建水井都是选择可能出优质水的地方。人们每天在收工以后到水井里挑水，在家里边将水井里的水储存在陶罐里，这样在炎热的天气中也可以保持饮用水的甘甜与新鲜。清洁的饮用水在社会生活中也有着特殊的功能，根据傣族的传统，如上所述人们在每个村寨的出入口路旁都放置一个陶罐，每天都储存上新鲜的饮用水，让过往的行人可以随时取用。

良好的水环境与傣族的食物健康也有很大的关系。傣族是一个喜欢食用生鲜食物的民族，他们的很多食物来源于河流、池塘、稻田等场所。如傣族人喜欢食用青苔，青苔是从河流中直接捞取的，但小河沟里的青苔人们并不食用。由于有众多的河流并且水质良好，丰产的青苔是傣族的重要食料。傣族也特别喜爱食用各种生长在浅水及河岸边的植物，常食用的植物多达数十种，如蕨类、芋类植物及当地人称为水芹菜、水香菜、空心菜等水生植物。这些植物一般都野生于水沟、池塘、山箐中，生长快，容易采集，是傣族重要的食物构成。根据傣族人的喜好，这些植物大多数不经过烹调而直接生食，从而也形成了傣族的饮食文化。傣族人能制作十余种调料用于佐食生蔬菜，用生菜蘸各种调料是傣族传统的美味。但这种饮食文化又是基于有清洁良好的水环境来生长可食用植物的。此外由于居住在多河流的地方，人们也常在河流、水池以及稻田中捕食鱼、虾、螃蟹等水生动物。在傣族人的食物构成中，从自然环境中采集的食物是水稻以外十分重要的补充，而这种食物构成与傣族生活在坝区良好的水环境有直接的关系，傣族居住区的水环境为人们提供了丰富的植物与动物资源作为食物的重要补充，但这些对水依赖性较强的动植物的生长环境是否清洁对于人的健康有很大的影响。

第二，与水相关的生活方式。傣族的生活方式与水有十分密切的关系，在生活的各个方面都有体现。傣族是一个非常爱好沐浴的民族，而相对其他民族而言，傣族独特的沐浴喜好已经成为傣族的一个文化特征。在每日收工以后，传统的村寨生活中最重要的内容就是男女老少到村边的河边或者小溪边沐浴，人们在这个过程中，不仅洗去每天劳动所沾染的尘土，同时也可以在这个过程中交流信息、谈笑、嬉闹，也是一种娱乐活动。这种生活习惯既有利于人们的个人卫生（笔者相信这是过去傣族个人疾病，尤其是妇科病相对当地其他民族较少的一个重要原因），同时由于人们聚在一起打闹嬉戏、交流感情、交流信息，也能增加人们生活的快乐及村民之间的沟通，对于保持村民之间的和谐及人们的精神健康也是十分有利的。

傣历新年被称为泼水节。在新年中最重要的活动就是泼水狂欢，人们用清洁的水互相洒表示祝福，而高潮则是随意的用水泼洒狂欢，不在意人们相互认识或不认识，这个过程给参与者带来莫大的快乐与激情的宣泄，成为傣族人生活中不可缺少的一个重要内容。对傣族人的问卷调查显示，傣族人认为泼水节是人生中最重要的节日（问卷样本的100%）；泼水是人生快乐的重要内容，能给人带来精神上的快乐，忘却精神上的不愉快与痛苦（问卷样本的100%）；泼水节狂欢是一种节日的嬉乐内容，但也是精神上的需要（问卷样本的96%）。

大多数傣族人同时存在佛教信仰和万物有灵的自然崇拜。水在傣族的宗教信仰中占有重要的位置。人们认为水是神圣的物质，通过水可以达成很多信仰中的愿望。在每年的新年中人们都要用清洁水给佛像沐浴，在祭祀活动中也要通过滴水等来表达愿望，而个人也可以通过沐浴、滴水来了却一些心理上的不安。水是人们在精神上求得安慰与表达愿望的重要介质。

从上面这些分析中可看出，水既是傣族人用于生存的物质，同时又被傣族人赋予了丰富的文化内涵，因此而对傣族精神生活与精神健康也起着十分重要的作用。

三　当代水环境变迁对健康生活的影响

在当代，随着傣族地区的开发与产业结构的调整，水环境已经发生了相当大的变化，并且对傣族人民的健康生活产生了不利的影响。

1. 水环境的变化

（1）水环境污染。近年来在傣族地区建了不少工业企业，尤其是一些小的工业企业，如造纸、橡胶加工、榨糖等小工厂。这些小工厂没有严格的治污设施以及排放标准，废水、污水都直接排入河流，以至于造成傣族地区整个乡村水环境的污染，在有的地方这种污染还非常严重。在农业生产中，目前化肥、农药过多使用对水环境也造成了危害。过去在农田中，螃蟹、鱼等水生动物都十分丰富，而近年来随着化肥和农药的大量使用，这些水生动物越来越少。20世纪60年代以来，傣族地区在山坡上大量种植橡胶树、甘蔗等经济作物，并且大量使用化肥，化肥残留物随之渗透进山间的河流、溪水及靠近山脚的村寨的地下水表层中，对傣族的饮用水环境等造成了污染。加之现在由于人口的增长，傣族地区村寨的规模和人们的居住地域不断扩大，而与此同时，对排水设施、污水处理设施等没有进行很好的规划与建设，因此生活污水是造成现在傣族居住环境污染的一个较大的因素。

（2）水环境污染造成了人们当前的生活用水尤其是饮用水短缺。傣族普遍生活在江河流域的河谷地带，大部分地区是热带或亚热带地区，水资源应该是十分丰富的，但是近年来随着水环境的污染，很多傣族地区，甚至在西双版纳这样雨水丰富的地区，农村中也出现了严重的饮用水短缺现象，很多地区包括水井都已经受到了污染，导致人们缺少清洁安全的饮用水。

（3）水供给方式的变化。目前在很多傣族居住地区，水的供给方式也从自然取水的传统方式改变到了现在的管道供水方式，人们对于水井的依赖逐渐减少，而使用水管道来供给水，从山间取水通过水管供给到家家户户，这是一个较大的变化。很多村寨都建设了水管道，通过水管道设施供水，方便了人们对水的利用，在很多地区这也是一种应对农村水环境污染的措施。但从目前很多村寨的实际情况而言，管道供应的水质不好，含有泥沙与水管的铁锈，水量也不足，因此人们只用它来洗衣物、洗澡等，并不能饮用，甚至在一些地方供水管道已经废置，人们的日常用水仍然是从水井中取得。在西双版纳的很多村寨中，农家开始自己打井取水，但在种植橡胶树的地区，由于地表水被污染，井水也不再清洁，难以解决人们的饮水困难问题。

2. 水环境变迁对傣族健康生活的影响

近年来，由于傣族水环境的变化，尤其是水污染与水短缺等以及传统的使用水的方式的改变，对傣族的健康生活产生了不同的影响，这主要表现在以下几个方面。

第一，改变了傣族传统的生活方式。如上所述，傣族是一个十分爱好集体沐浴的民族，但是由于水环境污染，傣族人在村边、河边沐浴的传统习俗现在已基本改变了，污染的河流、溪水已经不能被用来作为集体沐浴的场所，今天已经很少能够看到傣族村民们在收工以后及劳作之余到村边的河流中沐浴，而是改在家中沐浴。由于传统的沐浴有娱乐、交流信息，增加村民们互相接触的功能，而沐浴方式改变以后，减少了村民们的接触以及娱乐的机会，村民们互相的来往减少了。今天的傣族村寨农民除了节日等场所以外，平日间的接触少了，村民的快乐较过去减少了，这一点人们都有直观的感受，不利于村民的精神健康。再一个典型的例子是过去在村寨口人们都要放置水缸供路人饮用水，由于现在缺少清洁的饮用水，因此很多水缸都变成了象征性的摆设。在很多地方，甚至缺少洗涤衣物的清洁水，洗涤衣物都是在一些受污染的河沟里取水洗涤。由于水污染，人们不得不在自己的家中挖井取水，而现在很多水井中所取出的水也同样受到污染，水质较差。水环境变迁的第二个不利后果是直接影响到了傣族人的身体健康，一方面是缺少清洁的饮用水，而另一方面现在很多地方饮用水可能已经受到污染，人们长期饮用不清洁的水，尤其是处于橡胶树种植地周围的村寨，饮用水已经受到了污染，对健康不利。

第二，食物安全受到影响。如上所述，傣族喜爱食用生鲜食物，而这些生鲜食物大多生长在浅表水中。由于水环境的污染以及水的短缺，一方面这些食物较过去大大减少，另一方面这些食物的来源环境已经受到了污染，同样会影响到人的健康。如傣族人喜欢食用的青苔，由于河流受到污染，现在已经很少了。傣族人喜欢生食的很多生长在浅表水中的蔬菜类植物过去都生长在清洁的水环境中，而现在这些蔬菜都生长在一些被污染的水环境中，这些蔬菜同样遭到了污染。在十多年前笔者到一些傣族村寨中做田野研究时还到水边采摘各种野菜食用，当时采摘生长在清水中茂盛的野菜时心中有一种十分快乐的滋味，暗暗感谢大自然的恩赐，也感慨傣族人民生活在一种良好的、自然资源富足的环境中。而近年来再到当年采摘野菜的地方，很多已是污水，人们仍然在这其中采摘可食用植物，这对笔者来说又是另一种强烈的感受。由于水环境污染，整个的傣族食物系统都受到了较大的影响，今天很多地方的人们所食用的食物及所饮用的水都不再是清洁的，都可能受到了工业原料以及病菌的污染。根据一些卫生部门的统计，近年来傣族地区胃肠道疾病明显增高，妇科病等疾病也较过去有所增长，虽然说更为严重的与水相关的疾病目前还没有被测定，但是从长远来说，水环境污染对人的健康必然产生不良的影响，尤其是傣族大多数生活在农村，水环境的变化直接影响到傣族及当地居民的身体健康与健康的生活。

四　水文化与健康生活

从上面的分析可以看到，傣族传统的水文化与水环境有直接而密切的关系，水文化对于保持傣族地区良好的水环境起到了积极的作用。但是近年来由于水环境的变化，水文化也受到了较大的影响，甚至受到了一定程度的破坏，从而导致傣族健康生活产生变化。目前水环境的变迁以及人们生活方式的改变，对于傣族传统的健康生活产生了十分消极的影响，如果不注重改变这种状态，对于傣族人民的基本健康来说是十分不利的。傣族水环境的变化对傣族健康生活的影响至少表现在两个方面：一方面是与健康相关的健康生活方式，另一方面是对人体健康的直接影响。

水文化、水环境直接形成了傣族健康的生活方式，这包括沐浴、平日的个人清洁以及洗涤衣物、洗涤生活环境等方面，也包括宗教信仰中人们以水来象征幸福，以水来表示祝福，以及在泼水节中，以水的狂欢来庆祝节日，使人们增强了快乐的感觉，有利于人们的精神健康。傣族是一个充满快乐、幸福感的民族，这与傣族的水文化有着直接的关系。在对人的健康影响方面，傣族的水环境直接影响到人们的食物系统的安全，在过去良好的水环境提供了清洁的饮用水，也提供了食物生长的清洁的水环境，尤其是傣族人喜爱食用生鲜食品，这要求这些食物生长的水环境是安全的，洗涤的水是清洁的。傣族传统的水文化造就了一个有利于傣族人健康的水环境，因此在傣族居住地区的水环境建设中，其传统的水文化仍然有十分重要的价值，在当代的发展中不能被遗失，也不能被破坏。在今天的发展过程中，当地政府以及民众重视了经济发展的速度，而忽视了保持生存环境的良好状态，水环境的恶化已经对人们的生存造成了直接的威胁。因此今天整治水环境已经成为维持傣族人健康的一个重要的任务。

整治水环境一方面是要加大对于水污染的控制力度，要控制污染水源的小工厂，如橡胶加工、造纸、制糖等小企业的污染排放。另一方面是要控制在经济作物种植过程中过多使用农药、化肥等。控制水污染将直接减缓傣族地区现在面临的生活用水短缺的状况，增大清洁的生活用水的供给。同时，在水环境的治理中，必须要注重保持和恢复傣族传统的水文化，这些水文化有利于人们加强对于保持良好水环境的重要性的认识，有了对水环境与人们长期健康生活方式之间互相关系的深刻认识，有利于人们去建设一个良好的水环境，而不仅仅因为当前的经济利益而放弃了长远的利益。

　　传统的水文化对于人们健康的生活方式以及食物安全、身体健康都有直接的关系，如果这些传统的水文化没有保持下来，甚至丧失了，那么傣族人民就丧失了保持民族健康的一笔重要的财富。傣族的水文化既是一种重要的社会规范，也是一种重要的社会资本。过去傣族的传统文化中限制人们在水井边洗涤衣服、洗澡等，也限制人们砍伐水源林，另外，传统的宗教观念等对于人们保持良好的水环境也起着直接的作用。如果这些规范丧失，傣族人民将会丧失保持良好水环境的文化与社会基础，也将不利于民族的长远发展。

傣族地区的卫生变迁与
环境冲突[*]

本文所使用的"卫生"（sanitation）概念指水与人类健康相关的设施、技术与生活习俗，包括生活用水（给水、蓄水）、厕所、沐浴设施、排水、污水处理、乡村水环境（水环境状况、水质量）等形成的一个循环系统。卫生既是一个人与自然之间的生态系统，也因为文化的差异而成为一个社会问题。[①] 水的使用给人们带来了生活设施的变化和进步，同时也由此形成了相关的习俗和文化，提升了人们的生活品质，降低了水传染，减少了与人类排泄相关的疾病，改善了人们的健康状况，因此卫生的进化是人类文明的重要标志之一。卫生的进化同时也和当地的环境状况有直接关系，人类卫生的进化不仅是利用人居环境尤其是水环境的结果，同时也需要和居住地环境保持和谐的关系。卫生设施的改善促进了人民生活质量的提升，同时水资源消费和污水排放也给环境带来了很大的压力，因此卫生状况也是衡量一个地区环境状况的重要标志。

中国是一个城乡发展差别明显的国家，乡村的卫生变迁与城市相比有明显的特殊性，尤其是在少数民族地区，卫生的变迁状况不仅与当地基础设施建设与发展相关，还与其民族文化有较大的关系。在本文研究所依据的傣族地区，现代意义上的卫生状况的变迁开始于 20 世纪 70 年代以后，

---

* 本文原载《云南民族学人类学研究（2017）》，云南人民出版社，2018。

① Manoj Nadkarni，*The Meaning of Sanitation：An Ecosystem Approach*，Cerna Centre d'economie Industrielle，Ecole Nationle Superieure des Mines de paris. 2004.

卫生状况的变化和傣族的传统文化有着密切的关系，尤其是和传统的水文化有关系，从传统的卫生状况到现代意义上的卫生的变迁，不仅反映了傣族人民生活状况的变化，同时也反映了傣族传统文化的变化。卫生的进步在促使傣族人民生活水平提高的同时，也带来了对居住环境的挑战。因此观察傣族卫生状况的变迁，考察这种变迁带来的挑战，有助于我们认识当代傣族乡村水环境治理的挑战以及维持水环境可持续的途径，寻找到农村生态文明建设最基本的着力点。本文将以西双版纳傣族地区为重点，考察傣族的卫生状况的变迁和相关的文化习俗的变化，卫生的改善对居住环境的影响等，探讨傣族地区卫生进步、乡村环境治理和生态文明建设的关系。

一　傣族传统社会中的卫生状况

傣族是一个主要集中居住在中国云南南部的少数民族，人口约 122 万。傣族也是一个跨境民族，历史渊源关系较近的族群还分布在越南、缅甸、老挝、泰国、印度等国。在中国主要分布于西双版纳、临沧、普洱、德宏等州市。

在中国大部分的傣族居住地区是亚热带雨林地区，降雨充沛，并且傣族人的居住地区大多数集中在河谷地区，水环境良好。传统的傣族村寨大都建在用水方便的地方，例如河流和溪流旁，这为傣族传统卫生习俗的形成提供了条件，傣族人民在历史上形成了和环境特征相一致的卫生习俗和相关的设施等文化现象，并且一直保持到 20 世纪 60 ~ 70 年代。总体而言，由于傣族传统社会中可以轻易地在居住环境中获得并使用水，因此相关水的卫生设施较为简单。傣族传统卫生的特征主要包括以下的构成。

1. 个人卫生

沐浴。沐浴是傣族人民重要的生活内容，也形成了一种特有的传统文化。傣族的村寨周围一般都有河流和溪流、水潭等，使人们能够便利地使用水沐浴。人们一般在每天傍晚劳动结束之后都会到周围村寨边的溪流旁沐浴，沐浴不仅是人们洁净身体的一种需要，同时也是人们的一种村寨的集体生活方式，具有社交、休闲的功能。在西双版纳地区，沐浴一般是男性在溪流上方，女性在下方，人们一面沐浴一面交流信息、说笑，年轻人还可以尽情地戏水，妇女们洗涤当日的衣物。每天到河边沐浴成为人们的一种自小养成的生活习俗。

如厕习俗。20 世纪 70 年代以前，由于傣族村寨基本上是在树林茂密的地方，地多人少，个人排泄基本是处在一种自然状况下，没有厕所。人们一般就选择村寨周围没有人的树丛中方便，由于过去傣族饲养家畜也都是采用放养的方式，人们的大便排泄之后很快会被家畜食去，靠近河边的人们也会在水边方便，因此对环境不会造成太大的污染，但是气温较高也会传染疾病。

2. 生活用水的设施

饮用水井。尽管傣族人的村寨大都建在河流附近，但是傣族人在过去不习惯直接从河流中取水作为生活用水，尤其是饮用水。人们饮水都是从水井中取得的。每个村子都有一两个水井，人们每天都会到水井边打水挑水，过去使用陶器，现在使用金属制的水桶。由于水井是人们生活中最重要的设施，因此水井也被人们视为神圣的地方，每一个村寨的水井上面都会建起一个漂亮的建筑物，同时使用水井也形成了相关的习俗，包括禁止人们在水井周围洗澡、洗衣物等。

家庭水井。在傣族的村寨中，很多家庭在自己的庭院里挖掘水井，方便自己取水使用。但是按照传统的习俗，人们在自己的庭院里挖掘的水井中的水一般只用于沐浴、饲养家禽和一般的洗涤使用，并不作为饮用水。因为家庭庭院水井的水质一般都不会好。

家庭储水。每个家庭洗涤衣物、蔬菜和其他食物等一般是到河边清洗，但饮用水全是来自水井中的水。每天人们挑水回家，都会使用陶罐加以储存。每个家庭都会有两至三个陶罐用于储存生活用水。由于陶罐的透气性较好，因此储存水不容易变质。

二　傣族地区卫生状况的变迁

尽管传统社会中傣族地区用水方便、地广人稀，因此人们可以使用简单的卫生设施而生活，但它毕竟不是一种现代标准之下的生活品质，存在各种疾病传染的潜在风险。随着人口的增多和社会的进步，自20世纪80年代以来傣族的卫生状况也发生了较大的变化。

1. 自来水的使用

傣族地区的自来水历史较短，从20世纪80年代后期开始使用管道自来水。在西双版纳州的勐腊县，县城自来水的供应开始于20世纪70年代。初期使用打井取水的方式，1981年建设第一个自来水厂，1985年开始供应生活用水。农村的供水开始于80年代，一般从山上建设小水坝或者水潭，通过管道引入村子，再引入家家户户使用。至1988年，全县共有65%的农村使用这种方式供应自来水。① 农村建设的自来水设备由于是依靠自然溪流供水，供水不稳定，水的质量也没有保障，尤其是在雨季，水管里流出来的往往是浑水。2000年以来，傣族地区靠近城市的村寨已经开始使用城市水厂集中供水的方式，很多村寨已经直接使用城市自来水厂管道供应的自来水，水的供应相对稳定，质量也有了很大的提升。但是由于近年来自来水的价格相对较高，每立方米收费2元，在景洪市郊区达2.8元，加之收费不规范，农民感觉承受不了。因此近年来很多地区的农民自己挖掘水井取水，或自己出资到村寨周围的水源地引水。在景洪市郊区的农村，人们一般饮用自来水公司生产的桶装水。

2. 目前用水的总体状况

目前傣族村寨中用水的总体状况是多种水源并用，主要有以下水的来源。

（1）自来水。近年来傣族农村地区已开始普及自来水，由自来水企业直接向傣族村寨供自来水。人们一般只用自来水沐浴或者洗涤，只有一部分村寨的人们饮用自来水。

（2）饮用水来源。在很多村寨中人们还是按照传统的习俗到村子的水井取水饮用，这其中主要的原因是古老的水井中的水水质较好，甚至有特殊的口感。景洪市大勐龙镇的曼飞龙村在村边有一口古老的水井，这里的水水质较好，为人们钟爱。因此今天村民们仍然到这水井中取水饮用。村民们每隔两至三天都会用拖拉机、摩托车等到水井运水。在靠近城市的农村普遍使用企业出售的桶装水。

---

① 云南省勐腊县志编纂委员会编纂《勐腊县志》，云南人民出版社，1994。

（3）自己架设管道引水。自来水付费使人们感觉较为昂贵，因此有很多农民自己出资架设管道到村子边的水源地引水入家使用，这样的水设施一次投资，但可以多年使用，不再支付水费，同时自己寻找到的水源的水质较好。目前在一些靠近山的村寨中越来越多的村民自己安装引水管道从山上的水源地引水使用。

（4）庭院水井，这种水一般只用于家庭的普通洗涤使用或者饲养家畜使用。

3. 沐浴习俗的变化

从 20 世纪 90 年代以来，随着农村小工厂的大量建设，尤其是橡胶处理厂的建设，以及在种植橡胶树、甘蔗等经济作物的过程中大量使用化肥，农村的污水排放等地表污染的加重，傣族地区农村水环境普遍恶化，过去清澈的村边溪流、水潭大多受到了污染，人们不能再沿袭在溪流边洗澡的传统习俗。随着农村住房的改造，人们在家里建造了沐浴的场所。更重要的是，自来水的供应也使在家里沐浴变得方便，过去在家里沐浴需要到较远的地方挑水，因此一般情况下在家里沐浴是较为困难的。自来水设施普及之后，在家里沐浴已经不存在用水困难，自来水的出现带动了家庭沐浴的普及。今天家家户户建有浴室，每天劳作之后都能够在家里沐浴，已经完全改变了传统的集体沐浴习俗。

4. 厕所的普及及如厕习俗的变化

自 20 世纪 60 年代开始，傣族地区农村推行厕所的建设和使用，在当时每一个村子一般都要求建设一两个厕所。为了厕所的冲洗方便，有的厕所建设在村子旁的溪流上，引水流入厕所，保证了厕所的清洁，这个时期是傣族地区农村厕所推广的开始。厕所的推广使用实际上并不是很顺利，它不仅要改变人们的传统习惯，同时还需要投资建设。在那个时代由于纸张较为稀少，大多数人如厕以后一般使用竹片清洁，这样大量的竹片堆积在厕所中，往往造成堵塞，使厕所的推广使用较为困难。

20 世纪 90 年代以后，傣族地区的经济有了较大的发展，由于大量种植橡胶树等经济作物，人们的收入也有了明显的提高，越来越多的傣族人开始重新建设住房。这个时候很多住房开始建设的时候都设计了厕所，一般将厕所建在住房的侧面或者后面。早期的厕所没有冲水的设施，同时由于自来水不普及，因此厕所推广仍然是困难的。2000 年以来，人们可以在市场上买到陶瓷蹲盆，用水冲洗很方便。今天在一些农村中也是用陶便器，用自来水自动冲洗。今天在大多数的傣族农村新建房屋中，一般都设置了两个厕所在不同的楼层，厕所使用瓷砖装饰、使用陶瓷便器，已经改变了传统的如厕方式。厕所已在农村中普及，但由于经济条件限制及习惯等因素的影响，厕所普及也还不完全。据 2011 年的统计，在西双版纳农村718 户农户样本中，使用冲水厕所的有 417 户，旱厕的有 148 户，无厕所户为 153 户。①

5. 污水排放管理的变化

在过去，傣族农村的生活污水排放一般都是向房屋周围自然排放。傣族的住房是上下两层的干栏式建筑，上层住人、下层堆放杂物或者饲养家禽。厨房也在上层，因此生活污水的排放一般就直接排放到第一层后自然渗入到地下。这种排放当时在村寨人口不多、住房不多的情况下一般不会造成太多的污染。另一个原因是傣族过去洗衣、沐浴、洗菜都是到村寨周边的溪流中，因此在家中的污水排放量并不多，一般是洗涤餐具等。

20 世纪 80 年代以后，随着农村用电的普及，尤其是一些家用电器的普及，家庭用水量不断增大。在 20 世纪 80 年代以后洗衣机大量进入傣族农户的家庭中，今天洗衣机的普及率已经达到了 100%，洗衣物已经完全在家里。随着自来水的普及，人们沐浴、生活用品洗涤、洗菜完全在家中，污水的排放量大大增加。在西双版纳景洪市大勐龙镇的傣族村寨中，到 2000 年初，农村水污染已成为一个较大的问题。大量的污水直接排放到楼下，由于没有污水管道排水，居住环境周围受污染非常严重，在夏天不仅有臭气，而且从家庭水井中提出来的水已经是受到污水污染的水。在这个时期，很多村子都开始进行村寨道路的建设，修建了村寨中的水泥道路，与此同时往往在道路两侧修建了排水沟，将各家各户的污水排到排水沟，再排至村子周围的河流中，但是这一做法并没有彻底改变村寨环境污染的状况。因此近年来很多村寨开始埋设地下排水管道。在景洪市大勐龙镇的曼飞龙村，2005 年由村寨出资修建埋设了污水排水管道，将家家户户的污水用管道引入排水的主管道中，再排放到 1 公里外的流沙河中。在景洪市郊区的曼占宰村，12 个自然村中有 10 个已修建了地下排水管道。从

---

① 西双版纳傣族自治州统计局编印《西双版纳傣族自治州统计年鉴（2011）》，2012。

此以后农民新建房子，都要自己出钱修建污水管道到村子的主排水管中，基本解决了村寨排水污染的问题。近年来，很多家庭庭院中的水井中的水又变得清澈了。

表 1 反映了景洪市大勐龙镇农村卫生的现状。从表 1 可以看出，大勐龙镇作为一个在景洪市中等发展水平的农村乡镇，自来水已通达大多数农户家庭住宅，大多数住宅也已有了卫生间（包括洗澡与厕所），修建了自然村的下水道，但是仍然有 50% 以上的家庭在饮用井水。主要受经济状况的影响，表 1 中所列的指标还未能达到 100%。

表 1　景洪市大勐龙镇农村卫生现状

村委会	人口	户数	自然村（个）	饮用井水户	自来水户	家庭卫生间（户）	有下水道村（个）
曼景列	4925	1072	9	920	1072	957	5
曼南坎	2301	469	5	227	242	450	4
景龙	1960	457	4	320	457	457	4

资料来源：大勐龙镇政府，2012。

三　卫生发展、环境冲突及其影响

20 世纪 70 年代以来，傣族地区农村的卫生有了较大的改善，卫生状况有了较大的变化。自来水供应的发展，用电的普及使人们能便捷地使用抽水机等提水设备，极大地增加了人们在家庭中的用水量，同时也带动了家庭沐浴、厕所等相关卫生设施，洗衣机等家用电器的普及，方便了生活。厕所以及家庭沐浴室的普及改变了传统的自然状态下的卫生方式。由于家庭用水量的增大，居住环境的水污染出现了。近年来人们开始建设村寨中的污水排水管道，一方面是解决村寨中的水污染问题，另一方面对于雨季的雨水排放也是有作用的。目前傣族地区越来越多的村寨中除了增大自来水的供应，在进一步解决人们日常生活的用水供给问题的同时，也在越来越多地修建污水的排放设施。总体来说，由于供水设施的发展以及卫生观念的推广，傣族地区卫生的发展使傣族地区民众的生活品质有了较大的提高，同时也提高了人们的健康水平，减少了疾病的传播，改善了农村的环境。钩虫病是过去在傣族地区发病率很高的一种疾病，根据流行病学调查，随意排泄粪便是当地钩虫病传染的重要原因。西双版纳景洪市1960年的普查表明，有46.3%的人患有钩虫病。根据这一现象当地政府采取了药物治疗、粪便管理的方法进行防治，尤其是推行厕所的建设。1979年在有关的抽样调查中，钩虫病的患者已经下降到11.43%。在1993年的调查中，已经很难查到钩虫病患者。这其中重要的原因就在于农村厕所的普及和其他卫生条件的改善。① 农村供水的改善在这其中起到了重要的作用。农村供水的改善不仅提高了水的质量，也使厕所的推广使用、人们沐浴条件的改善成为可能。以上这一切都是傣族地区卫生的发展进步，较大地提高了傣族人民的生活品质和健康水平。

与此同时，卫生的发展也带来了傣族农村严重的环境问题，这其中主要的问题仍然是水环境污染问题。当前相关的冲突主要源自以下几个方面。

一是近年来农村用水量提升较快，由于人口增多、家庭沐浴、厕所的普及、洗衣机的普及以及生活洗涤完全转入住宅内，用水习俗与傣族的传统相比，发生了实质性的变化，农村中村民用水量不断增加，导致了生活污水大量产生。目前傣族农村中修建污水排水设施的村寨还是少数，因此大多数的村民仍然面临着污水的污染问题。

二是在经济作物种植过程中大量使用化肥和农药等，导致农村水环境的污染。近年来，西双版纳地区大量种植橡胶树、香蕉等经济作物，不仅山坡地已基本被开发，大量坝区农田也已改种香蕉，造成明显的环境冲突。在景洪市勐罕镇，橡胶树种植面积达17.2万亩，是2007年的2.13倍，干胶产量1.27万吨，是2007年的2.14倍。香蕉种植面积3.78万亩，是2007年的1.5倍。大量的经济作物种植，造成了当地严重的面源污染与自然水量减少。经济作物一般都种植在比村民住宅高的山坡地上，在多雨水的傣族居住区很容易造成地表渗透污染。与此同时，在农村今天仍然有很多小型的橡胶加工厂，由于没有污水处理设施，污水都直接排放到河流中，对傣族地区农村水环境造成非常显著的污染。当地居民已不能使用河

---

① 景洪县地方志编纂委员会编纂《景洪县志》，云南人民出版社，2000。

沟中的水。在景洪城郊的曼景保村，由于当地橡胶处理厂的污水排放污染，村子中水井中的水已不能饮用，一口古老的水井目前已面临废弃。在勐罕镇，橡胶树的种植造成了明显的河沟水量减少或干涸，不少橡胶树种植区域内河沟在近年来出现干涸。这些现象都直接影响到了当地居民身体健康和卫生水平的提高。

三是污水排放对河流的污染。很多村寨中修建了污水排污管道，但是这些排污管道的污水都直接排放到周边的河流中，同样造成河流的污染。在景洪市的流沙河流域，越来越多的农村建设排污管道都直接将污水排入这条河流中，导致这条河流的污染不断加重，成为傣族地区环境治理的新挑战。此外，很多村子的生活污水直接排入了澜沧江，对澜沧江造成了污染。

水环境的污染问题直接影响到人们的健康安全和生活状态。傣族的生活与水环境有密切的关系，人们不仅频繁直接接触周边的水，傣族传统的很多食物也来自自然的水环境中，如在水中采集野生植物、种植食用植物及捕捞小鱼、虾、蟹等，其中水生植物是傣族重要的传统食物来源。由于水环境的污染，接触水及食用污染水中的食物都危害到健康。尤其严重的后果是造成了当地很多村寨饮用水的短缺。①

卫生进步的同时还改变了人们的传统，尤其是人们的传统水文化，包括人们的用水习俗和管理水的制度。在傣族的传统社会中，很多传统的用水习俗不仅是一种简单的习俗，它还和整个社会文化传统有着直接的关系。傣族是一个对水有深刻认识、近水、亲水、护水的民族。在傣族的历史上曾经频繁迁徙，迁徙和定居都选择在江河流域。在傣族的传说中，宇宙万物都来源于水，人们的宗教信仰、生计方式、社会组织、社会规范和习俗等，都与水有密切的关系，甚至是建立在和水的互动关系之上的。例如传统社会中在河边沐浴的习俗不仅是一种洁净身体的需要，同时也是一种重要的社交生活。傣族过新年的泼水活动具有娱乐的功能，也有表示祝福满足人们心理需求的功能。每个村子中集体使用的水井同样也有社交的功能，尤其是妇女能够在劳作之余在水井边相聚、交谈，因此妇女们都很看重到水井边，每天到水井挑水前都要打扮一番，可见妇女们把到水井挑

---

① 参见郑晓云《傣族的水文化、水环境与健康生活》，《全球化与民族文化——郑晓云学术研究文集》，中国书籍出版社，2005。

水看作有特别意义的事。因此在傣族社会中，水成为联系人们社会生活的纽带和黏合剂，这其中更主要的是维持着人们对水的认识以及和水的友好关系。然而随着水的使用方式的改变，人们社会生活中的很多方面也在发生变化，对水的可持续利用是有消极影响的。[①]

四　结论与讨论

在过去的几十年中，随着经济的发展和人口的增多、城市化发展的影响，傣族地区的水环境已发生了较大的变化。这种变化主要表现在城镇和农村供水方式的变化、人们用水的方式变化以及相关的传统习俗由于水的使用方式的变化而被改变，同时在发展中出现供水不足、水环境污染等问题。近年来由于气候变化的影响，傣族地区还存在水短缺的问题，尤其是2009年以来中国西南的大干旱也对傣族地区产生了影响，造成自然水量的减少。傣族地区的卫生发展与这种状况是相交织的。

研究表明，傣族地区卫生的发展一方面使人们的生活品质和健康水平有了较大的提升；另一方面受水环境变化的影响，人们的卫生状况也并不都是向着正向的方向发展的，在卫生发展的同时，水环境的恶化造成了对当地居民的不利影响，包括水质安全、饮用水的保障、水环境安全等对人们生活和健康的影响。随着卫生状况的改善，城乡家庭用水量剧增，同时也带来了生活污水排放量的剧增，城乡生活污水尤其是在农村基础设施的薄弱使生活污水对水环境的污染更加突出，在一些地区成为农村较为严重的污染源。

近年来，由于农村包产到户的影响，农村中的生产关系和社会关系有了较大的变化，农村公益事业受到了较大的冲击，同样也影响到了水环境的状态。农村的村民不仅保护水环境的意识逐渐淡薄，保护和建设水环境的制度和措施也是欠缺的。在一些农村中，传统的农村水环境构成，包括水潭、沟渠、水井等的设施都不能像过去那样得到村民们的保护、维修，

---

① 参见郑晓云《傣族的水文化和可持续发展》，《全球化与民族文化——郑晓云学术研究文集》，中国书籍出版社，2005。

甚至被破坏。很多村子中也丧失了过去曾经拥有的水景观，在历史上存在的保护水环境的社会规范和制度已经丧失。这种状况也是导致农村水环境恶化的一个因素。

水环境和卫生的发展有直接的关系。卫生的发展不仅是衡量人们生活质量提升的标志，同时也是衡量生态环境的重要标志，卫生状况的发展必须和生态环境，尤其是和水环境保持一种平衡发展状态。今天傣族地区水环境的变化一方面受到卫生发展的影响，尤其是生活污水带来的水环境污染；另一方面水环境的变化，尤其是经济发展造成的水环境污染也同样影响到人们的卫生状况的进一步改善。因此在卫生发展的同时，不可忽视水环境的治理。必须要加强水环境的治理，才能真正使傣族农村的卫生状况得到提升。

今天傣族农村的水环境治理，必须注重以下措施。一是要保障人们的生活供水，使傣族农村不仅有足够的生活用水，同时也有安全的水供给。二是加大农村生活污水的治理力度，减少生活污水对农村环境的影响，尤其是在傣族地区生活污水和生产污水带来的对河流的污染。在加快污水处理厂建设的同时，大规模试验推广生物净水池等技术解决农村污水处理问题。三是要加强农村水源的管理，近年来农村中随意开采水源的现象较为突出，不保护农村的水源，将会对农村的饮水安全带来更大的负面影响。四是要加大农村水景观的保护和治理力度，对一个村子水景观构成的沟渠、水潭、水井和水源等都应该加以修整和保护，防止进一步的水污染，在维持农村优美的水景观的同时，也为人们提供一个安全的水环境，这样傣族农村会变得更美。

综上所述，今天在我们思考傣族地区的生态文明建设的时候，也必须从农村水环境治理这个最基础的环节开始，才能够真正有效地推动农村生态文明的建设，实现农村环境的可持续。傣族人民在历史上创造出了自己的生态文明，傣族人民有较高的生态文明意识和相关的制度，这些都将成为近年来建设更高的生态文明的重要的文化基础。今天傣族地区生态文明建设不能仅停留在对传统的思考和留念上，还必须结合今天傣族地区生态环境的变化以及人们今天和水环境互动的具体实际，从生态建设最基础的环节出发，才能真正见到效果。

人水关系变迁与可持续发展[*]

——云南大盈江畔一个傣族村的人类学考察

郑晓云　皮泓漪[**]

在当代的发展过程中，水问题已成为一个影响到发展可持续性的关键问题，并且越来越多的新问题不断地凸显，然而水的相关问题恰恰也是在发展过程中被忽略的问题，尤其是在农村发展中。自 2009 年中国西南遭遇到百年大旱以来，中国西南这些传统的丰水区域也受到了缺水的巨大困扰，云南省作为一个拥有四条国际河流的边境省份，在河流水资源问题上和周边国家也产生了相关的争执。那么当代水问题的出现除了气候变化的原因以外，人类活动是否也产生着相关的影响，人类和水之间互动关系的变化对未来水的可持续利用将产生什么样的影响，这都是有价值的科学话题，并有必要进行微观的验证。本文以云南省大盈江流域的一个傣族村子作为研究的实例，来探讨人类和水之间互动关系的变化对当地农村发展以及区域性的水环境的影响。

一　研究点概况

大盈江古称太平江，其上游主支槟榔江发源于腾冲境内高黎贡山南

---

* 本文原载《中南民族大学学报》2012 年第 4 期。

** 皮泓漪，现为中央民族大学生命与环境科学学院博士研究生。

麓，流入盈江坝子后在旧城区的下拉寨与南底河汇合后始称大盈江。因此在《腾越厅志》中有这样的记载："众流萦合名曰盈江"。大盈江是一条中缅国际河流，流经盈江坝子后在八茂附近出国境流入缅甸，在八莫注入伊洛瓦底江。盈江县位于云南省西南部，其西、西北、西南三面与缅甸为邻。大盈江是盈江县境内最大的河流，县境内河道长 145.5 公里，径流面积 2726.6 平方公里，占全县土地总面积的 63.25%。大盈江支流众多，其流域内的居民占盈江县总人口的 80% 以上。① 丰富的水资源滋润着流域内的万顷良田，深深影响着境内居民的生产生活。

本项研究的田野调查地点项棒寨是一个傣族村寨，是位于大盈江水系中的众多自然村之一，属平原镇兴和村。兴和村下辖 14 个自然村，16 个村民小组，项棒寨是其中的自然村之一，距兴和村村委会约 1 公里，距县城约 6 公里。据 2011 年 7 月的统计，当时全寨有 89 户，共 400 人，其中傣族占 97.5%，全村寨村民信仰南传上座部佛教，50 岁以上、儿女已成家的老人在农历每月初八、十五、二十三、三十均要上奘房虔心事佛。当地生计以水稻、甘蔗及早冬蔬果的种植为主，辅以牛羊养殖。全寨共有水田 650 亩，其中稻谷 500 亩，甘蔗 150 亩，虽然二者的种植比例每年会有些许变化，但水稻的种植面积远远大于甘蔗，大面积的水田对灌溉的需求是巨大的。

项棒为傣语音译，在傣语中是"坝子尾"的意思。项棒寨外有盏达河、木乃河、勐勇河三条河流，将寨子环绕于其中，项棒寨即位于盏达河与木乃河所形成的坝子中。盏达河源于勐弄乡风吹坡，由北而南流经项棒寨东边，过县城西侧，在太平区的磨洪寨前注入大盈江，其河道全长 24.5 公里，径流面积 198.6 平方公里，是大盈江主要支流之一；木乃河（傣语，意为弯曲的河）源于薄刀岭岗，由西北向东南流经寨子，将寨子分成主体的大寨和另一个只有 10 多户的小寨，在寨子东南角注入盏达河，河道长约 20 公里；勐勇河（傣语，意为幸福的河流）源于小尖峰，由西北向东南流经寨子北边，在寨子东北角注入盏达河，全长约 14 公里。② 木乃河和勐勇

---

① 参见陈良俊主编、云南省地方志编纂委员会编《云南省志·水利志》，云南人民出版社，1998；吴志湘主编、德宏傣族景颇族自治州志编纂委员会编《德宏州志·综合卷》，德宏民族出版社，1994。

② 参见吴志湘主编、德宏傣族景颇族自治州志编纂委员会编《德宏州志·综合卷》，德宏民族出版社，1994；盈江县志编纂委员会编《盈江县志》，云南民族出版社，1997。

河都是盏达河的主要支流，在项棒寨的东边汇入盏达河，两河汇流处相距100多米。当地人称木乃河为【nam ta】，【nam】是水的意思，【ta】是眼泪的意思，村民说此词形容木乃河在旱季时河水很少，就像眼泪一样。而称勐勇河则为【nam bəŋ】，【bəŋ】为澡堂之义，因为勐勇河流经寨子的西南处有地热，此处河水有一定温度，村民在附近建有天然的温泉澡堂。木乃河是村民日常生活用水的主要来源，平原镇的部分生活水也来自木乃河上游，而寨子的灌溉用水主要来源于勐勇河和盏达河。

二　河流与生计

作为一个三面环水的寨子，项棒寨有着丰富的水资源及良好的水环境；而作为一个沿江河而居的傣族寨子，在世代居住过程中形成了他们自己对河流的利用和管理方式，构建起了特殊的人水关系。人们的生产、生活乃至精神生活都与河流有着直接的关系，以河流为中心展开，人们利用河流获得生存资料，与此同时河流的变迁也改变着人们的生活。河流与寨子村民生计的关系及对河流利用与管理可以从以下几方面来进行考察。

1. 日常生活中对河流的利用

木乃河流经寨子的河段多位于开阔地段，较勐勇河宽阔，水流较大，而且两岸多有沙滩，距寨子最近，因此日常生活中它与人们的关系最为密切。在20世纪六七十年代，河水未被污染前，临河的村民都直接从河里打水饮用，在河中淘米洗菜。现在水质虽然不如以前，但人们依然充分利用河流延续着传统的生活方式。制作水腌菜是其中的一个典型例子。坝子的傣族有吃水腌菜的习惯，但水腌菜在制作过程中需要消耗大量的水，没有足够清洁水的地方是很难做出可口的水腌菜来的。水腌菜的制作过程既复杂又耗水：先将原材料大青菜的粗大的茎剖细，用水洗净；然后将青菜切细，用大量的盐腌渍。寨中常年在户勐街上卖菜的妇女，每天下午都会制作近30公斤的水腌菜，而这些水腌菜会耗用100多斤的新鲜青菜及大量的水。除了水腌菜的制作外，平时人们对水的需求也很大，女人做饭洗菜需要大量的水，从地里归来的男人在水龙头前捧水洗脸擦身子，炎热的午后小孩在院子里直接拿水管往身上冲水洗澡，所以在院子的外面、寨子内水泥路的两边都会有排水沟。午后,女人们在河边寻一处平坦而有树荫的地方边洗衣服边聊天,拉着家长里短,说着最近的新鲜事。天气炎热的时候,孩子们光着身子在河中嬉戏玩水。傍晚夜色降临的时候,男人和老人去河里洗澡,不仅洗去了身上的污垢,也洗去了一天的劳累。河流在不同的时候在不同的人群当中扮演着相同的角色:清洁、放松与交流。

河流也为当地村民提供了食物来源。在 20 世纪 70 年代以前,木乃河河水清澈,小花鱼、小飞鱼、挑手鱼、马刀鱼、小鲫鱼等各种鱼儿成群在水中流动。据村里老人描述:"旱季里,每当天气变化,或太阳正烈时,站在河上的竹桥上可以看见河中鱼成群地游动,还不时地有小飞鱼跃出水面。"这些鱼不仅体现出了当时自然环境的美,而且更为那时的人们提供了生活上的帮助。60 年代,村民的生活水平比较低,肉类的限量供应使村民饭桌上肉类缺乏。村里的老人说,那时他们经常在木乃河上撒网捕鱼,一小时即可捕三四斤鱼。除了在河流中捕鱼外,村民还会在稻田边的沟渠中捕鱼。每年七八月稻谷开花时,小花鱼便会从河中经灌溉沟渠进入稻田产卵,孵化小鱼,也只有在稻谷开花的这段时间内可以捕到小花鱼。挑选一个涨水过后的傍晚,将沟渠的上段用石头、泥沙等堵住,使水不再往下流,然后在下段用石头等把沟渠堵成一个小缺口,并将自家编织的竹雨篓埋在缺口处,等这段沟渠中的水快流尽时,小花鱼便会顺着水进入鱼篓中,一晚上即可以捕到两三斤。这些鱼在那个物质相对贫乏的年代不仅丰富了人们的餐桌,而且使人们的生活多了种乐趣,即便在今天那些美好的回忆依然是人们自豪的谈资。

2. 水与人生礼仪及节庆

在傣族地区,水不仅仅是一种生产生活中不可或缺的自然资源,更是一种神圣的媒介物质。它在傣族人生命中的重要时刻扮演着重要的角色,最典型的就是在人的出生与死亡之时。在当地,当小孩出生后,家中的老人都会从山上或水边采来一些草药,熬成水后给婴儿和母亲擦洗身体、进行洗礼,洗去污晦,以保佑母子平安、迎接新生命的到来。在人去世后(小孩夭折除外),也会用藿香叶等熬水给老人擦洗身体,意在将人在世间的一切烦恼与罪恶都洗净,干干净净地去西方极乐世界。出生与死亡时对水的利用,显示了水的圣洁性。新生的婴儿经过水的洗礼,不仅去除了身体上的污晦,更是获得了进入这个世界的认可;而死亡时的清洗不仅清洁了肉体，更是洗去了人这一生在人世间的所有艰辛与罪恶，带着干净的灵魂进入另一个世界。水的圣洁性带给人们平安健康与纯洁，人来源于水最终也将回归于水。

作为一个全民信仰南传上座部佛教的寨子，泼水节也是当地人们的一个重要节日。每年4月13～15日的傣历新年时，项棒寨的村民都会聚集在木乃河边举行盛大的泼水节。之所以会选择在河边，是因为河边取水方便。节日的头一天，寨子里的青年男女会到山上去采摘树枝鲜花，采回来后由中老年男子制作成"水树"，竖立在河边。第二天早上，寨子的老人要在"水树"边念经、举行佛事，在佛事活动结束后，由佛爷用树枝向念经的老人身上洒清水，然后泼水活动开始，人们（尤其是年轻人和小孩）开始互相泼水。第三天活动结束。泼水节不仅是事佛的老人们举行佛事活动的重要时间，也是寨子里成年劳动力在农忙时的放松时间，孩子们相互嬉戏增进感情的时间。

除了傣历新年外，在农历新年的第一天，当地的傣族人都有抢新年第一桶水的习俗。在大年初一早上五六点钟天还没亮时，家里的男人都会早早起床，来到河边打第一桶新水。在打新水之前先得向土地公公及水神祭献，当地称为"买水"，其过程是：先将糯米粑粑及饵丝放在河边，点燃一对香、一支蜡烛及冥币，然后将一枚硬币扔入水中，在这个过程中人们会念一些祈祷平安与保佑的话语。在买水仪式结束后，便可以打水回家了。这一天，女人休息，而男人则取代了平日女人的角色。新水打回家后，男人便开始忙活着用新水为全家人准备美味的新年第一顿饭，并喂养家中猪、牛、鸡等牲畜。人们认为吃过一家之主的男人用新水做的饭后，全家人一年四季都会平安幸福，家庭兴旺，而家中的牲畜在这一年中也会有很好的长势。今天人们虽然不再去河里打水吃，但打新年第一桶新水的习俗依然延续着，只是"买水"的地点从河边转移到了自家院子的井边或自来水龙头旁。

3. 农田灌溉

傣族是一个稻作民族，水稻种植对农田水利灌溉的要求很高，"有水无肥一半谷，有肥无水望天哭"形容了水对于水稻种植的重要性。在河床高时，人们开挖沟渠，沿河用竹石笼打坝截流，直接引河水灌溉农田。现在项棒寨的灌溉用水主要来源于勐勇河，极少部分间接取自盏达河。坝区田地平坦，田间地头灌溉沟渠交织无数，只要有水稻的地方就会有灌溉沟渠，不论大小。项棒寨现共有灌溉沟渠主干道 15 条，其支流具体数目不详。这些沟渠中有的是有着几百年的老灌溉沟，有的是近几年政府出资新建的，也有自然形成或村民自己开挖的。除了政府修建的之外，对其他的沟渠村民都很难分清楚哪些是谁修建的，是什么时候修建的。

虽然项棒寨及其所属农田有充足的灌溉水源，但在项棒寨所属的整个盈江坝子，河流分布不均，有些远离河流的农田灌溉困难，而盈江坝是重要的产粮区，为了解决灌溉问题，兴建了盏达河西沟引水灌溉工程。因其位于盏达河之西，而命名为西大沟。西大沟工程于 1978 年开始勘测，1979 年破土动工，历时 8 年，1987 年底落成。1990 年又对西大沟进行了部分重建和维修，给山脚下的沟体部分建立了沟盖，以防止山上泥石滑入沟中堵塞沟渠。西大沟渠首位于莲花山乡高里户蕨坝寨脚，沟线沿盏达河右岸山脚环绕至莲花二村，沿途有木乃河、勐勇河补给，全长 11.5 公里，灌溉稻田蔗地面积达 13100 亩。除了西大沟外，近几年国家对当地的农田灌溉也给予了大力支持。从 1997 年开始，国家在当地推行农田水利改造项目，投资修建主灌溉沟渠。2010 年，兴和村就利用国家专项资金修建了三条主要的灌溉沟渠，每条花费 40 万元。

由于项棒寨所处地理位置的特殊性，寨子的水资源特别丰富，外加各种灌溉沟渠的作用，在这里没有过干旱的困扰，即使在 2010 年西南大旱时，项棒寨的农作物也没有受到什么影响，反而早冬蔬果都获得了大丰收，只有种植在山地的甘蔗受到了些许影响。

4. 水能利用

傣族以稻米为主食，在电力出现以前，谷子都是用水碾、水碓、水磨来加工。20 世纪 60 年代以前，河床水位高，人们直接在河边开挖沟渠，用竹石笼堵水，将水引进寨子，作为碾坊动力。寨子以前有两座以水为动力的水碾碾米坊，一座为土司后代思家独家经营，另一座在村外，由村里的龚家人合资，引勐勇河与盏达河的水做动力。位于寨内的思家辗坊直接用石笼堵水将木乃河水引入寨内做石碾子的动力。据《盈江县志》记载："水碾分为上、下两部分，下面为木质水伞，置于石制的龙窝中。水伞中轴伸出上部碾台，以轴为中心砌有圆圈形石碾槽。轴头穿横木，横木一端或两端装石轮，急流冲转水伞，中轴旋转，带动沿石槽转动以加工槽中谷物。"现在在村民家中依然可以看到遗留下来的部分石头碾子。据相关统计，在50年代时，整个盈江县仅水碾就有150多个。因为水碾加工粮食的效率高，一昼夜可加工400～500公斤，在1960年以前，粮管所、粮店的大部分粮食是委托农户加工的。当时都是粮食加工好后，再由村民用肩挑或用马匹驮运到粮店。20世纪60年代末70年代初，由于河床水位下降，引水困难，加之农村电力的发展，新动力能源的出现，开始使用水电加工，碾坊逐渐退出了历史的舞台。

三　河流的管理

1. 河段管理

在河流的管理方面，人们一直沿用历史上"河流流经哪个寨子，该河段就由哪个寨子管理"的不成文规定。但在20世纪80年代以前，河流由寨子统一管理，本寨子的人只能在所属河段中捡自家用的石头，多拿则会被罚，其他寨子的人则不能在该河段采石，即使要采也必须经得所属寨同意。若是盗采，一经发现，河流所属寨可以将盗者家中的猪和鸡等捉走，供全寨人一起吃，而盗采者不能有任何反抗。据老村长说，合作社时期，若人们从河里捡石头卖，则每年需向寨子缴纳20元钱。随着80年代实行包产到户，河流的管理也发生了变化，管理者由寨子转向了个人，即：河流流经谁家的田地，该河段就由谁管理；若是河流两边均有农田，则该段一分为二，各家一半。针对这种分法，在盏达河的一段10多米的河道中就有一起因为河道权属问题而产生的纠纷，至今未解：河西岸一直是龚家的稻田，而上年另一村民则在相对的河东岸新开了一块稻田，由此新垦地者认为他也有权管理该河段的一半，但龚家认为他是新垦地，拒不承认。各家对自家所属河段的沙石享有处决权，在别人的河段采石须经由所属人同意。

2. 灌溉管理

傣族是一个稻作民族，水稻这种需要精耕细作的种植方式对灌溉有着极高的要求。云南各地的傣族都形成了各具特色的灌溉方式，并由此而形成了一套严密的灌溉管理方式。项棒寨也不例外，世代居民在水稻的种植过程中形成一套自己的实用的灌溉管理方法。

在 20 世纪 50 年代以前的民国时期，盈江地区大多采取的是"谁修建谁管理"的灌溉管理制度。由沟渠的修建者共同推举出一位"沟头"来负责灌溉管理。"沟头"主要负责每年沟渠岁修，通水日期，分水水口水平的设置；汛期沟渠的巡视和小事故的排除维修，重大险情时通知用户抢修；出工清算以及水费的缴纳，等等。"沟头"的报酬是由受益农户筹集稻谷或者是分部分田地给他种植，而不需承担任何义务工。灌溉用水户每年集会一次，确定来年的管理人员，以及处罚偷放水或拒不出工的农户。处罚的办法是："沟头"及受益农民一起到违约者家中抓鸡、捉猪、拉牛马折款，请所有人吃一顿饭，严重者还会加倍处罚。这些沟渠管理多为民间自发组织，也有部分为封建把头所操纵。

从 50 年代农业合作社开始，直到 1982 年分田到户前，项棒寨的灌溉沟渠由合作社指定专门的人员管理。当时项棒寨有 5 人，一般选年龄较长者（其原因有二：一是因为这活相对较轻松，所以照顾年长者；二是因为年长者更了解各田地的情况），但这些人并不完全脱离劳动，只是在插秧到割谷这段时间内负责全寨的稻田灌溉，决定哪块地该什么时候放水，放多少水，以及沟渠的清理维护等。每人每天记 11~11.5 个工分，而当时成年男劳动力每天最高可得 12 个工分。同时根据管理成效决定继任或更换。若是哪块土地需要新建沟渠，则由寨子全体一起去修建。

80 年代田地分到各户后，灌溉沟渠的管理按照"谁受益，谁管理"的原则，由村民共同引水，共同灌溉，共同管理。即此条沟渠灌溉了哪些农田，就由这些农田所属村民共同管理，沟渠的维护以及放水的具体情况都由村民自己协商。在每年插秧的前后几天，受益户会一起相约去清理灌溉沟渠，主要是将沟中杂草清除，以保证水流的畅通。在稻田需要放水灌溉时，人们在田间地头碰见了打一下招呼即可，若没有碰见则不用特意去说，只需按照自己稻田的需水量来自行决定放水口的大小，谁都不会多放或不会不顾及其他农户的稻田情况。在谈及这种没有成文规定每家放多少水时，用水时村民会不会因为放水不均而发生矛盾冲突，村长说"人们都是按良心来做事的"，所以在灌溉上村民之间不会有什么大的冲突，即使有也只是小矛盾，村民自己就协商解决了。村里老人也说，至今还没有人因为灌溉用水而闹大矛盾打架的。

1987 年西大沟建成后，也成立了相应的管理组织。据《盈江县水利志》记载："1987 年西大沟设专业管理人员 4 人，实行分段管理，其报酬由受益区按面积缴纳水费解决，水费标准为每亩交原粮（稻谷）5 千克。"针对西大沟的管理，兴和村也成立了"平原镇西大沟兴和村灌区用水户协会"，并制定了相关章程。现在西大沟的管理由平原镇水管所指定的"沟站长"实行分段管理。"沟站长"要负责任，并有一定的威信，多由灌区的社干成员担任。其主要职责是巡视沟渠，检查是否有塌方堵塞渠道，以及闸门放水量的控制等。"沟站长"的报酬为 300 元/月，其来源于受益户所交纳的水费，水费按照每亩灌溉面积 10 千克粮的标准来收取。而现在"沟站长"的报酬主要由镇水管所来支付。

3. 汛期治理

大盈江水系水患自古即存在，一直危害着流域内各族人民的生产生活。江河洪泛年年发生而且都发生在 5 月至 10 月的雨季，其原因主要有两方面：一是气候原因，该地常年受西南季风的控制和印度洋暖湿气流的影响，夏秋季节常见暴雨，冬春季节则少雨干旱。而县境内的河流主要靠降雨补给，上游降雨，下游涨水，雨停则水位降落，洪峰历时短就成了当地河流的主要特征。二是地质原因，江河上游狭谷河段都属岩石河槽，而在下游的盆地河段则都是砂卵石沉积河床。上游水流湍急，挟沙能力强，大量的沙石被带至下游盆地河段沉积下来，汛期河流更易泛滥。

在河流洪泛的面前，人们采取了各种积极有效的措施来治理河流，防范洪灾。据史料记载，大盈江干流及主要支流盏达河、南底河等的防洪治理，始于清朝后期。清末民初在防洪治理上采取的是农户自防，以田围埂，水来土掩，岸垮打坝的方式。据《盈江县水利志》及《云南省志·水利志》的相关记载，在 20 世纪 30 年代到 1952 年，当地的防洪一直采取以土司下设的衙门或村寨与几户筑堤联防，责任到江河岸边田的方式；冬春修加土培堤，雨季防洪堵决口都由耕种江边农田的农户包干，堤决罚款。虽然采取的是责任到村或户的严厉的防洪措施，但由于当时的技术原因及农户的经济原因，所修建的防洪设施都不牢固，而且都是临时的治标工程，因此"十年防洪九成灾"在当时就成了常事，小灾基本年年有，十多年则可能有一次大灾。

1949 年后，当地政府对大盈江的水患开始了有规划的治理。1952 年提出了"以治标为主，坚持防（洪）重于抢（险）"的治理方针；1966 年提出了"上堵、中筑、下排"的全面治理办法，但这些治理都只是针对大盈江干流及主要支流南底河和盏达河，而对于项棒寨外围的木乃河、勐勇河这样的次级支流，依然采取的是村寨或几户联防的方式，以"水来方堵"的治标方法为主。现年69岁的老村长形容项棒寨雨季的防洪是"年年冲，年年堵"，"插完秧后，男人们就都去堵水"。在50年代到70年代末的农业合作社时期，每逢雨季河流涨水，危及两岸时，全寨的男人都要去堵决口，以防止洪水冲毁堤岸，淹没农田。堵水时采用的都是竹石笼竹梢工程与竹桩竹梢工程相结合的技术，其主要方法是：等洪峰过后，人们先在决口处打下竹桩，然后竹梢垫于竹桩后的底部（将竹梢垫于底部既可以保护其上的竹笼，又可在一定程度上削减水能，稳固竹石笼），再在竹梢上放置编织好的竹笼，最后往竹笼中装入大的河石，以堵住缺口。竹石笼分为两种，小的长2~3米，称为鸡嘴笼或短石笼；大的可达5米多，称为长条石笼，用途较短石笼广。平均每个竹笼可装河石5~6立方米。这种就地取材的方法很好地适应了当地的实际情况。在70年代以前，整个坝子地广人稀，劳动力相对不足，每逢雨季便急需大量的人力去防洪堵水；加之当时物质缺乏，没有足够的财力、物力投入其中，而寨子的家家户户都种有大量的竹子，因此在财力、物力缺乏的情况下，这种传统的治水方式便得到了很好的应用。

在1982年包产到户后，河流的权属关系随着农村合作社的解体而发生了变化，由村寨管理变成了个人管理，坚持"谁受益谁负责"的原则，即河流流经谁家的农田处就由谁负责治理，如果是几户的共有农田则由那几户共同承担防洪任务。这种方式一直延续到今天，采用的依然是传统的竹石笼竹梢工程。竹石笼不仅可以起到堵决口护堤岸的作用，而且可以起到顺水导流的作用。制作工艺简单，就地取材，方便而且经济实用是竹石笼一直沿用至今的原因，但由于竹制石笼底部浸泡于水中，常年受水流的冲击及沙石的磨损，而露出水面的部分又常年受风吹日晒雨淋，很容易腐蚀损坏，这不仅影响防洪的成效，而且损坏的竹石笼每年都得重置，加重了防洪的工作量。后来在县政府"自力更生，勤俭防洪"政策的指导下，采取群众自筹为主，国家补助为辅的办法在解决资金不足的前提下提高防洪成效。由政府提供一定数量的铁丝或钢筋用于村民自己编织铁丝笼，以避免传统竹笼易损坏的缺点，延长使用寿命，在节省劳力的同时提高防洪成效。改良后的钢筋石笼工程取代了传统的竹石笼竹梢工程。今天在项棒寨外围的河流中还可以看到一个个与河岸成 100°～120°角顺流而置的石笼，静静地守护着两岸的农田。

除了汛期的水利工程治理外，人们越来越注重生物治理，重视从源头上去解决问题。水源林大多被规划为国有林而保护起来。而且已被开垦为甘蔗地的山地近几年也有部分种上了各种经济林木，在一定程度上对水土起到了保护作用。寨子周围开始栽种大叶柳、凤尾竹、黑竹等，这些对水土保持都有很好的作用。大叶柳为嗜水性乔木，其枝条易于自行繁殖，易成活，生长快，生长于江河岸边，可以很好地固定水土。而凤尾竹和黑竹等竹子，根系发达，易于栽种，7 年即可成林，能够固结土壤，保护河岸，防止雨水的剥蚀，对于堤岸的维护起到了很好的作用。生物工程与水利工程相结合，不仅提高了防洪管理的效率，而且提高了植被覆盖率，改善了寨子的环境。

四　人水关系的变化

本文所考察的人水关系的变化重点在 20 世纪 80 年代以来。这一时期随着农村生产承包责任制的推行，农村的生产关系发生了较大的变化，也同时影响到了人水关系的变化。下面我们从几个典型的方面来加以考察。

1. 河流的污染与资源退化

清澈的河水，成群的小鱼，与当时傣族人民的生活习惯有着直接的关系。20 世纪 60 年代以前，傣族人民依靠自然，过着一种很环保的生活，日常生活中的很多用品都是取之于自然，如用芭蕉叶以及其他的树叶来包装东西，拿竹篾当绳子拴东西，这些天然的枝叶，使用完后不管被弃于何处，都可以很快地腐烂分解，那时河中漂过的大多只是树叶水草，而田地里使用的肥料都是农家肥或者庄稼收获后的枯枝，加之人口较少，这样的生活方式对当时环境造成的污染很小。因此那时河水很清澈干净，人们直接从河里打水饮用，在河边淘米洗菜，沐浴洗衣。

60 年代末期，随着化肥农药及各种塑料包装袋的出现，河流逐渐受到了污染。人们将使用完后的包装袋扔进河里，有的顺水流至下游，有的被冲置于两岸，或沉于河底，这些东西都不能分解，加之人口不断增多，各种生活垃圾也随之增多。岸边的居民随手将垃圾倒进河里，河水被污染，人们再也不可能直接从河里打水饮用了，而是每家都在院子里挖井，取井水饮用。现在各种塑料袋的使用特别频繁，一个家庭每天使用的数量也是很惊人的，装任何东西都用，而且用后就丢掉。项棒寨的桥头堆满了垃圾，各种颜色的塑料袋混杂其中，河中也不时会漂来各种塑料袋。人们甚至将病死的猪直接丢进河里，天热腐烂后臭气难闻。

河流污染严重破坏了传统的人与自然和谐的局面。河流水环境的变化使鱼失去了它们的生存环境，加之各种不合理的捕鱼方式，使鱼的数量急剧减少，已趋于没有。以前人们用渔网或鱼篓捕鱼，但是后来人们用土炮炸鱼，甚至将生石灰撒入沟中，这样一次的捕鱼量很大，但对鱼及其他生物的伤害却是巨大的。再后来，电捕鱼器盛行，以电击鱼。虽然这些方法较之于传统的渔网和鱼篓对鱼的捕捞量更大，但破坏性极大，因此河中的鱼越来越少，以前一两小时所捕到的鱼，现在一两天也很难再捕到，从河中捕鱼来作为饭桌上的菜已经成了大多数村民的回忆。村里早几年时也有关于"不准炸鱼"的乡规民约，但无人遵守。如今"河中鱼儿成群"的美景早已不复存在。不仅仅是鱼类，其他的生物也一样，沟渠中的田螺、黄鳝都已停留在人们的记忆当中。傣族人们喜食水中的野生植物，如水芹、水香菜等，但这些在今天项棒人的餐桌上已经很难见到，不仅是因为数量的减少，更是因为河流水质的污染，让人们不再放心去食用。

2. 河道资源的过度利用与河道的破坏

随着社会经济的发展和河流权属关系的变化，人们开始积极地去发掘河流的各种附加价值，使河流能最大限度地满足人们的经济需求。20 世纪80 年代以前，人们并没有发现河石河沙的经济价值，只是按需取用，后来当意识到河石河沙所带来的利润时，人们便开始向河流无止境地索取。

80 年代后期，河中挖沙采石现象逐渐增多，并且随着拖拉机等运输工具的出现，挖沙现象越来越严重。挖沙的河段主要集中于木乃河与盏达河的交汇处以及勐勇河与盏达河的交汇处，以盏达河的情况最为严重。下游的挖沙不仅使所挖河段河床下降，而且由于流水的冲刷作用，河中上游的河床也会随之下降。据目测，木乃河的河床在近 20 年来下降了 3～4 米。寨子原来的老石桥就是由于河床下降，使桥墩失去坚硬的基底而坍塌。由于前车之鉴，现在河流上每一座桥，不论石桥还是水泥桥，也不论大小，在距离桥 10~20 米的下游，人们都会用石笼在河中筑起一道坝，防止该段沙石冲走，维持坝以上的河床高度，以保护桥。

现在在河流的两汇流处，每天河中都会有两到三台挖掘机在河中挖沙作业，其挖沙量也是惊人的。按照河中挖沙村民的估计，每天他们至少会从河中挖走 1000 多吨沙石，多数是运往县城附近销售，而"3·10 地震"的灾后重建工作更是加大了对沙石的需求。除了河中挖沙外，附近还有不少砂石厂，这些石厂的原料也是来自河流中的河石，按照石场每天工作 1~2 小时即可生产碎石 10 多立方米，每年正常工作 250 天来计算，其耗石量也是巨大的，尤其是在对建筑材料需求量大的时候，这个数字只会有增无减。

面对河道挖沙采石日益加剧、河道破坏的现象，项棒寨村民开始关注与保护河流，尤其是在对勐勇河的管理上，不仅不在河中挖沙，还在中游和上游筑坝，以保护桥和水头。在项棒寨所属山地的山脚下，勐勇河上游，有这样一块小石碑："告示：项棒寨，拉屯散①田头，第一水头严禁采石拉沙，如造成水头塌方，由采石拉沙者负全部责任。由此界碑上 200 米，下 300 米，如有违者罚款 500~1000 元，望予合作。2011 年 7 月。"虽然这石碑所立时间不长，但清楚地反映了村民对河流的保护意识。这种在河流上游筑坝，当地人称为"打水头"，在上游的河中用石笼筑起一道小坝，在雨季可以防止中下游河水太大，而在旱季时又可以决坝用于灌溉，其作用类似于一个小水库，可以起到一定的蓄水防洪抗旱的作用。项棒寨"打"的这个水头不仅起到了保护水头的作用，而且对勐勇河流经地区的稻田起到了很好的灌溉作用。

兴和村村委会从 2000 年开始就对河流挖沙现象进行了治理，制定了"不准在河中大量采石挖沙"等规定，但由于河流一直由所属自然村各自管辖，因此执行效果很差。由于坝子的这些河流都是沙夹石结构，且雨季河水冲刷力大，易在河中形成冲积堆。大的冲积堆会将河水分流至两旁，影响河道，而雨季涨水时也可能危及两岸农田。这种位于河中的冲积堆是应该被清理的，但河两岸则是禁止挖取的。但这种规定并没有得到很好的

---

① 河边项棒寨的一块水田的名字。

遵守，河两岸依然有人在挖取。针对这种有乡规民约现在却无人遵守的情况，老人们的解释是：包产到户后，河流也分属个人，人们都忙于自家生产，以小家的利益为重，集体性减弱，不服从管理，也无人敢管。

虽然河流的挖沙采石现象已得到了改善，但对河道所造成的严重破坏却是一个不可逆转的事实。据盏达河边一位30多岁的村民描述：在他小时候，也就是20多年前，盏达河河床高，河面很宽。雨季涨水时，河面宽度可达10米，两岸的稻田经常会被淹没，河水最深处可达2米，湍急的河水经常会在河中形成旋涡，使人畜不敢靠近。而今天的盏达河则是另一景象：河面宽度大多不超过3米，河中无大的河石，水流平缓，河两岸则是大片的干枯的沙石，高低不等，河床高度下降了至少1米多。河面下降，使原本是河道的很多地方现在被开垦成了新的农田。在80年代以前，项棒寨所属的稻田直接引盏达河水灌溉的有60多亩，而今由于水位下降，这些稻田全是从其他寨子的稻田引水灌溉。

河床下降，导致水位下降，无形中对人们的生活产生了影响，其中最明显的是井水的变化。传统的项棒人有在院中打井取水的习惯，以前的井只需1米多深就会有清水溢出，后来深至2米多才有水溢出，现在2米多的井已干枯弃用，而3米多深的井在旱季时也经常干枯。水位的下降还对当地植物产生了一定影响。傣族喜竹，每个寨子周围都会有许多竹子，人们用它来围田围地。据老人说，以前这些竹子一年四季都是绿色葱葱，但由于水位降低，两岸养分减少，现在每到旱季，部分竹叶还会枯黄。水位的下降对当地人产生的最直接也是最重要的影响就是农田的灌溉问题，在旱季，水源不好的田地由于土地底部水缺乏，只能靠天吃饭。传统的灌溉方式也深受影响，河床高时，人们直接从河岸挖缺口，用石笼堵水，挖沟将水引进农田。当河床下降得越来越深时，这种简单的堵水挖沟也不能将河水引出，因此以前用这种方式从盏达河引水灌溉的农田，现在也都改用其他灌溉水源了。据老人说，木乃河南边的壮丁寨有一块地为沼泽地，水量丰富，淤泥深，人畜均不敢进入，但随着木乃河水位下降，这块天然湿地现在已经变成水田了。

3. 引水工程发展与用水方式的变化

河流环境与村民的关系最为密切地体现在日常生活用水中，而发生变迁最显著的也是这方面。在河流未受污染前，人们直接从河中打水作为日常生活所用，后又改用井水，但洗衣洗澡依然在河中。后来由于河水水位下降，旱季时部分水井会出现干枯现象，村民的饮水不方便。为了解决村民的饮水问题，兴和村在 2007 年建了人畜饮用水工程，在距村委会约 3 公里的木乃河上游，采取村民集资与国家补助、县财政补贴相结合的办法，筹集资金 180 万元，兴建了饮水工程，将木乃河上游未污染的河水用管道引入各村寨。项棒寨从 2008 年起，全寨都用上了自来水，水井只在特殊情况下使用，有的村民家的井甚至被弃用。饮水工程建好后，采取有偿使用的原则，按用量收取水费，专项专支，并于 2009 年成立了"人饮工程用水户协会"，并制定了相关管理章程，由用水村民共同管理，聘请维护人员对引水管道进行维护。维护人员的要求是懂相关技术、有责任心的当地村民，要不定期地检查和维护供水管道，负责雨季取水口及储水池的清理，各寨管道的重铺与检修等。

自来水管进村后，不仅方便了人们的生活，更是在一定程度上影响了人们的传统生活方式。以前很多需要在河边进行的日常活动，现在大多在院子里进行，如妇女在家中淘米洗菜，小孩在院子里用水管冲凉。而太阳能热水器的使用，使更多的人在家中沐浴，尤其是妇女和年轻人，傍晚在河中沐浴的人大多是老人和男人。河流作为一个沟通与交流的场所，正在慢慢丧失它以往的功能。

五　结论

通过以上的分析我们可以看到，在过去的 50 年中当地的人水关系发生了较大的变化，尤其是在 20 世纪 80 年代以来。项棒寨这个村子由于地处三条河流之间，拥有较好的水环境，为当地人们提供了生活的便利和生存的资源，包括农业灌溉和日常生活所需的水资源，同时人们也可以从河流中获取鱼类等食物资源。当人类和水环境的关系处于一种良好平衡状态的时候，河流为当地人们的生计提供了有力的支撑。

然而在过去的 50 年间，尤其是 20 世纪 80 年代以来，由于生产关系的变化，人类和水之间的关系也发生了较大的变化，直接导致了河流状态的变化。20 世纪 60 年代到 80 年代，由于生产的需要而过度砍伐了对河流生态环境有重要平衡作用的河岸森林，河流生态平衡被破坏。与此同时由于生产关系的变化，河流相关的资源，包括农业灌溉的水资源的管理由民众的传统管理方式过渡到了政府管理，农民在水管理上的参与权也逐步丧失。而更为严重的是 20 世纪 80 年代以来，随着农村生产承包责任制的推行，家庭联产承包制代替了过去的集体化生产方式，同时在这个过程中也使当地民众对水资源管理的责任和权利模糊化，取而代之的是对河流资源的过度开发和对河流的非友好行为的扩大，包括大量开采河沙、污染河流，同时现代水利工程的建设，包括供水设施的建设，也使人们从观念到行为上与河流的关系逐渐疏远，导致了人水关系的巨大变化。因此今天我们可以说，当地民众的思想观念、生产关系、经济利益、行为的变化是河流生态安全最大的影响力，人水关系的天平已经偏向于人类活动，人类活动的结果直接对河流产生了不良影响，今天的人水关系趋向于非良性的关系。

在历史上，人们利用河流相关的资源，包括水资源、食物资源、森林资源等的过程中，已经形成相应的文化关系，人们在治理河流的同时利用河流资源获取生计、提升生活的品质，两者平衡的时候，人类和河流之间保持一种平稳的关系，在这种关系上形成了相应的文化，这就是水文化。水文化包括了人们对水的观念、水和人们的日常生活、宗教生活、农业生产、节庆活动相关的社会习俗、社会规范、管理制度、治理水的技术等文化现象。这些水文化的内容在我们研究的地区也非常丰富，同时对于平衡人水关系起到了积极的作用。然而令人遗憾的是今天这种文化资源正在逐渐丧失，并逐渐导致人水关系的失衡。

在研究过程中我们发现的又一个现象是今天随着现代水利工程的发展，很多当地的民众往往会认为河流和自己的生计的关系在疏远，甚至河流的状态和自己的生计并没有关系，尤其是青年一代对于河流和当地人类生计生活的关系的态度变得越来越淡漠，在人水关系之间更注重从经济利益的角度向河流无度索取。这种现象导致了人水关系的进一步失衡，将不利于当地的可持续发展。事实上人水关系的失衡已经带来了一系列不良的后果，那就是频繁的洪水灾害、河流资源的退化、水短缺等现象。如果河道受到进一步破坏，那么将导致更严重的洪涝及对农业灌溉的影响，直接影响到当地民众的生计与生存，这都是可以预见的直观后果。因此今天我们有必要继承传统的水文化、维持平衡友好的人水关系，才能实现当地的可持续发展。本项研究虽然只是大盈江这条国际河流流域上的一个局部，但是它也具有普遍性。如何构建良好的人水关系，是涉及当地民众的可持续生计乃至于这一条大河未来的一个关键环节。

从大湾村看边疆农村双层
经营体制的完善[*]

全国目前正处于一个强化农村改革的关键时期，完善统分结合的农村双层经营体制是这项改革的重要内容。本文拟从一个典型的傣族农村社区——大湾村公所，对目前边疆民族地区农村双层经营的现状与存在的问题进行一些探讨。

一　双层经营的现状与问题

大湾行政村位于芒市以西，距芒市镇 3 公里，辖区内有昆畹公路通过。行政村辖 11 个自然村，总户数为 789 户，总人口 4869 人。这里大多数地区处于平坝，仅后面有少部分半山区，8950 亩耕地中水田占 5972 亩，旱地 2978 亩，自然条件优越，交通便利，有着发展种植业、养殖业的优势。

党的十一届三中全会以来，大湾村与其他农村一样，通过实行以大包干为主的家庭联产承包责任制，调动了广大农民的积极性，发生了前所未有的变化。人均收入从 1981 年的 204 元增加到了 1991 年的 900 元，人均占有粮食 740 公斤。人民生活也发生了较大的变化，全行政村有电

＊　本文原载《云南社会主义现代化建设文稿》1992 年第 5 期。

视机 442 台，50% 以上农户有电视，有大拖拉机 29 辆，小拖拉机 284
辆，自行车 2100 辆。很多农户翻盖、建盖了新房，更新了生活用具，穿
上了新衣。这一切表明双层经营体制的推行，家庭联产承包责任制的实
施符合农村实际，有利于农村发展，受到了广大农民的欢迎，获得了巨
大的效益。

但是，与边疆广大农村一样，目前农村的经营主要是以家庭为主体进
行的：十年来农村的发展主要是通过调动广大农民的积极性而获得的。这
样，在通过一段时间的发展后，其局限性也就渐渐显现出来，这主要表现
在扩大农业再生产受到制约，集体经济日趋薄弱，农业社会化服务与农村
发展不相适应的矛盾突出，从而影响了农村经济的进一步发展。从国外及
内地发展较快的农村的经验来看，仅仅依靠农民的生产积极性及分散的家
庭经营是难以实现农业现代化的，农村经济的进一步发展除了进一步调动
家庭联产承包责任制的活力外，更重要的是有赖于集体经济的壮大，农业
社会化服务体系的健全，也就是说，要进一步完善统分结合的双层经营体
制。在这一点上，大湾村存在的问题也是较为典型的。

第一，集体经济薄弱。1982 年以后，随着包产到户的农村生产责任制
的实施，集体经济实力日趋薄弱，集体的牲畜、农机、房舍等都承包到
户。目前全行政村没有一家集体乡镇企业，没有集体的种植、养殖项目。
集体的积累完全依靠土地承包的提留。按目前每人每年 12 元的提留金额，
全村每年仅可收入 6 万余元。目前，全行政村在信用社仅有存款 30 余万
元，人均 60 元左右，但是集体需要兴办的事业及开支的项目却很多。如烈
属、军属的优抚费，村社干部的报酬等。目前农村的教育、卫生、道路仍
很差，如饮用水的设施需要改善，农村厕所较少，有的自然村甚至没有厕
所，道路多年失修，环境卫生较差，这些都需要集体投资。此外，农田水
利建设，兴办集体企业，推广新的产业等，都因缺少资金而受到制约，集
体经济的薄弱，已直接影响了农村经济与社会的进一步发展。

第二，家庭经营困难重重，这主要表现在以下几个方面。

（1）农业生产成本提高，影响了农民的生产积极性。随着化肥、种
子、农药、工人价格的不断上涨，农业生产成本不断提高。笔者算了一笔
账，目前以一亩地产粮 1500 斤（两季）计算，每亩地产粮按中等价格计
算可毛收 450 元，但化肥、农药、农机配套服务、种子等就要投入 200 余

元，还不计农民的劳动工价，这样农民每种一亩粮田，每年仅可毛收入250元。种植甘蔗则成本更高，每亩扣除成本纯收入仅120元左右。这其中还有低效、假化肥、农药等各种劣质风险。农业生产成本不断增加，负担都由农民承受，不仅影响了农民的生产积极性，也无力扩大再生产。

（2）农村社会化服务不健全。农村实行家庭联产承包制后，完善农村社会化服务体系，解除农民的后顾之忧是完善双层经营体制，推动农村发展的重要一环。但是目前社会化服务中存在的很多问题也较为突出，损害了农民的利益，不利于农业发展。其中典型的反映在政府与农民的合作中出尔反尔，损害农民的利益。近年来种植甘蔗，当初协议好每种植一亩甘蔗赠复合肥一包，但当甘蔗收获交售时，又要扣除复合肥的钱款。国家实行粮油挂钩的政策，交售公粮后奖售部分平价化肥及柴油，但农民拿到了票却不一定能买到东西，供应部门往往临时规定一个很短的时间，时间一过就作废。粮食收购中压级压价的情况也较突出。如街坡村二队的杨××今年5月交粮522公斤，当场验定为一级粮，开单价为每公斤0.72元，当场未付钱。过了几天去领款，收购粮食的三棵树粮店只按低一个等级的0.70元付款，而不是按交粮时的0.72元一公斤付款，也不重新开单。据农民反映，先去的按原开单价领到了款，而后去的就被压级付款，农民对此意见很大。另外，对农民交通运输收费过多，不利于农业生产。目前农民购买拖拉机较多，有利于农业及商品经济的发展，部分农民离土搞运输，增加了农民的收入，活跃了城乡经济，这是值得鼓励的好事，但由于收费多，而且往往不合理，损害了农民的积极性。据调查，目前对拖拉机的收费多达14种，有的车一上路就要被收费，有的项目收费每年都在提高，致使很多农民无法充分利用拖拉机来发展生产。

与此同时，傣族中一些风俗习惯也影响到了农村经济的发展，农民收入的流向集中投入到婚、丧、年节、建房等方面，影响了农民对扩大再生产的投入。如目前结婚嫁娶花费就很大，讨媳妇要给女方家的彩礼钱就在6000元左右，再加上肉、酒、豆、粮等实物，婚宴花费等，结婚费用高达万元。这就使农民为了子女的婚事不得不尽力积蓄，不仅影响了日常生活，更影响了扩大再生产的投入，有的困难户不得不靠贷款讨媳妇。仅街坡村农民贷款讨媳妇就达1.7万元。办一次丧事也要花三四千元，农民对此意见很大，但人情如一团交织的乱麻，谁对此都无能为力。

第三，农村产业结构仍然单一。目前农民主要以粮食种植业为主，除此之外种植有甘蔗 2597 亩，烤烟 50 余亩及部分茶叶。农民通过饲养猪、种菜也可以获得部分现金，但都不成规模。全村无集体乡镇企业，只有部分农户有碾米机、压面条机，几个自愿组合的小型建筑队。由此可见，大湾村的产业结构仍然是单一的，并没有发挥距城近、交通方便、有山有坝的自然优势，发展多种经营，改变传统的产业结构。因此，大湾村农业发展的出路何在，已是一个亟待解决的问题。

第四，农民的观念适应不了发展的需要。傣族在新中国成立初处于封建领主制社会发展阶段，较之边疆其他民族，个体家庭的发展相对成熟一些。因此，在 80 年代初推行生产责任制时，尽管部分农民对此有顾虑，但还是很快地适应了这一历史性的转变，积极地开展家庭经营，促使生产发生了巨大的变化。但目前农民的观念并没有因此而有一种新的转变，充分地理解统分结合双层经营的意义。首先，部分农民把家庭承包理解为分户单干，干好干坏全凭自己的本事，思想局限于自己的小家庭经营中，集体观念十分淡薄。现在往往一谈到集体的事就很难办。如大湾村前两年也曾办过集体的建筑队等小企业，但都垮了。对于集体的公益事业，农民也不积极。集中开会，传达文件、讨论集体的事，农民都很不易集中。集体观念淡薄，已成为壮大集体经济，推动农村发展的一大障碍。其次，农民思想依然保守，缺乏开拓思想。通过与农民的广泛接触与调查，发现农民的思想仍然局限于土地上，只想好好种好粮食，养几头猪过年，嫁娶时用，而对于进城经商、办服务业、在本地办企业等，或不想，或有想法而不敢为，因此而拓不宽致富的路。最后，傣族社会是一个传统文化稳定、和谐的社会，这就导致人们按传统的规范行事，凡事不愿打破传统的和谐，不愿冒富，凡事也难为众人先。如婚丧事中的巨额消费，众人明知严重影响了生产生活，但无人敢于破此规矩。人情过重，曾有一农户在村边开了一个小饮食店，但亲戚朋友过路都要招呼去吃，这样小店非但不赚钱，反而赔了本。凡此种种，在社会生活的很多方面都有表现。

从以上分析来看，农村双层经营及农村的发展还存在许多问题，就目前来说，这不仅仅是一个集体经济薄弱的问题，农民的家庭经营也同样存在许多问题，需要通盘考虑，加以解决。

二 完善双层经营的对策与措施

完善统分结合的双层经营体制，是当前农村发展重要的一步。就目前来说，完善的重点在统的部分。

统的部分可以分为两个层次，一是壮大集体经济，二是完善农村社会化服务体系。

壮大集体经济是当前农村发展的一个重要环节。集体经济的壮大，有着多重的现实意义。

（1）依靠集体经济的优势。开拓新的产业，调整传统的产业结构，解决个体家庭难以实施的新产业开发项目。大湾村靠近县城，有利于兴办一些新的产业，如村公所在考虑办一个停车场、旅社等，其他还可以办集体建筑队、面粉加工厂、烤烟厂、民俗旅游设施等，以及开发利用后半村的荒坡地种植果树，都需要利用资金及土地，而这一切都不是某个或几个家庭所能承受的，而需要集体投资。目前烤烟的发展之所以受到制约，就在于烟叶的烤制过不了关。农民都希望集体能兴办一个鲜叶烤烟厂，聘请外地师傅来进行烟叶的烤制。

（2）提高农业机械化水平。农业机械化水平的提高，有利于提高农业生产效率，促使农业增产，是农业现代化的重要标志之一。目前农业生产主要还是依靠传统的生产方式，耗工大，效率低。大湾村789户农户中共有拖拉机284台，其中大拖拉机29台，拥有量占总农户的1/3强，多数农户还没有拖拉机，部分农户在耙、犁田、打青时请有拖拉机的农户帮助。1991年机耕面积仅1440亩，不足总耕地的1/4，很多农户只有利用传统的生产方式，生产效率得不到有效提高。很多农户希望集体能有一支拖拉机服务队，进行优惠的农业生产服务。依靠集体经济的实力，就可以在这些方面发挥优势，为农业生产服务。

（3）兴办集体公益事业。集体公益事业既关系到每一个人的利益，也是农村发展的重要内容，需要集体的组织、协调、投资，兴办个体家庭无力兴办但又关系到农业生产、人民生活的事业。在目前的农村，公益事业仍是很薄弱的，尤其是在包产到户后，集体公益事业的发展更受影响。水利设施、道路、饮水设施、环境卫生、村寨绿化等，有的年久失修，有的就没有新的项目上马。很多公益项目都是集体时期搞的。如毗邻拉怀村，水、电设施都是集体时搞的，包产到户后仅修筑了两座小桥，还欠下500元。大湾村也一样，在公益事业方面仍很薄弱，仍有很多项目需要改进。

（4）转移农村剩余劳动力。目前农村剩余劳动力问题不论在内地农村，还是在边疆都显得越来越突出，大湾村现在也存在这个问题。随着经济的发展，农民的生产积极性提高，很多家庭购买了拖拉机，提高了生产效率。与此同时，人口还在不断增加。1981年全村人口为4040人，而1991年增至4869人，10年净增了829人，目前人均耕地水田旱地相加不足两亩。这样必然导致农村出现劳动力剩余现象。据调查，由于没有新的产业，农民在农忙时忙一阵子，平时则往往无活可干，造成了劳动力资源的浪费。从内地的经验来看，第二、第三产业的发展是转移农村剩余劳动力的有效途径。大湾等地目前剩余劳动力问题虽然不像内地那样突出，但已形成趋势，有待于集体经济的发展来加以转移。

统的第二个层次是完善农村社会化服务体系。实行家庭联产承包制之后，农村社会化服务体系就成为农村社会经济发展的一个重要环节了。可以这样说，农村社会化服务体系健全、良性运作，直接关系到农业生产的发展，人民生活水平的提高。从大湾等地的调查来看，目前农村社会化服务中仍存在不少问题，一是项目少，二是服务质量差，三是还存在部分卡农坑农的现象。就目前来看，完善农村社会化服务体系重点应放在以下几个方面。

第一，应强化服务意识，转变服务作风。目前为农服务的机构虽然存在，但由于部分服务部门服务意识不强，作风不对，甚至存在卡农坑农的现象，在群众中造成了不良影响，直接地影响到了农业生产。因此应对为农服务部门进行整顿教育，强化为农服务的意识，搞好农村社会化服务体系的建设。

第二，搞活农村流通。由于商品经济不发达，部分农副产品限制农民自己经营，国营购销渠道已成为农村商品流通的主渠道，这条渠道的作用发挥好不好，直接影响到农村商品的生产和整个农业生产的发展。但目前基层购销部门不仅服务质量有待提高，服务项目少，方式不灵活，而且往往还存在亏损现象，难以充分发挥应有的作用。因此在目前搞活农村流通的工作中，首先应对农村购销部门进行经营整顿，增强其经营活力。另外，应多渠道搞活农村流通。开放农村市场，部分统购产品也应在有利于农民，有利于生产的前提下让农民及外地商人经营，鼓励农民参与农村流通活动，是搞活农村流通的一个重要方向。

第三，增强对农村科学技术的投入，健全设施，加快科技推广。科学技术对农业来说同样是第一生产力。近年来农民在科技推广中尝到了甜头，尤其是包产到户后，掌握科技已成为家庭致富的重要途径，农民接受科技的热情很高。在调查中，我们了解到，农民们争相引进新的种植技术及牲畜品种，甚至不在乎失败地试种、试养，在这其中是否掌握科技又是成败的关键。如有的农民引种番茄，由于较好地掌握了种植技术，年收入达千元以上，但有的家庭却因不懂技术而收入较少，甚至赔本。村干部说，现在开群众大会很难，但开科技会群众却很踊跃。目前的状况是群众对科技的需求较大，但科技推广却远远满足不了这种需求。大湾行政村789户农户中仅有1名农科辅导员，各方面都不能满足农户的需求。大湾村的上级管理机关——城郊乡政府，下属一个与县双管的农技站，现有3名技术员，除工资以外没有任何科技推广辅导费，这致使应开展的工作无法开展。因此，进一步增加对农村科技的投入，健全设施，加强科技推广已成为当务之急。

在完善统的部分的同时，进一步稳定家庭联产承包，搞活家庭经营也是十分重要的，与统的层次相辅相成，缺一不可。当前应做好以下几方面的工作。

第一，进一步完善承包合同。现行承包合同是在1983年承包时签订的，几年来仅做过一些小的修改，通过几年的承包，合同不完善的问题已渐渐显露，如双方的权利与义务规定不具体，难以追究违约责任，有的承包户不完成国家征购任务，不缴清集体提留款、提留粮，不出义务工，甚至改变土地用途，"号地"，转租土地。从目前的现状来看，提留的金额也偏低，不利于壮大集体经济实力。更重要的是，目前的承包合同未经司法公证，不具有法律意义，不能依法进行管理、解决纠纷。因此，应在认真调查研究的基础上尽快进行完善承包合同的工作。

第二，尽量减轻农民的负担。目前农民的负担除了看得见的外，还有很多是变相、隐性的。如对农产品的收购压级压价，农业生产物资的搭配、涨价，交通运输管理费用等的征收，交售农副产品不断上涨的运输费用，对驾驶员、工作人员的招待费等，这一切不正常的开支，都加大了农民的负担，既影响了农民的生产劳动，又不利于农村的安定团结。因此各级农村服务部门都应强化服务意识，端正经营思想与作风。切实减轻农民的负担，促进农村生产的发展。

第三，鼓励农民开拓新的产业，依靠新的产业发家致富，贡献国家。目前，在本地农村中，传统的种植、养殖业占主导地位，而要进一步致富，则必须发挥本地优势，开拓新的产业，发展新的种植、养殖业。有一些农户已在这方面见到了效益，如大湾行政村所属的广相村推广种植优质牧草700余亩，养牛200余头，纯收入13万元。部分农民种植蔬菜年收入达一两千元，部分农户购买碾米机、压面条机等进行有偿服务，收入也很可观。由此可见，开拓新的产业是农民家庭致富的重要一环，应在搞好传统产品生产的同时，充分地利用靠近城镇、山坝结合、自然条件优越的优势，发展新的种植、养殖业，农业服务部门应在资金及技术上给予更多的扶持。

双层经营体制是中国社会主义农业现代化建设的一项伟大创举。完善双层经营关系到农村的未来发展，这一体制是一项庞大的系统工程，必须通盘考虑，全面协调。既要解决好统的部分中存在的问题，也要进一步稳定家庭联产承包责任制，调动农民的生产积极性，搞活家庭经营，同时，还要实行有利于农业发展的配套服务政策，在民族地区还应考虑到不同民族的实际与社会特点。因此，在目前完善农村双层经营的工作中，应通盘考虑，才能收到好的效果。

德宏傣族社会的变迁及
其民族认同重构*

民族认同是各民族保持本民族记忆、文化及文化边界的最重要因素之一，但它也是一个受到内外部变化影响的可变因素。因此，民族认同的重构将始终不断出现在不同时期和社会环境下。如今，全球化的浪潮已不可避免地影响到了诸多民族，并已导致了新一轮的民族认同重构，当前开放的环境下人们将很难阻止其改变。因此，民族认同的重构将影响到该民族文化的发展和民族的前景。基于长期的田野调查，本文力图通过以中国云南省德宏傣族景颇族自治州的傣族为例来研究中国边境地区民族的认同情况，并由此来阐释新中国成立后，民族认同是如何随着政治改革和社会经济变迁而改变的。此外，将进一步探讨社会变迁和当前环境对傣族民族认同的影响，并将变革中的傣族民族认同重构与民族关系、政策改革、社会经济发展、全球化浪潮的影响特别是跨境民族研究联系起来，以此来了解民族文化的发展和前景。

一 20 世纪 50 年代以来的德宏傣族文化变迁

傣族是分布于中国云南的一个少数民族，在中国境内有 115 万人，与

---

* 本文原文用英文写成，中文译稿原载泰国《泰中学刊》2010 年号。

聚居于东南亚的泰人有着共同的民族渊源。德宏傣族景颇族自治州成立于1956年，是中国傣族的主要聚居地，与缅甸掸邦接壤。

德宏州自古以来便是诸多民族的聚居地，其中主要包括傣族、景颇族、阿昌族、德昂族等。

1949年，德宏州总人口数为354977人，其中傣族为126195人、景颇族60611人、阿昌族9806人、傈僳族11312人、汉族143127人。①

2008年，德宏州总人口数为116万，其中傣族35.22万人，占总人口的30.36%；景颇族13.45万人，占11.59%；阿昌族2.94万人，占2.53%；傈僳族2.93万人，占2.53%；德昂族1.38万人，占1.19%。

新中国成立，可谓包括傣族在内众多少数民族社会变迁的分水岭。新的政治和社会经济改革在这一时期起步，各民族都被卷入这场新的变革中并深受国家统一变革的影响。根据国家变革的过程，我们可将少数民族文化的变迁分为如下几个阶段。

1955年以前，德宏被分割为10个封建行政区域，即土司制度。土司制度始行于元代：土司虽然对其所属的辖地实行经济上、政治上、军事上的高度自行管辖，但实际上附属于中央集权政府。当时，由于傣族是当地的主体民族，因此大部分的土司是傣族。在此历史背景下，傣族成为当地的统治民族，而傣文化也成为当地的主流文化，对其他民族产生了深远的影响，但并未受到其他民族文化或者外域文化的太多影响。但是长期的文化封闭状态随着新中国的成立被改变了。

20世纪50年代是傣族历史的分水岭。德宏州地方封建政权下的政治和经济体系由此终结，傣族也进入整个国家的变革中，同时长期的文化封闭状态通过新的政权、教育制度及其他制度的建立也被改变了，进入国家文化一体化的发展进程中来。

在20世纪60年代到80年代早期这20多年间，中国经历多次的政治运动。在此期间，不仅是傣文化，其他民族的传统文化及汉族的传统文化都受到了严重的破坏。在德宏州傣族中，其信仰的佛教及万物有灵的传统宗教、民族的传统节日等都被禁止了，服饰也被要求改穿汉服。经济形态也随之被改变，耕地所有权由原先的私有转为公社制，人们共同劳动共同

---

① 杨星明主编、德宏州史志办公室编《德宏年鉴（2018）》，德宏民族出版社，2008。

分享收成。这场政治运动给人民带来了巨大伤害，甚至导致了很多人通过边境迁移到缅甸、老挝和泰国。

80年代，以改革开放为起点成为一个发展的转折时期。在经济方面，耕地按照家庭联产承包制分配给农民，这一政策现在仍然能给农村带来高效的发展。在民族文化方面，实施了恢复民族文化传统的政策，恢复了传统节日、社会传统习惯及宗教活动自由。特别是在80年代早期，宗教政策恢复了，人们有民间宗教的信仰自由，由此掀起了一股复兴宗教信仰的浪潮，很多傣族年轻男子离开学校回到了寺庙，这股浪潮使当时学校变成了"女子学校"。不论怎样，这都是一个民族文化复兴的特殊时期。

2000年后至今，是一个民族文化开始混合越来越多外来文化成分发展的新时期。随着中国迅猛的变革和发展，一个开放的社会经济大环境已经将傣族及其他国内少数民族的文化推向了一种新的发展态势中。一方面，文化传统恢复的进程已经完成；另一方面，傣族文化需面对汹涌的异文化侵入。在全球化进程已成趋势的今天，势必将带来一个融合本土文化、国家文化、外来流行文化、其他地区泰文化，甚至是西方文化的新文化时代。

二　社会变迁和民族认同重构

认同感是依据民族心理的水平而定的，它会随着各民族政治、文化、社会经济的改变而改变，并不一定总保持在某种固定形态上。[①] 以德宏州傣族为例，在20世纪50年代以后，它的民族认同根据社会变迁呈现出有规律的重构。

如前文所述，在50年代之前，民族认同是基于一个地方封建政治体系和封闭的社会环境、民族文化中的。在此之后，民族认同经历了一个迅速变革和重构的时期。

50年代之后，新中国建立了全国统一的政府管理体系。人们改变了认同，从对封建社会的认同转向对新的国家政权与文化的认同，伴随着这一

---

① 郑晓云：《文化认同论》，中国社会科学出版社，2009。

过程开始了新的认同重构。但在这一时期，有两方面因素是民族认同重构中具有代表性的。

一是傣族成为中国一个法定的少数民族，他们的民族文化边界和认同也因此而改变。在过去，傣族因长期处于封建政治环境中，没有十分明确的国民、国家和边界概念，更多的是"我居住在哪里"及对"哪里"的地域性认同。新中国成立后，傣族开始有了更为清晰的国家和国民认同概念。他们有了更为明确的中国人的认同感，并且很快的明确中国傣族、缅甸泰人及其他国家泰人有着明确的国家边界，尽管他们拥有共同的民族渊源。尤其是这种国家及公民的差别通过历次的政治运动被前所未有地强化。对德宏的傣族人来说，至少掸人和傣族是不同的民族概念，所以说国民概念的出现是影响傣族民族认同重建的一个重要因素。新中国成立之后，国家认同的确立是傣族民族认同重构中一个非常重要的发展。

在历史上，傣族是当地的主体民族，这一状况形成于历史上的社会环境中，同时相关联的民族认同也产生于这个过程中。也因为如此，傣族没有对于其他民族的文化认同，甚至不平等地看待其他民族文化。但50年代之后，傣族渐渐形成了对其他民族的文化尊重和平等发展的民族文化认同，这种状态是新中国倡导的民族平等政策的结果，并对傣族文化认同产生了深远的影响。因此对其他民族文化的认同也成为傣族文化认同重构的一个重要内容。

二是受到国家文化的影响而开始了其民族认同重建过程。随着一系列现代教育、文化、医疗卫生、交通、通信等事业的建设发展及改革开放所带来的社会交往的扩大等因素的影响，傣族传统社会的封闭状态被逐渐打破。傣族很快融入全国发展的进程中，并随着这些改变与影响，逐渐接受外来观念，认同国家主体文化，从而开始了民族认同重构进程中对国家文化的认同，国家主体文化成为傣族文化认同的重要内容。

21世纪以来，整个中国的经济、文化都在迅猛发展，同时全球化的融合也越来越引人注目。总的来说，当代德宏社会变迁过程中的主要特点如下。

在经济方面，生产的目的已经从自给自足的传统模式转化为市场经济模式。生产结构已随着市场而改变，依靠传统生产方式种植的水稻、橡胶树、甘蔗、水果以及其他经济作物快速发展起来，特别是德宏已成为我国甘蔗的主要产区之一，这种改变显著地提高了傣族人的经济收入和生活水平。

在社会方面，随着交通建设的发展、社会的开放以及商业繁荣等让人们与外界的交流越来越频繁。每年有超过 300 万的旅客到德宏州旅游，同时还有很多年轻人外出到大城市打工，这也对傣族社会带来了明显的社会文化影响。又一个重要的改变就是边境开放使当地人出入境变得很方便，傣族跨中缅边境而居，目前社会交往与做生意都很自由，这就形成了一种对两国居住环境相比较的心理。当地傣族人在文化、宗教、社会、经济环境等方面对两个国家的状况不断进行比较，这一点对当地人的国家认同有较大的影响。总而言之，哪一个国家的社会环境对自己有利则对哪一国家的满意度高。或者表现在对某个方面的满意度的差别，这都会影响到人们的文化认同。今天，在对国家发展的满意程度上，当地傣族对中国满意的程度远高于境外傣族地区。

在文化方面，文化设施的建设加快了傣族文化环境的变迁进程。今天，在政府"村村通电视、电话"的政策规划下，电视、电话已经覆盖了绝大多数村寨，网络也可在整个区域连接。村民使用网络与外界联系变得越来越流行，这些改变对傣族带来了前所未有的文化影响。

在这种背景下，傣族的民族认同已经进入了一个迅速重构的时期，一个自我选择文化和重构民族认同的新时期。在今天的开放环境中，国家的认同已基本建立起来，但对外来文化的选择却是一个远没有完成的过程。

在这种背景下，德宏州傣族的民族认同面临着一系列影响到文化认同重构的因素。

首先，傣族必须保持本民族的民族认同，而民族认同又是建立在其文化上的。但是，在经历过长期波动的变迁后进入今天开放的环境中，传统文化已经在很多方面失去了其实质，很多文化元素也在过去的十多年中消失了。因此如何保持和传承傣族文化已成为当前所面临的重要议题。

其次，国家认同是建立在民族认同的基础上的。傣族需要巩固其国家认同。傣族的民族认同在 60 年代到 70 年代政治运动中曾经历过破坏而陷入困境，并重新经历了一段长期的文化复兴过程。在今天，与国外聚居的傣族相比较，国内傣族地区发展和稳固的社会环境明显地提高了傣族人民的生活水平，这有力地增强了傣族的国家认同。德宏傣族也已经深深地认同了国家的主流文化，积极参与到国民教育中来接受国家文化。这种状况已不仅仅是德宏州傣族，还包括其他地区的傣族。

最后是全球化的影响。如果说六七十年代的傣族文化变迁是由强大的政治力量驱使的，那么今天一股温和的浪潮给傣族文化带来了意义长远的、更多的改变，更深地影响到傣族的民族认同，这股温和的浪潮便是文化全球化。随着现代通信、社会经济交流、旅游业的发展，大量外界文化因子正不断地进入傣族的民族认同中。客观而言，时至今日，傣族还没有成熟的观念去有选择性地运用这些因素来重构他们的民族认同。

三　结语

通过上面的论述，我们可以了解到在 20 世纪 50 年代后导致傣族民族认同在不同社会变迁时期重构的原因。在 50 年代之后，傣族的民族认同从建立在中国和东南亚傣泰同源的民族文化状况下转化为随着新中国成立而开始的国家认同新时期。在此之后，傣族经历了 60～70 年代政治运动带来的文化导入，80 年代的文化复兴，以及 90 年代后的社会开放环境中的一个新时期。这些都导致了新中国成立后傣族民族认同的重构。现在，傣族民族认同的重构已处在全球化的背景之下，傣族将面对以下一系列因素，例如传统文化及其认同、国家认同、地方认同以及全球化等。因此，如何在今天的新环境下重构其认同对于傣族的将来具有重要意义。但导致民族认同重构的因素还不仅仅如此。如何重构民族认同、是否有必要强化少数民族的民族认同、在发展中认同一些什么样的外来文化、如何在认同的构建中吸收外来文化、从地方认同的角度来看如何定义现在德宏州的傣族，以及是否需要有"德宏傣族"这样的概念等，这一切都仍需要人们的智慧去回答。

激情与和谐：傣族文化精华[*]

　　傣族是一个古老的民族，在长期的历史发展中创造了灿烂的民族文化，对人类文明的发展做出了巨大的贡献，今天的傣族文化仍然像一块绿宝石放射出璀璨的光芒。

　　今天居住在中国境内的傣族99%分布在云南省，人口约122万。在云南省境内主要集中居住在西双版纳傣族自治州、德宏傣族景颇族自治州、普洱市、临沧市以及元江、澜沧江、金沙江等几条大河流域。傣族的居住地区主要是云南南部的平坝以及大河流域的河谷地区，这些地区大多数是亚热带地区，气候炎热、降水充沛、植物茂盛、物产丰富，傣族的文化也与其居住的地理环境有密切关系。

　　傣族文化五彩斑斓、傣乡的风情令人陶醉。走进傣族的家乡，与傣族人接触，体验傣乡的万般风情，感受傣族丰富和深邃的文化，无人不感到傣族人民的生活充满激情，傣族文化中处处体现着人与人之间、人与自然之间的和谐，激情与和谐是傣族文化这首恢宏的交响乐中的主旋律，贯穿始终。

水，傣族文化之魂

　　水对于人类来说是必不可少的生存条件，每一个民族对于水都有特殊

　　* 本文原载杨寿川主编《云南特色文化》，社会科学文献出版社，2006。

的感情，然而对于傣族来说这种感情更为浓厚，水的含义在傣族文化中更为深刻。

傣族是一个古老的农业民族，水稻种植是傣族农业的基础。傣族种植水稻有悠久的历史，虽然今天已经没有可资考证傣族种植水稻历史的文献资料，但是在西双版纳发现的野生稻证明了傣族在远古时期就已经从事水稻农业。日本学者渡部忠世在西双版纳发现了多个野生稻品种，从而证实在远古时代西双版纳已经有稻作农业存在。

水稻种植使水与人们的生存关系更加密切。水是水稻种植的关键要素，水稻种植与旱地农业有很大的区别，那就是水稻种植是以人工灌溉为基础，而山区旱地农业主要依靠自然降水补给水分。这样，水稻种植必须有水利灌溉设施。在傣族历史上最早出现的社会分工就有专门管理水的人，在进入阶级社会后，不论地方政权还是村社组织中，都有专门管理水的官员和专门人员。傣族各地的封建地方政权都制定了有关水利的法律法规，对水源的保护、水利设施的修建与维护、水的分配做了详细的规定。比如每个村子必须保护水源林，牛马牲畜不能破坏田埂，每到种植之前都要组织村民们修通道沟渠、分配用水，对于不参加的人要进行严格的处罚，等等，都写在有关的法规中。与此同时，在人们的原始宗教祭祀中也有大量的祭祀水神、保佑丰收的内容，在每年兴修水利之前以及播种之前，都要举行专门的宗教祭祀，祈求神保佑有充沛的水以保证水稻的生长。在每年的丰收之后，人们也要再次举行祭祀，感谢水神的保佑带来了丰收。水稻农业的发展，养育了一代又一代傣族人民，也推动了傣族社会的发展。

为了水，人们选择自己的生存环境，爱护周围的环境。

傣族是一个择水而居的民族。傣族选择自己的生存环境总是和水连接在一起，在历史上傣族人民一般选择居住在有水的平坝以及大江大河的河谷地区，因此傣族人民迁徙的规律总是顺着大江大河寻找新的居住地，在今天几乎所有云南境内大江大河流域都可以找到傣族的踪迹，水是傣族人民生存的希望所在。

在选择一个地方建立村子时，傣族人民心目中最理想的居住地方是背靠青山、面对平坝，这样人们可以依靠背后的青山源源不断地供给清水，平坝里纵横的河沟也为傣族人种植水稻提供了丰富的水源。今天我们来到傣族人民居住地区，仍然可以看到，只要历史悠久的村子总是建在山脚下与平坝接壤的地带，一座座傣家的住房掩映在山脚下郁郁葱葱的树木中。

傣族人民选择水源丰富的地方居住，同时他们也在保护着心中神圣的水。选择在山脚下建立村子，最重要的就是保护好山上的水源，因此傣族人民在自己居住的村子后面规划出了一片片水源林，制定种种乡规民约对水源林加以保护，任何人不能在水源林里面砍伐树木、放牲畜，更不能开垦种植，为的是让子孙后代都有水喝，都能在这块土地上世世代代生存下去。

为了保护水源，不砍伐树木，傣族人世世代代沿袭着一个古老的传统，那就是种植一种叫作黑心树的树木，用来采伐烧柴。在傣族居住区，家家户户在房前屋后种植黑心树。这种树生长非常快，一两年就可以砍伐一次枝干，满足生活用材的需要，这在云南少数民族中是不多见的。这一传统是傣族人保护自然生态环境、维持人与自然和谐的一个最典型的例子。

水不仅仅保障了傣族人民的生存，傣族人民能够世世代代在这块土地上生存下去，同时水也带给了傣族人民生活的欢乐。因为傣族人民离不开水，有的地区的傣族甚至被其他民族称为"水傣"，这一形象的比喻，来自傣族人民对水的敬仰以及在水中寻找到的人生的欢乐。

沐浴是傣乡一道亮丽的风景。每天傍晚，当太阳金色的余晖洒满大地的时候，劳作了一天的人们伴着欢声笑语向村外河边走去，下河沐浴，让清澈的水洗涤身躯，洗去一身的疲倦。在江河边，男子们在上游沐浴，妇女们则在下游沐浴。妇女们脱去上衣，用筒裙围住胸部，慢慢向水中走去，下水之后再将筒裙向上卷起盘在头顶上，裸露身躯开始沐浴。沐浴是欢快的，妇女们一面享受着水对于肌肤的滋润，一面欢歌笑语，互相嬉戏，推推打打，或扬起飞溅的水花，或与上游的男同胞们对唱山歌，一直到太阳完全被西边的山遮掩之后人们才依依不舍地返回家中。傣族人民喜爱沐浴，沐浴已经成为人们每日生活中必不可少的一个部分，这是对水的体验与热爱。

水不仅伴随着人们每天的生活，更是洗涤人们灵魂、给人们带来欢乐的圣洁物。这一点在每年傣历年伊始体现得淋漓尽致。泼水节是其他民族人民对傣历新年生动的称呼，每年的泼水节就是水的狂欢节。每年的公历

4月13日至15日是信仰佛教的傣族人民的新年，在这个新年里最令人激动的是最后一天的泼水狂欢。这天早晨，人们首先举行水的祝福仪式，家家户户都准备了清澈的水，水盆中放满了鲜花，在泼水狂欢之前，人们要用橄榄树枝洒一些水给被祝福的人，首先是老人给年轻人洒水表示祝福，然后是年轻人给老年人洒水表示祝福，之后互相洒水。在这里水代表美好的祝愿，把水洒向对方也就是把自己的美好祝愿洒向对方。

洒水祝福仪式结束之后，就是人们期待已久的泼水狂欢活动。人们先试用橄榄枝向对方洒水，随后俏皮的小伙子就会将一盆盆水洒向姑娘们，挑起洒水的狂欢大仗，一盆盆水泼向亲朋好友，欢声笑语伴随着飞溅的水，不一会儿整个世界就变成了一个水的世界，人们忘记了人世间的喧嚣与烦恼，忘记了贫富贵贱，这世界里只有圣洁的水在飞溅，只有人们的快乐在真实地存在。

没有一个民族不需要水，没有一个民族不爱水，但是像傣族这样将自己民族的灵魂与水这样紧密地联系在一起，水对于每一个人来说这样刻骨铭心，确实是不多见的。

贝叶与傣族的宗教文化

中国的傣族除了分布在元江流域以外的，大多数信仰南传上座部佛教。在傣族居住地区，一座座佛塔耸立在高高的山顶上，一座座金碧辉煌的佛寺掩映在傣族村寨的绿树丛中，不论在村子还是在街道上，常常可以看到一个个身披黄色袈裟的和尚，村子里的寺庙中不时地传来和尚们朗诵佛经的声音。自13世纪佛教传入傣族地区以来，佛教与傣族文化已经融为一体，对傣族文化发展产生了巨大的影响。

要了解傣族的宗教文化，就必须从傣族宗教文化的精华——贝叶经谈起。

贝叶是一种生长于热带、亚热带地区的名叫贝多树的叶子，属于棕榈类，在中国云南南部傣族地区都生长着这种树。这种树不仅外观秀美、独具热带风情，而且被人们作为书写文字的载体。13世纪佛教传入傣族地区，此后人们还用它来书写经典，形成了相关的文化现象，这一传统虽然是从古印度传过来的，但是在傣族地区又有了更进一步的发展，对傣族古代文明发展起到了巨大的推动作用，成为傣族古代文明的象征。

将贝叶制作成书写材料有着独特的工艺程序。它首先是要将贝叶一片片切割整齐、捆绑起来放在水中煮，同时放一些柠檬，以使之变成淡白色。煮过之后再把它拿到河边洗干净，压平，然后风干收藏起来，准备制作书写材料。制作贝叶有一定的尺寸，按照一定的尺寸将叶子切割整齐，打磨光滑，每五百至六百片装订成册，就可以作为书写贝叶经的材料了。

在刻写佛经时，先用墨在叶子上画上线，然后用刀尖刻上横线，再在上面用铁针刻写上经文。刻写完经文后，在经册的侧面涂上金粉或墨，加以装饰并保护，这样就完成了贝叶经的制作。

贝叶被制作成书写的材料，是傣族人民接受外来文化并加以发展的结果，是傣族人民智慧的结晶。与此同时，与贝叶相关的传说、这一书写材料的运用及制作等文化相应而生，形成了一种独特的文化现象。贝叶不仅被用来书写佛经，同时也用来写信，记录人们的思想与知识。今天我们所能见到的贝叶文献不仅有佛教经典，也有天文地理、医药卫生、生产生活、阴阳历书、社会历史、哲学、民间传说、民族风情、语言文字、工程建筑、农林水利等，可谓包罗万象，是傣族文化的百科全书，对于今天研究傣族的社会历史有重大的价值。试想如果没有贝叶这一书写材料的发展，傣族的很多文化就将失去记录，就将失传。

佛教对傣族人的一生都有着重大影响。傣族男子在五六岁时就必须进入佛寺当和尚，三年以后才能还俗。在傣族传统社会中，这是人生最重要的一个过程，只有进过寺庙当过和尚的男子才被人们看作真正的傣族男子，为社会所承认并且拥有相应的社会地位。而一个没有进过佛寺的男子不但没有社会地位，在过去甚至没有姑娘愿意嫁给他。在十年"文革"中，傣族人民的宗教信仰曾经被禁止，造成成年男子没有机会进佛寺当和尚，但在80年代宗教信仰重新得到恢复后，很多男子为了进佛寺甚至不惜离婚。男子们在佛寺中学会了傣文、佛经以及天文地理知识，也学到了为社会所认同的社会规范，这一点在傣族社会中是十分看重的。对妇女来说虽然不能出家当和尚，但是在自己的一生中要按照佛教的规范来约束自己的行为，要认真履行信仰佛教的种种义务，如认真参加各种宗教活动以及对佛的礼拜、行善弃恶等。

信仰佛教，人们在自己的一生中认真礼佛，参加各种祭祀活动、遵守有关规定。依据佛教的教规，人们不能偷窃、杀人、奸淫，要做到六根清净，与人为善，严格按照佛教的教规教义来规范自己的行为。例如在每年7月至10月的"开门节"至"关门节"期间人们不能出远门、不能谈情说爱、结婚，要认真参加每七天一次的佛事活动，老年人还要到佛寺中住几天。同时对于佛教的贡献既是一种义务也是一种荣耀，在每次佛事活动中人们都会尽力地奉献各种供品，例如食品、衣物、各种生活用品、金钱等。对于虔诚的信徒而言，一生中还必须做几次大"赕佛"，例如在西双版纳地区"赕曼哈邦"。由于花费较大，并不是每家人都能做得到，所以一家担负，全村光荣。由于信仰佛教，人们的行为规范受到佛教的约束，对傣族社会的和谐起到了积极的作用。

在傣族社会中佛教除了与人的一生有密切关系外，与人们的社会生活也密切相关，这一点典型地反映在与宗教相关的各种节日中。如每年傣历新年"泼水节"就是傣族最隆重的节日，这一节日就是一个宗教节日，节日历时三天，家家户户杀猪宰牛，人们唱歌跳舞，泼水祝福。每年一次的祭塔也是傣族最重要的宗教节日，尤其是一些知名度较高的佛塔更受到人们的重视，例如景洪的曼飞龙佛塔，每年11月的祭塔活动都会吸引来自国内外的数千人参加，同时也成为人们走亲访友、做买卖的机会。再如每年的关门节、开门节等与佛教相关的节日也与过新年一样十分隆重。宗教节日以及相关的祭祀活动是傣族社会生活中最重要、影响最广泛的内容之一。

佛教也是民族文化艺术的重要传承要素。傣族文化的传承，尤其是以文字相关的传承自古以来就是在佛教寺庙中完成的，傣族男子在进寺庙当和尚的同时，也学会了书写文字，学习了相当的天文地理、历史、数学方面的知识，因此对于傣族的传统社会来说，佛寺也是针对傣族男子开设的学校，人们在这所学校中学到了文化。

佛教还形成了相应的文化艺术，如寺庙建筑、宗教雕塑、绘画以及各种祭祀使用的工艺品等，今天我们在傣族地区仍然可以看到大量的古老的佛教建筑，如曼飞龙塔、景真八角亭、曼阁佛寺等。同时与佛教相关的文学艺术也丰富多彩，其中有很多古印度及东南亚国家的文学作品也因为佛教的传播而传入傣族地区，例如在傣族地区广为流传的《召树屯》就是一个在东南亚国家广为流传的爱情故事。佛教的传入带来了丰富多彩的佛教艺术，在傣族社会中产生广泛影响。佛教在今天的傣族社会中非理性的因素已经在慢慢淡化，而与此同时佛教形成了从人生到社会规范、社会生活、节日文化、文学、艺术等丰富的内容已经成了傣族文化中不可分割的一部分，已经成为傣族人民拥有的一笔重要的文化遗产。

傣族在信仰佛教的同时，还保持着自然崇拜，它是傣族自己的民族宗教。傣族自然崇拜的思想内核是万物有灵，在人们的思想观念中，山、石、天、地、太阳、月亮、树木甚至生产工具都有灵魂，因此人们在生产生活中对自己的环境都要百般爱护，乞求得到神灵保佑。例如在种植水稻的过程中，从犁地、放水到收割的每一个环节都要进行祭祀，祈求神灵保佑获得丰收。尤其是在新米收获的时节，更要隆重祭天，感谢神灵的恩赐。此外，人们在修筑水沟、上山伐木、狩猎等活动中都要祭祀相关的神灵。如上山狩猎一定要祭山神，祈求山神保佑能打到猎物，而在打到猎物的时候也要再次祭祀山神，祈求山神原谅人们对山神的打扰。

在社会生活中，人们也相信人有不灭的灵魂。因此在傣族社会中，家庭有家庭祖先的灵魂存在，村子有村子祖先的灵魂存在，一个地区也有始祖的灵魂。这些祖先的灵魂也就成了保佑人们的神灵。为了祈求祖先神灵保佑，也要常常祭祀。在每个家庭中，都设有一个小神坛，过年过节或者有什么好事、要出远门等都要祭祀祖先。在很多村子的中央设有本村神灵的祭坛，作为全村子的中心，每个家庭的神集中在这里，一个家庭放上一个木柱，这表示一个家庭的存在。这里每年还要进行一次全村子的集体祭祀活动。

今天，当人们走进傣族村寨时，都可以在村子的中心看到一棵高大的菩提树，这就是傣族村寨的象征，也是傣族村寨的保护神。傣族的每一个村子在建立时都要种下一棵菩提树，人们对它也要经常祭祀，祈求神树的保佑。

自然的神灵对于傣族人来说是不可触摸的，人们崇敬它，但同时也拉近了人与自然之间的距离，从而维持了人与自然之间的和谐。人们爱护环境、保护树木、水源等，这些传统的观念在今天的可持续发展中仍有重要的意义。因此傣族丰富多彩的宗教文化不仅丰富了傣族的精神世界，也在傣族的现实世界中积累起了一笔巨大的文化财富。

人间至爱：傣族的婚姻与家庭

每一个民族都有对爱情的追求，每一个民族也都有表达爱情的方式，追求真挚的爱是每个傣族人至高无上的愿望，而表达爱情的方式也是那样的浪漫而富有诗意，使多少人心醉。

傣族青年恋爱自由，在过去男青年到了十八九岁，女青年到了十六七岁就可以谈恋爱了。恋爱的方式是富有情调的，人们在日常生活中认识，并互相有了爱的意向，而傣族社会中存在的"窜姑娘"这一特有的方式则为青年人进一步互相了解及表达自己的爱意提供了机会。

"窜姑娘"的方式多种多样。在过去，纺织是傣族妇女们的重要劳动。但姑娘们喜爱纺织还因为它是一种男女相互接触的好方式。每天夜幕降临，姑娘们就会在自己家的房子后面或大树下点起火堆，然后在火堆边架起纺机纺线织布。这时，男青年就会来到她们的身边，与她们谈天，寻机拉近两人之间心的距离。如果女青年心中也有意，也就会与男青年说笑，对唱山歌，约定下一步的约会时间，如果女青年无意，那么对男青年的热情是不会理会的，只会应付，当然第二天男青年也就自觉地不再来自寻没趣了。

在村子边的树林中、凤尾竹下，夜晚传来男女青年的阵阵歌声，那不一定是节日的夜晚，那是"窜姑娘"的又一种形式了。男女青年们相约在这里，说笑、对唱山歌，这是青年们最喜爱的一种交际方式，在山歌中娱乐，在山歌中试探对方的心境，在山歌中表达对对方的爱意，显得十分浪漫。经过一段时间的接触，当一对有情人有了明显的意向后，他们就会约会了。

有情人的约会也是富有诗意的。他们成双成对地来到安静之处，用一块毯子将两个人围在一起，开始进入自己的悄悄话世界了。

在元江上流的花腰傣中，每年新年期间的"花街节"也是有情人相会的好机会。盛装的花腰傣少女腰间系着花竹箩，里面装着米饭、腌肉等好吃的东西，遇到中意的小伙子，两人便相约到村边安静的地方，谈天说地、谈情说爱，少女便会将自己带来的食物一点点地慢慢喂给小伙子吃，直到双方都不得不离去，才约定下一次见面的时间，依依不舍地分手。这一男女青年相会的习俗当地称为"吃秧箩饭"。

在傣族社会中，对爱的追求是神圣的，爱可以去追求，爱也不能无理拒绝。各种节日、集会都是男女青年们相识相遇的机会。在少女们卖食物的小摊上，如果遇上自己看得上的小伙子，她就会拿出小竹凳让他坐下，一起谈笑。晚间的集会上，小伙子如果有自己看中的姑娘也可以主动上去讲话，当然这时不论男青年还是女青年都还是一群群一伙伙，如有意便在一起玩，无意就寻些理由走开。但是男青年如果真有意，也会穷追不舍，直到追至少女家中，围着女孩家的房子唱歌、丢小石子、用手电筒射窗子、用竹竿捅竹楼，一定要女孩出来相见，否则搅到天明——别以为女孩及其家人会反感，家长们正在为自己有一个让男青年穷追的女儿而自豪呢！

当一对男女青年从人们的嬉笑与山歌中消失，人们就会知道，不需要多久，一对有情人就要结为夫妻了。

纯洁的爱情使一对对有情人组成家庭。结婚以后，在西双版纳地区的傣族中男方上门到女方家居住，这个过程，短则一两年，长则三五年，然后才能视女方家的情况搬出来自立门户。如果男方家需要劳动力或者老人无人照顾，也可以搬到男方家居住。在其他地区，有的可以在结婚后居住在男方家，也可以居住在女方家，但大多数地区在结婚后女方到男方家居住，一段时间后才能视情况搬出来自立门户或到女方家居住。总之，在傣族社会中，结婚后的居住模式相对是固定的，但看家庭的具体情况而定也是一个原则，这是傣族家庭和睦的一个重要基础。

傣族的家庭生活是十分和睦的。在家庭中男女有明显的分工，男人的主要劳作是田间活计、建房子、上山砍木头等重活计；而女人的主要劳动分工是做家务、带孩子到市场上出售蔬菜等，田间的劳作是插秧、收割稻子，平日种蔬菜。劳动量男人要大一些，但劳动的时间妇女相对较长。在家庭中男女都能够互相关心。

在家庭经济方面，妇女有较大的主动权。妇女是市场的主要角色，到市场上出售蔬菜以及自己制作的日常用品、小食品等是妇女的职责，在过去到乡上交公粮都是妇女的任务。在家庭中有了收入也是妇女负责保管，购买东西要征得主妇的同意，这一经济上的角色，对傣族妇女的家庭地位有十分重要的意义。傣族妇女在家庭中的地位相对较高。

在傣族的家庭中，人们尊老爱幼，在财务上体现平等的原则，例如在家庭中经济收入都是按人数平均分配的，家庭中每个成员都可以获得一份平等的收入，不论是老人还是小孩都是一样的。对待老人家里每个成员都有赡养的义务，因此在傣族社会中老年人没有养老的顾虑。对待小孩人们不打不骂，总是心平气和，让小孩子从小生长在一个和睦的家庭环境中。夫妻之间也是互敬互爱，没有争吵，更没有打斗，丈夫总是想办法帮妻子多做些事，减轻妻子的负担，而妻子也总是处处爱护自己的丈夫，将丈夫穿戴整洁、饮食满意作为自己的责任，让自己的丈夫在人前有面子是傣族妇女为人妻的一个重要原则。如果夫妻之间互相不尊重、互相不爱护，那就违背了以爱情为婚姻基础的原则，就可能导致离婚。

在傣族传统社会中离婚率是很高的，而离婚往往是妇女提出来的，只要丈夫对自己的妻子有不忠的行为，打骂自己的妻子或在外面有不良的习气等，都有可能导致离婚。离婚的手续很简便，有的人甚至离过多次婚。离婚在傣族的传统社会中是人们以爱情为婚姻的基础这一基本准则的法宝，对于妇女十分有利。

在当代的社会变迁中，傣族的传统文化显现出与现代发展的适应性，最明显的例子就是傣族对计划生育的积极支持。在傣族社会中，过去由于没有绝育的措施，一个家庭中往往生育多个子女，妇女也由此而受累。近年来，随着计划生育政策的实行，一对夫妇按政策许可可生育二胎，傣族人民很自觉地接受了这一政策，而在今天更多的夫妇选择只生育一胎便结扎了，成为边疆少数民族中实行计划生育政策较为容易的一个民族。之所以有这样的结果，与傣族文化中的很多因素是有直接关系的。在傣族社会中，敬老养老是全社会义不容辞的责任，所以人们没有生儿育女养老、依靠子女养老的必要。另外，由于在婚姻模式中结婚以后大多数是到女方家庭中居住，同时也可以根据家庭的需要选择居住在男方家中或女方家中，这样人们就不必考虑是生男还是生女、多生还是少生。这样一种和谐的社会关系对计划生育十分有利，人们对于生育子女的数量看得很淡。同时，傣族妇女有选择是否生育的权利，对生育几个孩子妇女也有决定权，并不完全取决于家庭与丈夫，所以今天在傣族社会中生育几个孩子、什么时候去结扎，往往都是妻子自己做决定。

傣族的饮食文化

饮食文化是傣族传统文化中的一朵奇葩。它不仅是一种食品制作方式，还与整个傣族传统文化有着方方面面的联系。在当代文化中，饮食文化也是傣族文化中的一个亮点，尤其是在旅游业的发展中大显身手，傣味餐馆不仅风靡云南省，同时也在全国各地受到广泛欢迎。在傣味餐馆中一面享受着傣族的传统食品，一面观看傣族小姑娘优雅的舞蹈，确实是人生一种美好的体验。

傣族的饮食文化和其所处环境有直接关系。傣族人主要居住在河谷及平坝区，同时傣族居住区大多数是热带、亚热带地区，降水充沛、植物茂盛、河流纵横，动植物资源十分丰富。傣族是种植水稻的民族，由于地理环境优越，所生产的大米除了满足一日三餐的需要以外，也为以大米为原料制作其他副食品提供了条件。大米是傣族的主要食品，人们以大米为主食，同时也以大米为原料制作各种副食品，如米粉、米线、粽子等10多种食品。

在傣族居住区内，沟渠密布，背靠青山，有丰富的动植物，这是傣族的主要食物来源之一。平日傣族妇女在收工回家的路上，就可以捕鱼捞虾、捉河蟹、捞田螺等。在夜晚，在农田里捕捉田鸡、小鱼是青年男子的一大乐趣。每到夏天河流发水季节，人们还要下河捞青苔，清洗后晒干，这是傣家的一道风味食品。傣族男子过去也经常上山打猎，不仅可以猎得野鸡、山猫等动物，还可以猎获野牛、野猪等大的动物。在山上，还能捅野蜂窝。

傣族家庭中饲养的牲畜主要有牛、猪、鸡、鸭等，在过年及宗教祭祀活动、结婚的时候，就杀自己所饲养的牲畜。

傣族地区可以食用的野生植物也非常丰富，人们每天在田间地头、村子前后就可以采到大量的可以食用的野生植物作为蔬菜，如竹笋就是傣族人喜爱的野菜，每年发笋季节，人们都要采来制作干笋或者腌制酸笋。此外，水芹菜、芭蕉花、蕨菜等可食用的野菜多达数十种，今天对于城市人来说，这些野菜已经是菜类中的珍品了。

傣族地区水果种类繁多，产量也很高。常见种植的水果有杧果、菠萝、香蕉、波罗蜜、甘蔗、柚子等。水果是傣族人日常生活中不可或缺的食品，不仅用来佐餐，也是招待客人、各种节庆场合少不了的食品。

下面让我们来看看傣族食品的制作。食品制作是饮食文化的重要组成部分，食品制作水平的高低标志着饮食文化的发达程度，甚至与整个社会经济发展水平也直接相关。傣族食品制作在长期的发展中形成了自己的特色，堪称一个独特的菜系。傣族食品制作十分讲究，对于色、香、味等都有特殊的要求，并且主食和副食品的种类繁多，显示了傣族文化的久远与发达。

傣族的菜肴有生、熟两大类。熟菜的烹制有烤、蒸、煮、炒等方法。

烤菜在傣族菜中最有特色。烤菜主要是肉类，如鱼、鸡、鸭、牛肉、猪肉等。烤肉的时候放很多大蒜、葱、姜等佐料及香茅草，这样烤出来的肉香脆可口。烤肉时又分为夹心和不夹心两种。一般的小动物例如各种鱼、鸡、鸭等都是夹心烤，就是将各种佐料放进动物的腹腔内，再用香茅草捆起来烧烤，这其中最典型的有香茅草烤鳝鱼、香茅草烤牛肉、烤鸡等。除了烤肉以外，很多蔬菜也可以烤，如苦瓜、竹笋、芭蕉花等，这样烤出来的蔬菜别有风味。

蒸菜在傣族中算家常菜。可以蒸肉，也可以蒸蔬菜。蒸肉中最典型的是芭蕉叶蒸肉，烹饪的方法是将猪肉或牛肉切碎加上各种佐料，用芭蕉叶包成小包，放进甑子里面蒸熟。这样蒸出来的肉不仅十分鲜嫩，还有芭蕉叶的清香味，别具一格。蒸小瓜也是一道美味菜。先将它的心挖空，然后放进各种各样的佐料，整个蒸熟，吃的时候再切成小块。青苔蒸鸡蛋更是风味独特，将青苔切细，调入鸡蛋一起蒸熟，还没有开锅就可以闻到它浓浓的香味。

傣家的煮菜也是别有风味的。煮菜有两种，一种是多种菜一起煮，另一种要放进很多佐料例如香茅草、辣椒、生姜等，这样煮出来的菜很爽口。煮菜最典型的是酸竹笋肉汤，酸竹笋煮牛肉、鱼、鸡肉、田螺等都是佳肴。煮的菜中最为独特的莫过于酸荞菜叶煮蚂蚁蛋了。蚂蚁蛋是傣族菜中的珍肴，得之不易。做法是选较鲜嫩的酸荞菜叶子入锅先煮几分钟，后加入香茅草、大蒜、葱等佐料，然后将漂洗好的蚂蚁蛋放入锅中，汤沸即可。

傣族喜爱吃生菜，很多蔬菜都可以生吃。但是生吃菜离不开酱。傣族制作的酱品种繁多，吃法也不同。有用辣椒、番茄制作的番茄酱，也有用花生为主料制作成的花生酱，这其中最珍贵的是用田里面的小螃蟹制成的螃蟹酱。在吃各种生菜时用不同的酱，不同的菜蘸不同的酱。

腌制的食物也深为傣族人喜爱，有数十种之多，除了腌制蔬菜之外，最有特色的是腌制动物下水。牛脚、牛皮、猪脚、猪头、鱼等都可以腌制，十分美味，当地人称为"酸皮"。腌制的方法是把原料的肉剔净、煮烂，再加入辣椒、花椒、姜等佐料一起煮好，出锅后放入瓦罐中，再洒上一些酒，封好后可以保存一年以上。

傣族食物制作丰富多彩，别具一格，难以用文字完美表述，如果有机会到傣族的家乡，坐在芭蕉林中，享用着桌子上的丰盛菜肴、听着芭蕉林沙沙的响声，那真是人生的一大享受。

饮食之所以被称为文化，不仅是由于饮食制作反映了人的智慧及创造，还因为饮食与整个社会文化都有密切关系。饮食文化往往是社会文化的一个缩影。傣族饮食文化也反映了傣族的文化观念，让我们透过不同的饮食习俗来进一步加深对傣族饮食文化的了解。

居家饮食习俗。傣族人吃饭时男女可以同坐一张桌子，但是方向不同，在过去男子面向火塘，女子则背对着火塘。西双版纳一带的傣族吃饭时，每个人脚下放一碗茶，一边吃饭一边喝茶。德宏一带的傣族吃饭时使用四方的桌子，在桌子的四个角放一个盘子或竹箩，一边吃一边加，菜煮好之后只上少量放到桌子上，吃完后再添加。外地的客人初到时，总以为菜少而不敢放开来吃，吃到一半才知道其中的奥秘。吃饭时要按照傣族人家的规矩，老人动筷子以后其他人才能吃。女子吃饭时不能披散着头发，男女都不能把脚分开，这是人们所注重的涵养之一。

节日饮食习俗。傣族节日较多，最为盛大的是傣历新年，也就是泼水节。在这期间各家各户都要做大量的粽子。在一个地区过节的中心每年都不同，不同的年份在不同的村子过年，也就是当地老百姓称的"摆"。到哪个村子过年，这个村子就杀猪宰牛，准备好各种食品。过年时，附近村子的亲戚朋友，甚至山区的哈尼族、布朗族朋友都会前来参加，反映了当地人淳朴的互助观念。作为主人，村子中家家户户都要摆出几桌酒席，从中午到第二天天明，人们围坐在桌子旁边，一边吃一边谈笑，或听歌手们通宵歌唱。当客人走时，主人还要送一些食品给客人带回去。第二年过年时又移到其他村子。

宗教活动的饮食习俗。傣族地区既有自然崇拜也有佛教信仰。傣族人民每年不仅要祭祀各种自然神灵，也要祭佛。这其中也有相关的饮食习俗。如在每年一度的祭祀村神，村子中各家出大米、鸡、蔬菜等，并凑钱买一头牛在祭祀的地方宰杀。祭神完毕之后架起大锅煮熟，全村参加祭祀的男人一起来吃，妇女和儿童不能吃。各家各户用于祭祀的食品，在祭祀完毕之后又分给各家拿回家去，这样妇女也可以吃。

每年的祭佛以及祭祀塔时，各家都要准备紫米饭、粽子、肉及各种水果前去祭祀。每家的老人整天在佛寺中，吃一些祭祀用过的食物，同时家中也会送一些好吃的东西过去。这期间也如同过年一样，家家户户都会准备好一些好吃的食物，请远近的亲朋好友前来。祭祀的时间也如同过节一样受到人们的重视，老年人、中年人、青年人及亲朋好友往往要分为不同的场合一起吃一次饭，以表示大家的团结。

生育的饮食习俗。傣族妇女生育以后的食物较为特殊。首先是在生育后的五天以内妇女不能吃油腻的食物，每天只能吃烤米饭圆子，五天以后便可以吃蔬菜和鸡、猪肉等，但不能吃牛肉和花色毛的鸡，也不能吃酸笋等腌制的食物。

从上面这些习俗可以看出，傣族的饮食文化不仅反映在制作中，也反映在社会生活中，是傣族文化中一个重要的组成部分。而傣族饮食习俗更多的是反映了人与人之间的一种和谐关系，如在不同的村子轮流过年，过年时不同的社会群体通过集中吃饭加强人们之间的联系，在宗教活动中大家出份子办伙食，全村子每年一度的集体会餐等，通过饮食习俗使人们的关系更加紧密，更加和睦。

傣族的节日

提到傣族的文化，节日文化是不能不提起的。节日文化浓缩了傣族文化的精粹，也反映了人们的价值观、理想与人生追求。

傣族的节日大多数是与宗教活动有关的。傣族一年中的重大节日有三个，即关门节、开门节、傣历新年（泼水节）。这些与宗教有关的节日反映了人们对宗教的虔诚，同时也折射出人们对人生的热爱与幸福的追求。

关门节和开门节是人们对于宗教虔诚的再现。关门节截止时间是傣历9月15日（也就是公历7月中）。在关门节这一天，各村子的人们要到佛寺举行盛大的祭祀活动，向佛像、僧人奉献各种美味的食物、鲜花、钱物等。同时，整整一天人们要在佛寺里听和尚们念经，祈求佛的保佑。这一天晚上老年人还在佛寺里住宿。在关门节后，每隔七天人们就要到佛寺里面进行一次大的祭祀活动，而这一天老人们也都要在佛寺里住宿。

在关门节后的三个月以内，人们认真地赕佛、修行养性、刻苦劳动，在这期间青年人不能谈恋爱，不能结婚，也不能出远门，由此表示对佛祖的虔诚，自觉地接受佛教对行为规范的约束。

在傣历的十二月中旬，也就是公历10月中，就到了开门节。开门节一般来说比关门节隆重。这一天是人们三个月修佛生活的结束，同时也是一年中农忙季节的结束、农闲生活的开始，人们的心情自然不一样。这一天村子里的老百姓首先要到佛寺里举行盛大的祭祀活动，也要准备大量美味的食物、鲜花、钱、日用品等奉献给佛寺，然后听佛爷念经。这一天举行盛大的"摆"，也就是传统的庙会活动，人们出售各种传统的食物及日用品，听歌手们唱歌，青年人跳起传统的舞蹈。在家中，家家户户都杀猪、杀牛，准备丰盛的晚宴。

赕塔，是信仰佛教的傣族地区又一个重大的节日。赕塔的时间各有不同。以西双版纳的曼飞龙村为例。曼飞龙白塔远近闻名，每年赕塔的日期是11月中旬。在传统到来之前的几天人们就开始做各种准备，包括打扫卫生、修路、制作各种祭祀的用品等。赕塔之翌日，远近而来的人们云集在这里，在一些隆重祭祀的年份，前来参加的人达万人以上，不仅有来自西双版纳地区的，甚至还有从泰国、缅甸、老挝等国来的人。人们穿上自己最漂亮的衣服，妇女们打扮得漂漂亮亮，迎接这一节日的到来。

赕塔的这一天早晨先在佛寺里听和尚念经，然后人们抬着各种祭祀的用品，排着队到白塔那里去。白塔在村子后的山顶上。在白塔旁男女老少都要拿着点燃的香围着白塔一面祷告一面绕行。赕白塔的几天内，老人们都住在白塔旁边的寺面里。下午人们祭祀完白塔之后，就开始在白塔旁的广场上举行各种活动，青年人围在一起跳起传统的舞蹈，村子里的人摆摊设点卖着各种各样的小食品，村子里的各个小组把自己制作的高升拿到广场外点燃，一支支高声尖叫着冲向天空，赢得人们的阵阵喝彩，热闹非凡，一直到深夜。

傣族最隆重的节日是泼水节。每年的 4 月 13 日，傣族人民就迎来了一年一度的傣历新年，各地的傣族人民都会以极大的热情参与到一年一度的盛大节日中去。节日期间人们走进佛寺拜佛祈愿、身穿节日的盛装参加各种传统的活动，通过泼水的狂欢尽情地宣泄幸福的感情，通过圣洁的水洗涤自己的心灵，求得一生的幸福。

泼水节一般是三天，在内容上各地傣族有些差异。在西双版纳，节日的第一天人们会很早就来到寺庙中，聆听和尚念经、赕佛，祈求幸福、表达自己美好的心愿。下午各地的人们集中在澜沧江等江河边，参加一年一度的龙舟赛，同时西双版纳当地政府也举行一年一度的庆祝大会，向当地各族人民表达节日的祝贺。横跨澜沧江的龙舟大赛是节日里最为壮观的活动，一艘艘驶向澜沧江彼岸的龙舟在喧天的锣鼓声及人们的呐喊声中向前面奔驰而去，每一艘龙舟上都有几十名好手，有男队也有女队，但在比赛时便不分男女，他们奋力拼搏，体现了傣族人民顽强奋进、百折不挠的民族精神。

节日的第二天，人们参加各种传统的节日活动，也就是当地傣族人所说的"摆"，一般可以翻译为赶集。人们穿着节日的盛装集中到公园以及乡镇政府所在地出售各种传统的小食品，青年男女们参加传统的丢包活动、交朋友、谈情说爱。男青年们最喜爱的活动是传统的斗鸡。

节日的第三天也就是人们期待已久的泼水狂欢了。这天清晨人们首先准备好一桶桶清水，老年人、年轻人依次轮流用鲜花和橄榄树枝互相洒水表示祝福。到了中午时分，泼水的狂欢就正式开始，人们互相追逐，用一盆盆清水泼洒向对方，整个傣乡都变成了水的世界，男女老少都加入这泼水的狂欢中，忘却一年中的辛勤劳动，沉浸在节日的欢乐之中。整个泼水狂欢活动一直要持续到日落时。

在另一个傣族的主要集聚地区——德宏，泼水节的第一天，人们带着各种食品到附近的山上采山花，尽情地享受山野的悠闲与浪漫。到中午时，人们就在山上点燃篝火，烧烤牛肉、猪肉等食品，饮酒高歌。人们敲锣打鼓，抱着大把大把的鲜花来到城市中的广场或佛寺并在此举行一个献花的仪式。

节日的第二天和西双版纳一样，主要是赶集活动。这一天是传统的节日集市，出售各种传统食物以及生活用具，人们跳舞唱歌欢庆节日。在德宏州的首府，要举行盛大的节日游行活动，来自各地各民族的表演队伍载歌载舞，欢度节日。这一天可以看到各民族人民不同风格的歌舞表演，对外地的游客来说，这确实是大饱眼福的好机会。

节日的第三天，德宏和其他地区的傣族人民一样也要举行盛大的泼水活动，阳光之下处处飞溅的清亮的水花，洋溢着人们的欢声笑语。

今天的泼水节对傣族人民来说，也是民族传统文化集中展示的盛大时刻，对于民族文化保持也同样有重要的意义。对于当地各民族人民来说，泼水节也已经成为一个民族团结的盛会，在节日期间还吸引了大批的中外游客，增进了傣族人民和其他民族人民的相互理解，也促进了旅游业大发展。

傣族的家乡，处处体现着人与自然之间的和谐，处处体现着人与人之间的和睦，处处充满生活激情，这是一首由一个和平的民族和充满生机的土地交织而成的交响乐章。

21世纪以来傣族社会文化
发展变迁考察[*]

自20世纪以来，傣族社会文化在外部环境的影响下也发生了很多新的变化，深入细致地考察这些变化及其外在动因，有助于我们了解边疆少数民族地区社会变迁，也有助于了解傣族新的发展状况。为此本文将从居住环境与生活方式、生计方式和宗教文化三个方面来考察21世纪以来傣族社会文化的变迁，探寻其中的规律，把握变迁的特征。

一　居住环境与生活方式的变化

自2000年以来，中国傣族地区社会经济都有了较快的发展，人民的生活有了明显的改善，这一切对傣族人民的社会生活也产生了很大的影响。

首先，傣族人民居住条件进一步改善。20世纪90年代以后，很多傣族民众开始新盖房子，但那个时候主要还是在老的宅基地上翻新，就算是重建大多数也是原有的风格和建筑材料。近年来傣族地区重新建盖住宅已经蔚然成风，并且百分之七八十已经改建完成，靠近城镇的村子，新的住宅建设已经超过90%甚至100%。不论在哪里，完全传统的傣族木结构住房建筑已经不多见了，取而代之的是水泥框架结构的建筑，在外观上保留

---

* 本文原载《傣泰民族的历史与文化的多样性研究》，中国社会科学出版社，2019。

着一些傣族传统的风格，大多数不能完全按照传统的风格建设，尽量满足现在的生活需求。住房的改造一方面是老百姓经济收入增多的结果，另一方面是政府也给了很多的支持，尤其是 2000 年以后新农村建设的推进，有很多地方建设新房子政府会给予补贴，对于部分贫困户的房屋修缮还会有更特殊的照顾。如在临沧市，传统村落中老百姓进行房屋改造，按照政府的要求统一使用一种颜色的房顶，材料由政府免费提供。在西双版纳州，目前新房的修建每一户政府补助 2 万元人民币，如果是贫困户在住房改造的贷款中还有更多的优惠。在德宏州遮放镇，2016 年政府实施了高速公路沿线村庄等美化工程，打造旅游新形象，对这个镇公路沿线的村寨外观改造，政府都给予了补助。如，坝托村是龙瑞高速公路沿线"穿衣戴帽"工程之一，政府将投入 1000 万元，民间投入 500 万元。除此之外，遮放镇的芒令村、南么村等进行村容村貌整治，让农村的村容村貌焕然一新。改造费用由政府承担总造价的 60%，农户承担总造价的 40%，公共场所建设费用由政府全部承担。在德宏州，开展了一系列美化农村工程，例如依托公路沿线，结合重大项目建设，规划打造一批体现傣族农耕文化，清洁、生态、宜居，农旅文结合的美丽傣家村落景观带。同时在边境一线村寨根据自然资源、民族特色，因山就势，分类规划，打造边境新农村和谐示范带。

其次，在政府的支持下，傣族农村的村容村貌建设有了明显的进展，傣族人民的居住环境进一步改善。在西双版纳，政府也对民族特色村寨的基础建设进行补助，针对每一个村子的特殊情况进行奖补，实施"美丽乡村"财政"一事一议"项目补助政策，并且取得了较大的成效。勐龙镇曼龙扣村委会曼飞龙村民小组成功申请到 2013 年度"美丽乡村"财政"一事一议"项目。该小组以"美丽乡村"建设项目资金为主，发动群众投工投劳和筹措资金为辅，建设规划投资 150.07 万元，其中，申请国家补助 120 万元，群众捐资、投工投劳等 30.7 万元。完善村内交通道路、村内排水沟建设，实施村寨美化亮化绿化工程。村干部通过群众一事一议，决定把通往曼飞龙村白塔的主干道由 4 米扩宽到 8 米，次干道设计为 6 米宽，道路面积增加近 2 倍，花池增加 1 倍。160 多户村民中有 80 多户为了项目的建设让出了部分宅基地，达 2000 多平方米。项目完成以后，村寨的基础设施得到了完善，村容村貌更加美丽，人民生活品质得到了较大的提升，也为进一步发展旅游业奠定了基础。再如勐腊县 2016 年"一事一议"财政奖补传统村落保护建设项目在勐腊镇曼龙勒村民小组和曼旦村民小组启动，曼龙勒村民小组和曼旦村民小组都是拥有几百年历史的傣族村寨，周边自然环境保护良好，环境优美。为更好地保存和修复传统民居，促进非物质文化遗产的传承与发展，2015 年成功申报为"中国传统村落"，财政分别奖补资金 75 万元。曼龙勒村民小组规划建设了一栋傣族文化文物展览馆，建筑面积 354.33 平方米，并将对古井、古树等进行修复、维护及挂牌。目前走进这个村子，到处是洋溢着浓郁热带傣乡特色的风光，同时更有傣族传统的居住文化可以让游客尽情体验，品尝傣族美食，每年都吸引大量的游客前来旅游。曼旦村民小组修缮了一栋傣族文化贝叶经及章哈传习所，建筑面积 166 平方米；新建一栋傣族非物质文化、文物展览室，建筑面积 260 平方米。

随着农民住宅的改造，对于傣族地区的村容村貌的建设政府尽了较大的努力，通过新农村建设项目以及各种特色村寨建设保护专项资金的投入等，今天在傣族地区农村中，传统的村貌已经有了较大的改变，大多数村子里面已经修建了水泥道路、路灯、自来水系统、排水沟、垃圾收集公共设施，有的还修建了广场、球场、公共活动室等公共娱乐设施，一些靠近城镇的村寨还安放了自动收寄快件的设施，有了超市，这些使傣族村寨洋溢着一种传统和现代相融合的生活气息。在农村的村容村貌整治中，大部分资金都是由政府投入的，尤其是道路、下水道、公共厕所等公共设施，大多由政府投入建设，受到了老百姓的欢迎。

与此同时，在农村基础环境建设中，注意保留了傣族传统文化的元素。在 2000 年下半年以来实施的新农村建设过程中，傣族地区农村的村容村貌发生了较大的变化，同时也注意了保存傣族传统村落的元素。比如在傣族地区普遍建设了具有傣族传统特色的村寨门头，大多数由金色和红色两种颜色构成，显得金碧辉煌。在很多村寨，对于传统的水井这一村寨中最有代表性的地方进行了修缮，修建了新的水井设施，使水井成为村寨的标志和景观。加上新建的寺庙等宗教设施，今天的傣族村寨传统和现代相融合的特色很突出。

尽管在傣族地区，人们居住环境的改变仍然还没有彻底结束，但是相较于过去已经有了较大的变化。生活环境的变化不仅提高了人们的生活品质，也给傣族人民的社会生活和家庭生活带来了较大的变化。例如家家户户都有了独门独户的沐浴间和厕所，满足了人们的卫生需求，改变了过去在户外大小便、在河沟中沐浴的传统，应该说这一切在很多地处偏远的傣族村寨中是近十多年来才发生的，这种变化提高了人们的生活品质，也提高了健康水平，有效防止了疾病的流行。住房条件的改善，使家庭成员都有了自己的生活空间，很多年轻人认为家里现在的生活条件和城市已经没有什么差别，有自己的房间和生活空间，孩子可以安静地在自己的房间里面做作业。老年人过去都没有自己独立的房间，在住房改造以后大多数家庭会为老人留出房间，这样使老人的健康水平也得到了较大的提高，这点也是较为明显的。很多老年人可以在自己的房间中念经拜佛，按照自己的生活习惯起居。

随着人民生活水平的提高，人们的社会生活也发生了很多变化，这主要表现在以下几个方面。

一是农民的收入有了提高，生活有了改善，这一点在傣族农村中是普遍现象。例如景洪市周边的农村，2008 年农民人均纯收入只有 4000 元左右，2017 年已经提高到 12000 元左右。因此农民们建了新房，很多农户购买了小汽车，家庭中的家用电器等都有更新。

二是农民有了更多的闲暇时间。近年来很多傣族农户都减少了粮食的种植，而将土地转为经营经济作物，在这个过程中更多的是把土地承包给其他人经营。土地承包出去以后，除了力所能及地做一些多种经营，人们有了更多的闲暇时间。除了休息以外，大量的闲暇时间被用于宗教活动或者各种亲戚朋友的集会活动中。人们除了每年都要参加很多宗教活动之外，村民之间日常也互相邀约集会，吃喝聊天。包括一个村子中的同龄人组织、生产小组等都经常轮流聚会。

三是人们的生活方式有了较大的变化。随着人们生活水平的提高，人们已经不再满足传统社会中围绕着农业生产的生活方式。在傣族地区，农村文化活动变得丰富多彩，很多村子里有各种各样的表演队和手工艺传承组织，在平常的日子里，村里会组织歌舞培训等学习活动，而在逢年过节时往往会组织全村性的表演活动。景洪市勐龙镇曼飞龙村在每年的傣历新年都会组织规模较大的演出晚会，全村各个小组都会出节目进行表演。在每年 11 月的白塔祭祀活动中，村子里的每个小组都要出节目，年轻人也要组织排演，演出节目内容丰富多彩。这些文化活动一方面丰富了大家的生活，另一方面也传承了传统的文化。传统节庆活动多、文化活动丰富，是傣族农村一个很鲜明的特点。这几年，傣族地区组织外出旅游蔚然成风，很多村民组织前往北京、上海等内地大城市旅游，甚至前往泰国、缅甸旅游。

近年来对村民的日常生活影响较大的另一个因素是互联网和微信等现代通信工具的普及，尤其是微信对大多数傣族农民的生活产生了影响。除了现实生活之外，微信群的虚拟社会生活也成为人们生活中不可缺少的一部分。人们加入各种微信群，享受信息生活。在傣族社会中微信群的设置与传统的社会组织和文化传统也有对应关系，这是傣族社会中微信生活特殊的一面。在傣族的传统社会中，一个村子可能有生产性群体，也可能有同龄人群体和其他社会关系群体，这种传统的群体延伸到新中国成立以后，出现了民兵组织、妇女组织、生产小组、党团组织、同龄人圈子、好友圈子、宗教等不同的群体。今天微信群和这些社会小群体也对应起来，形成了线上和线下、现实生活和虚拟生活结合的一种新的生活方式。例如一个村子里面有多少个生产小组，就可能有多少个微信群，老年人团体、共青团、家庭亲戚、好朋友圈子、妇女组织、学习老傣文、佛教知识等都有自己的微信群。人们沟通信息、交流思想感情，对于包产到户以后人们分散的生活来说，微信群的出现无疑增强了人们从感情到信息之间的沟通联系，成为社会生活中重要的润滑剂。信息消费已经成为人们日常生活中必不可少的一部分。人们不仅通过微信了解了更多的身边的信息或者更广阔社会空间的信息，也增加了知识。今天傣族社会甚至因为微信有了更紧密的联系，很多微信群的人，不仅包括一个村子、乡镇，还包括国外，如缅甸、老挝、泰国甚至美国的傣族亲朋好友都可以通过微信群及时沟通信息，因此很多信息都会迅速得到传播，包括节庆活动、社会活动、日常生活、生产活动乃至于突发事件。它改变着傣族社会的社会关系、社会认知、思维方式、知识结构、信息渠道、交往方式、生活习惯等等。

中国傣族地区生活环境的变化、人民生活水平的提高除提振了傣族人民的自豪感之外，对外也显示了中国的国家发展实力和制度的优越性，尤其是在边境沿线地区。傣族是一个跨境而居的民族，在境外有大量的亲戚朋友，近年来他们对于中国的发展变化都非常羡慕，通过对比，中国的傣族人民对于国家的发展和自己生活的改善感受明显、自豪感明显增强，甚至经常会拿自己的生活和境外傣泰民族地区的发展做比较，增强了作为一个中国人的自豪感。这一切，对边疆地区来说，对提升边疆各民族人民的国家认同是非常重要的。

二　生计方式的变化

今天在傣族地区，人们的生产方式有了更大的变化，产业更加多元化，在很多地方传统的水稻种植规模在缩小，取而代之的是多元化的经济作物种植。不论在西双版纳还是德宏，很多农地已经被外地人承包用于种植季节性蔬菜及香蕉、火龙果、西瓜等水果。也有很多村子中稻田由几户人集中承包，扩大种植面积。在很多地区尤其是靠近城镇的农村，传统的水稻种植减少较快是一种明显的现象。在很多农村农民已经不种植水稻，更多的是种植橡胶树、甘蔗等经济作物。农田大多数承包给别人，一部分农活往往在农忙的时候也采取请临时工的方式。很多傣族人家参与旅游业经营、开饭店，制作手工艺品等。总之在城镇周围，甚至在一些相对偏远的傣族村寨中，农民下地种植水稻越来越少，取而代之的是种植经济作物、做些小生意、打工等。在西双版纳的景洪市、德宏州的芒市、瑞丽市周边的农村，大部分农民已经不下田种水稻，有很多人已经变成了城镇居民。西双版纳景洪市勐龙镇曼龙扣村委会的几个村子距离城市虽然有60多公里，但是自2000年以来，尤其是近年来人们已经基本不下农田种水稻，村中的一部分农田承包给外地人种植经济作物，一些村民也承包其他村民的田地种植水稻，聘请临时工。2018年6月笔者前往这个村子考察的时候，看到过去种植水稻的农田有很多都荒芜着，这都是外地人承包以后放弃种植造成的。目前村民的生计主要靠旅游业和橡胶树种植，传统农业正在发生较大的改变。当然，多种经营给老百姓带来的仍然是收入的增加，近年来傣族农村地区人民收入有了较快的提高，生活有了较大的改善。

景洪市勐龙镇是一个较早调整产业结构、与外来企业合作开展高价值农产品种植的乡镇，几乎每个村子都种植高品质蔬菜瓜果。曼康湾村委会曼康湾村民小组的岩×与西双版纳A公司合作，在曼龙扣村委会租地500

亩种植了"墨茄""大龙""布利塔""702"4 个品种的茄子，2016 年出售了 300 多吨，利润达 600 万元。如今的勐龙镇，冬季已经形成"公司＋合作社＋基地"的龙头企业带动型农业、"合作社＋农户＋基地"的专业大户创办型农业、"农户＋农户"的自发组织型农业。仅曼别村委会曼景法村民小组就成立了两个蔬菜合作社，西双版纳 B 公司也入驻该村民小组，走向了集团化、集约化、企业化、品牌化的发展轨道。2015 年至 2016 年冬季农作物种植面积超过 3.1 万亩，同比增长 30% 以上；目前勐龙镇冬季农作物占景洪市全市冬季农作物计划种植面积的 30%。其中，冬季蔬菜种植面积达 2.53 万亩。2017 年勐龙镇傣族农村人均纯收入已经达到了 13000 元。

傣族地区风光秀丽、民族风情浓郁，旅游业资源丰富，在过去几十年来旅游业得到了长足的发展，游客逐年增多。近年来很多傣族村寨已经和旅游业挂上了钩，很多历史悠久、风光秀丽的村子被打造成旅游特色村。景洪市勐龙镇的曼飞龙村由于拥有历史悠久的、作为西双版纳标志的白塔，2013 年以来和一家旅游公司合作，将村子打造成一个旅游村，目前已对相关的设施进行了建设，每年吸引数以万计的游客到这个村子旅游，带动了这个村子餐饮、手工艺制作、民族舞蹈表演等相关产业的发展。旅游公司每年向村子支付 20 万元人民币，可以作为全村的公共开支。

这种情况在各地傣族地区十分普遍，尤其是在游客较为集中的西双版纳和德宏地区，旅游业在给傣族村民带来了收入的同时，也带动了很多民俗活动和手工艺的复兴。例如在临沧市耿马傣族农村中，原来传统的造纸业在很多村子中得到了复兴。近年来景洪市勐龙镇曼飞龙村旅游业的发展带动了传统的制陶业，目前村子里面有七八家制陶专业户，制作传统风格的土陶制品，很受游客以及当地一些用户的欢迎，2017 年这个村子制陶业产值就达到 40 万元左右。景洪市勐罕镇曼搭村委会曼扫景村民小组是景洪远近闻名的"高升村"，全组 81 户人家，家家户户的男子都继承了制作高升的传统手工技艺。高升是傣族自制的一种烟火，每年傣历新年，放高升成了不可或缺的节庆文化。由于这个村子有制作高升的传统，并且品质优良，景洪、勐海、勐腊的许多村寨每年都要来定做高升，每年销售近万枚。

景洪市嘎洒镇曼丢村寨距离景洪城 9.5 公里，全村共 88 户人家。这是一座有上千年历史的傣族村寨，古塔、古井、古树、古寨是这里的特色，这个村子风光秀丽、古朴、傣族传统建筑保存较好，有着发展旅游业的较好条件。目前由云南 C 公司投资，采用"公司＋村委＋农户"的投资管理模式，实现从以"观光型"为主向以"观光度假体验型"为主的转变，2015 年以来接待游客总人数达 10 万余人，日平均接待旅游团 30 余个。旅游带动全村 70 户人家致富，全村每月约有 42 万元营业总额。同时曼丢村有 70 户经营水果、农副产品、傣家小吃、手工艺品、服装缝纫的农户，每年可创收 100 万元。他们还组织传统文化的传承培训活动，每年举办制陶、织锦培训 600 人次，创作作品 100 余种。

在很多地方，旅游业推动的最直接的产业就是餐饮业，今天傣族的餐饮很受欢迎，在景洪市周围有一些傣族村寨已经发展成专业的餐饮村，传统的傣族饮食也被不断开发出来，获得传承。总之，在未来旅游业对傣族地区的影响会越来越大，参与其中的民众也会越来越多。

当然，尽管有了多种经营，但是近年来农民的收入也变得不稳定。尤其是过去几十年来很多傣族农民依赖橡胶树、甘蔗种植，市场价格较好的时候人们的收入是比较可观的，但是这些产品的市场价格波动较大，尤其是近年来橡胶的价格已经跌到了较低的水平，影响到了农民的收入和种植橡胶树的积极性。很多农民都出售橡胶树，或者将橡胶树砍伐后，再种植香蕉等其他经济作物。尽管如此，在粮食价格较低的情况下，橡胶树、甘蔗和其他经济作物的种植仍然维持着农民基本稳定的收入。

三　宗教文化的变迁

大多数傣族人民信仰南传上座部佛教，同时人们也保持着自然崇拜，信仰万物有灵，因此宗教文化的变迁是傣族社会文化变迁中最生动的一部分。进入 21 世纪以来，仍然在发生很多变化。这些表现在人们的信仰观念、宗教生活和宗教场所等方面。

（1）在宗教观念方面，多数傣族民众仍然对宗教抱有信仰的态度，认为信仰宗教不仅对现实的生活有好处，能够保护自己和家人的平安，而来世也可以进入天国，这种观念尤其在中老年人中较为深入。值得注意的是，年轻人对宗教了解不多，宗教观念相对淡化，他们不主动学习宗教知识，但是在村子里也会认真地跟着其他人一起参加宗教活动。现在的信徒中很多是在 80 年代党的宗教信仰政策恢复以后才参加宗教活动的，尽管如此，他们已经经历了 30 余年的宗教生活，目前也慢慢步入中老年，因此他们对宗教的热情相对 80 年代以后出生的中青年人来说要高得多。这个过程是宗教在改革开放以后得到恢复的过程，也是他们从不信仰宗教到信仰宗教的过程，在这个过程中宗教信仰活动开展正常，内容更加丰富，使人们获得了更多的宗教熏陶。这是今天傣族地区宗教信仰得到进一步巩固提升、宗教热情比过去高的一个重要原因。20 世纪 80~90 年代，由于宗教信仰的中断，很多人在青少年时期并没有受到过宗教熏陶，宗教典籍缺乏，同样造成人们的宗教知识缺乏，人们参加宗教活动相对被动，往往就是跟着参加活动，并不真正懂得宗教的内涵和教义。但是在随后的岁月里，随着宗教活动的正常开展，人们接受的宗教教育和熏陶比过去有较大的增强，也懂得了更多的宗教知识。因此在 20 世纪 80~90 年代人们信仰宗教主要还是为了祈求平安，而 21 世纪以来这个变化就是人们愿意按照宗教来约束自己的行为，很明确宗教要求自己做什么、不做什么。

21 世纪以来，傣族社会中的宗教信仰活动一个明显的变化是在信仰南传佛教的同时，人们对于传统的自然崇拜有很大的增强。20 世纪 80~90 年代，宗教的恢复主要指的是南传上座部佛教的恢复，而对于传统的自然崇拜人们有信仰，但是相关的活动规模并不大，内容也并不丰富，很多时候局限于个人的活动。近年来，这种情况有了较大的变化，对于自然神灵的崇拜意识不仅得到了强化，而且规模越来越大。无论是在德宏、西双版纳、临沧还是普洱等地的傣族地方，近年来自然神灵崇拜活动规模都越来越大，在一些地方活动的规模和内容的丰富度都已经和南传上座部佛教活动相差无几。在西双版纳的很多村子中，近年来人们非常重视祭祀村神，每年祭祀村神的时候全村人都会参加，甚至在外面工作的人都要回来参加这个活动。活动的当日，人们会制作各种供品，集中在村子的大神树或者是"寨心"标志周围供奉，举行各种祭祀活动，同时也会请和尚来念经祝福，将两种宗教融合在了一起。另外一个特点是内容越来越丰富，包括多年不进行祭祀活动的勐神、水神祭祀活动都恢复起来。在西双版纳的一些地区，勐神祭祀活动近年来规模越来越大，包括勐海县勐蔗神、勐龙镇的勐龙神祭祀活动近年来规模都较大，吸引了当地很多村子的人参加。近年来也有一些村子举行祭祀河流中的河神、山里的山神等活动，从过去较小的祭祀活动演变成今天全村人参加的具有一定规模的活动。人们认为信仰佛教主要是为了考虑到来世，在未来可以进入佛国，在现世佛教信仰可以让人行善、约束自己的行为。但是对于自然崇拜的信仰人们更多的是抱有一种敬畏，认为在人间还有很多自然的神灵和人类同时生活在一起，如果不加以祭祀，那么这些自然神灵将会危害人类，给人们带来不幸和灾难。因此信仰并且祭祀自然神灵，可以消除灾害、获得神灵的保佑，这对于现实世界中的人来说是非常重要的。今天的社会变得越来越复杂，自然和社会的风险也越来越大，包括天灾人祸，当地人认为要消除这些，就必须要祭祀自然神灵，这是这几年自然崇拜发展较快的重要原因。笔者在过去的30多年中连续观察了西双版纳景洪市大勐龙镇曼飞龙村，在过去自然崇拜的规模都很小，就算是全村子的祭祀村神，往往都是各家各户供奉些供品，点燃一些蜡烛。然而今天已经演变成了全村性的规模较大的活动，2018年的活动前后持续了两天，有明确的议程，各种内容也丰富多彩，和过去相比有了较大的变化。

（2）宗教场所建设。近年来随着傣族地区经济发展、人民生活水平不断提高，傣族人民对宗教生活也有了新的要求，这主要就反映在宗教场所的建设上。这几年在傣族地区大多数村寨的佛教寺庙已经进行了新的建设。这种建设往往都是在原有的寺庙地址上重新修建，使之更加宏大、金碧辉煌，在外观上有的改建为泰国或者缅甸佛寺的式样。很多寺庙在修建的过程中保留原有的菩萨塑像。很多村子的寺庙修建民众还有攀比的心理，一个村子修了，另外一个村子必然要重修，甚至要更为壮观堂皇。除了寺庙之外，一些佛塔也进行了新的修缮，佛塔周围还修建新的附属建筑，包括一些小的寺庙、菩萨像、佛教的象征物、吉祥物塑像等。2017年景洪市大勐龙镇曼飞龙村的白塔旁边就由泰国的信众捐资在此处修建了一座新的佛像，并于2018年举行了隆重的开光仪式。总之，修建新的宗教场所是人们自觉的愿望，人们都愿意捐资修建宗教场所。例如在修建一座寺庙的时候，其中的柱子、门或其他的主要构成部分，基本都由家庭或者个人认捐。

在重新修建的宗教场所中，规模较大的是位于德宏州芒市的勐焕大金塔，这座大金塔的原址在 1966 年被毁。2004 年这座金塔开始重新修建，2007 年 5 月 1 日主体工程竣工，并举行了开光加冕大典，总投资 5500 万元人民币。主体塔位于芒市东南城郊的雷牙让山顶上，整座塔高 76 米，塔底基座直径 50 米，造型为八角四门空心佛塔，下三层为空心大厅，在芒市坝子四周远远就可以看到。建设规模为目前中国南传上座部佛教建筑之首。新的宗教场所的修建，一方面反映了中国傣族地区宗教信仰活动的正常开展，另一方面也满足了信教群众的心理要求和信仰生活的要求。

（3）在宗教生活方面，近年来也发生了一些新的变化。在过去的傣族传统社会中，每一个男子在一生中都要有一段时间到寺庙里面修行，男孩子一般在五六岁的时候都要到寺庙里面做几年小和尚，修行并学习相关的文化知识。20 世纪 80 年代党的宗教政策恢复以后，男性少年儿童进入寺庙做和尚曾经在整个傣族地区风靡一时，但是随后人数有所减少，更多的家长把孩子送到学校中去接受教育，担心进寺庙会影响他们在学校的学业。21 世纪以来，进寺庙做和尚的男童越来越少，目前在很多地方已经基本没有儿童进入寺庙。这就造成了很多地方的"空寺"现象，也就是有寺庙没有和尚。例如在 2018 年德宏州有南传佛教宗教活动场所 613 处，有僧侣住寺的寺院仅有 86 处，占寺院的 14%。再如瑞丽市姐相乡共有 33 所佛寺，只有 4 所有佛爷住持，有 29 所空寺没有和尚。这样使很多地方不得不从其他国家聘请和尚前来住持寺庙，满足民众的信仰生活需要。因此近年来在傣族地区，有很多来自泰国、缅甸、老挝的和尚在寺庙里做住持。在景洪市的大勐龙等乡镇，近年来不少村子都聘用了来自缅甸和泰国的僧人住持寺庙。他们组织各种日常的佛教活动，但是要服从村中的管理。按照村民的要求，外来的僧人必须有相应的佛学造诣、没有不良习性，如果一旦发现有不良习性就会被解聘。近年来随着国内宗教人才的培养力度加大，有很多年轻人毕业于云南省佛学院等相关的佛教培训机构，这种状况有所改变。

近年来，宗教生活又一个新的变化是人们学习佛教经典的自觉性有所提高，形式也多元化。各地的傣族社会中人们相对过去更加自觉学习佛教的经典，而不仅仅是到寺庙里听和尚讲经，人们更看重能够阅读经文。一个很典型的现象是妇女们也很积极地学习佛教经典的念诵和阅读，这在过去是很少的。由于这个原因，在西双版纳，近年来人们学习老傣文的热情很高，很多人通过自学学会了老傣文。目前学习的形式也多种多样，除了在寺庙中学习以外，很多村子有教授老傣文和佛教经文的晚间课堂。最新的方式就是微信，有很多和尚及有文化知识的傣族人组建微信群，传播教授佛教经文以及老傣文，有些微信群成员有四五百人之多，微信已成为宗教文化传播的重要渠道。

（4）在对外交往方面。近年来傣族地区的宗教对外交往日益频繁。官方在促进南传上座部佛教的对外交往中做了很多有效的工作，如2016年2月18日中国南传佛教史上最高规格的国际盛会——"首届南传佛教高峰论坛"在景洪市隆重召开。多国僧王、海内外上百位高僧莅会，包括柬埔寨大宗派僧王、斯里兰卡阿斯羯利派僧王，老挝、泰国、缅甸、孟加拉国、尼泊尔、美国佛教代表团等海内外高僧。2月19日，西双版纳总佛寺还将举行"帕松列""帕祜巴"升座庆典法会，这是南传佛教最殊胜法会之一。更为难得的是，此次升座法会是西双版纳总佛寺12年来首次举行的佛教盛会。2017年4月9日由云南省佛教协会和云南省宗教学会主办，德宏州佛教协会承办的第二届南传佛教高峰论坛在云南省德宏州芒市召开，除了中国佛教界的高僧大德以外，还有来自泰国、缅甸、斯里兰卡等国的高僧出席了会议。这些活动都有效地推动了中国南传佛教交流的开展。与此同时，民间的佛教交流活动也较为频繁。目前在国内边境沿线的德宏、西双版纳、临沧、普洱等州市只要有大的佛教活动，往往都会邀请缅甸、老挝等国的宗教人士前来参加，而更多的是周边国家的群众自发前来参加。相应地，如果周边国家有重要的佛教活动，中国边境一线的傣族民众也会自发前往参加，甚至远到泰国人们都会相约前去参与。在中国的很多寺庙里今天都可以看到来自境外的信徒和寺庙赠送的佛像和其他供品。由此可见，近年来中国傣族地区和周边国家的佛教交流活动无论官方还是民间的交往都有了较大的发展，为边境地区的和谐注入了新的活力。

（5）宗教文化的传承。近年来有关南传佛教的经文文献整理出版工作有了较大的进展，各地政府都投入了较大的人力和财力，收集整理民间的文献和馆藏文献，编校出版。目前规模较大的是由云南人民出版社2010年出版的100卷《中国贝叶经全集》，其他的诸如《耿马傣族历史古籍典藏》等书籍，都有较高的文化传承价值。

傣泰民族历史与社会文化研究

从越人不是一个民族谈傣泰民族的起源问题[*]

　　"傣泰民族"是指在中国及分布于其他国家的同民族渊源的傣族与泰人族群。他们在中国被称为"傣",同时也是国家法定的一个民族,而在其他国家称为"泰"(TAI)。傣泰民族是分布于中国西南部云南省及东南亚、南亚的一个较大的族群,除分布于中国的云南省外,主要分布于越南、老挝、缅甸、泰国、印度等国家。其中越南、老挝、缅甸与中国接壤,傣泰民族在中国属于跨境民族。与此同时,在接壤的老挝、缅甸、泰国,泰人也跨境而居,因此傣泰民族不仅是一个分布广泛的民族,也是一个有着共同民族渊源关系但分布在多个国家跨境而居的族体。

　　傣泰民族的起源问题学术界争论已长达百年,在当代社会及国际关系中也有着广泛的影响,如在泰国目前历史教科书中仍然沿用西方学者关于傣泰民族起源于中国北方或长江中下游的说法,因此这一问题至今仍然是一个没有最终解决的热点问题,仍然值得进行深入的探讨。

　　关于傣泰民族的起源有多种说法①,其中较有代表性的是泰人起源于

---

　　*　本文原载陈吕范主编《泰族起源与南诏国研究文集》,中国书籍出版社,2005。

　　①　谢远章:《泰族:其历史与文化》,陈健民:《泰族起源探析》,《泰中学刊》1996年号;William C. Dodd, *The Tai Race: Elder Brother of the Chinese*, White Lotus Co., Lmt, 1996。

阿尔泰山说①、中国南方起源说②、泰国本土③说，等等。其中泰人起源于中国北方，并不断出于战争等原因而南迁是最流行的观点。中国学者通过大量的研究对这一观点进行了反驳，但是在反驳西方学者关于泰人起源于中国北方或者南方的观点的同时，很多中国学者的立论中，都认为泰人的祖先是中国古代的越人，是"越族"的后裔，也就是认为中国古代曾经存在一个是泰人祖先并且有着共同的语言、文化的"越族"。著名傣族史专家江应樑先生指出，分布于云南境内的傣族与广西的壮族，贵州的布依、侗、水、仡佬等族，海南岛的黎族，与境外的掸族、泰族、老族等同属于一个民族语支，"它们的族属渊源自古代的越人"④。黄惠焜先生认为泰人是从越人变化而来的。⑤ 泰人来自越人，越人是傣泰民族的祖先，在中国古代存在一个古老的民族"越族"的观点是中国的流行观点。在目前中国学者谈及傣泰民族的起源问题时，都不加考证地沿用这一结论。

今天关于傣泰民族的祖先起源于中国北方的观点已为越来越多的学者，尤其是泰国学者们所扬弃。泰国当代著名的泰族史学家素密·皮蒂菲特教授（Sumitr Pitiphat）认为泰人祖先起源于中国北方的说法已为越来越多的有关傣泰起源的研究证明是不可靠的。他近年来曾多次到中国有关区域，包括海南岛进行田野研究，认为傣泰民族的祖先起源于中国南方。2001 年 8 月 16 日素密教授与笔者在泰国法政大学泰学研究所进行座谈时，素密教授介绍了他的观点。⑥ 但是客观而言，在当代泰国仍然没有完全主流的关于泰人起源的观点，也就是说，上述关于傣泰民族远古起源的争论仍然没有最终令人信服的结论。在中外学者的论述中，泰人与越人的关系成为一个关键的问题，越人是不是中国的一个古代民族，泰人是不是越人

---

① William C. Dodd, *The Tai Race, Elder Brother of the Chinese*, by White Lotus Co. , Lmt, 1996.

② Among the Shans, A. R. Colquhoun, 1885. 泰国学者丹隆·拉差努帕亲王于 1924 年发表的《暹罗史》讲演中也持此观点，认为泰人起源于中国南方的云南、贵州、广东、广西、四川等地。中国南方起源说中的一个流行观点是泰人起源于南诏。这一观点是由英国人 E. H. 派克于 1894 年在《南诏》一书中提出来的。他认为南诏是泰人建立的王国，尤其是细奴逻王国是地道的泰人国家，后来南诏泰人在中国人的压迫下南迁到东南亚一带。

③ Dr. Paul Benedict, "Thai, Kadai and Indonesian, A New Alignemt," *American Anthropologist*, 1942.

④ 江应樑：《傣族在历史上的地理分布》，载王懿之、杨世光编《贝叶文化论》，云南人民出版社，1990。江应樑《傣族史》（四川民族出版社，1983）中有专节论述。

⑤ 参见黄惠焜《从越人到泰人》，云南民族出版社，1992。

⑥ 另见素密教授专著 *Becoming Thai*（《泰族的形成》），泰文版。

的后裔，直接关系到傣泰民族的起源的问题，因为越人如果是傣泰民族的祖先，那么泰人自中国北方、南方继而南迁就是有根据的。笔者近年来通过在云南及十余次前往有傣泰民族分布的泰国、缅甸、越南、老挝等东南亚国家的大量研究表明，泰人并不是来自越人，更不是"越族"演变而来的，中国古代并不存在一个"越族"。而傣泰民族的祖先由于历史的久远，我们也许已不可能再准确地探寻到汉代以前的起源地，但汉代以后的历史是可以追溯的，其发源的中心就在滇中一带，笔者的研究已受到了泰国学界的高度关注。[①]

一　"百越"不是一个古代民族

如上所述，傣泰民族的起源问题是一个长期争论不休的问题。其中有关傣泰民族的先民与越人的关系就是一个核心问题。国内外不少学者认为越人是今天傣泰民族的先民，今天的傣泰民族是由古代越人演变而来的，经历了一个由越人到傣泰人的过程。这种观点在国内学术界基本已成了一种学者们都不再深究的定论，引用这一观点的论著以数十种论，在国际上这种观点也十分流行，尤其是在泰国，事实上这一观点成了傣泰民族起源于中国北方或长江中下游的直接依据。西方及泰国学者认为，公元前334年楚国灭越国后导致越国人大量南迁。《史记·越世家》载："越以此散，诸侯子争立，或为王，或为君，滨于江南海上，朝服于楚。"这就是国外持泰人由于战争而被迫南迁论的学者的直接证据。随后，在秦国灭楚之后，为了全国的统一，秦对南方原越地进行了大规模的征伐，自始皇帝二十四年至三十三年，历经九年，先后征服了浙江西部、福建、广东、广西等地，而这些地区在越灭亡以后由于地处边远，自立有王，在此之前也还没有为楚所征服，因此也还保存着大量越国的旧俗，仍为越地。秦始皇的

---

① "Thai Roots: an Interview to Professor Zheng Xiao Yun," *Bangkok Post*, February 9, 2002. "Where Did They Come From," *Bangkok Post*, January 30, 2001.（《泰人之根：郑晓云教授访谈》，泰国《曼谷邮报》2002年2月9日；《他们从哪里来》，《曼谷邮报》2001年1月30日）。

征伐，不仅时间长，战争规模大，并且十分惨烈，往往"伏尸流血数十万"①，引起越国当地人的大量流离与迁移也是必然的，这也被国外学者认为是引起越人——傣泰民族先民再次南迁的根据。尽管中国学者力图反驳泰人起源于中国北方或长江流域的说法，但由于越人是傣泰民族先民的观点的存在，也难以在此基础上提出有说服力的论点。

笔者对傣泰民族史进行了多年的研究，认为在当代对于公元前傣泰民族史的争议已没有太大的意义。原因在于，其一是没有确切的资料可以应用，中国古文献对于傣泰民族先民的记载不过数百字，并且还存在其真实性是否可靠的问题，因此中国古籍上的一些相关的点滴记录也不完全可信。《史记·勾践世家》记述越王为北方民族后裔，"越王勾践，其先禹之苗裔，而夏后弟少康之庶子也，封于会稽，以奉守禹之祀，文身断发，披草莱而邑焉"。这一记述是关于越人渊源最具体的记录，而江应樑教授考证这可能是假托。其二，民族融合与分化是自远古以来的经常现象，民族同源，但经过长期的分化融合，已经很难将每一个民族准确地与其数百年甚至数千年前的一个民族对应起来。傣泰民族也是一样，其起源有共同的民族流源，但是在长期的发展融合中分化为不同的支系，至今天再分化为壮傣语系的不同民族，将今天傣泰民族的每个民族都溯源到数千年以前是不可能的。在壮傣语民族中，一些民族有直接的民族渊源关系，而一些民族并没有明确的渊源关系，只能从语言学的角度来证明其古代族群的归属关系，如同是壮傣语支中的一些民族，但没有明显的体质共性特征，如毛南族与傣族。这种情况的出现可能有多种原因，如毛南族的先祖处于古代泰人的统治之下而吸收泰文化包括使用泰语，而非民族同源，这种现象在人类历史上并不少见，如今天的布朗族、克木人都完全使用傣语，接受傣族的文化，但与傣族是族源甚远的不同民族。因此，对西方学者关于泰-卡代民族的归类，笔者认为只能看作语言学归类，而不能作为种族学归类。②

那么今天的傣泰民族到底来自什么地方呢？这仍然是有意义的科学命题，并且是有探索的空间的。笔者认为这其中非常重要的就是越人与今天

① 《淮南子浅释》三十八。

② 关于 Dai-Kadai 族体的分类参见 *Introduction to Tai-Kadai People*，Institute of Language and Culture for Rural Development，Mahidol University，Thailand，1998。

傣泰民族的关系问题，这是解开这一个千年之结的关键所在。

在中国学者中，最普遍的观点认为今天的傣泰民族是古代越人的后裔，也就是由越人演变而来的，这一观点至今没有人怀疑过。学者们认为古代几条大江流域，如长江、珠江、澜沧江流域的居民都有共同的文化特征，而被称为"百越"或"百粤"。较早的记述见《汉书·臣瓒注》，文中载："自交趾到会稽七八千里，百粤杂处，各有种姓。"会稽在今天的浙江省绍兴，而交趾为今天的越南西北部，可见其分布地域之广。这一条记述不仅是较早的有关"百粤"的记述，也是对当时最直接的记述，"百越"或"百粤"在随后的史书中被用于称中国南方有一定共同的文化特征的一些族体，如"闽越""於越""扬越""南越""山越""滇越"等。

对越的记述始于汉代。《史记·勾践世家》说大禹之后勾践被封于会稽，为越王。"越国之称始此"（《会稽记》）。大多数学者将此与百越民族相联系，并将此作为追寻"百越"民族族源的依据。对史料的科学解读事关重大，对《史记》中的这一记述也必须做科学的分析。这一记述中包含了两个方面的重要背景：首先，是勾践本人的族属问题，勾践是否越人？如果勾践是越人，那么依据《史记》记述，大禹也必然是越人（应注意江应樑教授已指出勾践为大禹之后可能是假托）。其次，第二种可能是勾践被封于会稽后，从当地的习俗而"断发文身"，这样说明勾践并不是越人，只是从了当地的习俗。应当说，后面一种背景更为可靠。如果说勾践被封于会稽后才"断发文身，以避蛟龙之害"①，开创了百越文身这一典型习俗，那么今天关于百越民族的很多定论就将不成立。这一习俗应在勾践被封于会稽之前就已存在于民间，因此勾践是不是禹的后代与其祖上是不是越人并没有关系。与越人有相同文化特征的人在当时已有广泛的分布，颜师古《汉书注》载："臣瓒曰：自交趾到会稽七八千里，百粤杂处，各有种姓，不得尽云少康之后也。"因此，将越王勾践与越国、越人，甚至百越民族的流源混为一谈是错误的。

古籍上记述的"百越"或"百粤"在当时是不是一个民族，或者已经形成了一个民族，笔者认为不是。《汉书》记述，"自交趾到会稽七八千

① 《汉书·地理志》。

里，百粤杂处，各有种姓"。"百"可理解为当时难以计数，"粤"指不同的种族部落，难以计数的种族部落杂处，并"各有种姓"本身也就说明"百粤"并不是一个民族，"不得尽云少康之后也"，百越当指当时在这一地区的各种种族，也就是说，在中国古代并没有在南方出现过一个可以称为一个民族的越族。一些学者也已经指出了这一点。王振铺先生认为，"古代南方从新石器时代至铁器时代初期，都未曾出现一个分布于交趾至会稽的单一民族"①。蒋炳钊先生指出，"百越"并不是一个单一民族，"各有种姓"，它是我国东南和南部地区古代民族的泛称。②尽管一些学者已经指出百越并不是一个中国古代民族，尤其不是一个单一民族，但这种观点还是少数，将百越作为一个中国古代民族的观点仍然流行，也就是说，多数相关论述是在百越是一个古代民族的立论上展开的，尤其是在傣泰民族研究中。

那么中国南方的各个种族部落为什么会被称"粤"或"越"呢？这是问题的关键所在。

越与吴都是公元前 6 世纪建立的国家。吴、越是国名。而吴、越两国内的居民都是相同的民族，"吴越二邦，同气共俗"③，可见越在当时并不是一个只居住于越国内的民族，而是指居住于越国内的人。在古代，人们并没有今天意义上的对民族的划分，而更多的是以国来称人，如楚人、越人、吴人、秦人等，这事实上所指的是楚国人、秦国人、吴国人、越国人等。这在汉以前十分普遍，频见于史籍中，正好证实了这一点，也说明当时并没有一个主体民族的概念。因此越人并不是一个今天我们的概念中的民族，而是居住于越国内的人的统称，在越国内被称为越人的人可能包括了各种不同的种族部落。

在公元前 473 年，越国灭吴，之后越国变得十分强大，在公元前 334 年灭亡于楚国之前存在了 140 余年，不仅军事与经济实力强大，文化也有了较大的提升，与中原不相上下。越国的根基在中国南方，也就是说，今

① 王振庸：《百越考》，载朱俊明主编、中国百越民族史研究会编《百越史研究》，贵州人民出版社，1987。
② 蒋炳钊：《20 世纪百越民族史研究概述》，载揣振宇、华祖根主编《中国民族研究年鉴（2001 年卷）》，民族出版社，2002。
③ 范蠡：《越绝书》。又参见江应樑《傣族史》，四川民族出版社，1983。

天中国南方基本是越国的领地，因此南方越国内的居民都被称为越人，并不分为何种种族与部落，但是在广大的越国领地内又确实生存着诸多种族与部落，因此被称为越，这就是"百越"的来源。古人虽然感到了不同地方的人们的种族特征与风俗习惯的不同，但是当时并没有民族划分的标准，甚至由于地理的阻隔而不可能了解到底有多少种种族部落的存在，因此一方面将越国统治之下的民众统称越，但又知道其中种族的差异，因此称之为"百越"，以概括越国境内各种不同的种族部落。"百越"可被解释为"越国境内各种族部落"。此外，"百越"作为一个统称，也是因为当时地理的阻隔，人们对于疆域的准确性与种族的类别不了解而产生的，越与后来的汉王朝一样虽然是一个强大的国家，但是对于自己的疆域并没有确切的了解，因此越国也只能把其境内，甚至并无准确了解但又可能存在的种族统称为百越。由此南方的各种种族部落被称为越，是他称，而不是自称。由于越国的强大，越国内居民称越人没有问题，而更遥远的种族部落则是作为中国历史上十分普遍的现象臣服于越的，也完全可能接受将"越"这一称谓作为自己的称谓的一部分，承认自己也是越，这就是随后各种越的称谓来源，如闽越、南越、山越等等，这些越人都不在越国原有的区域内。

"越"，除了源自越国外，在古代，"越"含有遥远的意思。《汉书·地理志》中说："粤地，牵牛、婺女之分野也"。《汉书·严助传》说："越，方外之地，剪发文身之民也。"可见古代"越"指的是边远的地方与落后的居民，也就是所谓"牵牛、婺女之分野""方外之地，剪发文身之民"，这显然是当时针对华夏文明较高的民族而言的。加之当时地理知识的限制，人们便将"方外之地"称为越，方外之民自然也就全部称为越人。笔者认为越人、百越正是源于此。在古代，越的真实含义是边远之地、落后之民。越国的得名也是基于此的他称，随后居住在这些边远地区的居民被称为越人。

由于越并不是一个民族，因此它也就没有一个民族的沿袭性，在汉代以后，"越"这个称谓渐渐不见于文献了，更没有越族的记载。"越"的很快淡出，正好反证了越不是一个民族，如果"越"作为一个民族已存在了数百年，并曾经十分强大，岂能很快就消失呢？就算是其国家消失了，作为一个民族也应当是会长期存在并见于随后的文献的。其从历史文献中的淡出，原因就在于它不是一个民族，而是与其国家的存在相对应的，当秦国统一了中原并平定了南方以后，曾经强大的越地成了秦国的辖地，"越"这一概念自然也就随着历史的改变与时间的推移而消失了。此外，在汉以后，"各有种姓"的各种种族部落开始出现于文献中，如乌浒、俚、僚等，同时应指出越国内的各种越人，如闽越、於越、南越、骆越、滇越等是不同的种族或部落，并不是同一个民族，同称为"越"是因为居住在强大的越国境内或臣服于越。如我们今天根本无法寻到泰人与广东人有民族渊源关系的证据。在此之后各朝代都有了对一个种族的明确的名称概定，这才是今天各民族有史可考的源头。

笔者的结论是越人是指越国内的居民，也含有这一地区边远落后的意思，是对当地越国居民及更为边远落后的居民的带有蔑视的他称，而不是一个民族。越国内的各种种族称为"百越"并不是自称，而是他称，当时的人们由于并没有当今的民族概念，因此把其国内的居民都称为越，由于"各有种姓"，因而称为"百越"。随着越国的灭亡，越人也为更明确的不同种族的称谓所取代而出现于文献中。

我们也可以看到在汉代以后，中国各个朝代的史籍中对于种族、民族的界定越来越明确，对于不同的种族的特征的描述越来越详细，也反映了随后的人们对于民族这一人的群体的客观存在的认识的进步。

我们否定了越作为一个古代民族的存在，那么如何解释南方很多共同的文化现象呢？

在古代南方，各地居民中都有很多共同的文化存在，并较早地见之于史籍中，较典型的有干栏式住房、种植水稻、文身、使用铜鼓、驯象等。这一问题可以做两个解释：首先，古代长江以南的地理环境有共同的特征，多江河、多水泊、多森林、多平地，气候湿热，这些特征形成南方的居民在日常生活、农业生产等方面的共同特征，这并不难理解，如相同的地理环境导致中国南方、东南亚诸国及日本等地种植水稻，但并不意味着它们是一个民族。在今天，干栏式建筑在云南省十分普遍，并且存在于当地的不同民族中，并非一个民族专有，这是由共同的地理条件形成的，而不是民族特征。越人典型的文身现象，在今天的云南及越南、缅甸、老挝也还普遍存在，但并不仅限于一个民族中，如布朗族、傣族、佤族等民族中都可看到。在今天这一现象可存在于多种民族中，在古代同样有可能存在于不同的民族中。驯象在古代仅见于云南南部及东南亚诸国，并不普遍存在于中国南方。铜鼓的使用在古代更不限于一个民族，这已为大量的考古研究所证实。因此对这些文化现象在南方的普遍存在不应从民族特征的角度进行解释，而应从其所处的地理环境的相同性及传播、相互影响来进行思考，否则就将陷入误区。也就是说，这些文化现象是由地理环境造成的，是不同的民族之间文化相互影响所带来的文化传播的结果，并不是一个民族的特征。

特别应当指出的是，在一些相关的论著中都提到百越地区语言相通，甚至说百越有共同的语言，并将其作为一个民族的特别重要的特征，这更是没有根据。如果古代越人之间存在共同的语言，这确实十分重要，地理环境及传统而使各民族都具有很多共同的文化，而语言则不然。但是种种提到越人语言相通的论著中却没有指出其充分的依据从何而来，有何文献记载广大的越地语言相通，有一种共同的越语存在，这一点显然是学者们以讹传讹了。笔者研究了相关的文献及著作，并没有关于有一种在南方相通的越语存在的直接证据，也没有文献记载当时的越地语言相通。蒙文通先生就指出，吴越、南越、骆越、西瓯等各有自己的语言。[①] 越人既然没有共同的语言，从民族构成的要素来说也同样不成其为一个民族。

可以说，学术界长期以来将越作为一种古代民族是错误的。这一错误的结论在学界已很流行，其中大多数学者并没有深究这一问题，而是在研究相关问题时不加分析地沿用了这一错误的结论。尽管这其中有很多矛盾之处，如我们上面提到的为什么"越"会在西汉以后较快地淡出文献记载等。同时这一错误的结论也导致了后面的很多历史问题的错误解释。傣泰人的起源问题就是其中的一个典型问题。

二　关于傣泰民族的起源问题

由于笔者否认了越人是一个古代民族的观点，同时也就否认了越人是傣泰民族祖先的定论，我们可以从全新的角度来审视傣泰民族的起源问

---

① 蒙文通：《百越民族考》，《历史研究》1983 年第 1 期。

题，解开傣泰民族起源史上的一个大的谜团。

首先，由于越人不是一个古代民族，也不是傣泰民族的祖先（文献记载中的傣泰民族从来没有"越"这一自称），因此傣泰民族与越国没有直接的关系，更不是勾践的后人。如上所述，在汉以前，由于当时的人们对于种族知识的欠缺，将越国内的人都称为越人，因此泰人在古代文献中即便被称为越的一种，归为一种越人也不足为奇，但并不能说明与越人之间有直接的民族渊源关系，更不是某一种越人演变来的，这一点至今没有史料可以证明，流行的观点也都是推测。

其次，由于傣泰民族的先民与越没有直接关系，因此越国的灭亡及秦征故越地的战争所引起的人群迁移与傣泰民族的历史同样没有关系，从这个立论上说，傣泰民族起源于长江流域并由于战争而不断南迁的说法是不成立的，事实上，只有在傣泰民族不是源于越人这一立论上，才可能根本否定傣泰民族祖先的南迁论。

那么，傣泰民族从何而来呢？

由于历史文献的欠缺，傣泰民族的渊源在汉代以前已无法追溯，但是在秦汉时期今天傣泰民族的先民已居住在今天的云南境内。虽然说汉代以前的傣泰民族先民的源流至今仍然是没有公认的定论的，但汉代以后傣泰民族的流源却是可以重构的。笔者认为，汉代是构建傣泰民族史最重要的时期，是一个里程碑，因为只有此时期后的历史才可能说清楚，今天的傣泰民族起源于云南，古代滇国就是古代傣泰民族的家园，而古滇国的主体民族就是今天傣泰民族的先民。

在汉时，古滇国已存在。《史记·西南夷列传》是较早记述古滇国存在的文献。《史记·西南夷列传》记载："西南夷君长以什数，夜郎最大；其西靡莫之属以什数，滇最大。""滇王者，其众数万人"。自汉元封二年，汉军进军滇地，滇王降汉称臣后，汉王朝在这里设置了益州郡。滇国的中心即今天的昆明市晋城，这里地处滇池畔，是古代滇文明的中心地区，在附近的石寨山、李家山等地都发现大量汉代古墓，出土了大量汉代铜器。

傣泰民族有文字记载的历史就当从此而开始。滇国的存在已为学术界所认同，那么滇国内居住的是什么民族就是与傣泰民族有直接关系的问题。

首先，滇国的"滇"从何而来，是何含义？目前主要的说法，一是指滇池水倒流称，二是高山之义。① 这两种说法都是从地理环境特征及对字义的解释来推论的。一些学者甚至还通过《说文解字》等字典来求解"滇"的含义，更是错误。

事实上，当时司马迁在写《史记》时记录一些他听说的地名或部落时都是用汉字记音，当时的广大边远地方还处于地理大发现时期，并没有标准的地名，因此《史记·西南夷列传》中对地名与部落的记载也同样是用汉字记音，"滇"也不例外，因而留下了一个大的谜团。也正因为如此，从地理特征或字面上去理解"滇"的含义都是不可靠的。

在《史记·西南夷列传》中，司马迁记载"滇"时很明确的是记载了一个部落而不是一个地方。我们当然可以推论这一个部落的领地也就是滇国，但"滇"首先是一个部落，是一个种族。因此"滇"的来源不是从地理特征中而得，而是指当地一个人口占多数、处于统治地位的种族部落。

首先，关于古滇人的族属问题已有一些学者做了大量的研究，其中一个重要的结论是古滇国的主体民族是"越人"的一种，也是今天傣泰民族的先民。尽管并没有任何历史文献记载当时滇国的主要居民滇人是越人，但通过考古所获得的大量资料证明了当时的滇人文化与今天的傣泰民族文化有很多相同甚至是一些仅存在于傣泰民族中的文化。这些资料与傣泰民族的历史传统相佐证，证明古代滇人就是与傣泰民族有直接渊源关系的种族。

在当年滇国中心地带的晋宁石寨山墓地及江川李家山墓地出土的大量滇国文物为我们展示了一幅滇人文化的粗略图景，同时也为我们认定滇人的族属提供了一些直接的证据。在这些滇人文化遗址中，出土了大量汉时的铜器，包括农具、生活用具、铜鼓、贮贝器等，最可贵的是这些出土文物除了有动物、建筑用具等图案外，大多有反映当时社会生活的雕刻与雕塑，不少贮贝器上还雕塑有宗教祭祀、战争及家庭生活的场景，使今天的人们能够直观地窥见滇人的生活与文化。② 在各种滇国出土文物中，有不

① 《华阳国志·南中志·晋宁郡》；王先谦：《汉书补注》。
② 张增祺：《滇国与滇文化》，云南美术出版社，1997。

少内容反映了其与今天傣泰民族的直接的文化关联，如干栏式建筑、使用铜鼓、文身、耕田等等，在这其中对孔雀的崇敬笔者认为是判定古代滇人是傣泰民族的先民的直接证据。孔雀是傣族最崇敬的吉祥动物，是善与美、勇敢的象征，在各种神话中很多英雄及圣贤是孔雀的化身。孔雀在傣族文化中占有重要的位置，是傣族文化的特征之一，不仅有大量的民间传说、绘画、歌舞、雕塑等来表现孔雀，通过孔雀来表现人们种种美好的意愿，在现实生活中傣族人也爱饲养孔雀，孔雀在其文化中的地位之重在其他民族中是不能相比的。在出土的滇国青铜器中就有刻孔雀图案的铜锄、铜铲，孔雀造型的青铜扣饰、铜孔雀、孔雀杖头等，还有不少青铜器上有孔雀的图纹。在晋宁石寨山出土的一片刻纹铜片上，上方刻的是一只巨大的孔雀，而下面的牛头、海贝、虎、马、人物等都只有孔雀的一半大，甚至更小，这一图案的组合反映出了孔雀在当时人们心目中的重要性，在"纺织场面贮贝器"的胴部，刻有 4 只孔雀，同时在器身上还有圆雕刻孔雀 4 只。在傣族社会中，孔雀是勇敢与镇邪的象征。在滇池地区出土的不少青铜器上雕塑有孔雀口衔蛇，或用爪践蛇，甚至在石寨山 M12 号的一个贮贝器上，还有一名妇女在用蛇喂孔雀。在傣族人的观念中，蛇是性恶、凶猛的动物，孔雀的这些青铜器造型上孔雀与蛇的组合表达的正是以善抑恶的愿望及孔雀的伟大。特别值得指出的是，蛇是东南沿海"百越人"普遍崇敬的对象，而在傣族中相反，这一点也从一个角度证明了傣泰民族的先民与所谓"百越"在文化上的区别。滇人的孔雀文化是其与今天的傣泰民族有民族渊源关系的直接证据之一。

滇国又一个重要的与傣泰民族文化有关联的因子是水稻种植。在云南境内95%以上的地区都是山区，古滇国所处的滇池地区是云南最大的一个平坝，依山傍水，便于灌溉，是种植水稻的理想地方。滇池地区考古证实了滇池地区的主要农作物是水稻。[1] 云南种植稻的历史通过考古发现证明在新石器时就存在，云南是栽培稻的发祥地之一。[2] 傣族是中国种植水稻最古老的民族之一，而研究表明在云南少数民族中种植水稻历史最久远的

---

① 张增祺：《滇国与滇文化》，云南美术出版社，1997，第60页。
② 参见〔日〕伊藤清司《序二》，载任兆胜、李云峰主编《稻作与祭仪》，云南人民出版社，2003；李昆生：《云南在亚洲栽培稻起源研究中的地位》，《云南社会科学》1981 年第 1 期。

就是傣族。① 水稻种植是傣族的生存基础，事实上在傣泰民族的历史上其先民总是沿着江河迁徙的一个十分重要的原因是寻找适合开田种植水稻的地方。在傣族的传统观念中，有水就能种田，能种水稻就能活下去。在云南稻作栽培的类型分为陆稻与水稻两种，在山区陆稻种植也很普遍，而在坝区基本都种植水稻，这两种稻作模式今天仍然存在。在种植稻的民族中，有不少是由于居住于山区而种植陆稻，更多种植水稻的民族其水稻种植的历史不过千余年，如今天的元江流域哈尼族、彝族等都种植水稻，但是水稻的种植都与傣族先民有关，也就是说，其他民族是在傣族之后才学习种植水稻的，民族志资料表明很多地区在傣族先民迁去之前当地还没有水稻种植。元江中游哈尼族的古歌中就记载了当地傣族教授哈尼族种植水稻的历史传说。更广泛的水稻种植与汉族在明清以后大量迁入云南有关，但历史较近。水稻种植有着较其他山地作物更高的技术要求，因而也代表了更高的农业文明，由于当时的云南是一个边远闭塞的地方，因此不可能在汉代就已有广泛的水稻种植，到了西汉晚期，滇池地区才有明确的种植水稻的记载。古滇国的稻作农业与傣族的稻作传统相对应是傣泰民族先民在滇池地区居住的又一个重要佐证。

傣族中关于今天昆明称谓的传说也是傣族在今天云南中部活动的重要佐证。在傣语中，昆明称为"勐些"，意思是"失去的领地"。"勐"是傣泰民族中特殊的行政区域概念，有国家、行政区域、分封国、城市等内涵。据傣族的历史文献及今天仍然流行的传说，远古时期傣族的先民就居住在今天的昆明滇池畔，后因为与其他民族发生战争并且战败，只有放弃昆明这一居住地而向南迁移到今天的西双版纳、德宏等地居住，因此昆明才被称为"失去的领地"，直到今天。这也说明昆明地区在古代是今天傣族先民的家园。傣族史学家、曾任西双版纳报社副总编的岩温胆先生多年搜集傣族古文献抄本，他归纳古文献中关于傣族迁移的记录如下：傣族先民最早居住在今天昆明以北走三天三夜路程的地方，名叫勐洒，后由于受到其他民族的冲击而南迁到今天的昆明一带，居住数百年，人口增多，也更强大，并有自己的国王。后再次因内部战乱而被迫南迁，战败的王族带

① 《傣族简史》编写组编《傣族简史》，云南人民出版社，1986，第 35 页；又参见高立士《西双版纳傣族传统灌溉与环保研究》，何昌邑等译，云南民族出版社，1999，第 53 页。

领大批民众首先迁到今天的元江（傣语称勐仲），再由元江分三路迁移：一路向南迁到今天的西双版纳景洪一带，其中一批人再向南进入了老挝、泰国北部。这一批人由于走得晚，被称为"傣元"，意为胆大，或大傣，今天"傣元"在泰国北部仍然是当地傣泰民族中最大的一支。第二路向东南迁到今天的老挝境内，这一批人由于星夜兼程，被称为"傣老法"，意为在星光明亮的夜里启程的傣族。第三路向西南迁到了今天的德宏的瑞丽江边，建立了勐卯国。除了由王族带领的这些民众迁出昆明外，大量的傣人也从昆明一带向各地散去，散居在今天的楚雄、红河一带。①

在此我们不可回避地要谈到"滇"与"滇越"。笔者认为"滇"就是今天的"傣"。当时司马迁用汉字记下了"滇"这一部落的名称，我们今天很难判断其记录的准确性，但音大致是相近的。对傣泰民族来说，"傣"是这一民族最古老的自称，"滇"与"傣"，或"Dian"与"Dai"的第一个字母都是"D"，用方言来发音"滇"与"傣"十分相近。当时的语言与今天的汉语并不相同，更加剧了司马迁记音的模糊性，这也是不能用今天的汉语来研究"滇"的含义，甚至通过"滇"的字解来解释"滇"作为记录一个古代民族的真正含义的重要原因。对一个民族来说，长期的发展或迁移中衣食住行种种都可能发生变化，但最可能被人们长期记住而保存下去的就是自己的族称，这已是历史所证明了的。作为滇国主体居民的傣族先民，自然还保存着古老的自称，因此"滇"源于"傣"这一族称是可信的。在中国的史籍中对傣族的记录有各种称谓，如"白蛮""金齿""绣脚蛮""白衣""摆夷"，甚至"旱摆夷""水摆夷"等等，但这些记载都不是傣族自己的称谓，如在 20 世纪 50 年代以前，傣族仍然被广泛称为"摆夷""水摆夷""旱摆夷"，但这些史籍上或民间的他称并不为傣族人认可而成为自称，甚至很多傣族人根本就不知道"摆夷"是什么民族。他们自古至今都自称傣。在缅甸，泰人被称为掸人，但当地泰人从来不用掸来称呼自己的族属，他们仍然自称"泰"。

关于"滇"就是"傣"还可以从"滇越"所传达出的信息中得到有力的佐证。《史记·大宛列传》记载："昆明之属无君长，善盗寇，辄杀略汉使。然闻其西千余里，有乘象国，曰滇越。"这里所说的"滇越"学者

---

① 岩温胆：《西双版纳历史溯源》，2003，油印本。

们已普遍认为是今天的云南保山及德宏一带，这与傣族先民的分布是相符的。这条史料是中国文献中最早提及傣族先民的记载，同时滇越就是傣族先民这一点在学术界没有什么争议。这其中最有意义的是"滇越"直接被证实与傣族先民有关，也就是直接记载了傣族在古代被称为滇。"滇越"这一记载中到底"滇"指人还是"越"指人，目前的观点基本都将越作为傣族的先民，说明古代越人就是傣族的先民。事实上这种观点是错误的，仅从"滇越"的字面上就断定越人是傣族的祖先是没有充分根据的。笔者认为"滇越"确实是指傣族先民居住的地方，但指人的不是"越"而是"滇"。如上所述，滇就是傣，而"越"就是古人所指的遥远之地，"滇越"意为居住在远方的滇人，即傣族的先民。其次，不论是乘象国还是越，都不可能是其本民族的自称，都是其他民族的他称。古人由此将这块傣人居住但又十分遥远的地方称为滇越。解开了这个谜，我们也就解开了长期以来有关滇越的种种困惑：为什么今天的昆明地区称滇，而数千里以外的地方也出现滇这一称谓？同时今天保山、德宏一带的傣族先民被称为滇，也反证了滇国的"滇"一词源于"傣"，其主体民族就是傣泰民族先民的事实。

三　结语

通过上面的论述，笔者认为在中国古代并不存在"越"这一民族，"越人"不是一种民族（这一点如上文中提到已有学者指出），笔者认为越人是指古代越国内的居民或蛮荒边远地区的当时还不知其族别的人。尽管如此，笔者认为百越文化是存在的，也就是当时越国相关的文化与历史，傣泰民族文化与百越文化确实有很多相同之处，中外学者在百越史领域内所取得的成就也是十分丰硕而辉煌的。关于百越文化更广泛的话题不在本文的讨论范围内，但是涉及傣泰民族的起源，笔者认为没有一个从越人到今天傣泰民族的演化过程，傣泰民族不是越人演变来的，因而与古代的越国及其后人都没有任何关系，我们也可以认定傣泰民族的先民不是从中国南方迁徙到云南的，它是一个居住并在云南发展起来的民族。

在汉代傣泰民族的先民已居住于今天的云南中部及西南一带，他们更早的祖先从何而来已经无可考证，但并不一定要坚持它是一个从其他地方迁入云南的民族的观点，因为云南元谋猿人的发现证明了云南也是人类发源地之一。其先民有可能是从其他地区迁入的，也同样有可能是起源于云南境内，但由于至今没有直接的证据可以证明，因此更远的溯源已没有意义。笔者也关注到了有关傣族与壮族民族渊源关系的研究，尤其是近年来关于广西壮族与泰国泰人的文化比较研究所取得的丰硕成果，尽管壮族与傣族有诸多文化同一性，云南滇中一带古代也是壮族先民的居住地区之一，但自古以来傣族与壮族并没有民族认同，这种文化的同一性从今天很多现存的民族志资料中都可以获得理解，如源于与傣族完全不同语系的克木人、布朗族等却至今完全保持着傣族的文化，是文化传播与涵化的结果。①

傣泰民族的先民作为一个民族的实体形成于秦汉时代的云南境内，主要分布于滇中及滇西南，我们可以认定其为云南的原住民，泰国也有云南起源说②。云南的滇池地区就是今天傣泰民族的发源地，古滇国也就是傣泰民族历史上所建立起来的第一个地方小王国。在随后漫长的岁月中傣泰民族不断壮大，并不断地向南部及西部、西南部迁移，尤其是沿着金沙江、怒江、元江、澜沧江等大江大河流域迁移并居住于这些河流流域内，到唐宋时期傣族在云南有了广泛的分布。今天已经不是傣族主要居住地的很多地方在历史上都曾经是傣族先民的居住区域。如今天的楚雄彝族自治州，今天虽然已不是主要的傣族居住地区，但是现存的大量源于傣语的地名反映了当时这些地区曾经有较多的傣族先民分布。在楚雄彝族自治州的元谋县，现存在民族地名 500 余条，其中傣语地名就有 316 条，而今天这里的傣族居民已不足当地居民总数的 1%。③ 今天石屏县秀山寺远近闻名，

---

① 参见郑晓云《文化认同与文化变迁》，中国社会科学出版社，1992，第 63 页。

② 泰国暹罗学会前主席薛登化登（Major Erik Seidenfaden）在总结各种观点后认为，泰人是从云南南部的泰－卡代－印度尼西亚人族群中分离出来的。在距今 1500～2000 年前孟－高棉人由于居住区的战乱而从印度大量涌入云南，从而使泰、卡代人被迫向北迁移，随后定居于今天的贵州，再随后南迁到广西，最终到达海南岛。部分泰人跨过长江，定居于四川、山西、河北、安徽及河南的部分地区，在随后的 2000 年中，由于与汉族的战争而被迫不断向南迁移，征服了南部、西南部及东南部的云南、掸国、上缅甸、印度的阿萨姆及曼尼普尔。东南部则定居于贵州、广西、广东及海南岛，最终占有了上栋基、老挝、泰国（*The Thal Peoples*，By Major Erik Seidenfaden，The Siam Society，Bangkok，1963）

③ 马旷源：《滇中文化论》，载云南大学中国西南边疆民族经济文化研究中心编《文化、历史、民俗》，云南大学出版社，1993，第 216 页。

但此寺在明代以前是傣族建立的南传上座部佛教寺庙，而且周围有很多傣族居住，后迁移到其他地方，这些历史今天在当地仍然有大量民间传说。在傣族的民间传说中，今天滇中的昆明、玉溪、易门等城市的名称都来源于傣语。总之，历史上傣族的分布，尤其是在今天已不是傣族分布区域的滇中地区要较今天广得多。由于各种原因，傣泰民族的先民不断向南方迁移，今天分布于缅甸、老挝、越南、泰国、印度等国的泰人都有史可考与云南的傣族有明确的渊源关系，是从云南迁移而去的[①]，最终形成以云南为源头的傣泰文化圈，笔者在另文中已有论述[②]。

---

① *The Tal Ethnic Migration And Settlement in Myanmar*，By Sai Aung Tun，Yangoon University. *The Tal of The Shan State*，By Nel Adams Alias Sao Noan Oo，Manuscript. 并参见何平《从云南到阿萨姆——傣泰民族历史再考与重构》，云南大学出版社，2001；范宏贵：《同根生的民族》，光明日报出版社，2000。

② 郑晓云：《傣泰民族先民从云南向东南亚的迁徙与傣泰文化圈的形成》，载陈吕范主编《泰族起源与南诏国研究文集》，中国书籍出版社，2005。

傣泰民族先民从云南向东南亚的
迁徙与傣泰文化圈的形成[*]

泰语系民族是中国南方与东南亚、南亚区域内最大的族群，并且有着共同的民族与文化渊源关系。有关傣泰民族的起源与源流问题一直是国际学术界的热点问题，并且已进行了长达百余年的争论。① 中国学术界在过去的几十年中进行了大量有益的研究，产生了一些在国际上有影响的成果，但是由于时代的局限而造成了观念及研究资料、手段的限制：如在过去我们对于泰人在历史上是否存在南迁的问题上受到时代的影响，在反对西方学者关于泰人起源论述的同时也回避了一些客观的事实，即今天东南亚、南亚的泰人都是在历史上从中国向南迁去的；在研究方法上，主要依赖中国的历史文献记载，而对于傣泰民族自己的文献运用不足，不重视国外学者的相关研究，也很少有机会运用田野研究的方法从实地获取鲜活的第一手资料。由于上述原因，对于傣泰民族的历史的研究仍然是不完善的，今天仍然有较大的科学探索的空间。由于傣泰民族是一个广泛分布于中国及东南亚、南亚的跨境民族，傣泰民族史的科学认识对中国与相关东南亚、南亚国家区域的和平与发展都有十分重要的意义。

近二十余年来，笔者有机会先后 50 余次前往傣泰民族集中分布的缅

＊ 本文原载陈吕范主编《泰族起源与南诏大理国研究文集》，中国书籍出版社，2005。改写版《傣泰民族起源与傣泰民族文化圈的形成新探》，载《云南社会科学》2005 年第 3 期，《中国社会科学文摘》2005 年第 6 期全文转载。

① 参见陈吕范《关于泰族起源问题》，《泰族起源问题研究》，国际文化出版公司，1990。

甸、老挝、泰国、越南等国进行实地研究，访问了很多研究机构和泰人居住区，与当地的学者进行直接交流，从而获得了更多的新资料，结合中国的文献中有关傣泰民族的记载进行比较研究。本文将结合笔者从中外获得的文献资料及田野研究的成果，对中国与东南亚傣泰民族源流与东南亚傣泰民族文化圈的形成进行一个初步的探索。①

一　泰人先民向缅甸的迁移

据掸族的历史文献记载，掸邦的泰人是在古代从中国云南迁移到掸邦高地的。掸邦的泰人占缅甸人口的 10% ~ 15%，并且是掸邦高地人口最多的一个民族。在他们自己的语言里，自称"泰"或者"泰龙""泰亚"（TAI LONG，TAI YAI，意思都是"大泰"），而掸是他称，并不是自称，这一点十分重要。同时，泰人称他们的家园为勐泰（泰人的国家）而不称掸邦。因此掸族及其居住地掸邦与泰人是有区别的。在缅甸，除了被称为"掸"的泰人，同时还有自称掸的种族存在。这一点在中国学者的研究中往往没有注意到，中国学者普遍认为"掸"就等同于泰人，这在很多有关傣泰民族历史的论著中都可以看到。

关于掸的记载较早见于《汉书》等文献，其中有掸国向汉王朝进贡的记载，国内学者一般认为这就是当地泰人。但事实上在汉代，有数量很少的泰人进入缅甸是有可能的，他们沿着萨尔温江迁移而进入缅甸，定居在萨尔温江流域。但是当时历史文献中记载的掸人并不是泰人，而是当地的原住民，根据缅甸学者的研究，掸在泰人迁入缅甸前就已存在。因此汉代文献中所记载的掸与今天的泰人还不是一回事。在泰人进入今天的掸邦高地之前，这里的居民主要是孟－高棉人，因此中国汉代文献中记载的掸很可能是孟－高棉人。②

自公元 6 世纪后的数百年间，泰人不断地从云南迁入缅甸北部，公元

---

① 关于傣泰民族的早期历史，参见郑晓云《从越人不是一个民族谈傣泰民族的起源问题》。

② "The mons：A civilization of Southeasf Asia，" Emmanuec Guillon. The Sian Society，1999，泰人先民是公元 13 世纪后才大规模迁入今掸邦地区，见 Sai Aung Tun，*History of the Shan State：From Its origins to 1962.* Silkworm Books，2009。

10～11世纪，泰人在缅甸北部的势力强大起来，建立了缅甸史上称为勐卯龙（NAM MAO LONG）的王国，即中国史书称的麓川政权，其中心在今缅甸境内的瑞丽江北部。至14世纪勐卯龙王国的势力达到鼎盛时期。在思可法、桑龙发当权期，勐卯龙王国不仅控制了整个掸邦，势力范围还达到了整个缅甸及老挝、柬埔寨、泰国。麓川政权也不断地侵犯中国，明朝曾三次发大军征伐。1220年前后，桑龙发率大军向北征伐，占领了勐宽，将勐宽变成了勐卯龙王国的第二大军事中心。勐宽的辖地包括今天的整个缅甸北部。以勐宽为基地，桑龙发继续攻伐，进入今天印度阿萨姆地区，在这一地区建立了一些泰人的地方政权，于1229年最终建立了泰阿洪王朝，这被认为是泰人历史上最大、最成功的一次扩张行动。这些军事征伐的重要后果在于泰人随着这些开疆拓土的行动而在整个缅甸及泰国、老挝、印度而扩散开来，使泰人的分布从缅甸北部扩大到了整个缅甸及邻近的国家。因此这一时期是傣泰民族史上一个重要的时期。根据缅甸文献记录，普遍认为泰人从云南大量迁移进入缅甸的高潮是公元6世纪。他们顺着"南卯"河，也就是今天的瑞丽江往南边迁移，并且定居在上缅甸的河谷地区，这一地区渐渐变成了掸邦的政治权力中心，并且随着这里的发展一个新的移民潮又向四边展开，一部分泰人向东南方向不断分散到今天的掸邦高地的各个地方，有的人继续往西走进入泰国，这一部分人称暹罗人。第二个支系往北走，然后进入印度北部阿萨姆，进而形成了后来的印度的阿萨姆泰人、泰国的暹罗泰人和缅甸的掸人。但是由于缺少文献的记录，公元7～10世纪掸邦的历史在缅甸同样也是不清楚的。这一时期南诏国在云南兴起，其权力在公元7世纪末达到鼎盛时期，统治范围包括今天的上缅甸，掸人也在其统治范围之内，但南诏国是不是泰人建立的国家在中外学术界都是有争议的。中国学者认为南诏国不是泰人建立的国家，国外也有一些学者持相同的观点。但无论如何，南诏国的统治对于掸人的影响是肯定存在的，包括政治、经济与文化诸多方面。笔者认为，南诏国的统治者不是泰人，这一点是可以肯定的，但是南诏国境内居住有大量的泰人，尤其是在其南部从今天的保山、德宏到上缅甸大片的区域内，这才使泰文化在南诏国内有着广泛的影响和重要的地位，这一点在今天的很多文献中可以找到证据。正是由于这种影响和地位，近代国外一些学者将南诏国的建立与泰人联系在一起，从而得出南诏国是泰人建立的国家的错误结论。

勐—阪政权体制是傣泰民族最重要的社会基础，也是傣泰民族社会的一个重要特征。建立新的勐是傣泰民族扩张并且定居的标志，因此勐的建立也是傣泰民族迁移的重要证据。泰人先民自云南迁入缅甸后，首要的也是建立新的勐与阪。公元 6 世纪，在缅甸北部的萨尔温江及瑞丽江流域就已有一些泰人的勐与阪存在，证明在此之前泰人就已迁入缅甸北部。在桑龙发统治勐宽期间，整个缅甸北部都建立了泰人的勐与阪，并在每个勐都任命一个首领，称为"召发"。当时在勐宽境内有 99 个召发，也就是建立了 99 个勐，可见此时泰人数量已较多。在今天的缅甸克钦邦内仍然存在当年由泰人迁移而建立的泰龙人的勐—阪达 54 个。①

缅甸这些多从勐卯龙来到勐宽定居下来的泰人自称"泰朗"，今天仍然散居于整个缅甸克钦邦。此时自称泰卯、泰渤等的泰人也迁入了缅甸北部，并居住繁衍至今。泰人在大量迁移进入缅甸之前就已是长期从事水稻种植的农业民族，从而具有较高的农业技能，他们虽然与本地文化相融合，变得本地化，但是其较高的水稻种植技术决定了其文化较当地山地农业民族的先进性，因而泰人能在较短的时间内在缅甸境定居并发展壮大起来。

13 世纪以后，缅甸南部已有不少泰人定居在它通（THATON）、马达马（MADAMA）、巴构（BAGO）、梅拉耶（MAWLAMYINE）一带，并建立了当地的泰人王国。缅甸文献传说国王瓦拉如是一个移民到它通的泰人的儿子，出生在靠近它通的一个名叫杜吴的村子，长大后他到了泰国的素可泰并成为素可泰国王的一名象夫。他负责管理国王的象队并随象队出征，在战场上英勇杀敌，在赢得多次战争后，晋升为国王的卫队长。其间他认识了国王的女儿，并与她私奔回它通。回到它通后，瓦拉如从事政治活动，并于 1281 年成为马达马的行政长官。1287 年，他建立了自己的王国，这一王国直到 1539 年才灭亡，存在了 252 年之久。在这一时期，由于他与素可泰王国有着姻亲关系，因而不少泰人从清迈及泰国西北部迁移到下缅甸。这些泰人迁移到下缅甸后，与当地的孟人相融合，共同发展起了较高的稻作文明，使下缅甸平地成为东南亚有名的粮仓。在瓦拉如王朝时

---

① *The Kachin Hill Manual*, Rangoon: The Superintendent Government Printing, Union of Burma, 1959, pp. 17 – 18.

期，不仅稻作农业有了较大的发展，也使其统治的南部海岸地区与欧洲国家建立起了贸易关系，不少缅甸的土产品也输往欧洲。

萨尔温江东部是泰人较早迁移进入缅甸的地区，这里居住着各种自称的泰人，如傣泐、傣云等。他们在这一地区也建立起了一些勐及小王国。

在缅甸历史上领土最大的封建王国是掸邦东部的景栋，面积达31万平方公里，它是今天缅甸泰人居住最集中的地区，南与泰国接壤、东与老挝接壤、北与中国接壤，地理位置十分重要。在景栋居住着不同支系的泰人，反映了不同时期的泰人迁入缅甸的历史。同时这一地区也居住着众多的民族，如佤族、景颇族等。

在上缅甸的萨尔温江流域及瑞丽江流域、中缅边境地区，泰人居民最多的是与中国境内相同的傣泐人，在缅甸境内的八莫、勐宽、南坎、木姐、密支那等地都有广泛的分布。他们迁入缅甸时期较晚，因而保留自己的文化传统较多。他们在这些地区建立了很多勐及小城镇。在20世纪60年代以前，两国仍然有不断的居民迁移的现象。在"文革"中，一些村子曾搬迁到缅甸居住至今。

泰人迁入缅甸后，经历漫长的历史发展，其分布遍及缅甸全境，成为缅甸境内一个较大的民族，并且在缅甸的政治、经济、文化发展中产生了重要的影响，一些王国曾在历史上强盛过。但是由于缅甸历史上战乱不断，缅甸泰人曾经不断与周边民族及国家发生战争，如明朝时期与中国的战争，与泰国北部、老挝的长期战争等，其内部也不断发生战乱，其势力渐渐弱化。16世纪以后，泰人地区曾发生过三次大的反抗英国入侵的战争，但最终泰人聚居的上缅甸还是成了英国的殖民地，一直到第二次世界大战结束。

综上所述，缅甸的泰人是从中国境内迁移去的。最早的历史已无可考证，但据缅甸文献记载，较多迁入缅甸的时期是公元6世纪。傣泰民族的先民从滇中向南迁移是在汉代以后的事，至公元6世纪前后的南诏时期，傣泰民族才较多地分布于滇南地区。南诏的战乱，尤其是南诏国的灭亡及大理国的灭亡所带来的动乱必然是泰人大量向缅甸境内迁移的重要原因。但泰人迁入缅甸除了有一些高潮时期以外，不同规模的、不断的迁移肯定是存在于各个时期的，今天接近瑞丽市缅甸境内的很多村子的人都还能说清楚他们从中国迁入缅甸的历史，并且这段历史并不长，仅有百余年甚至数十年。早期迁入缅甸的泰人凭着其较高的水稻种植技能及勐—阪的组织体制的优越性，在迁入缅甸后较快地在当地立足并发展起来，在缅甸历史上留下了重重的足迹。①

二 泰人先民向老挝的迁移

老挝的国民统称老泰，语言属泰语系，但真正属于泰族的主要是两部分，一是普泰人，二是泐人。其中普泰人数最多，近 50 万人，泐人有 10 万人左右。

"普泰"意为山区的泰人，可能与其迁移的过程有关，这一点我们在后面论述。普泰人实际上包括了多个泰人的支系，如红泰、黑泰、白泰、绿泰等。普泰人在老挝分布很广，在包括首都万象在内的 15 个省市都有分布。

泐人主要分布在老挝北部与中国接壤的省份，与中国云南的傣泐人相同。

老挝，尤其是老挝中部、北部处于泰人分布的中心区域，因此也是泰人迁移的一个重要区域。老挝的泰人源于中国在学术界并没有太多的分歧，并且不论是现在有一定争议的有关哀牢国族属问题，还是泰人自越南的迁入等问题，目前都没有人否认他们源于中国，后又迁入老挝。

老挝泰人的迁移较为复杂，原因是老挝的泰人在历史上的不同时期都有迁移的现象，直到 20 世纪 50～60 年代仍然有中国的傣族及越南的泰人迁入老挝。根据目前的研究，较早迁入老挝的泰人有两个方向，一是从中国迁入越南北部的泰人又迁到越南北部、西北的莱州、山罗、义安等省一带，再迁入老挝；二是从中国的云南直接迁入老挝北部，这一部分人主要是傣泐人。

在泰人迁移的历史上，迁入越南的历史要比迁入老挝早。泰人在公元

---

① 本节主要参考文献：*The Tai Ethnic Migration and Settlement in Myanmar*，by SAI AUNG TUN，Yangon University，manuscript presented. *The Tai of The Shan State*，by Nel Adams Alias Sao Noan Oo，manuscript。

6世纪后大量迁入越南,而大量迁入老挝当在公元9世纪以后①,这是较为可信的,在此之前也可能会有一些泰人迁入老挝,但大规模发生在公元6~7世纪是不可信的。老挝的早期历史由于文献不足而留下很多空白,但在公元6~10世纪的数百年间,统治老挝的是孟-高棉人,在公元10世纪以后孟-高棉人及其文化才在老挝渐渐失去统治地位。到公元11世纪到13世纪,泰人在今天老挝中北部广大的地区已建立起了很多居住区,有了广泛的分布,并建立了两个重要的泰人城邦,即琅勃拉邦与万象。

我们首先考察从越南迁入老挝的泰人。由于越南西北部与老挝接壤,因此大多数泰人与越南西北部泰人的居住是连成一片的,只是由于国界而一分为二。泰人在公元6~7世纪沿元江进入越南后,在随后的几个世纪中不断向越南西北部、西部迁移,今天大多数泰人聚居于越南西部高原地带如莱州、山罗等省,有的只有一二百年的历史,因此越南泰人的迁移历史相对而言较为清楚,不少当地的泰人至今还能说清楚其迁移的历史。

越南泰人迁移的历史对于了解老挝泰人的历史十分重要。在越南,泰人聚居于两个重要的地区,一个是北部的莱州、山罗省,占越南泰人的60%多,另一个主要的聚居区是清化、义安省,占越南泰人人口的20%多。② 这些地区,尤其是越南西北部与老挝主要的泰人聚居区相连。由于越南北部主要是山区,因此泰人也主要居住于山区及山区的河谷、盆地中,当他们迁移进老挝后,被称为山区来的泰人,即普泰,普泰人名称便由此而来。

据越南东南亚研究所阮维绍先生(NGUYEN DUY THIEU)的田野研究,老挝桑怒省的普泰人源于越南顺州的黑泰人,在距今200年前(8~9代前)从越南迁移到勐埃(MUONG ET)、勐双(MUONG XON),最终定居于桑怒省,而其他一些人则定居于勐桑(MUONG SAM)、勐博(MUONG PUA)等地。又据居住于勐双的红泰人的回忆,其祖先居住于勐哥达(MUONG CA DA,今越南清化省关化县),由于避乱而迁到老挝。

① Laurent Chazee, *The Peoples of Laos: Rural and Ethnic Diversities, with an Ethno-linguistic Map*, White Lotus Press, Bangkok, 1999.
② Nguyen Duy Thieu, *On Relationships between the PHU THAY in Laos and the Thal In Vietnam*, The Paper Presented in VI TH International Conference on Thal Studies in Chiangmal- thialand, 1996.

普泰人的祖先迁入老挝有两个原因：一是自然的迁移，他们的祖先从中国迁入越南西北部，再迁入并定居在老挝。另外一部分大量迁入老挝的是由于躲避战乱，18世纪末19世纪初，在越南的西北部及清化、义安等地区战乱不断，尤其是黄旗军、黑旗军的起义战争，导致大批泰人迁入老挝。他们的迁入又把先前已居住在当地很久的人挤走。在印度支那战争中，尤其是1952年至1954年越南西北部的战乱中，又有大批泰人迁入老挝。1959年至1960年在越南山区民主改革中，同样有数量可观的泰人离开越南迁往老挝。田野研究表明，几乎所有的普泰人都是从越南迁入老挝的。为了获得一个稳定的居住地方，他们不断地迁移，很多泰人都经历了不断的迁移过程。据一部分勐阿（华潘省）黑泰说，他们的祖先是从越南和平省的勐哈（MUONG HA）、勐门（MUONG MUN）迁移到义安省，在那里居住了15年后再次迁往老挝的山陶（SAM TO），并从那里分为不同的部分向其他方向迁去散居各地。从越南北部迁移到义安的黑泰与白泰都有很多人迁往老挝，并在老挝四处散开。①

老挝泰人的另一部分是从云南迁移去的。迁到老挝的泰人主要是泰渺人，与西双版纳傣渺人相同，老挝学者认为老挝的泰渺人是在公元7世纪从云南的西双版纳迁去的。② 在古代没有明确的疆域，在地域上云南的西双版纳与老挝北部都是相连接的。在泰人从云南向南迁移的过程中，不论是迁往越南还是迁往泰国，老挝都是一个必经的通道。虽然说最早的迁移发生在何时已无可考证，但云南傣渺人向老挝的迁移在不同时期都有。在泰国北部的清莱、清迈、清盛、帕腰等府今天都居住有很多傣渺人，笔者在这些地区进行田野研究时，当地人都清楚地记得他们的祖先从云南的西双版纳迁移到当地，时间在9代人前后，约200年前，其中很多人先迁到老挝，再从老挝迁到泰国。20世纪50~60年代，由于中国政治上的原因及饥荒，大批傣族人从西双版纳尤其是从勐腊县迁入老挝及泰国北部。

总之，泰人在从云南及越南迁入老挝后的数百年中，不但散居于老挝

---

① Nguyen Duy Thieu, *On Relationships between the PHU THAY in Laos and the Thai In Vietnam*, The Paper Presented in VI TH International Conference on Thai Studies in Chiangmal- thialand, 1996.

② 〔老〕昭坎曼·翁谷拉达纳：《老挝丰沙里省诸民族》，蔡文枞译，《东南亚资料》1981年第2期。

各地繁衍生息，人口增多，更凭借着其较高的文明，尤其以水稻种植为核心的文明而得以发展壮大起来，甚至将当地人排挤出河谷平地，由于自己的壮大，泰文明取代当地的孟－高棉文明在 13 世纪以后成为主流文明，这其中浇灌农业起了关键的作用。[①]

三　泰人先民向越南的迁移

大部分越南泰人集中居住在靠近老挝的西南高地一带，根据其地域分布，越南的泰人可以分为两个大的部分：西北部地区和义安省。在越南共有泰人 104 万余人[②]，63 万人居住在北部高地，其中最重要的是两个省，即山罗省、莱州省，其他的居住在清化省和义安省。

泰族是越南的第三大族体（在越南还有一个典型的泰人族体——泐人，是单独作为一个民族的，人口仅 3000 余人，与中国西双版纳傣族相同，其先民来自中国云南）。由于迁入越南的历史时期及种类不同，因此分为不同的支系，人数较多的是黑泰和白泰，其他的还有摆彝、泐、红泰等。黑泰主要分布在山罗、黄连山二省及莱州省的奠边府等地。白泰主要分布在莱州省、清化省的琼崖、北安、扶晏等县。由于长期的历史迁移及与当地人的共处，很多泰人实际上已与当地其他民族发生了融合或在文化上受到了当地其他民族文化影响。如在沙巴、北河的泰人已被当地岱族所同化，在义安等地越老接壤地区，很多泰人来自老挝，因而受老挝文化的影响较深。[③]

泰人自古就不是越南的土著民族，而是从外面迁徙来的，这一点在包括越南学者在内的学术界也是肯定的，那么他们是从哪里迁入越南的呢？从时间上来考证，泰人大量迁入越南的历史并不是十分遥远。早期的泰人可能在公元 6 ~ 7 世纪就少部分地从老挝和云南迁入泰国的西北部，泰人大

① Laurent Chazee, *The Peoples of Laos: Rural and Ethnic Diversities, with an Ethno – lingwistic Map*, White Lotus Press, Bangkok, 1999.

② *The Cultural Mosaic of Ethnic Groups in Vietnam*, Education Publishing House, 2001, Vietnam.

③ 越南社会科学委员会民族学研究所编著《越南北方少数民族·泰族》，范宏贵等译，广西民族学院民族研究所翻译编印，1986。

量迁入越南是在 15 世纪以后，并且从 15 世纪一直到 20 世纪初，都有泰人不断迁入越南并且向越南扩散寻求新的定居点的情况存在。如越南学者认为白泰是居住于中国的白夷的后代，在公元 2 世纪已在元江右岸有了较多的分布，他们比黑泰先到达元江一带。[①]

从目前的研究来看，越南的泰人主要是从中国及老挝迁入的。泰人从中国迁入越南的路线大致有两条：一条是中国的西双版纳地区，另一条是元江流域。"根据（越南）泰族的历史记载，他们的祖先大约在公元九世纪开始分别迁徙越南：一路从西双版纳（云南）到来；另一路从湄公河（泰国）过来。"[②] 由于越南及泰族自己的文献对于历史迁徙的明确时间都很少有记录，所以民族迁徙的传说就成了重要的证据。越南很多地区的泰人都有关于历史起源的传说，不论是白泰还是黑泰，尤其居住在越南北部的白泰人，传说他们的祖先在西双版纳，从西双版纳迁进老挝，再从老挝进入越南的西北部定居下来。越南的黑泰也有同样的传说，他们的祖先来自西双版纳，所以说今天越南黑泰和白泰中的很多风俗习惯，都和中国云南省的傣族非常相似。中国学者范宏贵以 134 个基本词语对越南黑泰语、老挝黑泰语、中国西双版纳勐腊县傣语进行了对比，结果发现越南黑泰语与老挝黑泰语基本词 100% 相同，西双版纳傣语与越南黑泰语 84.32% 相同，这一比例在扣除几百年来黑泰语在当地的融合与变化因素后已相当高。2001 年 9 月，笔者应越南文化部文化艺术杂志社的邀请前往河内访问。9 月 6 日下午，笔者与一批从事泰族研究的学者座谈，他们都曾经在泰人地区进行过长期的田野研究。他们认为，越南不论哪一种泰人，大多数是从云南的西双版纳迁徙来的，一个明显的证据是泰人家中有人死去时，人们在送葬的时候都要唱一些送葬歌，很多送葬歌中都唱到泰人是从西双版纳来，这方面的歌在越南的泰人中非常多，如白泰就有这样的歌唱到其祖先来自勐梭，而今天云南佤族自治县仍然存在勐梭这一傣族聚集的地方。这样的送葬歌在黑泰中也有，也明确地唱到他们的祖先是从云南迁徙到今天的越南。在人死亡的时候，他们的魂也应该回到他们来自的地方

① 越南社会科学委员会民族学研究所编著《越南北方少数民族·泰族》，范宏贵等译，广西民族学院民族研究所翻译编印，1986。

② 吴德盛、张文生：《老挝各民族语言的地理分布概况》，李道勇译，《民族研究》1981 年第 6 期。

——云南。由于历史文献记录缺乏，这种代代相传的历史歌谣，就是人们历史迁移的重要证据。

黑泰人也有明确的历史记载和传说，说明他们是从云南西双版纳进入老挝再迁入今天的越南的，今天越南北部的大多数黑泰人的服装与今天西双版纳地区较为古老的傣族服装完全一样。越南民族学者在越南西北部地区的泰人中搜集到越南泰人用泰文手写的历史书籍《南勐记事》（后来由越南河内史学出版社 1960 年出版）一书中就记录了越南黑泰人的迁徙与发展。在论述了人类经历了各个民族共有的洪水泛滥的历史灾害之后，山罗省顺州泰族首领的祖先来到了勐翁和勐埃这两个地方，其中勐埃就在中国的西双版纳境内。从这两个地方开始，父子两人不但生育子女，他们的子女也不断告别父母，迁往各个地区。到 16 代时，他们已经移居到老街一带。从他们迁徙的时间到现在计算，他们总共是 15 代人，共 375 年，也就是说，在中国的北宋时期，泰人迁入了越南西北地区，并且居住在今天的老街一带。①

从越南的文献和泰族的传说来看，从西双版纳迁入越南的泰人数量最多。从傣族的分布地域来看，"西双版纳傣族"的概念并非仅指今天的西双版纳傣族自治州行政区内，而是包括了今天的普洱市一带的傣族。迁入越南的主要线路有两条：一条是从西双版纳首先迁到老挝北部，再通过老挝进入越南西北部；另一条是从西双版纳、思茅迁入今天的红河州西南部、南部，再向南顺李仙江（越南称沱江）、元江迁入越南西北部。应当说，在历史上，西双版纳、老挝北部、越南西北部是一个傣族分布的成片的区域，在这一个区域形成后，尤其是在元朝以后泰人在这一个区域内基本已有了广泛的分布，这个区域内人们的迁移就变得很频繁，部分傣族人进入老挝后又迁入西双版纳勐腊一带，勐腊傣族至今仍然有其祖先因为追赶金鹿而来到勐腊并定居下来的传说。一直到 20 世纪五六十年代由于中国边境一带政治环境不安定仍然有不少傣族人迁移到老挝。

除了西双版纳以外，元江也是一条重要的泰人迁徙路线。越南有大量的历史记载和传说，记录当地泰人的祖先是从元江上游迁到今天的老街省一带的，尤其是在 14 世纪中后期，从元江流域迁入越南北部的泰人最多，

---

① 转引自范宏贵《同根生的民族——壮泰各族渊源与文化》，民族出版社，2007，第 119 页。

一部分随后又迁到了老挝的中部和南部。自古以来顺着元江迁入越南的泰人先民在各个时期都有，并且也有不同的支系，如今天越南的白泰和黑泰都有明确的记载和传说，他们来自元江上游。云南元江上游的花腰傣在今天中越边境河口以及越南境内也都有分布，他们都是从元江上游向南迁徙来到这些地方的，并且时间并不久远。河口县的花腰傣从元江上游迁到今天的居住地仅 6~7 代人，100 余年历史，随后其中的一部分人再次向南迁移进入越南。从西双版纳迁入越南的傣族也有很多是从元江进入越南的。他们首先迁入云南的红河州、金平县一带，再沿着元江进入越南。今天与越南接壤的金平县傣族就充分反映出了傣族迁移的情况。居住于勐拉普耳上、中、下寨的傣族自称"傣泐"，也被称为"普耳傣""水傣""白傣"。他们的祖先居住在今天的思茅一带，后迁到金平。几个自称与他称都透露出了很多重要的信息。"傣泐"是真正意义上的自称，表明其与西双版纳一带的傣族同支；"普耳傣"表明他们来自普耳，也就是今天的云南省普洱市思茅区北部，属于"西双版纳傣族"的范围。这其中最有意义的是"白傣"的他称，因为越南相同的泰人也称为白泰，也自称从西双版纳迁移到越南的。这就可以复原出一条傣族自今天的西双版纳、思茅一带迁向越南的路线，金平是一条重要的途径。居住在金平县元江沿岸的"傣罗"，他称"黑傣""旱傣"，他们来自元江上游的元江县一带，其他相同的人也迁入了越南，与今天越南的部分黑泰人同源。

越南和平省枚州县的泰人据历史记载与传说，其祖先是在红河的上游，今老街省北河县一带。大约在 14 世纪初由于社会不安定而沿着元江转向沱江，然后到达木州、勐孔、枚州等地区居住下来，其他的泰人则向越南西北部地区、和平、清化山区、义安—河静迁移，甚至进入老挝中部和南部。[①]

义安省是越南泰人聚居的又一个重要地区。根据 1992 年的人口统计，泰人在义安省有 21 万人，在义安省的泰人又分为三个不同的支系：泰勐（TAY MUONG）、泰清（TAY THANH）、泰蒙（TAY MUOI），其中泰勐是最大的支系。根据泰勐的历史传说，他们的祖先是一个称为罗衣的地方头领，是琅勃拉邦国王的儿子，当时他去清化省并建立了哥达勐，由于思念

---

① 转引自范宏贵《同根生的民族——壮泰各族渊源与文化》，民族出版社，2007，第 192 页。

祖先的土地，他决定回去。当他到了义安省一个高地的时候，由于当地的泰人缺乏一个头领，所以他被当地人邀请去做当地的头领，从而建立了泰人在义安省最早的一个勐。正是由于这种历史原因，当地的语言和文字受到老挝语和文字较大的影响。义安地区泰人死了之后在送葬的时候，巫师通常都要念送魂经，以引导他们顺着祖先来的地方回到老挝去。其他支系中较大的泰青，属于白泰，来自勐青（今奠边府），还有一些较少的支系来自越南及老挝不同地区。①

四　泰人先民向泰国的迁移

泰国是一个泛泰主义国家，泰国国民统称泰族（THAI），但泰国泰族的概念与我们一般所称的泰人（TAI）是不一样的。在泰国，构成一个国家民族的泰族的族群有多个，包括泰人、华人、马来人，北部山区的佤、拉祜、苗等山民。因此，泰国是一个以泰文化为纽带融合而成的国家②，泰人仅仅是泰国的一个族群。

泰国的泰人主要分布在泰国北部及东北部，如夜丰颂、清莱、清迈、南邦、南奔、帕腰等十余个府。泰国泰人中最大的一支是泰元人（意为"大泰人"），其他还有泰泐、泰雅、泰赎（黑泰）等，其中泰元、泰泐分布最广。

以泰文化为纽带的现代泰国的形成与泰人的迁徙有直接关系，也就是说泰人的迁入及泰文化的传播缔造了现代意义上的泰国。

泰人最早在何时迁入今天的泰国由于没有明确的文献记载而难以考证，因此中外都没有定论。大规模迁入并且在当地产生广泛影响是在 11 世纪之后，在随后的数百年间大量的不同支系的泰人迁入并定居于泰国，但在此之前也肯定有一些泰人先民已进入今天的泰国北部居住。泰北的文献

---

① "On Relationships Between the PHU THAY in Laos and the THAI in Vietnam," Nguyen Buy Thieu, The Paper Presented in VI Internalonal Conference on THAI Studies in Chiangmal, Thailand, 1996.

② 泰国学者黎道刚先生认为泰国泰族是一个泰文化体，文化的影响比血缘的影响大。（2001 年 10 月 19 日在云南省社会科学院的演讲）

记载在公元 1150 年靠近南奔的滨河（PING RIVER）岸边曾出现了一个泰人的村子。在此之后的 200 年间有一些泰人渐渐开始自北方及东部方向进入泰北的兰那境内。①

要了解泰人大规模迁入泰国的历史，有必要了解泰国北部的历史。泰国北部出现的第一个以泰人为主体建立的王国——兰那王国，中国史书称为八百媳妇国。

兰那的历史较早，八百媳妇国的开始一般以当地传奇性的王子坤真的政权为标志，开始于公元 1135 年。② 而在此之前兰那的主体居民是南亚语系民族的拉佤人（LAWA）。早期的文明集中在今天的南奔（LAMPHUN）一带。约在公元 750 年，当地人邀请位于今天泰国中部的罗布里（LOP BURI）国王的公主前来做建立于南奔的新城的管理者，而罗布里王国是孟人（MON）建立的王国德瓦拉瓦蒂（DVARAVATI）的一部分，因此当公主带着一批包括僧人在内的随员到达南奔时，也随时之带来了孟人的精神与物质文化。孟人的宗教里是融合了大乘佛教的，因此大乘佛教也传入了这一地区。从此实质上南奔与南邦组成的一个城邦国家也就在孟人的统治之下，成为其附属国。在公元 1005 年以后，罗布里成为高棉人的附属国，高棉文化开始影响到南奔。后南奔与罗布里曾发生多次战争，在 1200 年之后由于高棉人势力的减退，南奔城邦才作为一个独立的地方王国在被泰人占领之前存在了几十年。

1263 年，与西双版纳勐泐王有亲戚关系的茫莱王在清莱建立了"茫莱王之城"，随后占领了南奔。1296 年 4 月 12 日，茫莱王建立了清迈新城，至 1350 年清迈基本控制了南那地区，比孟人的南奔 - 南邦城邦控制的范围还要大得多，泰人在兰那取代了孟人的统治，泰文化也渐渐取代孟 - 高棉文化成为兰那的主流文化。

茫莱王传说是傣泰民族的传奇英雄，也是西双版纳第一个国王叭真（泰国称坤真）的后人。据西双版纳的《泐史》记载，叭真建立了西双版纳的景龙国，并在 1180 年到 1200 年间执政 21 年。在叭真执政期间，景龙

① 汉斯·奔它：《兰那简史：泰国北部的文明》，*A Brife History of Lan Na：Civilization of North Thailand*，p. 38. By Hans Penth, O. S. Printing House, 2000, Thailand。
② 宋迈·普拉奇与安派·朵雷合著《兰那十二个月的传统》第一章。Sommal Premchit and Amphay Dore：The Lan Nan Twelve—Month Traditions, 1992.

国势力十分强大，兰那国、勐交国（今越南北部）、勐老国（今老挝琅勃拉邦）、南掸邦等一些小国都置于景龙国的统治之下。

传说叭真的6世孙建立了兰那王国。[①] 他是兰那王、勐交（今天越南西北部）王、勐老（老挝）王等傣泰人王国国王的祖先。据傣族文献记载，叭真有4个儿子，分别分封管理勐南掌（老挝）及兰那（清迈）、勐交（越南北部）、勐景洪（西双版纳）[②] 从傣泰人迁徙的历史来看，这种事实是成立的，因为今天的研究已证明了这些地区的大多数泰人的祖先来自西双版纳。1996年4月笔者曾作为特邀贵宾参加清迈建城700周年庆典活动及学术研讨会，在这个过程中接触过很多泰国及缅甸、老挝等国的学者与官员，很多人说兰那城的创始人来自西双版纳，甚至有人说兰那的宗主是西双版纳，西双版纳王室是大王室，兰那王室是小王室。当时听到这些说法不免还有些惊讶，但今天以历史的态度来审视这一切则基本是事实。

与这段历史相对应的就是泰人在兰那地区的迁移与壮大了。泰北的泰人的主要支系是泰元人（TAI YUAN）。泰元人不仅居住在泰国北部，在缅甸、老挝也有分布。据西双版纳傣族的文献记载，泰元人是汉以后从滇中迁徙到今元江一带，在元江流域居住了很长时期再向南迁的。依笔者的看法，泰元人是沿着元江向南迁徙的，他们到达今天越南北部、老挝北部后，再进入今天的西双版纳，其当时的首领就是叭真。叭真在西双版纳建立了景龙国并任第一任国王"召片领"，意为广大地的统治者。据《泐史》记载叭真任景龙泐国召片领始于1180年，据有老挝血统的法国学者安派·朵雷对傣泰民族的历史、传统、宗教仪式、民俗学资料的全面研究，叭真其人确实存在并且其政权在1135年就已存在于兰那北部，曾经征服过老挝的琅勃拉邦。这在叭真进入西双版纳之前。

在傣泰民族史上一个较大的谜就是为什么西双版纳的景龙国能成为包括今天越南西北部、老挝、泰国北部在内的一系列泰人地方政权的宗主国。事宜上在叭真进入西双版纳之前，在迁徙过程中作为首领已经占领了越南西北部、老挝北部，在这些地区有了根基。傣族文献及传说中的叭真

---

① 泰国《庸那迦记年》，云南省社会科学院东南亚研究所翻译印本。
② 刀永明、康朗庄译《车里宣慰世系》，载《车里宣慰世系集解》，云南民族出版社，1989。

并非西双版纳本地人，而是追赶金鹿从老挝进入西双版纳并成为西双版纳统治者的。在此之前西双版纳当地的傣族先民是渤人。与此同时，已分布于老挝北部的泰元人继续南迁，进入泰国北部的兰那地区，这一切不仅与傣泰民族的种种历史传说相吻合，而且与西双版纳景龙政权为什么能成为周边诸多泰人小国宗主相吻合，这就解开了这一长期困扰学术界的谜。在傣族的历史记载中，并没有叭真攻占兰那的记载，但是他却能成为兰那国的宗主，兰那泰人的历史传说中也把叭真作为创始的英雄，他的几个儿子能够成为一系列地方王国的领主，原因就在于他进入西双版纳并建立景龙国以前，事实上已成为威震四方的英雄。其次，兰那泰人最早的主体是泰元人，而西双版纳的主体是渤人，西双版纳渤人向兰那地区大量迁移是后面的事，同一宗主下两个地方的人不一样的原因也同样在此。

随着兰那王国的建立与孟人统治的结束，兰那在 14 世纪中到 15 世纪初迎来了黄金时期，政治与军事势力强大，在锡兰佛教影响下的兰那文化发展达到了鼎盛时期。泰人建立的兰那王国的强大，使泰文化不仅在当地取代了孟人的文化成主流文化，也向四周的扩散，尤其是锡兰佛教，即南传上座部佛教及其文化，传播到了老挝北部、缅甸的掸邦东部及西双版纳，深远的影响一直持续到今天，形成了一个南传上座部佛教圈。

中国中央政府对兰那的明确治理始于元朝。元军在 1292 年攻占景洪，控制了西双版纳地区，进而最终控制了包括兰那在内的广大的傣泰人地方，先后设立车里总管府及八百宣慰司（1327 年）。在此之前元朝军队曾多次征伐兰那，兰那也曾多次反叛，这些过程中是傣泰人出现大规模流动的重要原因，元军在征伐兰那的过程中也曾征用西双版纳的傣人运输军需甚至直接参战。自此至明嘉靖三十五年（1556 年）的 200 余年间，西双版纳与兰那地区都处于元中央政府的管辖之下，相对和平的环境中，人们可以自由迁徙。因此不仅有傣渤人迁入兰那，同样也有兰那人迁入西双版纳。

明嘉靖三十五年（1556 年），由于兰那政权内部的内乱并加之明朝国力的减弱，缅甸东吁王朝攻占景迈（今清迈），中国政府永远失去了对兰那的控制权，兰那也置于缅甸的统治之下长达 200 年。在此期间，缅甸统治者在兰那地区实施暴政，迫使当地人民四处逃散，大批躲进森林。因此这一时期有很多当地居民逃到西双版纳。缅甸东吁王朝并不止于占领兰那，在此之后还不断地向四周扩张，甚至雇用葡萄牙人，不断侵犯云南傣族地区。由于兰那当地人外逃而变得人口稀少，缅甸军队发动了多次以掳掠人口为目的战争，曾攻破西双版纳，将大批当地傣泐人掳到兰那，这就是今天大量源于西双版纳的傣泐人居住于泰北的重要原因。1774 年缅甸人在清迈的统治结束，随后的几十年内，由于地广人稀，大批泰掸人、傣泐人等从缅甸北部及西双版纳等地迁入泰北地区，兰那开始进入一个新的发展时期。因此缅甸人统治兰那时期及随后，是西双版纳地区傣泐等人大量迁入泰北兰那地区的时期。1986 年及随后笔者数次在访问清迈时与对兰那历史有较深研究的清迈名绅盖西先生交谈，他说清迈泰人中大部分是当年缅甸人从西双版纳掳掠来的傣泐人的后代，甚至说清迈人就是西双版纳人，他本人的祖先也来自西双版纳。笔者在泰北的清迈、清盛、帕腰、南奔等府访问了很多傣泐人的村子，它们的历史都在一二百年，不少村子的人现在还与西双版纳来往走亲戚。

泰人迁入的另一条重要路线是缅甸北部。在公元 6 世纪以后泰人从云南迁入缅甸，并沿着瑞丽江岸定居下来。至 10 世纪以后已壮大起来并建立了泰人的国家勐卯龙国，至 14 世纪达到强盛的顶峰。自 11 世纪后勐卯龙军队便向四周扩张，也包括今天的泰国西北部，这一扩张也必然导致泰人大量进入泰国北部，这在缅甸文献中有记载。自此之后，缅甸各王朝都有占有泰北的野心，与兰那王国不断发生战事，在 1556 年从中国明政府手中夺占了兰那，统治兰那长达 200 年。在这个过程中，由于统治的需要及当地人外逃造成的人口稀少，大批缅甸泰人从掸邦东部被迁移到兰那，因此今天在兰那有很多泰人认定他们是从缅甸迁来的，包括很多泰元人。他们的祖先从云南西部迁到缅甸，然后因为战争而迁入泰国北部。如拉查布里（RATCHABURI）地区的泰元人是在泰国拉玛一世王时期迁到当地的，因此时间并不十分早。[①]

五　傣泰文化圈的形成与特征

由于今天生活在东南亚的泰人都是在历史上源于云南并迁徙到各地

① "Thai Yuan at Khu Bua district", http://kanchanapisek. or. th/cgi-bin.

的，因此他们都有着共同的渊源关系。自汉以后，泰人渐渐从云南元江流域、澜沧江流域、瑞丽江流域等地区迁入老挝、越南、缅甸，进而迁入泰国、印度。①

泰人在迁入这些地区后凭借着两个制胜的法宝而在当地立足并发展壮大起来。一是水稻种植。据考古及民族志研究，云南是亚洲稻耕作的发源地之一，云南的傣族是当地各民族中种植水稻最早的民族，水稻种植是傣泰民族的传统生存基础。在泰人迁入东南亚之前，居住在此地区的主要是孟－高棉人，他们主要的农业类型是"刀耕火种"型的山地农业，广种薄收，因而不能支持人口的大量增长，也就是说难以支持一种更高的文明，当傣泰民族的先民迁入当地后，水稻文明便取代了当地的文明，使泰人人口较快地发展起来，在很多地区将当地的居民挤到外地，而泰人成了当地的主要居民，这一点在很多泰人居住区的历史中有明确的记录，如在云南省西双版纳的各民族中都有在傣族到达后各民族重新分配居住地的传说，传说傣族迁入后当地居民让出了平坝而进入山区居住，原因就是傣族会种水稻，但当时生活资料的获得较山区更为困难，而今天的山区民族愿意居住于山区是因为山区的生活资料的获得较坝区要容易，因此傣族的先民要求在坝区居住时，原先的居民并没有太多的异议。这种传统在现实中是事实，大量的民族志研究表明在亚热带山区确实较坝区更容易获得食物（尤其是采集与狩猎而获得的）等生活资料。

傣泰民族的先民立足壮大的又一重要因素是其独特的社会体制——勐—阪制度。这一制度在古代中国西南及东南亚地区是较为典型的一种政治制度。"勐"是一个封建行政区域，同时也是一个封建实体，有城市、城镇、行政区的意思；"阪"是村寨。"勐""阪"都是有一定相对独立地位的政治、经济、军事实体，尤其是勐有分封的行政长官及一套完整的政权体系，是一种地方政权的设置。今天在中国及东南亚很多地区都有大量以"勐"开头的地名，就是历史上由傣泰民族先民建立的地方封建政权及定居区域。其次，不论是勐还是阪，都有自己的一个神，起到了精神上作为一个政权及一个民族定居区的凝集作用。在勐、阪之内，有共同的经济

---

① 泰人迁入印度的历史参见何平《从云南到阿萨姆——傣－泰民族历史再考察与重构》，云南大学出版社，2001。

制度，土地公有，村寨及家庭使用，保证勐、阪内的每一个成员都有田可耕，有生存的平等机会。勐、阪承担着明确的封建义务，要向不同的上级封建主负责，如缴纳税、出兵征战，甚至为上级封建主养育象、牛，砍柴等，不同的勐、阪又形成了一个大的实体，并最终组成封建王国。在过去这种体制还十分有利于战争动员。这种政治体制在中国一直沿袭到20世纪50年代初民民主改革前，在今天东南亚很多泰人居住区还存在。这一社会制度的功能与优越性在于能够在一个新移民地区较快地扎根，并且按照一套既定的政治、社会、经济、军事体系运行，形成一个个在新移民地区的阵地，这就比分散的移民有更大的扎根优势，加之达的稻作农业，使傣泰民族的先民能在新的移民地区扎根并且发展壮大起来。

此外，是文化的复制使傣族民族快速发展。傣泰民族的先民不论迁徙到何处，都将自己的文化带到一个新的地区，这包括宗教、生产技术、社会制度、生活习俗等等，因而今天不论何处的傣泰民族后裔都保存着傣泰民族的基本文化要素。这种文化的复制机制在傣泰民族的迁徙过程中起到了对于社会维系作用，使傣泰民族作为一种民族能够区别于其他民族而延续下来。

傣泰民族的先民在迁移到今天东南亚、南亚的定居区域后，如上所述是在不同的地区复制着自己民族的文化，将发源地的文化带到了新的定居区，事实上是使傣泰民族文化的分布区域不断扩大，这种文化的扩大十分有利于傣泰民族的先民们在迁徙后的定居与发展。如果没有这些机制，傣泰民族的先民们是很难在新的环境中发展壮大起来的。

由于傣泰民族先民的迁移与壮大是以文化的复制为基础的，因而在今天的东南亚、南亚傣泰民族居住区域内不仅有民族同源的关系，也有共同的文化特征，从而形成了一个以傣泰民族文化为基础的区域。笔者将这个傣泰民族分布并且有共同文化、共同民族渊源关系的区域称为傣泰民族文化圈。

傣泰民族文化圈的基础是共同的傣泰民族文化要素，其特征主要有以下8个方面。

（1）民族认同。傣泰民族在今天的东南亚分布已较广，并且有很多不同的支系，仅在中国不同称谓的傣族就有数十个之多，但是不论属于何种支系，傣泰民族都有共的民族认同，即认同自己属于傣泰民族。这一点是傣泰民族能够长期生存并保持自己的民族传统的最重要的因素，如果民族认同已经改变，如在越南义安省的一些泰人已融合进当地的其他民族中去，已不再承认自己是泰人，这就已改变了自己的民族认同，事实上也就不再属于泰人。因此傣泰民族的民族认同是一个十分重要的因素，在目前事实上形成的傣泰民族文化圈内基本的傣泰民族认同是存在的。

（2）共同的分布地域。今天的傣泰民族文化圈有共同的地域构成，这是由于傣泰民族有共同的发源地并在历史上不断扩散而形成的。这一文化圈的范围大致是：中国的云南省、越南北部及西北部泰人分布地区、老挝北部泰人分布区、缅甸北部泰人分布区、泰国北部和东北部与中国有民族渊源关系的泰人分布地区。

（3）共同的语言。傣泰民族都有共同的语言，即汉藏语系壮侗语族壮傣语支。由于历史迁徙，傣泰民族的语言也有不同的方言，如中国云南的傣族就分为德宏方言及西双版纳方言两种主要方言，在东南亚各国方言则更多。尽管如此，这些方言的演化基于傣泰民族的共同语言，在傣泰民族文化圈内语言基本相通，但方言差别很大，如云南元江流域的傣族与西双版纳、德宏的傣族语言差别就很大，没有一定的适应甚至听不懂，这也是事实。

（4）共同的社会制度。"勐—阪"制度是傣泰民族的基本社会制度，分布于各地的傣泰民族都保持着这一基本的制度，这一点在前面已有论述，在此不再多加论述。

（5）共同的宗教。傣泰民族有共同的宗教特征，即自然崇拜。傣泰民族认为万物有灵，都加以崇拜。与以"勐—阪"为基础的社会制度相对应的是勐有勐神、村有村神并加以崇拜[①]，这是傣族宗教的基本特征，今天各地的傣泰民族基本保持着这一宗教信仰。勐神与阪神（即村神）与傣泰民族的日常生活有密切的关系，除了日常祭祀外每年都要公祭，每个村子都有神树、神坛。自然崇拜是傣泰民族共同的宗教特征，但是傣泰民族中的大部分人在信仰了南传上座部佛教后，还信仰自然崇拜，因此两种宗教同时信仰又成为傣泰民族的共同特征。尽管如此，南传上座部佛教信仰不是傣泰民族的共同文化特征，尤其是在傣泰民族文化圈内，

① 参见朱德普《傣族神灵崇拜觅踪》，云南民族出版社，1996。

因为越南及中国云南元江流域等地区的傣泰民族中的大多数人不信仰佛教。

（6）共同的文化艺术。傣泰民族有基于民族之上的共同的文化艺术，如舞蹈、音乐、文学等。如孔雀舞、象脚鼓舞等就是傣泰民族中的普遍的舞蹈。再如民间传说《召树屯》也是傣泰民族中流传最广泛的文学故事。

（7）共同的生活习俗。傣泰民族有很多共同的生活习俗，如居住干栏式住房、食用酸性发酵食品、好沐浴、文身、染齿等等，这些共同的生活习俗构成了傣泰民族共有的一些文化特征。

（8）共同的经济基础。傣泰民族共同的生计方式是水稻种植，其历史上顺水迁徙的原因主要也在于水稻种植。傣泰民族也因水稻种植得以较快地生息繁衍。由于水稻种植是傣泰民族共同的经济部门，因而形成了很多相关文化，并成为傣泰民族共同的文化特征，如水稻种植相关的农业祭祀、节庆、生活习俗、稻米食物制作等。不论傣泰民族居住在何处，水稻种植都是其基本的生计基础。

以上是傣泰民族文化圈的一些主要特征。

由于傣泰民族是一个跨国境并且与很多当地民族混居的民族，因而傣泰民族文化圈的概念仅是一个在界定傣泰民族的分布及对傣泰民族文化的理解时的概念，并不否定与傣泰民族共同居住的其他民族文化的多样性，因为在傣泰民族文化圈内各民族文化都有普遍的互相影响。傣泰民族文化圈内所居住的各民族的文化互动，即傣泰民族文化与其他当地民族的文化的相互影响与涵化更增强了傣泰民族文化的生动性。其次，居住在不同地区的不同支系的傣泰民族基于生存实践，在傣泰民族共同的文化基础上又发展了自己的文化特色，形成了丰富多彩的亚文化群，从而形成了傣泰民族文化的多样性。因此傣泰民族文化圈内的傣泰民族文化又是多样的，尤其要指出的是这种文化的多样性决定了傣泰民族文化圈内不存在区域与支系的文化中心与优劣，而是拥有共同的文化。在当代的发展背景下，一些地区文化有了发展，并且与外部文化有较多的融合，传统的民族文化正在发生转型。

傣泰民族文化圈作为一个文化地理的概念，有助于对傣泰民族文化的起源与现实的理解，也有助于对傣泰民族共同渊源关系的理解。在当代，笔者认为理解这一文化的根本一方面在于保护与发展傣泰民族文化这一古老而伟大的文化，另一方面是要以民族与文化同源为这一区域内和平与发展的基础。基于共同的民族渊源关系，人们互相理解、宽容、合作，开展社会与经济的交流，共同促进民族与文化的发展，这才是当代理解傣泰民族文化的新思维。

东南亚国家泰人的文化特征

傣泰民族分布于中国及东南亚老挝、越南、泰国、缅甸等国家。本文结合笔者的田野调查资料及文献对东南亚国家泰人的文化特征进行一个概述，以使读者对东南亚泰人的文化有一个概貌性了解。

一　老挝泰人的文化特征

老挝的泰人最早源于中国的云南省。一部分人迁徙到越南，再从越南迁入老挝，另一部分人被称为普泰人，这一部分人则是从云南的西双版纳直接迁入老挝的，主要是泰泐人。尽管老挝的国家语言属于泰语系，老挝的国家文化也融合了泰文化的很多特征，如节日、宗教等，但从民族的源流上来说，泰人作为一个少数民族在老挝仍然是清晰的。老挝的泰人主要是普泰人和泰泐人，普泰人是山区泰人的意思，包括黑泰、红泰、白泰等不同的泰人支系，而泰泐人主要是从中国西双版纳迁徙去的。根据1995年老挝的人口普查，普泰人有472458人，其中包括一系列的泰人支系，泰泐人共119191人。①

老挝的泰人不论是哪一个支系都有以下一些共同的特征。

---

*　本文摘自郑晓云《全球化背景下的中国及东南亚傣泰民族文化》，民族出版社，2008。

①　Laurent Chazee, *The Peoples of Laos: Rural and Ethnic Diversities*, Bangkok: White Lotus Press, 1999.

（1）传统的社会制度都是封建等级社会制度，社会分为不同的阶层，即贵族和平民。贵族阶层是统治阶层，他们分别管辖着不同的区域，即勐。封建领主以下的不同社会阶层向封建统治者尽自己的封建义务。

（2）居住用竹木建成的干栏式建筑，上面一层居住，下面一层堆放杂物以及养牛。

（3）种植水稻，并且以糯米为主要食物。因为种植水稻，人们广泛建造灌溉工程，并且形成了相关的水田灌溉技术以及管理制度，水沟及灌溉设施的管理也成为一种封建义务。水稻种植使用牛耕。由于水稻的种植，泰人形成了与水稻相关的文化，包括对稻田的祭祀、食用稻米、制作米酒，用糯米作为供奉神灵以及佛的供品等。

（4）居住地选择在河谷和平坝等，以便于水稻的种植和对稻田的灌溉，选择村寨首要的是背靠青山、面对平地，这样背面的山既可以提供丰富的水源，也可以用于砍烧柴、放牛等，而平坝既可以种植水稻，也可以修筑灌溉水田的沟渠设施。

（5）在住房外面单独修建一个竹楼用于储蓄谷物。

（6）节日。泰人都过泰历新年，尤其是受到佛教文化的影响，各地的泰人都过与佛教有关的新年，在泰国、老挝等地称为宋干节。在节日期间举行赛龙舟、放高升等活动。

（7）宗教。大多数泰人在信仰南传上座部佛教的同时，还保持着本民族的自然崇拜。由于信仰南传上座部佛教，各地都建有寺庙，佛寺在当地泰人的社会生活中扮演着重要的角色。男人的一生中必须要有一段时间到寺庙中去当和尚，出家几年以后才能还俗，成为一个为社会所认可的男人。根据宗教的要求，当地的人们在不同的时间进行各种佛教活动，人们使用香蕉、熟的米饭、鸡肉、猪肉等供奉佛祖。在信奉南传上座部佛教的同时，所有地区的泰人都同时信奉万物有灵，认为神灵存在于天空、自然以及人类社会中的每一个角落。在自然界中，树有树神、水有水神、天有天神，而在人类社会中，村有村神、勐有勐神。因此不论新年、收获的时节还是婚礼、孩子出生以及死亡的时候都要祭祀神灵，神灵在人生礼仪的各种过程中以及社会生产劳动的各个阶段都发挥着重要的作用。需要特别指出的是，在老挝并不是每一个泰人支系都信奉佛教，黑泰、白泰等支系就仅仅信仰万物有灵而不信仰佛教。但近年来随着社会的变化在各民族之间、各支系之间互相影响，一些过去并不信奉佛教的泰人支系，如普泰的一些支系也开始信奉佛教。今天走进一些当地泰人的村落，不仅可以看到佛寺，同时还有各种自然崇拜的象征物，如神树、村寨神、勐神等存在。每年人们还要隆重地祭祀村神和勐神。

以上是老挝各地泰人的一些共同文化特征。事实上，由于民族渊源关系的影响，各地泰人的文化和中国西双版纳的傣族文化有非常多的相似之处，甚至是共同之处。尤其是老挝西北部与云南省接壤的地区，过去都属于西双版纳封建政权的管辖区域，当地的泰泐人文化与西双版纳傣族基本相同。笔者曾经到过老挝靠近中国边境的泰人村寨以及琅勃拉邦考察，这些地区的文化与西双版纳傣族基本相同。如和西双版纳基本保持着相同的语言，目前由于受到了老挝国家文化的影响有一些变化，但古老的语言仍然是相同的，文字也与西双版纳相同，使用相同的老傣文（兰那泰文）。由于受佛教的影响，各种宗教祭祀活动以及节日与西双版纳相同，自然崇拜活动也与西双版纳基本一致。

由于支系的不同，老挝各泰人支系之间的文化也存在一些差异。在此对泰泐人、黑泰、白泰分别做一个简单介绍。

1. 泰泐人（Tai Lue）

根据 1995 年的人口普查，泰泐人共有 119191 人，主要分布在老挝的西北部。在宗教方面，泰泐人全部信仰南传上座部佛教，村村寨寨都修建寺庙，每年按照佛教的要求进行佛事活动。同时也保持着对自然的崇拜，人们生、老、病、死都要进行祭祀，还有对水稻神的祭祀以及播种、丰收以后的祭祀活动等，每年还要对村寨和勐的神进行祭祀。

在居住方面，泰泐人选择河谷、平坝作为建立村寨居住的理想场所。他们一般选择背靠青山、面对平坝的地点作为建设村寨的最佳场所。泰泐人种植水稻，因此每个村寨都有水田以及灌溉水田的水利系统。泰泐人的每个村寨中都有一棵菩提树，这棵树是在每一个村寨建寨的时候就种下的，作为寨神的化身以及村寨的中心。在家庭居住方面，泰泐人居住一楼一底的干栏式建筑，传统的干栏式建筑用木头制成框架，用竹子做楼墙，然后用茅草做成草排来建屋顶，现在大多数泰泐人的住房已经改为用自己烧制的瓦片来建住房的房顶。在泰泐人的住房内部，有火塘以及与火塘相连接的较大的客厅，楼层的一半是被隔起来的卧室，卧室内部是相通的，没有隔墙，家庭成员不论结婚与否，他们睡觉的棉垫都是一个一个靠得很近并排在一起的。每一个床垫上面有一个蚊帐，蚊帐作为家庭成员睡觉空间的隔断，也被认为是泰人独特的一个文化特征。泰泐人的竹楼周围都有一块自己的菜地，种植一些时常食用的蔬菜以及佐料植物，在周围还有鸡舍和猪舍。

在饮食偏好上，泰泐人喜欢糯米及酸辣的食物。

泰泐人的水稻种植属于精耕细作的类型，农业生产以及居住、灌溉等都考虑到不破坏环境，与环境较好地相融合。泰泐人使用牛耕，每年进行一至两季的水稻种植，养牛是重要的文化，耕牛也是农业生产的重要工具和每个家庭的重要财富。牛一般自由饲养，在生产劳动期间牛一般饲养在竹楼的第一层，而在农闲时间牛则被自由地放养到村寨周围的山中，隔一段时间才去察看牛的情况。家庭副业包括种植棉花、捻制棉线，精心制作全家人衣服穿着所需要的布料。此外，泰泐人也编织各种竹子器具，包括生产劳动以及生活中用的各种竹箩、竹席等。

在政治制度方面，每一个村社都有自己的自治组织，也就是村社长老会来进行村寨的管理，在村寨里还有不同的事务分工组织进行不同的事务管理，如管理宗教事务的组织，管理水利灌溉的专门组织，管理调解各种社会事务的组织。村寨的管理相对比较民主，大小事务基本上是通过村寨中的人们进行讨论协商而决定。在社会生活中，两性有明显的分工，成年男性主要的劳作是负责砍伐木材建房、耕田犁地、收割水稻等比较繁重的劳动，而妇女负责安排家庭生活、带孩子、洗衣服、做饭等。在泰泐社会中，妇女的地位较高，这与居住在当地的其他民族是不同的，妇女虽不能参加村寨的事务管理，也不能决定宗教事务，但妇女在家庭中掌握并且支配着钱财，同时在家庭事务的很多方面都有支配权，如分配财产，到市场上出售农副产品，获取现金。此外，妇女也有决定自己的婚姻以及离婚的权利。

2. 黑泰人（Tai Dam）

2000 年黑泰人估计有 5 万人。黑泰人主要是从越南迁入老挝的。黑泰人不信奉佛教，他们主要信奉祖先的神灵并保持着传统的自然崇拜，崇拜自然中的各种神灵，如水神、山神、树神，尤其是崇拜祖先神，这一点与其他泰人是不同的。这一部分人占黑泰人的95％，其余约4％信仰基督教。① 近年来受到泰泐人的影响，部分黑泰人的村寨也信奉佛教。人们保持着自然崇拜的传统，主要的祭祀有：在每年的 4 月有 3~6 天的时间来祭祀父母或祖宗的神灵，在每年的 6 月举行一个祭祀村寨神的仪式，这个过程要花费 2 天的时间，并且要杀猪、杀鸡。在播种前要对水稻神和水神进行祭祀，在每次建房之前，要祭祀祖宗的亡灵。

在居住方面，黑泰人较喜欢选择相对高的河谷地带，在东北流向的河流东岸建设村寨。在河流的上方，必须覆盖有茂密的森林，把河流的西面作为墓地。黑泰人的住房是南北向的，在两侧共有两个阳台，有两道门进入，这和泰泐人的居住模式是不一样的。进入房间以后，南北两道门之间纵向的是一个公共场所，也就是房间的西面。房间的东面被隔开成为一个卧室，在卧室中放有祭祀家神的祭坛，房屋的结构以及楼板是用木头做成的，墙有的用木板，有的用竹子做成。屋顶用茅草制的草排搭成。在楼的下层，是谷仓、鸡舍、猪舍等，房子的周围有用竹篾围起来的菜园。

在生产方面，黑泰人主要种植糯米。人们开垦水田，修筑水稻种植的灌溉系统，并且使用水牛进行耕作。人们种植蔬菜，同时旱季在河边种植一些经济作物。在种植水稻的同时，黑泰人也还保持着刀耕火种的耕作方式，在村子背后的山地中种植苞谷、豆类等杂粮供日常生活及喂养牲畜。刀耕火种的方式是将山地上的杂木树砍倒、焚烧以后作为燃料，在上面种植谷物，种植两三年以后，将这些地抛荒几年再进行种植，这样不至于造成对土地的过分利用。黑泰人也在山地上种植棉花，纺线后织成日常制作衣服所需要的布。纺织是黑泰人重要的生产内容之一，主要由妇女来承担。黑泰人的传统服装主要是用蓝色或黑色的布料制成的，男人穿裤子，女人穿短裙，但是近年来发生了变化，年轻人更多地穿着一些从市场上买到的花色较为艳丽的服装。

在黑泰人的传统社会中，有对村寨事务进行管理的组织，它们主要由各个家族的老人所组成，同时也有专门管理灌溉系统的组织和管理宗教事务的组织。由于黑泰人是 300 年以来一直到最近七八十年来陆续从越南的奠边府等地迁徙到老挝的，因此黑泰人还保留着很多当地的传统，如与越南泰人相同的祭祀活动。在黑泰人的传统社会中，妇女的地位相对当地的

① "The Black Tai of Laos," www. bethany. com.

老族及泰泐人相比要低，妇女没有支配经济以及家庭生活的权力。今天黑泰人的社会已经发生了一些变化，黑泰人接受老挝的国家教育以及政治制度，在宗教方面由于受到佛教的影响，有一些人开始信奉佛教，有的村寨也开始修建佛寺，但是他们仍然很顽强地保留着自然崇拜作为民族的传统。黑泰人擅于养殖蚕织蚕丝，因此丝绸的纺织是黑泰人一项重要的手工工作，几乎每家每户都有织丝的机器，丝绸的纺织是黑泰人现金收入的一个重要来源。

3. 白泰人（Tai Kao）

1990 年白泰人有 33600 人，1995 年有 39100 人，2000 年有 44800 人，近年来的人口统计不详。① 白泰人主要居住在老挝东北部较高的河谷地带，尤其是一些河流的上部。白泰人称呼的来源与其妇女的服装有一定关系，妇女们喜好穿着白色的服装。

在建村寨时，白泰人比较喜好选择开阔的河谷地带，如上游有茂密的森林，并且有河流穿过的东岸地带；在河流的西边则保留森林作为墓地。选择村寨的地址没有特殊的传统祭祀的内涵，主要是考虑到这个地区有平坝可以开垦梯田，进行水稻种植，有利于修建稻田的灌溉系统并且背靠山可以种植杂粮，有充足的水以及森林资源。白泰人新建住房时的选址要举行一个用稻谷决定的仪式，人们把随意数量的稻种埋在地下，如果稻谷的数量与这个家庭人数的单或双数等同，便可以在这个地址上建房子。住房一般用木头建成房子的框架，房子的墙用竹子编织成上下两层，楼下一层主要是用来放置用竹子编成的谷仓，以及养猪、堆放杂物等，上层住人，由两个楼梯进入住房，一个靠近睡觉的地方，一个靠近火房。白泰人住房内的格局没有分隔，一边是煮饭的地方，而另外一边则是吃饭睡觉以及放置祭祀父母神灵的祭坛的地方，同时在住房的一边还会搭出一个台子，在那里置放另外一个火塘以备有客人来或者节日的时候使用，同时也是一个工作的场所，人们在这里制作食物及手工制品等。

在生产方面，白泰人主要是种植水稻，尤其是种植人们喜好食用的糯米。人们修筑可以引水灌溉的水田，使用水牛进行田间耕作。由于白泰人居住的村寨背靠山区，白泰人也在山区使用刀耕火种的方式开垦山地，种

---

① "The White Tai of Laos," www.bethany.com.

植苞谷、花生、豆类、棉花等杂粮，作为主食的补充及饲养牲畜的饲料。白泰人也种植棉花供纺织，在村寨的周围山坡上、河边种植蔬菜以供食用。平时白泰人也进山打猎，下河捕鱼，从森林中获取各种食物。

在宗教祭祀方面，白泰人主要是祭祀祖宗神，还保持着自然宗拜的传统，这一部分人占60%，其余38%的人信仰佛教，2%的人信仰基督教。白泰人的主要宗教祭祀活动有每年1~2月和越南相同的新年间的祭祀活动，这个活动全村人都要参加，同时还有对家庭神的祭祀及对祖宗神的祭祀。有人生病的时候，也要祭祀神灵。在建房的时候，要祭祀父母的神，在各种生产劳动中，也要对土地神、稻神、水神、山神等进行祭祀。白泰人在祭祀上有一个很大的特点：人死后，家人要杀水牛，数量视不同的家庭经济能力而定，经济条件好的家庭，要杀数头水牛。今天白泰人也受到佛教的影响，与其他过去不信仰佛教的泰人支系一样，一些白泰人也开始信奉佛教，但是他们仍然保持着对家庭及祖先神灵和自然神灵的崇拜。一般而言，对祖先祭祀并不是泰人固有的传统，而是在发生迁徙后人们为了对原居住地的怀念而进行祖宗神灵的祭祀，但对祖宗神灵的祭祀在泰人中并不普遍。

白泰人的家庭较为平等，在财产方面，不论是男女老少都平等地分配劳动所得，在生产劳动与家庭事务中有明确的分工，如砍柴、建房、煮饭、带孩子等。青年人在结婚之后居住在女方家中，几年后才能分出来自立门户。人们互相都十分尊重，老年人在社会中是最受尊重的人，和睦、友善是白泰人社会的一个显著特点。

4. 泰阳人（Tai Yang）

泰阳人是一个人数非常少的支系，1995年仅有5000余人生活在老挝，居住于17个村寨，他们主要分布在琅南塔省一带。根据他们祖先的传说，他们最早是从云南的南部迁徙到越南北部，再从越南北部奠边府一带迁徙到今天的居住地的，最早来到这里的人是200年前，但是最近六七十年以来也有不少人陆续从越南东南部迁到现在的居住地。他们到这里来主要是为了寻找更好的生活环境，尤其是能够种植水稻的地方，他们中的很多人今天和发源地越南及云南都保持着较密切的来往。泰阳人是以种植水稻为主要生计的民族，他们的居住地主要选择在便于水稻灌溉、耕作的河谷以及平地。与其他泰人一样，泰阳人选择村寨也注重有森林的地带，便于在森林里进行狩猎、采集、砍伐木材以及在山地中种植谷物，用于补充粮食以及饲养牲畜。泰阳人的主要物产是水稻，其中最主要的是糯米以及少部分的普通稻米，在山地里种植棉花、苞谷、花生等山地作物。泰阳人选择村寨地址的方法是由村子中三个从来没有离过婚并且家人都健在的老人按照传统的习俗，选择一个好日子，在将来可能要用于建造村寨的地方的中心地点挖一个小洞，然后在洞里埋一些肉，这样就代表这里成为村寨的核心。选择村寨的条件是必须要靠近河流，背面有森林、有坡地可以供种植，同时也要有平地可供开垦稻田，引水灌溉，种植水稻。在选择村寨的位置时，由于受到了当地黑泰人的影响，泰阳人也用六颗种子，分别代表男人和女人、孩子和大人、猪和狗、鸡和鸭子、黄牛、水牛。把放了六颗种子的小洞用石头和土埋上，到第二天早上如果来放置种子的老人做了一个好梦，平安度过了一夜，或者说在这一夜这些种子没有被移动，那么就说明这个地点是一个可以建寨的好地点；如果这天晚上埋种子的老人们做了噩梦，或这些种子被移动了，就说明这个地方是不理想的地方，不能用于建寨。如果代表人或动物的某一颗种子被移动了，尤其是动物的种子被移动了，那么这个地方还是可以建寨的，但这说明将来这里的动物很难受到神的保佑。在信仰佛教的村寨里，由于受到了当地泰泐人的影响，泰阳人在选择村寨的时候，也使用傣泐人的历书来挑选好日子。在村寨的中间，他们还要用木头、石头建造一个标志着村寨中心的寨心。

在社会组织方面，由于受到政府的影响，村寨已列入政府的管理体系。但是传统的长老会同样存在，扮演着非行政事务管理的角色，如安排结婚、离婚的仪式，决定村寨的扩大以及住房的建造等传统的事务，也包括整理村寨的历史，进行村寨的传统教育等。同时村寨中也存在宗教组织，在信仰佛教的村寨中，这些宗教组织和寺庙有密切的关系，它们安排全村寨性的祭祀活动，如祭祀寨神、播种前的祭祀以及收获前的祭祀等。

在传统信仰方面，过去泰阳人信仰万物有灵的自然崇拜，但是由于受到泰泐人尤其是佛教文化的影响，大多数的自然崇拜已经消失了，剩下的自然崇拜主要是家神和寨神的祭祀。在每年新年的时候，全村寨都要集中在一起祭祀寨神。当然在有病的时候，人们也会祭祀鬼神，以求消除灾病。新年是泰阳人最隆重的节日，在新年里也会举行对祖先神灵、对自然神的祭神活动在内的祭祀活动。

泰阳人的新年一般在公历 2 月，在黑泰人的新年之前 7 天或者 10 天、15 天，一般持续 1 个月的时间。在新年的头一天，每个家庭要出一个人，午夜的时候到河里去取水。在一些村子里，从河边取来的水要用来煮新年的饭；而在另外一些村子里，要由一个没结婚的年轻男子带着一个罐子到河里去取水，他取来的水必须要经过村子的量度，要和上年储存下来的水进行对比，如果新取来的水比上年取来的水多，这对新的一年来说是一个好兆头。第二个内容就是组织对村寨神的祭祀活动，这个活动在村寨的寨心周围举行，举行活动期间各家各户要供奉各种食物和纸花等，祈求村神对于全村人的保佑。最后一个活动就是各家各户在自己家门前的神柱前祭祀自己的父母神，一般来说，每个家庭都要杀一头猪，作为对父母神的祭祀，同时要把猪头埋在神柱下面，在神柱下还要放两个木雕的神像，一个代表父亲、一个代表母亲。每年还要举行祭祀勐神的活动，祭祀勐神一般要在老挝的新年后最少 15 天才能进行。举行祭祀勐神的仪式，头两年是用猪来进行祭祀的，每年杀一头猪，而在两年以后的连续三年每年要用一头水牛来祭祀。杀水牛祭祀的这一年，祭祀活动要持续三天，而用猪来祭祀的这一年，祭祀活动持续两天。这个活动至今依然存在。

人生礼仪方面。在一个小孩子出生以后，他的父亲必须要在 3 日内禁止喝酒和吃东西，而他的母亲必须要在靠近火塘的地方住 30 天，在这 30 天以内，丈夫每天都要照顾他的妻子，不去干活。在 30 天以后，妇女就去洗她的衣物，这标志着 30 天的休假结束，并给孩子起名字。起名字的方法是举行一个特殊的仪式，请一个在村中有威望的老人将一个鸡蛋放进一个碗里，同时选择好一个名字，并且在名字上标注上一个单数或者双数，然后他用手拿起一把稻谷，一颗一颗数，如果这把稻谷数完了之后数字不论单或双正好和写在名字上的数字的单数或者双数相同，那么这个名字就可以用，如果数字的单双和写在名字上的单双不一致，那么就要重新选择另外一个名字。泰阳人年轻时的成长是比较自由的，婚姻也由青年人自己决定，父母不干涉，如果青年人决定要组成家庭，那么就要由双方的父母举行一个订婚仪式，这标志着他们将来可以在一起。结婚的仪式在男子家中举行，但新郎在结婚以后必须要在新娘家住三年的时间，在这三年的时间里男方要为女方家劳动。三年以后，他们就可以视情况搬到男方家或者是自己去建房居住。这三年的时间也可能被缩短，如果男方想要缩短在未来的新娘家住的时间，只需要送一头猪给未来的新娘的父母就可以了。当一个人死的时候。如果死的人年龄还不满 17 岁，那么他必须在当天就被埋葬。如果过了 17 岁，那么遗体要停留 1～7 天，供人们悼念，家庭成员在这期间不能出去劳动。尸体被埋在村寨的墓地里，如果是父亲或者是一个家庭中的大儿子死了，那么必须要砍一棵特别的树来做成一个棺材，这一天按照传统还要进行祭祀活动，在一些受泰泐人文化影响的村寨里，还要请和尚去为其超度。①

二　越南泰人的文化特征

越南泰族是一个单一的民族，正式名称为 Tay 或 Thay，在越南的泰族中主要的支系是黑泰（或 Tay Dam）和白泰（Tay Don 或 Khao），其他还有一些称为摆彝、泰雅（中国称花腰傣）、泰泐的支系，人口约 104 万人。

首先我们概述越南泰族的主要特征。

生产方面。泰族主要从事水稻种植。泰族在居住区修筑水田种植水稻，并在生产中使用相应的灌溉系统，农业生产的水平较当地山区民族高。过去由于人口不多，泰族每年仅栽种一季水稻，而现在每年栽种两季，种植的品种主要是糯米。在种植水稻的同时当地泰人也在村子后的山坡上种植玉米、豆类等杂粮，以及用来织布的棉花、蓝靛和桑树等作物。人们将山地中的树木杂草砍伐割除、焚烧后开成农田进行耕作。

居住方面。泰族主要居住在平坝地区，选择山坝相间的地区建寨子。在选择居住地的时候，考虑到水稻的种植，有丰富的水资源是十分重要的，需要靠近河流。泰族居住在有脚柱的房屋，即干栏式楼房。屋顶分为不同的结构式样：一是像龟壳一样的，两边末端为圆凸形屋顶；二是平的屋顶，屋内拥有长方形的地板和走廊；三是长而高的屋顶，在房子两端有被用作客厅的房间；四是低矮的屋顶，屋内较狭窄。

在建筑新居后，要举行上新房的仪式，巫师在新居里点燃新的火塘中

---

① 本节主要参考 Laurent Chazee，*The Peoples of Laos：Rural and Ethnic Diversities*，Bangkok：White Lotus Press，1999。

的火，诵读宗教经典驱除厄运，祈求幸福，拜祭祖先，然后请亲朋好友前来庆贺，一般都要杀猪，准备丰盛的饭菜招待客人。

饮食方面。过去泰族主要种植与食用糯米，但今天在稻米品种方面有了较大的变化，普通稻米已成为很多地区泰族人的主食，过传统节日时食用糯米。他们通常的做法是把糯米放到水里进行浸泡后，再放进陶罐，在火上进行蒸煮。泰族人喜好酸、咸、辛辣的食物，而不喜欢含奶、蛋、糖的食物。泰族烹调食物的方法主要有烤、蒸、冷凝（如泰人爱吃的鱼肉冻）、风干、油炸和煮。

泰族人喜欢用竹制的水烟筒抽烟，用干竹条来点烟。在抽烟筒之前，泰族人依然保持着好客的传统习惯，常常会邀请其他人和他们一起抽；泰族人抽烟筒一般都在饭前进行。

服饰方面。泰族妇女通常身着带有美丽装饰的短上衣，并且着重在衣服前面镶嵌一排诸如蝴蝶、蜘蛛或蝉等昆虫形状的银制纽扣，短上衣配以黑色的筒裙，腰部系着一股染成绿色的丝带。在节日场合，白泰妇女通常会身着深黑的服装，这种黑色的衣服用一根腰带束着，而黑泰妇女则通常身着配有彩色刺绣的披肩。泰族男人通常穿着系腰带的短裤和一件开领的、左右两边都有衣袋的衬衫。而白泰男人的衬衫左方还有一个额外的上衣口袋，并且衣领上还扎着一根衣带。泰族的衣服颜色通常分为黑色、浅红、斑纹色或白色。在节日里，人们身着黑色长衣服，里面配以白色的衬衫，头上戴着作为头饰的头巾，在节日典礼上所戴的头巾通常会长及手臂。

社会组织方面。传统的社会组织是"勐－阪制度"（Muong-Ban）。

婚姻与生育方面。过去泰族崇尚买卖婚姻和招女婿上门的习俗（这一习俗与西双版纳傣族相同）。当一个女孩和她的爱人结婚后，男方（女婿）首先要到女方家居住，据说这一步是为了考察他的人品和他努力工作的程度。在结婚典礼后，黑泰妇女会遵循传统习俗，很快把头发盘成曲卷状或戴上假髻。男方在女方的家里住上 8～12 年，才可以根据情况需要决定迁移出女方家自己建房居住或是到男方家与男方家庭一道生活。

妇女在固定的地方生育孩子，生育完孩子的母亲坐在火塘旁，烤着火、暖着身子，用竹管装着食物喂养婴儿，过期的食物是绝对禁止食用的。而喂养婴儿的竹管也通常悬挂在树枝上。在孩子成长的过程中，长辈要举行数次仪式对孩子进行性别教育，诸如教授男孩和女孩在社会生产生活中如何承担各自的责任和义务等。

丧葬。泰族的丧葬仪式主要分为两个部分。（1）称为棚（pong）：先用祭品对死者进行祭祀，然后再把死者抬到森林进行安葬，白泰使用土葬，黑泰使用火葬。（2）称为熊（xong）：举行仪式对死者进行招魂，在住宅内的一个地方对他们的灵魂进行祭祀和供奉，以示崇敬和缅怀。

传统教育方面。泰族拥有自己的梵语体例的文字书写体系，他们的语言通过口述来教授。泰族拥有许多诸如其古代历史、传统习俗、惯例法律和文学艺术等方面的经典著作。

娱乐活动方面。泰族有丰富的民族舞蹈，并能制作演奏多种类型的长笛。人们朗诵诗歌、演唱生动活泼的民族歌谣。泰族流行的游戏包括拔河、赛马、划船、射箭、抽陀螺等。

以上是越南泰人一些基本的文化特点，事实上在越南泰人各支系的文化是有一定的差异的，只有通过了解不同支系的文化才能真正了解越南泰人的文化。在越南泰人的主要支系是白泰与黑泰，其他还有较晚才迁移到越南的泰渺、从老挝迁入越南的普泰人等。下面我们分别就几个主要支系的文化特征加以概述。

1. 黑泰人

黑泰称自己为泰，被其他的泰族群体称作 Tai Dam or Tai Lam，被越南人称作 Thai Den，被法国人称作 Tai Noir。一些越南人也把黑泰称作 Tho，但是黑泰更愿意被称为泰。在中国云南黑泰被叫作黑摆夷。在泰国他们叫做 Lao Song Dam，Thai Song Dam，Lao Song。

（1）居住与生计

黑泰人大约 50 万人，居住在 Muong Than（Than Uyen），Muong Quai（Tuan Giao），Muong Thanh（Dien Bien），Muong Muoi（Thuan Chay），Muong Lo（Nghia Lo），Muong La（Son La），Muong Mua（Mai Son），Nam Ma（Song Me），Muong Vat（Yen Chau）。

黑泰的房屋是干栏式建筑，在用泥巴和大板子搭成的框架上用竹子和硬木加固，房子较宽大，屋脊形状像龟壳，屋檐上有末端装饰。

黑泰的生计基础是水稻种植。人们定居在肥沃的峡谷地带、河盆地区和小溪旁，修筑灌溉系统、开田耕种，很多地区由于气候炎热还能种植两季。人们同时也在山坡梯田里种植苞谷、木薯、甜土豆、棉花、靛青、葫芦植物和豆类产品，劳作之余到河里钓鱼和到森林中打猎。

（2）婚姻和家庭

黑泰人的婚姻由父母包办。当地的习俗要求男子到他的未婚妻父母家中劳动一段时间，贵族的孩子（Lo 和 Cam）期限为 8～10 年，平民阶层要求的时间短一些。"服务"期限之后，就可以结婚，开始婚姻生活。结婚之后一般到男方家居住，但是如果女方家中没有足够的男劳力来帮助种植，在这种情况下男方要到女方家中居住。一般来说，婚礼之后，长子婚后在家居住，其他的儿子在女方家居住。在越南北部的黑泰中，长子继承权决定了长子继承父母亲的房子和家庭土地的绝大部分。

（3）信仰和宗教

黑泰相信超自然的力量，也就是自然崇拜，比如他们相信一系列称为"披"（pi）的神，在越南北部的有些地区神被称为 fi。ten 是土地神灵，按级别顺序排列，Ten huong 是土地神灵，保佑土地肥沃和稻谷丰收，披勐（pi muong）则是勐神。在村寨一级有披阪（pi ban），即寨神。每年人们都要举行一次祭勐神、寨神的仪式，还有一些祭祀仪式是农户自己举行的，如开耕前的祭祀、祭奠祖先的仪式，丰收之后再次祭奠土地神。丰收后，每家农户宰杀一只鸡，邀请稻谷神（kwan kuu）来入住谷仓。人们认为一个人有 32 个灵魂，灵魂由 3 个灵塑成，其中的 2 个——po chang lo 和 po chang ty 是男性，而 me ban——第 3 个灵，则是女性。人们也崇拜祖先，祖先祭坛由一张桌子及许多蜡烛组成，安置在家中。

（4）丧葬

黑泰相信人死后将在另一个世界延续生命。他们将葬礼安排成告别死者，到另一个世界再相见的晚会。他们还相信每个人的 32 个灵魂在死后离开身体。有些升入天空，有些存留于祖先祭坛。黑泰的社会阶层观念延伸到来生的观念中。平民和那些 5 岁前死亡的人进入 Lam Loi，即另一个世界与现在生活差不多的村子。贵族 Lo 和 Cam 家族的"大头领"留在天上的 Tup Hoang No Fa 村，那里的生活是田园诗般的。次一级的贵族进入 Gien Pan Noi 村，那里的生活也是田园诗般的，但他们的灵魂最终回归土地。其他 Lo 和 Cam 家族的成员到 Gien Pan Luong 村，一个很像 Gien Pan Noi 的地方。一般情况下，妇女的灵魂到她的丈夫家中。Lo 和 Cam 家族的妇女到 Gien Pan Luong，但如果 Lo 和 Cam 家族的妇女与平民通婚，她的灵魂就将到 Lam Loi 村，像其他村民的灵魂一样，最终返回土地被湮没。人死后，要杀动物祭奠死者的亡灵，并为参加葬礼的亲戚朋友提供食物。尸体被放置在亲戚朋友聚集的屋子的架子上，然后火葬，骨灰收集后放在一个瓦罐中埋入地下。

2. 泰渺人

越南的泰渺人又被称黑泰渺，人口有 3684 人，居住在兴贺（Sin Ho）的阪洪村。他们讲的语言是泰语，越南泰渺人至少从 11 世纪或者 12 世纪就住在现在的奠边府（Dien Bien），他们在那里开发了很多田地耕种，在 18 世纪由于战争的原因，泰渺人不得不重新迁移到其他地方去寻找更好的土地。也有很少的一部分人就迁移到现在居住的兴贺。

泰渺人种植水稻，主要种植糯米。由于他们有较高的水稻种植技术，所以每年可以种植两季，但人们并不使用肥料。他们同时也保持着刀耕火种的山地农业方式，在山地上种植一些旱地作物，用竹竿在地上打个小洞再把种子放进去，这些方法是跟苗族学来的。在泰渺人中纺织业也有很快的发展。泰渺人非常善于制作刀具。他们制作的刀具远近闻名。他们善于狩猎和捕鱼。泰渺人喜欢吃糯米，也喜欢吃用鱼做成的食物，尤其是生鱼酱。猪、水牛、黄牛等只有在过节的时候才宰杀，宰杀的猪肉牛肉并不销售而是自己吃。

在当地泰渺社会中，家庭扮演着非常重要的角色，泰渺人在家庭里有相互帮助的习俗，如建新房或者有大的婚丧葬的时候，尤其是家庭的两方，父系和母系之间的帮助尤为重要。结婚后男方要到女方家上门三年，然后再回到男方家住几年，随后就可以看情况需要搬出去自己建房子居住。在小孩出生的一个月里，他们就要请村子里一个德高望重的人来为孩子取名字，这人通常会带来一支用木头做的笔，一片白布，然后用这些工具取名，取名的人把一个鸡蛋放在一个盛满米的碗上面，然后撒一些谷种在鸡蛋上面，随后他就数谷种的数量，看看这些种子的数量是单数还是双数，如果数字和他事先要取的那个名字所预测的数字是相同的，那么这个名字就可以选好了。他把选中的名字写在白布上，然后把白布交给小孩的父母作为出生的证明，长期保存。姑娘的名字通常有珍珠的意思在里面，而男孩的名字通常有黄金的意思在里面。

如果村子里有人死了，那么家里人和亲戚朋友都会穿着白色衣服前来服丧。这天要杀一头黑水牛来做一个简单的送魂仪式，死者的棺材要放在家里保存3天，然后由8个不是亲戚的男子抬着棺材送到神山上去。在那里棺材被放进洞里面，不是放在坟墓里面，参加葬礼的每个人都要在外边洗完澡才能回家，死者的亲戚要停止劳作3天的时间。

泰泐人在上新房的时候也要举行一个隆重的仪式，这个仪式一般是在中午举行，在打扫完新房以后，房主人会邀请村子里的4个老人前来参加，这4个老人不能是他们的亲戚。主人请老人喝酒，然后在房子中间放4个杯子，将4个杯子放在一个小桌子上，仪式开始后一个青年男子走进房里坐下并且说他想买这个房子，而老人就会回答他：主人来了。在这时候那对早已经等候在外面的夫妇就走进房子，丈夫带着打扫房间的工具，妻子带着煮饭的餐具，丈夫在前，妻子在后一起走进屋子，这就证明他们已经搬进了家。随后有两个年轻妇女手持两个火把，一个站在楼梯上手持一碗水，用水把第一个火把灭了，第二个女孩手持火把走进厨房，然后点燃火把放在灶上，火把一直要燃烧三天三夜不能熄灭。与此同时房主人必须有一个祭祀的仪式来祭祀他们的祖先，通常是用猪头和其他一些供品来祭。在上新房的这天，主人要邀请村民们一起吃肉、喝酒。每个人都要唱歌跳舞，大家欢聚通宵达旦。泰泐人房子中间有一个祖先的牌位，称为"洪"，人们每年都要祭祀它。时间是在傣历的一月，也就是公历10月。祭祀的时候把很多食品放在盘子里，然后在盘子里插十根蜡烛，把它们点燃，由一个男子来负责祭祀活动。在傣历一月还有一个称为"卡巴"的全村祭祀活动。"卡巴"这天要用30公斤猪肉做成一顿盛餐，把30公斤猪肉放到村寨的入口处，然后再把它抬到河边或者水池边上，在那里大家吃喝。傣历每年的三月三日有一次祭祀森林的仪式，这天同样也做很多不同类型的食物。在每年的六月六日，也有一次要用60公斤猪肉做成盛大晚宴的活动，全村人一起来享用。当村里的负责祭祀活动的男人做完祭祀之后，全村人就一起吃喝，做战争游戏，唱传统的歌，在这个过程中从三日到九日，外面的人不允许进入村子，而本村村民也不可以到外面去。20世纪六七十年代以前，泰泐仍然保持佛教的仪式，泰泐的新年也称为泼水节。泰泐人有自己的历法，他们每年的一月也就等于是公历10月。傣泐人用铁笔写贝叶经、历史传说或者故事，同时他们也有木笔，在白布上写字。在过去七岁到八岁的小男孩都必须到寺庙里做和尚，学习文字与佛经，经过几年后才能还俗。①

三　缅甸泰人的文化特征

缅甸泰人主要居住在北部的掸邦。当地的泰人自称为泰（Tai），但是缅甸人称当地的泰人为掸（Shan）。1990 年，缅甸泰人为 2726900 人，1995 年为 3034400 人，2000 年为 3361200 人，占缅甸总人口的 6.5%。99.4% 的人信仰佛教，不足 1% 的人信仰基督教。② 缅甸泰人在广阔的掸邦高地河谷地带定居，这里是自然资源十分富裕的地区，盛产木材，尤其是柚木以及金、银、橡胶等。在掸邦高地上今天的泰人构成已经较为复杂，因为泰人在掸邦的迁移一直到 20 世纪 60 年代仍然存在。在泰人进入掸邦以前当地居住有大量孟 - 高棉人，在泰人迁入以后很多当地其他民族受到了泰文化的强烈影响，改变了他们原有的服装以及语言，接受了泰人水稻种植的农业，讲泰语、穿泰装，改信佛教，从而融合进了当地泰人中，成了今天的泰人。当地的克钦族等一些少数民族长期在泰人的社会环境中生活，通过通婚、做工等等，逐渐融入了泰人社会，因此在历史上泰人和当地其他民族之间有非常深的民族融合关系。在长期的历史发展过程中，缅甸泰人受到缅文化的影响最深，居住在西部高地的泰人已经缅化，大多数人能够说缅语，很多泰人接受缅甸国家的教育，同时和一些缅族通婚。缅甸的泰人也受中国文化的影响，尤其是靠近中国一带的泰人，与中国傣族有民族渊源关系，也与中国傣族及其他民族通婚，文化习俗和当地傣族有很大的相似之处。靠近东部和南部的缅甸泰人受到泰国泰人文化的影响较大，今天的缅甸泰人由于受居住地社会环境的不同影响在文化上也有较大的差别的。下面是一些共同的文化。

1. 居住模式

缅甸的泰人与其他地方的泰人一样，选择居住的地方都是便于修筑农

---

① 本节写作主要依据 Introduction to Tai-Kadai Peoples, Edited by Institute of Language and Culture for Rural Development, Mahaidol University, 1998; The Cultural Mosaic of Ethnic Groups in Vietnam, Eductaion Publish House, Vietnam, 2001; 并结合笔者在越南的实地调查所获得的资料写成。

② "The Burmese Shan of Myanmar," www. bethany. com.

田及灌溉设施进行水稻种植的河谷地带，他们选择的定居地必须要靠近河流，选择建立村寨的最佳地点是山和平坝的连接地带，这样可以很容易在平坝中种植水稻，而背靠青山便于砍伐木柴、建房用的木料以及在山上种植谷物、采集野菜等。泰人的村寨一般由 200～500 人组成。在村寨的布局上，除了要考虑到留一个村寨的广场或村子中的市场以外，在其他方面没有特别的考虑。缅甸的泰人与云南德宏的傣族一样，在建一个村寨的时候一般都要在村寨周围种上大量的竹子，将村寨包围在竹林中，这是一个比较典型的现象，同时也是一种生态文化上的考虑。泰人的住房一般是用木头和竹子建成的，居住的是干栏式建筑，一般下层不住人，用于堆放杂物，饲养猪、牛等，房顶是有斜坡的屋顶，用草排搭成。房子内部的最大空间就是公共的客厅，这里同时也是人们做饭、招待客人、日常生活的地方，其余地方分隔为一间或多间睡觉的卧室。每一座房子的周围都修建有园子，在其中种植蔬菜、水果等。

2. 经济生活

缅甸的泰人以种植水稻为生，同时也在山地上种植一些谷物等杂粮。水稻是当地泰人最重要的产物，同时家庭畜牧业也是一个重要的生计部门。人们选择居住的地区要考虑到方便水稻种植，因此在当地的泰人居住区，灌溉沟渠及水坝、水车等随处可见。人们在种植水稻的时候使用动物肥料。大多数的水稻种植采取移栽秧苗的方法，在雨季以前首先使用水牛对水田进行翻犁，犁好田之后就将在特定的一块田里育成的秧苗拔起来移栽到水田中，水田中的水一直要保持到丰收前的一个月才放干，也就是公历 9 月或 10 月以前。10 月是收获期，男女都一同出动到田里收割水稻，在田里脱粒，背回家储存在屋子下层巨大的竹箩中。当地的泰人除了种植水稻以外，也在山上种植一些杂粮和其他经济作物，主要有苞谷、烟草、棉花、甘蔗等，同时也在自己家的园子里种植蔬菜、水果等，种植的蔬菜有豆类、白菜、木瓜、番茄等，水果有橘子、香蕉、柠檬、杧果等，也种植茶树、咖啡树等。在家庭中，当地泰人普遍饲养水牛、猪、鸡，有的家庭还养马。主要的家庭手工是制作陶器、造纸、纺织。过去泰人并不制作铁器，铁器主要是通过与外部的商人贸易获得的。

在劳动力的分配方面，妇女主要负责纺织、挑水、采集野菜、做饭、带孩子、到市场上出售产品；男人主要负责建房子、用水牛犁田、修筑灌溉设施及维修水田，男人和孩子也同时负责照顾家中的水牛和黄牛。在栽种秧苗及收割的时候则是男女都同时做。

在土地的权益方面，土地名义上都属于当地的封建头人所有，但事实上为村寨占有使用，在村寨里又再分配到不同的家庭使用，因此家庭对于村寨的依赖性非常强，只有作为一个村寨的成员才享有土地使用权，村民一旦离开了村寨就可能要丧失土地的使用权，土地的使用权可以一代代传下去。人们在长期的土地使用过程中已经形成了对某些土地习惯性的使用权，当然使用土地也要向当地的封建头人缴纳一定的土地使用税，尽封建义务，在过去要出兵征战，一般情况下要轮流为封建头人砍柴、挑水，饲养牛、象、马等，或是在封建头人修建房子的时候义务出工，为封建头人出工种田。

当地的泰人有很长的贸易历史，他们走南闯北做生意，当然最重要的传统还是村寨内的集市，集市在不同的村寨中轮流举办，当地人称为"赶摆"。每15天赶集一次，为了避免时间上的冲突，不同的村寨选择不同的日期来举行集日，在赶集之日一个村寨做东而周围村寨的人都会去参加，包括当地的泰人、中国人、克钦人等。

3. 婚姻与家庭

当地泰人恋爱是自由的，在各种节日和集市上，男女青年们都会在一起对唱情歌或者玩耍，在这个过程中选择自己的恋人。男人们希望在本村子内找女孩做妻子，而不愿意和其他村寨的人结婚，在婚姻关系上，对于堂兄妹之间的通婚也没有限制。如果他们决定要组成家庭，就让自己的父母首先沟通，由男方的父母向女方家提亲，并且商议好嫁妆的价格。结婚时要举行隆重的婚礼，邀请亲戚朋友都来参加，婚礼首先是在新娘的家中举办，结婚之日，由村中一个德高望重的长老为新郎和新娘手腕上拴上白线，以表示祝福，随后他们就将婚礼移到新郎家去接着举行，将新娘从新娘家迎接到新郎家。当地泰人虽然信仰佛教，但是他们并不邀请和尚参加婚礼。结婚之后，按照传统新婚夫妇与女方的父母居住，两三年后才能自立门户。在家庭中，财产可能被划分为各个家庭成员平等拥有，女儿和儿子都有财产继承权，但儿子比女儿拥有优先权，而大儿子又比其他的儿子拥有优先权。离婚在过去是非常普遍的，也较容易。一个离婚的妇女可以从她离婚的家庭中带走自己的一部分财产，离婚后的孩子一般跟母亲生活。

4. 社会制度

传统的缅甸泰人社会与其他地区的泰人一样，有严格的社会等级制度，一般分为贵族与平民两个等级。贵族是封建统治者，他们的家庭成员和亲戚被分配到不同的地方政权——"勐"中担任勐的头人，统治地方，同时享受当地的封建俸禄。贵族和平民之间是不通婚的，婚姻关系一般是在同等级中进行。土地名义上是属于贵族的，平民使用的土地属于贵族，因而要向贵族奉献封建义务，包括缴纳一定的谷物，出劳务、出征等。社会的基层单位是村社，村社拥有土地，然后分配给村民使用，从而造成了村民对于村社的强烈依附关系。不同数量的村社组成一个封建地区，称为勐，很多勐组成一个封建地方王国。在泰人的历史上，每迁移到一个地区，人们就要建立勐。在今天的缅甸泰人地区，"勐"仍然较为普遍地作为一种传统的政治制度存在着，但是由于这些地区受缅甸政府的管辖以及历史上英国殖民者的统治影响，实际上的行政管理功能已弱化了，勐在今天仅是作为泰人的一种社会传统而存在。在一般的社会生活中，人们较为敬重长者，因此男性年长者是传统社会中较有威望的人。

5. 宗教

缅甸的泰人信仰南传上座部佛教，在缅甸各地都可以看到寺庙和金碧辉煌的佛堂，缅甸泰人的佛教信仰主要是受到缅甸佛教的影响，因此其佛教文化和佛教经典都来自缅甸佛教。在过去男孩在 10~12 岁时都要进入寺庙中过一段和尚的生活，然后才能返俗成为一个社会所公认的男人。在信仰佛教的同时，缅甸的泰人也信仰原始宗教。其原始宗教由两个方面构成：一方面是万物有灵的自然崇拜，由此衍生了各种宗教的意识与观念，如人生病的时候，要进行祭祀神灵的活动，进山打猎、种植水稻、丰收以及人生各个阶段的人生礼仪人们也都要举行不同的传统宗教的祭祀活动；另一方面是缅甸泰人的原始宗教受到了古代婆罗门教的影响，其中有很多古代婆罗门教的因子。

6. 其他习俗

文身。一个男孩子到 15 岁左右，就要请一个会文身的人为其文身。文身是一个男人成年的标志，在文身之后就可以和其他女孩子谈情说爱，甚至可以结婚。文身一般用植物的青色染料以针刺皮肤的办法进行文制。文的部位是腿、背、手臂及胸部。

生育与丧葬习俗。婴儿出生没有特殊的仪式。妇女生育时要在家里靠近火塘的地方，生育之后要在火塘边住满一个月，这个月里，不做家庭任何的活计。小孩子满一个月的时候人们要用一盆水为小孩子沐浴，在这个过程中会来一些客人，人们会将一些金子、钱币等贵重的东西扔进水里，表示沐浴以后未来能够富贵。满一个月以后，就要为孩子起一个小名，而当孩子成年以后，再给他起一个正式的名字。在当地泰人中没有姓，男人通常都用一个字为姓，通常是"艾"（Ai），女人常用"喃"（Nan），然后再在后面加上名。当地泰人去世之后，尸体一般当天就要在村子外边焚烧，没有固定的墓穴进行安葬。

食物习俗。泰人的主要食物是稻米和蔬菜，同时他们也爱好吃鱼、猪肉、牛肉、鸡肉等，鱼是当地泰人最喜爱的食物，但鱼并不是普遍饲养的，人们可以到河沟里去捕捞，现在大多数是从市场上购买的。当地泰人喜爱吃酸性的食物，腌制很多酸性的食品，而一些食物也通过放置一些酸性的野果等使其有酸味。

缅甸泰人十分长于经商，当地的集市十分发达。人们制作竹器、银器等手工艺品及棉纺织品到市场出售，也出售蔬菜及水果等农副产品。很多当地泰人还在泰国北部和缅甸东部之间进行贩运贸易，因此而致富。

居住在缅甸的泰人也有不同支系，不同支系之间的文化也有较大的差异。缅甸泰人中最大的支系是泰雅人（Tai Ya），泰雅人有自己固有的文化特点，其宗教信仰尤其是佛教深受缅甸佛教的影响，因此泰雅人的佛教和相关文化与缅甸的佛教文化基本一致。其他较大的泰人支系还有与云南相同的泰泐人（Tai Lue），他们是近几百年来逐步从云南迁徙到缅甸北部的。在景栋一带，文化特色比较鲜明的是泰昆人，下面我们以泰昆人的节日来对缅甸泰人支系文化的特点做一个简单的考察。

泰昆人（Tai Khoen））居住在缅甸的景栋一带，这里是过去古老的景栋王国的中心，因此泰昆人至今仍然保持着鲜明的文化传统。如果在古代与清迈的兰那文化及西双版纳的泰泐文化相比，景栋一带的泰文化发展程度明显较高，因此景栋一带也是当时的文明中心。在历史上，景栋地方王国王室和泰国清迈的王室之间有联姻的关系，因此在文化上互相有影响，第二次世界大战之前景栋一带成为英国的殖民地，也受到英国文化的影响。尽管如此泰昆人仍然保持着自己的文化传统。泰昆人的新年仪式就十分有特点。泰昆人的新年以敲击大鼓而开始，大鼓放在河岸边的沙滩上，用竹子架起一个架子，然后将大鼓悬在架子上，大鼓悬挂得比人还高。新年仪式一开始，男人们穿着红色的 T 恤衫在大鼓的两侧敲击大鼓，据说红色的 T 恤衫也是一种传统，是过去对其他地区军队入侵的反抗。泰昆人的新年也称为宋干节，这一点和其他地方的泰人相同，但泰昆人过宋干节的意思是让生活中所有的坏事都走开。在新年敲击大鼓的仪式以后，人们要在敲击大鼓的地址上用泥沙塑一个巨大的青蛙，然后在青蛙上插上很多彩色的小旗子，在青蛙头前还要用竹子搭起一个很大的架子，在上面放上一些贡品，这个仪式是祈求河流能够给城市带来丰富的水和养分。在新年期间，人们还会在寺庙前堆起一堆沙，然后插上各种各样的彩旗，在这些沙堆的周围插上一些用树枝和纸做成的彩旗，而在沙堆的中间插上一棵棵带有叶子的竹子，在竹竿上挂满剪有花纹的彩纸，表示对佛祖的尊敬。泰昆人在祭祀中有一个很有特点的做法。其他泰人在节日或者一些祭祀活动中，要将一些树枝削去树皮，露出白色的枝干，然后将这些枝干放在菩提树下，以表示自己对于佛的信仰以及对树神的支撑，而泰昆人并不把这些白树枝放到菩提树的周围，而是将这些树枝放到寺庙中，表示对佛更大的诚心及支持。泰昆人把白树枝放置在寺庙佛像前，捆成一捆立起来并插满鲜花，人们在祭祀仪式中，既祭祀了佛像，也祭祀了白树枝。在节日期间，尽管青年人也会跳一些与其他民族相同的现代舞蹈，但泰昆人还保持着最古老的孔雀舞。泰昆人的孔雀舞也很有特色，他们不是像其他支系一样做一个孔雀形道具，包括很大的孔雀尾巴，然后粘织在人的身上进行舞蹈，而是把孔雀美丽的羽毛捆成一捆，每个人手持两捆孔雀尾羽进行舞蹈，身上穿着有孔雀造型意味的服装。

泰昆人还有一个十分有特色的节日，这就是糖水节。这个节日是为了使夫妻之间能够保持平和的关系，是泰昆人一年中最重要的几个节日之一。节日期间人们穿着艳丽的服装，敲击着鼓，抬着宗教祭祀活动中常用的纸伞等在街上游行，没有结婚的少女们挑着两个装满糖水的陶罐参加游行，十分可爱。随后结过婚的人还要在自己的家里熬一锅糖水给客人喝，以祈求将来的生活甜甜蜜蜜。在这个节日期间，人们还会搭建一个特别的房子供和尚们诵经，房子用竹子搭建而成，呈四方形，在房子的顶上贴满漂亮的彩纸花，房子的四周还要拴上香蕉树以及一棵棵带叶子的甘蔗，这一做法在其他泰人支系中已经非常少见。①

本节参考资料

Frank M. Lebar, Gerald C. Hickey, John K. Musgrave, *Ethnology*: *Ethnic Groups of Mainland Southeast Asia*, Muman Relations Area Files Press, New Haven, 1964.

Thiraphap Lohitthakun, *Tai in Southeast Asia*, Manager Publishing, Bangkok, 1995.

Introduction to Tai-Kadai People, Edited by Institute of Language and Culture for Rural Development Mahidol University, 1998.

四 泰国泰人的文化特征

泰国是一个以泰文化为根基的国家，但泰国的国家文化与泰人的文化还不能完全画等号。当代泰国的文化是以泰人固有的文化传统为基础，融合了包括中国文化、马来文化、远古的孟－高棉文化、佛教文化、印度文化、缅甸文化等不同的文化所形成的，是以泰文化为基础的一种复合型文化。② 它是以泰国中部的曼谷地区的文化为中心形成的在传统的泰文化基础上的国家文化③，并且泰国各支系、各种传统的种族文化、地域文化都在国家文化的一体化进程中融合，因此谈到泰国的泰人文化时已经很难将泰人的文化与国家文化分隔开来。尽管如此，泰国的不同支系仍然保持了很多自己的文化传统，尤其是在泰国北部、东北部地区和东南亚各个泰人支系渊源关系较近及迁徙频繁的地区仍然保持着很多地域性的文化，而这些地域性的文化也可以被看作泰文化的基础性、原始性的文化，这包括了泰国北部的兰那文化，因此我们很难把泰国的国家文化与泰人的文化单独进行概述，在此仅选择泰文化中一些典型的、与泰文化的基础文化关系较密切的方面来加以简单描述。

---

① *Tai in Southeast Asia*, By Thiraphap Lohitthakun, Manager Publisher, Bangkok, Thailand, 1995.

② *The Tai Peoples*, Chapter 1, By Major Erik Seidenfaden, The Siam Society, Bangkok, 1963；*The Tai People and Culture*, By Sujit Wongtes, Bangkok.

③ *The Tai People and Culture*, By Sujit Wongtes, Bangkok.

1. 饮食文化

泰国泰人的饮食文化和其他国家的泰人基本相似，水稻种植是其主要的生计基础，因此稻米文化是泰国食物文化的根基，并且在稻作的基础上创造出了丰富多彩的相关文化现象。泰国人的食物以稻米为基础，喜爱吃糯米，尤其是泰国北部、东北部，糯米饭更是老百姓每一餐必不可少的食物。吃糯米饭一般是蒸好后放在一个小竹盒内，吃饭菜时用手拿一些揉成一个软团来吃，并佐以一些菜。泰国北部的泰人喜好食用生蔬菜，用一些如番茄、花生、酸果子做成的酱佐之，这些习俗与中国云南的傣族基本相同。泰国中部和南部则喜欢吃长颗粒的稻米，当地泰人喜欢食用酸性和辣的食物，酸性食物主要是发酵致酸的食物，同时人们喜爱使用一些特有的植物作为调料，使烹调出来的食品带有酸味。泰人喜欢辣的食物，泰国北部的食物相对要清淡一些，而泰国南部的食物是最辣的，中部地区的食物相对要平和一些，各地的泰人都喜欢食用一些植物调料来吃生的蔬菜，泰人也喜爱在饭后食用苹果、香蕉、木瓜等水果。

2. 语言和文字

泰国有通行的泰语，泰国语是以曼谷一带中部地区的语言为标准语言的，但是泰国南部和北部、东北部等地区都有自己的方言。在泰国北部人们所使用的是被称为兰那方言的北部方言。北部地区最具独特性的是兰那文字，这种文字是受到当地的孟－高棉人及缅甸人的文字影响而形成的，在 20 世纪 60 年代以前广泛存在于泰国北部、中国云南省西双版纳、老挝北部等泰人地区。在泰国东北部，由于当地的泰人是从不同的地区移民而去的，如越南、老挝、中国云南省等，在当地也居住很多少数民族，因此当地的语言更呈现出多样性，当地的人们在互相沟通时必须要使用通行的语言，也就是标准语。泰国南部也是一个语言、文化大融合的地区，尽管以泰国的泰语为基础，但是融合进了马来语、中国语甚至欧洲语言的很多要素。泰国中部的语言，即曼谷语，作为官方语言成为泰国的标准语，这种语言在泰国各地被人们广泛应用，作为人们在一个国家中不同的种族、不同地区方言之间沟通的标准工具。

3. 住房建筑文化

泰国北部的住房建筑与东南亚泰人的住房建筑较为相近，主要有三种类型的建筑。第一种是临时的建筑，一般是用竹子建成的。人们用竹子搭成房屋的基础，然后在房顶上盖上茅草或者用芭蕉叶编织成草排，这种屋子主要是用于稻田中看守农作物的居住地，但使用十分普遍。第二种是用木头建成的，这种房子在泰国北部至少可以使用50年，是人们最普遍使用的住房。第三种通常是富人才有钱建的房屋，这种房屋有人字形的高顶，并且有多个顶交叉搭配组合成，同时还将漂亮的木雕作为屋檐的装饰。泰人的住房是典型的干栏式住房，泰国东北部的人们喜爱将自己的住房盖在相对高的地方，即山坝结合的部分以及河岸边，并且喜爱以村落的方式聚居，在住房的周围修建水田以及灌溉系统用于种植水稻，每一座房子都有较高的人字形顶，顶上过去是用草排做成，现在已经普遍使用瓦。房屋一共两层，下层是一个开放的空间，用于养牛及其他牲畜，同时也可以作为人们的一个工作场所，用于打铁、纺织、做一些家庭手工品等。柱子通常用较大的木头做成，并且把木头一直埋到地下。在靠近房子的地方还修一个较大的谷仓，这个谷仓也被盖成两层，下边是空的，上层用竹子围成墙作为谷仓，这样可以避免地的湿气对谷物造成影响。在房子前面同样有一个开放的空间，让人们休息以及做其他的杂事，建筑的材料依据当地不同的资源，如木头、竹子、茅草等。泰国南部的住房由很高并且多级的人字形屋顶组成，屋檐向下延伸得很低，房屋的柱子用石头或者木头建成，但是房柱并不埋到地下，这样可使房屋容易移动，并且防止昆虫以及当地潮湿的湿气进入房屋，建筑房屋材料依据当地获得的材料，如屋顶是用茅草或者是棕榈树叶搭成的叶排做成，而房子的结构用木头建筑。

4. 宗教

泰国的国教是南传上座部佛教，但在泰国社会中由于种族的构成比较复杂，如穆斯林、华人、马来人及北部的苗、拉祜等山民，因此泰国国内的宗教也是多样化的，伊斯兰教、基督教、天主教等宗教在泰国也同时存在。泰人普遍信仰佛教，但在与东南亚泰人有渊源关系的泰人中，除了信仰南传上座部佛教以外，还保持着自然崇拜的相关信仰及祭祀活动，南传上座部佛教与自然崇拜共同构成了泰国大多数泰人，尤其是与东南亚泰人有渊源关系的泰人的信仰体系。

5. 泰国的传统节日

泰国的传统节日起源于佛教及自然崇拜的信仰，因此节日主要是佛教节日及与自然崇拜祭祀有直接关系的节日，除了全国性的新年等节日外，还有各地方不同的节日，由于节日是较能反映文化多样性的因子，在此我们列举几个主要的节日。

（1）宋干节。宋干节在每年的 4 月 12 日到 15 日举行，是泰国新年。人们在节日期间要举行各种宗教活动，其中非常重要的一项活动是用清水沐浴寺庙中的佛像，泼水祝福和泼水狂欢是泰国新年中最典型的内容，人们在节日开始的时候用水互相泼洒，表示祝福，通过水表达对亲戚朋友和客人的祝福，表达消除灾难的意愿，同时人们通过尽情泼水狂欢来庆祝节日。在泰国农村，节日期间还会有很多村寨举行传统的集市活动，赶集、出售商品、唱歌跳舞，青年人在这个活动中互相交流，结交朋友。

（2）皇家的开耕仪式。这一仪式是泰国皇家每年必须要做的一个祈求丰收的仪式。每年的 5 月在曼谷的皇家田广场举行。在这个仪式中，人们要用几头牛作为神牛，让神牛吃谷物，如果神牛吃的谷物很多，那就预示着这一年农业要获得丰收。在这个仪式中，泰国国王往往还亲自主持并象征性地在一块地里进行犁地、播种，这一仪式是泰国农业社会的典型反映。

（3）升高节。升高是一种在竹筒里添置火药，绑上长长的竹竿而制成的土火箭。这个节日在泰国东北部普遍流行，目的是求雨。节日一般是在每年 5 月第二个星期六和星期天举行，举行的当天人们聚集在广场上，各个村寨自己制作火箭在广场上燃放，以升高的高度来衡量哪一个村寨或哪一个地区的升高做得好，并且要评出奖项，升高升得越高预示着当年雨水量越充沛，谷物丰收。在节日期间人们还要杀猪宰牛，邀请亲戚朋友一起祝贺，唱歌跳舞，祝贺节日。

以上是对泰国一些典型文化特征的简单概述，事实上在泰国由于不同的种族构成，其文化是较为复杂的。尽管如此，泰国文化是一种以泰文化为基础的文化，整个国家的文化中基础的文化特征与东南亚各地泰人还是基本相同的。泰国北部是保留泰人文化传统最典型、最广泛的地区，但在泰国北部地区泰人的构成由于历史的迁移十分复杂，如有的泰人是从越南迁入泰国北部的，而有的从缅甸迁入，更多的是从云南西双版纳直接迁入泰国北部，尤其是清莱、清迈一带，因此这些地区由于其历史迁徙及支系的不同在泰国北部构成了纷繁复杂的泰国地方文化，下面我们以泰国北部的一些典型文化的例子来加以说明。

1. 水灯节

水灯节是以泰国清迈为中心的地方性节日之一，每年11月初举行，也是当地的兰那阴历二月下半月，人们就开始制作水灯。举行水灯节的目的据说与赛龙舟是基本相同的，那就是祈求苍天停止下雨，因为这个时候谷子已收割完毕。在过去举行水灯节的时候，人们要在河流中漂水灯船，制作水灯船一般用芭蕉茎或者椰子壳，在上面插满小蜡烛、香，放置一些糖果、鱼干肉、白布、盐及芭蕉等，现在的水灯则用泡沫制成。水灯节一般举行三天，第一天主要是开幕式，并且举行各种文艺表演。第二天正式漂水灯，人们将数万盏用芭蕉杆或泡沫制成、插有一支蜡烛的水灯放入清迈主要的河流滨河，让水灯顺着河流缓缓向下游漂去。这一天晚上数万盏小水灯漂在河流上，犹如点点繁星降落人间，十分壮观。第三天要举行水灯节的大游行，游行一般由清迈市政府组织，每个地区要制作一个由鲜花扎成的大彩车，各个地区选出的水灯小姐坐在彩车中。有数十部花车在清迈市区内游行，最后还要评出最佳花车奖。清迈的水灯节据说起源于数百年前的婆罗门教，但是现在已成为清迈的地方文化。

2. 清迈泰历新年宋干节

当地泰人的新年是依据佛教的年历来确定的，目前根据泰国政府的规定，泰历新年在每年4月13日至15日3天，这3天也是泰国国家的公休日。目前新年的活动一般持续3天。

1996年4月笔者在清迈参加了新年节庆活动。在一年的最后一天，也就是新年的前一天，人们实际上已经开始做各种各样的准备了，因此这一天也被称为准备日。这一天人们要准备各种节日期间用以供佛的食物，如糯米做的粽子、米饭团以及糖果等各种甜的食品，同时还要准备节日期间用来进行宗教祭祀活动的各种供品，如彩色纸制成的纸花、纸旗，用于宗教活动的树枝等，还要到寺庙前以及自己家的院子里用沙堆成一个佛塔，这是一种重要的传统。这一天晚上人们会集中在寺庙里，等待着新的一年的来临。而在清迈城里面，这一天人们会开着汽车在市中心集会，或者顺着大街欢呼游行，等待着新年的到来，同时送走即将过去的一年。

新年的第一天，人们起得很早，首先把自己的房屋以及庭院打扫得干干净净，然后带上糖果、米饭团等食品，到村子中的街道上向和尚布施。

随后人们在家里进行祭祀祖先的活动，因为新年在人们的观念中也是祭祀祖先最重要的日子。祭祀祖先的主要内容是向自己家庭的灵房献上鲜花、食品及清水。然后将纸旗插在沙塔上，洒上清水，插上菩提树树枝，放生小鸟等小动物。随后人们就带上鲜花、糖果以及各种食物，集中到佛寺中，在和尚的主持下，进行新年的祭祀活动。这一天男女老少都要穿上节日的传统盛装，行政村的官员要穿上白颜色的官方服装。这一活动主要是听和尚们诵经，并且向佛像献花，然后用水浴洗佛像，为佛沐浴是这一天最重要的活动。这一天的仪式结束以后，村子里要进行游行活动，人们抬着佛像以及各种有关的纸旗、经幡等在村里游行。在一些特别的时间，清迈城也可能在政府的组织下进行全城的游行活动，如果是这样，全村的大多数村民会到城里面参加游行活动。在游行活动结束后，全村村民们集中在寺庙里吃一次简单的午餐，这一次午餐象征着一个村子的团结。当天下午，村里进行互相祝福的活动。在这一活动中，年轻人给老年人祝福，群众为官员祝福，学生为老师祝福等，方式一般是用鲜花蘸清水洒向被祝福的人，并说些祝福的话。

第二天的活动，基本上就是泰人一致的新年节日的活动，那就是泼水。一大早仍然是在寺庙中，由和尚主持一个简单的泼水仪式，村里各家的长者来到寺庙里，首先听老和尚诵经，然后由老和尚手持一个银盆，用一些树枝沾银盆里的水洒向跪在佛像前的人们。仪式结束以后，人们就可以自由地在村子里泼水狂欢。

第三天，与第二天的内容基本相同，人们仍然沉浸在泼水的欢乐之中。尤其是年轻人不仅在本村甚至到清迈市中心参加泼水，去朋友家玩乐。这一天更多的内容是走亲戚，亲戚朋友相约集中在一个家里，或是一些要好的朋友集中在一起，从早到晚围坐在桌子边喝酒谈天，尽情地享受朋友相聚以及节日的闲暇所带来的快乐。

3. 水稻开播仪式

每年7月至8月，也就是兰那阴历十月，要开始进行水稻的栽种。它也是每年雨季的开始，人们要举行水稻栽种仪式。水稻栽种仪式的主要目的是祭祀象征水田的稻神娘娘。祭祀的时候人们会在田里用竹子搭建起一间小小的房子形状的神龛，在神龛里供奉上一盘糖果，邀请稻神娘娘进驻到神龛中，让她在整个雨季都能够住在神龛中，保佑水稻苗壮成长，给人们带来丰收。开播仪式是在一块大约 1 平方米的水稻田上栽种水稻，人们从一捆稻秧中抽出 9 小束，然后 3 束 3 束地在神龛周围栽种起来，一共栽种 9 束，据说这与泰人的星相术有关系。在神龛的附近，还要用竹竿升起用竹子编成的神器，在上面挂上用竹子编成的鱼。在这个开播仪式之后，人们就开始让水流进稻田中，正式开始一年的水稻栽种。

4. 祭水牛魂

每年 8 月至 9 月，也就是兰那阴历十一月，水牛犁田的活已经干完，为了表达对水牛付出的辛劳的感激，人们要举行一个祭水牛魂的仪式。由于泰人的生计基础是稻作，而水牛在稻作的过程中起着非常重要的作用，人们由此而崇敬水牛。祭水牛魂的仪式由每个农户人家自行举行，一般不会有很多人参加，但在有这一习俗的地区凡是有水牛的人家都要举行这一仪式。举行仪式时人们要用一个竹箕向水牛奉献上各种供品，包括 1 对煮熟的鸡或鸡蛋，一个槟榔，一支香烟，一些茶叶与糖果，一对香蕉，二个大米饭团和一杯水，如果是公水牛还要加带一件衬衣和一条裤子，如果是母水牛要加一件女上衣、一条裙子，这些供品是为了安慰牛魂的。举行仪式的时候，同时需要一个空的用芭蕉叶做的杯子，二个用芭蕉叶包在一起的蜡烛和鲜花，一杯水以及刚刚割来的鲜草。在举行仪式的过程中，人们要对着水牛以及放在它面前的供品大声朗读用来安慰牛魂的长长的经文，这些经文主要是表示人们对水牛在耕用过程中付出的艰辛劳累的感激，并且希望牛魂能够得到安慰，让牛能够像人一样吃到各种各样的食物，享受人间的福气。在诵完长长的经文以后，人们从供盘上拿下一捆草喂水牛，这样招魂仪式就算结束了。人们相信通过这个仪式可以减轻自己对于劳累水牛而带来的罪过，并且让水牛的魂能安静下来。

除了上面这些地方性很强的节日与祭祀活动外，在泰国北部由于居住有很多不同支系的泰人，因此各个支系的泰人文化也是有差异性的，在此我们以居住在夜丰颂（Mae Hong Son，泰国西北部的一个府）的泰雅人（Tai Ya）的宗教特征来说明这一点。

夜丰颂的泰雅人是从缅甸的掸邦迁移到这一带的。泰雅是大泰的意思，和缅甸最大的泰人支系泰雅相同，他们在移民到夜丰颂一带以后仍然保持着固有的文化传统，这种文化传统主要表现在佛教的诸多特征上。众所周知，缅甸泰人的佛教信仰主要是受缅甸佛教的影响，因此这里的泰雅人所保留的佛教文化传统与缅甸的佛教文化相同，而与当地其他泰人的佛教传统有相当的差异，这种佛教传统一直保持到今天而没有失去鲜明的特色。泰雅人佛教文化传统的特点首先表现在佛教建筑上，泰雅人的佛寺建筑与缅甸一样，建有人字形的寺庙庙顶，而寺庙庙顶是用波浪纹形的瓦。这种屋顶是泰雅人建筑文化的一个特色。这种屋顶或者用铁皮打制而成，或者用石棉瓦以及一些金属波形瓦搭成。由于泰雅人在当地的影响较大，因此这种建筑风格也影响了当地建筑的方方面面。当地的民房甚至政府机构都采用这种波形瓦作为屋顶，由此而使这种波形瓦顶成为当地建筑的一大特点，人们对此引以为自豪，这种建筑风格也有别于其他的泰人支系。泰雅人除了佛教建筑以外，一些鲜明的物质文化也仍然保持着，泰雅人古朴的服装与草帽也是泰雅人文化的象征物，尤其是草帽，在草帽的顶部再次延伸出一个尖顶成了泰雅人草帽的典型代表。

泰雅人还会制作一种典型的佛教用品，这是一种叫哈那的佛龛。这种佛龛用竹子搭成框架，然后用彩纸进行装饰，在框架的四根支柱上还分别捆上芭蕉树、甘蔗等，上面则用彩纸剪成各种花纹进行装饰。佛龛的形状一般是四方形的，小的约有0.5米高，大的可能有1.5米高，尺寸的大小主要依据于人们的经济条件。在抬到寺庙里之前佛龛一般要在自己的家门口放置一个星期左右。在选择好日子以后，人们就会将佛龛抬到寺庙中去，一路上人们会跳着装扮成孔雀模样的孔雀舞等舞蹈，欢天喜地地抬着佛龛游行到寺庙。人们相信在阴历十一月十一日夜间满月的时候佛祖会回到人间给他的母亲讲经。这种向寺庙敬献佛的活动可能内涵不同，但是与云南西双版纳、德宏一带的傣族是相同的，当地的傣族也有这样的传统。

夜丰颂的泰雅人还有一个佛教传统，即送小和尚的仪式。一个男孩子在8岁到10岁，都要进寺庙去当一段时间的和尚才能还俗。孩子进寺庙当和尚的仪式对他们的一生来说是非常重要的，不仅对小孩重要，对他的家庭甚至整个村寨也是一件大事。在送小孩子进寺庙的这一天，要举行隆重的仪式，这个仪式在当地非常有名。仪式一般在每年3月或4月举行，人们认为举行这个仪式对于人们保持他们的佛教信仰是非常重要的。在仪式的这一天，人们把送去当小和尚的男孩打扮得像一个王子一般，穿上漂亮的传统服装，头上戴上装饰复杂的花冠，骑在他父亲的脖子上，由父亲托着他和亲戚朋友及其他参加者一道游行，从家里走到寺庙。这个仪式还有一个意思就是要让孩子们看到当年佛祖在作为一个王子的时候也是受到相同礼仪的，从而增强孩子的自豪感。现在这个仪式每年都会吸引大量的其他泰人以及外来的游客参加。

本节参考资料

The Tai People and Culture, By Sujit Wongtes, Bangkok.
The Lanna Twelve-Month Traditions, By Sommai Prechit and Amphay Dore, 1992.
Tai in Southeast Asia, By Thiraphap Lohitthakun, Manager Publishing, Bangkok, 1995.

泰国北部傣泐人的文化认同考察[*]

——以帕腰府景康县勐满村为例

  在泰国北部居住着大量历史上不同时期从中国云南西双版纳地区迁徙来的傣泐人，他们是当地泰人中的一个支系。大多数傣泐人的先民迁移到这里已经有近 200 年的历史，然而他们至今仍保持对自己民族支系文化的认同，使之成为一种非常独特的文化现象。在今天泰国所处的日益开放的社会环境之中，傣泐人的这种认同感还在增强。那么，是什么原因使他们还在维持着自己的文化认同？这种认同的主要内容是什么？人们是通过什么来维持自己的文化认同？这种认同和泰国北部大的社会文化认同的结构是一种什么关系？深入研究这些问题具有非常重要的意义，并有助于我们了解泰国北部的社会状况，尤其是有助于我们了解居住在泰国北部的与中国云南西双版纳地区有直接民族渊源关系的少数民族的社会现状，同时也有助于我们了解在当代全球化过程中少数族群的文化发展趋势。本文以位于泰国北部的帕腰府景康县勐满傣泐人村为田野研究的对象。

一　勐满村的历史

  勐满村靠近帕腰府景康县元区镇（ Ban Mang Village, Yuan Sub-dis-

---

* 本文原载《世界民族》2012 年第 1 期。

trict，Chiang Kham，Phayao）。村民们的住房散落分布在茂密的树林中，自然环境优美。村民们的住房差异较大，既有保留了傣泐古老传统的建筑，也有现代化的别墅式建筑。其次，村中建有一座傣泐人古老的民居，主要是供游客参观之用。在其旁边还有一个制作传统纺织品的作坊，村中很多妇女在里面制作傣泐人的传统服装。这些传统服装不仅在本地销售，还通过代理商销售到泰国其他地方甚至海外。设立这个作坊，既为村民们带来了收入，同时也保存了传统的纺织技艺。

2008年12月29日笔者一行来到勐满村进行田野考察①。我们首先到了村中的寺庙，受到了寺庙住持和一位较有威望的老人的热情接待。他们向我们介绍了村子的一些基本情况，了解到我们的来意后，决定第二天为我们组织一个座谈会。第二天中午我们如约到达寺庙，村里的很多老人已经聚集在这里，一些老年妇女还特意穿上了传统的民族服装。听说我们来自中国云南，特别是其中还有人来自西双版纳，他们显得非常亲切甚至激动，闲聊了很久才正式进入座谈。座谈会开了三个多小时，其间不断有当地人加入。这一情形使我们仿佛置身西双版纳傣族的村寨中：按照傣族的传统，有事的时候村寨中相关的人都会被通知集中在一起共同商议，传统的民主商议制度是傣族社会的古老传统。座谈会结束后，老人们还陪同我们参观了村里的一些主要祭祀地点。随后的几天我们在该村和周围的村子开展了深入的调研。

据村民们说，这个村子的先民是在150年前由头人带领从中国云南省西双版纳勐腊县一个名为勐满的地方迁徙来的，人们为了记住自己的祖籍地，在建立这个村子的时候沿用了祖籍地的名字，因此叫勐满村。调研期间，我们访问了村中的小学，在学校自己编写的乡土教材中就有关于本村历史的内容，以便让学生知道自己的祖先来自中国云南的西双版纳。由于这个村子是由从西双版纳迁来的移民建立的，所以起初村民的民族成分单一。在后来的发展过程中，逐渐有泰老人等其他族群的人搬到村中居住。20世纪50年代以后，还有一些汉人搬到了这个村子里居住。他们主要是当时中国国民党军队溃败后跟随军队来的军人家属或平民。因此，现在这个村子的居民大部分是傣泐人，同时还有泰老人、汉人等。根据笔者的调

---

① 此后两次的调研时间为2009年12月、2010年8月。

查统计，该村有 500 多户、近 2000 人，其中汉人有 5 户、30 人。但由于傣泐人是这个村子的主体居民，因此该村的文化以傣泐人的文化为主，非傣泐人的居民定居这个村子后，基本上能融入傣泐人的文化中，但同时他们又都保持着自己的文化。

二 文化习俗

文化是身份认同的重要标志。在帕腰府虽然有很多不同的民族或者不同支系的泰人居住在一起，但是人们都保持着自己明确的民族认同和文化认同。

勐满村不同族群的人都对自己的文化身份非常清楚。我们曾经到当地的一个中学调查，在询问一些中学生的族群身份时，受访的每一个学生都明确地知道自己属于哪个族群。

勐满村的傣泐人使用和西双版纳傣族一样的语言，传统习俗也与西双版纳的傣族基本一样，具体表现在以下四个方面。一是住房建筑风格。勐满村还保存着很多具有传统风格的住房，这些住房大多数使用木材建成，有的住房已经有 100 多年的历史。二是傣泐人妇女的裙子上有本族群特有的文化标记，当地人根据裙子的花纹就可以知道谁是傣泐人。今天傣泐人的传统纺织业仍然被很多村寨保留下来，产品不仅供本地人使用，还卖到外地。傣泐人的传统纺织业被作为傣泐人文化传统的重要内容而加以发展。逢年过节的时候当地人都会穿上本族群的传统服饰参加活动。三是饮食习俗与其他族群有一些差别。例如傣泐人食用的一些植物，而当地的其他族群却不食用，所以这些植物便成了傣泐人的文化标志之一。而且这些食用的植物大多数和中国的西双版纳相同，包括名称也是一样的。随行的来自西双版纳的课题组成员能够辨别其中的大部分植物种类。当地一位热心于傣泐人文化保护和传承的中学教师在学校的空地上种植了很多这类植物，让学校中的傣泐人学生参观、品尝，使他们保持对傣泐人文化的认同。他们在饮食方法上也有很多和当地其他族群不同的地方，例如在食用蔬菜的时候傣泐人和西双版纳傣族一样喜欢将蔬菜用水煮熟，制作各种酱作为佐料蘸着吃，也就是傣族人俗称的"喃咪酱"。此外当地的傣泐人也有吃米线和生吃牛肉的习俗，在过年的时候包年糕（傣族人称为"毫罗梭"），这些饮食习俗是其他族群的泰人不喜爱的。四是节日。傣历新年在西双版纳称为泼水节。新年的第一天，人们杀猪杀牛、制作米线、包年糕"毫罗梭"等，准备各种节日食物，并在当天晚上聚在一起进晚餐；第二天会到寺庙中赕佛、听和尚诵经，同时还要在寺庙周围堆沙塔，这是一种佛教习俗；第三天则是祭祀村寨神，希望获得村寨神的保佑，祈求在新的一年里风调雨顺、五谷丰登、人畜平安；第四天的主要内容是泼水，人们首先会用鲜花、树枝互相洒水表示祝福，随后年轻人也会泼水狂欢。这些节日习俗傣泐人也基本相同。

由于村中还有一些其他族群的人居住，因此也有一些其他族群的文化存在，这些文化之间常常互为包容。例如目前居住在村子中的汉人家庭仍然保持了自己的一些文化传统，包括在家庭中讲汉语，保持汉人的生活习惯，每年过春节的时候也杀猪、杀鸡庆贺，按照汉人的习俗过春节。结婚时也是完全按照汉人的传统来进行的。向我们介绍情况的张秀兰老人说，她的孩子在结婚的时候一般都要摆100多桌酒席，请其他村寨的汉人家、村子里的亲戚朋友以及有声望的人前来参加。由于当地村子中的居民主要是傣泐人，因此他们的厨师都是从曼谷请来的，目的就是要保持汉人的传统饮食习俗。但是在日常生活中他们也完全遵从村子中傣泐人的习俗，包括宗教习俗、饮食习俗、社会风俗习惯等，力图和当地人融为一体。村子里的汉人在文化习俗方面尽量跟随村子里的傣泐人，除了在自己的家庭生活中保持自己的文化习俗外，在社会生活中基本和村子里的傣泐人保持一致，所以一般人是看不出汉人和村子里的其他人有什么区别的。他们和村中的其他居民相处融洽，没有矛盾和心理上的隔阂。而村子里的傣泐人尽管也尊重汉人的文化习俗，但并不学习或者模仿汉人的文化习俗。但是傣泐女子嫁给当地的汉人后，她们在家庭生活中往往会跟随汉人的习俗生活，学习汉人的语言。我们在调查的时候遇到一个嫁给汉人的傣泐妇女，她能够讲流利的汉语。近年来还有一些西方人和村里的女子结婚，并在村中建房，往返于当地和男方的国家居住。目前村中的外来人口有100多人。在非傣泐人口中，除汉人以外人数较多的是泰老人，他们在家中也保持着自己的一些传统习俗。由于这个村子以傣泐文化为主，尽管近年来了一定数量的外来人口，但是人们的社会生活风俗习惯完全遵从傣泐人的文化并融入傣泐人的文化氛围中——讲傣泐人的语言、过傣泐人的节日、穿傣泐人的服装、信仰傣泐人的佛教、崇拜村子的神灵并形成了统一的村寨认同。因此村中的非傣泐人只有尽可能地在家庭生活中保持一些自己的传统文化。在村子中，一个典型的和西双版纳傣族人相同的文化现象是，结婚后是新郎到女方家居住一段时间后视情况自立门户。这种传统一直保持到现在。但村子中的汉人家结婚后是新娘到男方家居住。因此村子中的汉人说傣泐人结婚是上门，汉人结婚是娶媳妇。这些习俗的差别也得到了村民们的认可，村里的傣泐人和汉人结婚的时候，傣泐人也会尊重汉人的习俗。一个非常有意思的现象是，汉人男子结婚的时候可以娶媳妇，女子结婚的时候也可以按傣泐人的习俗将男方招上门。由于人们彼此尊重不同族群的文化习俗，尤其是人数较少的族群遵从傣泐人的文化传统，因此尽管这个村子是由多族群构成的，但是人们的文化关系很融洽，并没有冲突。村中的很多青年人目前在外地打工，包括在中国台湾和新加坡。这也导致了很多青年人更多地接受了外部的文化，而对本民族的文化并不是非常了解，甚至对本民族文化传承并不看重。我们调查时遇到了村民皮塔亚先生，他能够讲一口流利的英语，并且对在全球化的环境中民族文化的状况有自己的看法。他认为，目前在全球化的环境中要保持自己民族的文化非常困难，尤其傣泐人在当地是一个少数族群，要保持自己的民族文化没有太多意义，而应该更多地融入兰那文化甚至是曼谷文化中，这样才能获得更多的发展机会，现实地说就是会有更多的工作机会和经济发展机会。如果不这样的话，那么一个村子在当代的发展中就可能落后，会丧失很多发展的机会。因此他认为，只要保持对族群的认同就可，但是在文化上没有必要更多地强调保持传统，他甚至认为在 10 年或者 20 年以后傣泐人的文化在村子中只会成为一种记忆。但是与我们座谈的很多老人都认为必须要保持自己的文化，忘记了自己的传统和历史，就会和其他的泰人没有区别，就会变得更落后。傣泐人在历史上就是因为 100 多年来完整地保持了自己的传统文化，村寨的人们才团结和谐，繁衍生息发展到今天。因此人们认为傣泐人的族群文化永远也不能丧失，丧失了自己的文化最严重的后果是造成人们的不团结，丧失生存的根基。事实上在当地傣泐人社会中人们还是非常注重保持传统文化的，很多村子中都有小型的博物馆。在这个村子寺庙的侧面有一所小博物馆，里面收藏并展示了村子里的各种文物，包括宗教活动中所使用的各种装饰物、用品、雕刻品，以及各种生产工具、生活用具等，有数百件之多，总之人们能够收集到的过去的生产生活以及宗教活动的用具、用品都被集中在这里保存。村子里的小学也会组织学生来参观。此外，人们的宗教生活和节庆活动也使民族文化传统得到了传承。

三　经济生活

村社中人们的传统生计是水稻种植。这里可以种植双季稻，但是人们在大多数情况下只种植一季。过去村民都是农民，都下地种田。但是近年来人们已基本不下田耕种，土地都是出租给外地人耕种，或者是由在外面打工的亲属寄钱回来请人耕种。耕地出租给别人耕种有两种方式：一种方式是分配收获的稻谷，租种田的人得 2/3，土地的主人得 1/3；另一种方式是请人来耕种，每天每人 150～200 泰铢。来租借土地耕种的人以及打工的人，大多数是从山区来的其他少数民族以及来自缅甸、老挝的农民。通过这两种方式，拥有土地的村民有稳定的粮食和一定的经济收入。在过去有些外地人前来购买土地，是因为当时的价格比较便宜，但是目前土地的价格已非常高，1 莱（当地的计量单位，大约等于 3 亩）土地需要 100 多万泰铢。村中很多青年人都在外地打工，村中的老人主要是靠外地打工的亲属寄钱回来供养的，老人们基本上不再干农活，一些老人晚间参加集体体育锻炼，平日里看管小孩子、参加各种宗教活动，日子过得非常悠闲。

这个村子由于靠近当地的城镇中心地区，因此城镇化现象也很明显。由于在城镇地区都有了全国统一的商业网络，尤其是超级市场，当地人的传统生计越来越困难，比如超市的出现和全国统一的商业服务的普及，使当地人在耕种土地之外的经营变得十分困难，没有竞争力。传统的饮食业、出售蔬菜和日用百货等小生意都被连锁超市所排挤，人们都会到超市去购买日用品和食物，超市中的快餐店也非常受当地人欢迎。这样，传统的基于农业之上的生计方式受到了城市化发展的较大影响。

四　宗教信仰和文化认同

　　勐满村的村民们都信仰南传上座部佛教，村中有一所佛教寺庙，相应的宗教习俗和其他泰人村子基本一致，甚至和泰国中部的佛教一致。但是在当地泰人的信仰体系中佛教的信仰与自然神灵的信仰同时存在，这是傣泰民族传统信仰的一个重要特点。因此，自然神灵崇拜是当地傣泐人最具有代表性的宗教信仰之一，它不仅是一种崇拜，同时也具有非常丰富的历史和文化内涵。

　　勐满村的神灵崇拜有四个层次。一是祭祀勐腊神。这个祭祀活动是最大的活动，但不是这个村独有的，而是从整个勐腊地区迁到这里的所有村子共有的。由于这里的很多村子是过去由中国云南西双版纳的勐腊地区（今勐腊县）迁到此地的，因此以祖籍地命名的神也就成了当地重要的崇拜神，以此来表达对祖籍地的崇敬与记忆。祭祀勐腊祖宗神每三年一次，称为祭"召勐腊"。"召"是傣语中"王"的意思，"召勐腊"即勐腊王。祭祀的时间根据佛历决定，在祭祀的时候，所有从勐腊搬迁到这里的傣泐人后代都要参加，当地其他泰人也有代表参加，因此十分隆重。

　　二是祭祀勐满神。由于这个村子是从西双版纳勐腊地区的勐满迁到这里的，因此要祭祀勐满的祖宗神，每年一次，时间在每年佛历的8月6日，全村子的人都要参加。在村子中有一个勐满神的小庙，周围围起来一个300平方米左右的院子。勐满神的小庙中供着勐满神的塑像，是一个骑着马、手持长刀的武士。他就是带领人们从西双版纳勐满迁徙到这里来的祖先。过去的小庙是用木头建成的，几年前已经重新修建成水泥结构。

　　三是祭祀村寨神。村寨神的祭祀每年进行一次，祭祀的对象是建立村寨时的神灵，事实上就是建立这个村子的祖宗。在村子中建有村寨神的小庙，是一座水泥结构的房子，里面面对面供着两座村寨神的塑像。祭祀村寨神的时候，要在村寨神的祭祀地方杀一头黑色的猪，并且在祭祀的地方插上白色的菊花。祭祀的地方只有男人能进去，女人不能进去。此外，在祭祀村寨神的时候其他村子的人不能进入，以此保持本村村民的身份。对村寨神的祭祀是人们村寨认同的重要基础。在当地老百姓中有这样的说法：拜哪个村子的神就是哪一个村子的人，因此在一个村子里面无论是哪一种族群背景，只要他崇拜这个村子的神，他就是这个村子的人。因此对村寨的认同是依据崇拜村社的神来确定的，村寨神成为人们维持村寨认同的重要标志。在祭祀活动的当天，全村人都要参加。在祭祀活动结束以后全村人一起吃饭。

四是祭祀家神灵。家神是家庭祖先的神灵，一般没有具体的祭祀物体，每到过节的时候在住房的一个角落供上一些食物。这里的祭祀和西双版纳不同。在西双版纳目前仍普遍存在"寨心"，即表示一个村子中心的标志，它和人们的自然崇拜结合在一起，在一个村子建立的时候就要建立寨心，同时人们也对它进行祭祀。这一习俗是中国傣族最重要的习俗之一。按照西双版纳的传统，寨心是一个村子中人们灵魂的归属，当一个人出生以后父母就会去寨心处进行祭祀，将孩子的灵魂交给寨心。在随后的岁月中，村民们如果有较长的时间要离开村子，就必须到寨心祭祀，有告假的意思。返回村子的时候也要进行祭祀，表示自己的灵魂再次回到村子。在人死之后，也要进行祭祀表示这个人已经不再存在，也不能让他的灵魂再次回到村子。在中国一些傣族地区，村子中有多少村民就要在寨心放多少个人形木偶。这个古老而重要的传统在勐满村曾经存在过，但今天已经淡化，仅仅有一个寨心存在过的地方，但是人们已经不祭祀。勐满村寨心今天位于村子中的一条公路旁，已没有任何特别的标记，甚至被民房的围墙挡住。为什么这个古老的传统在今天已被人们逐渐放弃？据村民说，这种现象与今天村子里的青年人大量外出工作、人们的社会关系变化甚至疏远有直接的关系，因为寨心最核心的内涵反映的就是人们密切的村寨社会关系。尽管人们的社会关系和生活方式导致了这一古老传统的淡化，但是人们对表达族群认同的祖籍地祭祀，也就是今天仍然存在的勐神、村寨神祭祀仍然保持着，这表明人们对族群的认同仍然有较强烈的意识，对族群认同的重视高于人们灵魂对一个村寨社会关系的归属。这种现象也反映了社会的变迁，人们今天已经不完全依赖村子生存，与村子的传统制度（也就是包括人们的经济关系、社会关系、宗教关系在内的传统的村社制度）相比较，现今人们对于村子的依附关系已经较少，在更大的社会环境中获取生存资源的可能性远远大于传统的村社，则是导致这一古老传统丧失的重要原因。

今天人们仍然保持着很多自然崇拜。例如在每年稻谷收获之后都要祭祀新米，即稻神。祭祀的时间是每年傣历的三月十五日，由于傣历和阳历不一致，2008 年是 12 月 23 日。祭祀当日早晨，每家每户都会拿一些当年的新米到寺庙旁边的稻米神坛处参加祭祀活动，祈求新的一年获得好的收成。今天这一祭祀活动在很多地方已经和佛教融为一体，由和尚主持祭祀。

在村子里的勐满寺庙中有一棵古老的大树，这棵树长 40 米、直径超过了 1 米，上面建了一座没有围墙的房子。人们经常对这棵大树进行祭祀，树上面挂了很多条幡和鲜花。据说这棵大树是很久以前在村子边的河中发现的，人们认为它有灵性，因此把它打捞起来放在庙里。这样的大树在邻近的村子中还有一棵，这一现象是村民们崇拜自然的典型反映。

目前很多物质层面的文化都已经渐渐淡化，维持人们的族群认同最重要的因素是对祖先神灵的崇拜。人们每年都要进行不同的神灵祭祀活动，这些祭祀活动最重要的内涵是其历史内涵，它一方面表达了对祖先的尊重、崇拜，另一方面使人们的祖籍认同不断得到延续和强化，使后代的人们不要忘记自己祖先的丰功伟绩，更不要忘记自己从什么地方来到这里。通过这种祭祀活动，人们的民族认同和文化认同得到延续。在这一活动中，相关的各种宗教用品、祭祀的程序、内容、禁忌等文化不断得到再现，成为一种传承传统文化的重要途径。在现实生活中更重要的作用是能够增强人们的团结，不忘记自己是同一个祖宗的后代，从而在现实生活中互相帮助，共同获得生计。不论今天的现实生活发生了什么样的变化，但在这一点上人们仍保持着认同感。

五　结论与讨论

通过上文对傣泐人文化现状的论述和分析可以看到，居住在泰国的傣泐人尽管经历了长期的历史变迁，但是仍然保持着自己的文化认同。由于处在特殊的社会环境之中，他们的文化认同与自己的历史迁徙以及本民族原有的文化有直接的关系。当地傣泐人的文化认同结构也反映了民族的历史和社会现状，目前其文化认同主要表现为以下几个方面。一是身份认同。尽管经历了近 200 年的社会变迁，傣泐人已经成了当地的一个族群，但他们始终保持着自己的身份认同，使自己在文化身份上与当地其他民族和泰人支系有明确的差别。人们都认同自己的傣泐人身份。当地人自称"泰"（Tai），而傣泐人仍然自称"傣"（Dai）。二是对祖先以及祖籍地的认同。虽然搬迁到当地已经有近 200 年的历史，但是人们仍然非常明确地保持着对自己祖先、祖籍地以及祖籍地文化的记忆和认同。这种认同反映在村民们对于祖先的祭祀过程及对一代代青少年的教育过程之中。人们至今仍然非常明确地认同自己来自中国云南的西双版纳地区，对于祖先的崇拜和祭祀又可以分为对祖籍地王者的记忆和崇拜，以及对本村开拓者的记忆和崇拜。尽管村中绝大多数人没有去过西双版纳，但他们都知道自己的祖先是来自西双版纳的。三是对本民族文化的认同。人们不仅保存着对自己身份的认同，对自己的祖先和祖籍地的认同，同时还保持着对自己本支系的文化认同。人们在日常生活中维持着一些重要的反映本支系文化的文化符号，包括语言、宗教、服装上的图案、饮食习俗、歌舞等。对于这些文化的认同也是维持文化身份的重要内容。这是目前傣泐人文化认同的基本状况。

近年来随着全球化的加速、社会的开放以及经济环境的变化，泰国社会也处在一个较大的变革之中。对于当地不同的族群来说，他们也不可避免地受到这种大的文化背景的影响。国家推行的国民教育、以旅游业为主导的开放经济的发展、国家主体文化的传播以及不同外来文化的影响，都对当地各民族的文化产生了深刻的影响。在今天泰国北部由多种族群构成的社会中，文化认同已有了更多新的内涵，其结构主要表现在三个层次上：第一个层次是对泰国国家文化的认同，人们越来越深地在文化上融入泰国国家文化之中，拥有对国家文化的认同；第二个层次是对当地社会的文化认同，在泰国北部，兰那文化是主流的地方文化，因此当地居民传统上存在对兰那文化的认同，包括使用兰那语言，认同自己是一个泰国北部的人；第三个层次是对本民族及民族支系的文化认同，例如本文所分析的以傣泐人为例的支系文化认同。这三个层次构成了泰国北部文化认同的现实和趋势。①

在这种背景下当地傣泐人的文化认同也同样发生着变化，除了保持本

---

① 郑晓云：《论全球化时代的文化认同》，《中西文化研究》2009 年上半年号。

民族的文化认同之外，傣泐人的文化认同也以本民族的文化认同为基础，构建起傣泐人认同、地方文化认同、国家文化认同三位一体的新的认同结构。这一点和上面提到的当地族群认同的趋势是一致的。

在目前开放的社会环境中，傣泐人的文化认同也受到了较大的影响，尤其是青年一代受外来文化影响较深，价值观发生了较大的变化，傣泐人的文化认同已经由过去封闭社会环境中的文化认同转型为一种开放社会中的形态，即融合了本民族的文化认同、地方文化认同、国家文化认同，以及对外文化的认同等多种因素的认同形态。在这种认同形态中，传统文化认同面临着弱化，尤其是在 20 世纪 80 年代泰国经济高速发展的过程中，人们对于外来文化持不加区分的欢迎态度，导致传统的价值观和社会关系的迅速变化。进入 21 世纪以来，越来越多的有识之士积极推动傣泐人文化的保护和传承，并且成立了全国傣泐人学会，推动全国性的傣泐人文化复兴活动。在这种背景下，近年来傣泐人的文化保护和传承受到了越来越多的关注和认同，傣泐人也在这个过程中进行着族群文化认同的重构。尤其是在今天，在全球化席卷世界的每一个角落之时，虽然傣泐人的很多文化已经受到了外来文化的深刻影响甚至已被改变，傣泐人的文化认同之中也被注入了很多新的因子，但是傣泐人仍然维持着自己的族群认同，甚至在当代还有被强化的趋势，这其中的原因在于人们希望通过维持自己的文化认同去争取在一个激烈变化的社会环境中的文化生存空间，获得本民族支系文化的传承。因此，傣泐人文化认同的个案表明，在当代全球化的背景下，一方面是全球文化在不断地融合，不同的民族文化都有一体化发展的趋势；另一方面，很多民族的文化，尤其是作为民族和文化最基层构成的支系文化及其认同有可能被强化，这对于相关的理论来说也是一种有力的印证。[①]

---

① 参见郑晓云《全球化背景下的中国及东南亚傣泰民族文化》，民族出版社，2008。

傣泐人的传统维持与族群认同*
——泰国北部两个村子的田野考察

居住在泰国北部的傣泐人是历史上从中国云南省的西双版纳地区迁徙而来，最早的迁徙至今已有 200 年的历史，并且这 200 年来从西双版纳向泰国北部的迁徙从没有停止过，因此在泰国北部形成了很多傣泐人的社区。[①] 今天的泰国处在一个全球化的进程中，除了外来文化对泰国社会产生广泛影响外，泰国的国家文化对泰国境内不同背景及来源的族群文化也有非常大的影响，各种族群文化都在向着泰国国家文化进行融合，这使很多族群及支系丧失了他们的传统文化，包括生活方式、语言、传统的宗教祭祀及习俗、传统节日及本族群传统的服饰、建筑风格等。[②] 这一切在青年一代中尤为普遍，甚至很多来自不同族群中的人们已经渐渐丧失了自己固有的语言，而讲标准的泰国语。傣泐人作为泰国北部一个较大并且文化影响广泛的族群，近年来传统文化也受到了较大的冲击，很多传统的文化因子也在丧失。这种趋势引起了村寨中有识之士的忧虑，因此当地傣泐人的知识分子及地方领导都努力要保护与复兴自己的传统，并且做出了很多努力，这成为今天傣泐人文化发展的一种新现象。这种现象所反映的是来自傣泐的基层传统组织——村寨对文化保护的自觉与主动，尤其是通过文

---

* 本文原载《云南社会科学》2013 年第 3 期。

① 郑晓云：《傣泰民族起源与傣泰民族文化圈的形成新探》，《云南社会科学》2005 年第 3 期。

② 郑晓云：《全球化背景下的中国及东南亚傣泰民族文化》，民族出版社，2008。

化的维持来强化族群认同，进而保护自己的传统文化，这种现象十分值得关注。那么今天居住在泰国北部的傣泐人这种基层的文化保护与复兴状况如何？它有一些什么特别的内容或通过什么样的途径来保护自己的传统？这些问题不仅有助于我们认识傣泐人的文化现状与前景，同时也有助于加深对泰国傣泐人与中国傣族之间文化关系的认识。我们通过两个傣泐人村子的田野考察来认识这种源自基层主动的文化保护状况。①

一 曼堤村

1. 曼堤村的基本情况

曼堤村是泰国南奔府曼堤区的一个傣泐人村子（Ban Thi, Ban Thi District, Lamphoen Province），因在堤河（Thi River）岸而得名。在曼堤区共有 8 个傣泐人村子。根据村子中的历史传说，这个村子的傣泐人是过去从云南省西双版纳迁到这里，来的时候是和今天居住在帕腰景康地区的傣泐人一同来的，也就是说，人们先搬迁到了景康地区，然后才搬迁到这里。但是由于这里在河坝上，适合开垦农田的地方不多，随着人口的增多，很多人再次搬迁回景康地区，其余的人在这里定居下来，至今已经有将近 200 年的历史。目前这个村子一共有 153 户人家、400 余人。

曼堤村今天仍然是一个保留了很多傣泐人传统的村子，村子掩映在树木之中，大片的水稻田将村子包围在中间，在村子中还保留了很多传统傣泐人建筑风格的房子。村子坐落在曼堤河岸，河流从村子中穿行而过，河道两边有茂密的树丛。堤河并不很宽，但在这一带的农业生产灌溉中起着重要的作用。这条河岸有 20 多个村子，在历史上这些村子定居在这里是因为这条河流的存在以及河流两岸平坦的土地可以种植水稻。

村子的主要产业仍是以水稻种植为主，同时还有一些其他的经济作物，主要有龙眼等水果。村里种植的水稻除了能够满足村民食用外，一部分还可以出售到市场。村民日常所需的蔬菜自己种植，能够自给自足，在村子中可以看到农民的住房周围都种植有很多蔬菜。村子中有一些农家在

---

① 本文涉及的田野调研时间为 2010 年 3 月 2 日至 11 日、12 月 9 日至 21 日。

泰国傣泐人协会的帮助下发展传统的纺织手工业，生产传统的纺织品出售
到外地市场，也有很多的收入。目前从事纺织品生产的农户有20多家，纺
织品生产已经成为这些农户的主要副业。除纺织业外，村子中没有太多其
他的产业。总体上来说，这个村子的发展水平属于中等，很多年轻人到城
市中打工，也还有很多年轻人定居在城市中，因此青年人在村子中越来越
少，引起了老一辈人的担忧。人们担心由于劳动力的减少传统农业是否能
够得到可持续的发展。

2. 近年来维持传统文化的努力

尽管经济并不发达，但是今天曼堤村的人们非常重视传统文化的保
护。村民们表示，传统文化的保护发展不仅有利于村子的经济发展，有利
于村子的团结，更重要的是能够保持傣泐人的族群认同，使人们不忘记自
己是来自西双版纳的傣泐人，同时村民们也认为今天傣泐人传统文化复兴
的一个非常重要的价值就在于它能够和其他地方的傣泐人发生联系，包括
在泰国北部的傣泐人和中国西双版纳的傣泐人，使傣泐人的族群联系能够
扩大，最终有助于傣泐人的发展。村子的领导和村民们都表示现在最迫切
的愿望就是加强和西双版纳傣泐人的社会与文化交往，因为西双版纳是他
们祖先所在的地方，人们必须要保持这种记忆，才能够维持傣泐人的族群
认同。如果没有了傣泐人的传统文化，那么保持傣泐人的认同就将非常困
难，因为没有了具体的表现形式。

近年来，曼堤村在复兴和开发传统文化方面做了大量的工作，主要的
支持者是泰国傣泐人协会。傣泐人协会是一个全国性组织，主要集聚在泰
国北部的清莱府，在这个村中就有傣泐人协会的分会。在傣泐人协会的支
持下，曼堤村的傣泐人协会每年都举办传统纺织品的培训活动，教授当地
村民学习结合市场需要的传统纺织品生产，并且给一些农户小额的资金开
展纺织品生产。生产的产品由傣泐人协会负责拿到市场上销售，解决了产
品销售的问题。傣泐人协会还经常组织村民到外地参观，尤其是组织村民
到其他傣泐人地区参加相关的文化活动，加强和其他地方傣泐人的联系和
沟通。在傣泐人协会的帮助下，其他地方的人也经常到这里参观旅游，相
互之间交了很多朋友。傣泐人协会每年都举行全国性的会议，曼堤村的人
也都会参加。傣泐人协会还积极帮助曼堤村保护历史文化，目前已经编印
了《曼堤村傣泐人的历史》一书。该书全面记录了这个村子发展的历史。

傣渤人协会还在每年的泼水节期间举办舞蹈培训和表演，对于当地的传统文化发展起到积极的促进作用。

最近几年，随着社会的开放和收入的增多，当地村民也和其他地区的傣渤人频繁来往，尤其是和西双版纳傣渤人有很多交往。首先是曼堤村的村民前往西双版纳寻根，目前这个村子已经有10多个人到了一些传说中西双版纳祖宗的村子，但是亲戚已经记不清楚，尽管如此他们还是和西双版纳的一些村子建立了联系，随后一些西双版纳傣族人也跨过边境来到这里访友，村民们表示这种交往将来会越来越大。这个村子的人们前往西双版纳寻根，增加了对西双版纳的认识，对自己的祖先更加崇敬，也更增强了人们作为傣渤人的记忆和认同。在村子调查时，人们都说最近几年越来越强烈地向往自己祖先的地方，由此也使当地的傣渤人增强了自己的民族认同感，非常有利于傣渤人的团结。他们希望将来有条件时与西双版纳有更多的交往，包括文化交往和经济交往。人们认为没能找到自己的亲戚并不重要，但只要有了傣渤人共同的认同意识和对自己共同祖先的记忆，那么就可以增强大家之间的团结，使这个族群能够生存下去，传统文化不丧失。

3. 传统水神祭祀活动

不同的村子往往都有自己独特的文化活动。曼堤村传统文化活动中的一个重要内容是对水神的祭祀。由于这个村子是建立在堤河岸的，曼堤河在这个村子的发展历史和今天的生计过程中产生了重要作用，人们对这条河流的崇敬非常特别。自古以来祭祀该河流水神是这个村子重要的传统，同时这种传统也成为人们维持认同的重要途径。村民们认为对水神祭祀有多重功能，一方面由于祭祀水神的传统，人们不仅可以保持自己对历史的记忆，不忘记自己的祖宗，而且通过这个活动还能使村民们对于傣渤人的认同不断得到强化，因为这一活动是当地傣渤人村子的重要活动，只要这个活动能够不断地再现，那么人们就不会忘记自己的傣渤人身份。祭祀活动中的很多内容都有丰富的历史文化内涵，能够通过这个活动代代相传。另一方面的功能在今天被人们重视，那就是使人们能够增强环境保护的意识，维持对于自然的敬畏感，达到保护生态环境的作用。今天这个活动还成为当地环境教育的重要活动，也受到了当地政府的重视。

目前每个村子的水神祭祀活动都还保留着。在曼堤村不远的水库边就有两座水神庙。其中一座较大，庙里供奉的是曼堤村的水神。这座水神庙是用木头搭建而成的，相对比较简单。平日里路过的人们可以在这里休息，也没有更多的管理，只有在祭祀水神的时候才认真地清扫干净，装饰一下，为举行祭祀活动进行准备。此外，在水库大坝头还有一座小的水神庙，庙里供奉的是水库的水神。这座水神庙也是用木头搭建的，较为简单，平日里人们也可以在里面休息。

在过去，水神的祭祀活动由每个村子自己举行，而现在水神的祭祀活动已经发展成为堤河流域20多个村子共同举行的活动，包括傣泐人村子和其他村子的人们。每年最大的水神祭祀活动在6月举行，也就是种植水稻之前。堤河流域各村子的领导人先开会，讨论祭祀活动相关工作，包括筹集资金、决定主持人、活动内容等。同时这一次会议还是堤河流域水资源管理的会议，人们不仅要讨论祭祀活动的相关内容，还要讨论关于水资源的管理分配及管理经费的分摊等问题。水神祭祀活动当天的经费分摊和水管理的经费是一样的，用水多的村子要多出一些费用。专门负责布置祭典场地的村民，必须在举行仪式的前一天去河边的森林里平整好一块场地，将竹子砍来劈开编织成间隙比较大的竹席并将其铺在场地上，到祭祀的当天祭品将放在这个竹席上。专门负责准备祭品的村民，必须在举行仪式的前一天提前准备好肉、酒、花和香烛等物品。负责组织仪式的人，必须在举行仪式的前一天带着芭蕉、鲜花和香烛去拜见"补章"（当地德高望重、有知识的老人），邀请他来参加祭祀仪式，并向他报告祭品的准备情况等。

祭祀活动当天，早上6点钟人们就集中到河流源头的水神庙周围，7点钟开始正式的祭祀活动。在过去参加祭祀活动的人都是堤河流域各个村子的一些领导人和德高望重的老人，但是近年来为了弘扬传统文化，让水神祭祀活动成为一种环境教育的途径，当地政府也非常重视这活动，不仅当地的政府官员要参加活动，同时当地各个中小学的学生和教师也要参加。祭祀时一般使用鸡肉、猪肉，但是在不同的年份只选择一种，今年使用鸡肉作为祭祀供品，那么明年就使用猪肉，后年就要用牛肉，同时还要使用水果、鲜花等。祭祀活动开始之前，先将祭祀用的动物杀死，然后开始祭祀活动，村民、政府官员和学生分别列队进入水神庙向水神敬香，祈求水神保佑风调雨顺，河流水量充沛，河流两岸水稻丰收、人畜平安、日子太平。

根据当地的传说，在过去水神祭祀活动仅仅是当地的一种民俗活动，由当地的老人组织祭祀活动，但是后来由于信仰佛教，祭祀水神的时候就有和尚参加并且主持祭祀活动，这样参加的人就更多。时至今日祭祀活动仍然有和尚参加并且要念经，使一个传统的民间信仰活动和佛教信仰结合在一起，这是一个很特殊的现象。

在祭祀活动结束以后，参加祭祀活动的所有人要共进午餐。午餐由参加祭祀活动的村子出钱操办，在水神庙后的空地上现场做饭，大家一起吃饭，这成为一个人们交流的重要机会。当地的人们也认为，这是一个维护人们之间的团结和和谐的机会，有了这样一个机会不仅使人们对于传统文化更加珍视，同时也增进了人们的团结和交流，今天这个活动更有助于人们加深对保护环境的认识。

事实上，最近几年来这条河流的水量已经大大减少，生产的发展，环境的变化，对河流生态造成了很大的影响。过去人们在河流的一些河段用木头做坝、截流河水用于农田灌溉，但是近年来很多地方使用水泥、石块等现代材料修建拦水坝，政府也对拦水坝的修建投资，目前已有 12 座拦水坝。这些拦水坝的修建改善了当地的农田灌溉条件，但同时也使河流的生态环境受到了影响，河流的水量减少。因此现在这条河流共同的水神祭祀活动就显得更为重要，人们有机会通过这个活动加强协作交流。

4. 寨神祭祀

除水神祭祀活动之外，村寨里重要的祭祀活动还有寨神祭祀。村子里面有一座寨神庙，就在村子公路旁，用木头搭建而成，较为简易。从外表几乎看不出其是一座神庙，仅是一个用木头搭建的大棚子，外面还有木凳子可以让人们在这里休息。每年祭祀寨神的活动在 4 月 6 日，这一点和当地其他傣渺人的村寨都是一样的，在举办祭祀活动时全村的人来参加，祈求风调雨顺，全村人平安，生活富裕。目前由于很多年轻人外出工作，并且对于传统和历史的教育也不够深入，加上国家文化的影响，传统文化存在弱化的趋势，而传统的祭祀活动已经成为维持当地人传统文化的重要途径和主要内容。村里的领导和很多老人认为，祭祀活动目前已经成为这个村子真正能够表现自己的传统文化，维持自己对祖先的记忆及傣渺人的传统文化认同的重要内容。如果这些传统祭祀活动也消失了，那么傣渺人的传统文化和民族认同也将很快消失，因此传统的祭祀活动在今天显得更为重要。

二 曼栋么村

1. 村子的基本情况

在泰国北部帕瑶府景罕（金城之意）地区有 14 个傣泐人的村寨，这些村寨是近 200 年以来不断从云南省的西双版纳迁徙而去的。据当地人的传说，迁徙到这里来的主要原因是战乱。当时由于战乱各地不断出现人口的迁移，而当地由于空地较多，各地的地方封建主为了镇守住自己的领地，占领地盘，大量地进行人口掳掠。关于迁徙的历史，另一种说法是战争以后这里空地较多，而当地的封建主为了抢占地盘，守住自己已有的土地，因此从外地掳掠人口到当地来开垦土地居住，使其成为当地封建主辖地内的居民，从而稳固当地的势力。在当地除了傣泐人居住以外，还有其他的一些人居住，如傣老人等。曼栋么村现有 500 余人，是一个和泰老人混杂居住的村寨，其中 300 余人是傣泐人。

曼栋么村的人们主要以农业生产为主，种植水稻，同时也生产龙眼等热带水果。村中有不少人现在在曼谷、清迈等地工作，村子中有学校，孩子们都能到学校里上学。今天曼栋么村在一般的面貌上与其他泰北的村寨风貌已经没有大的不同，尤其是和当地的泰老人在建筑风格上基本上相同，但是在这里仍然保持着很多传统风格的民居。曼栋么村傣泐人保留了一些与西双版纳傣族建筑风格比较接近的古老的房子。其中有一座较古老的房子，已经有 60 多年的历史，规模较大，全部用木头建成，住房的格局尤其是其顶部与西双版纳的典型住房相一致。由于时代的发展，村中的住房风格已经受到了泰国其他地区的影响，有钱人家纷纷建造现代风格的住房，因此村中现在也建起了很多现代式样的别墅式楼房，使用的是水泥等现代建筑材料，风格各异，色彩鲜艳，使这个村寨的建筑呈现出传统与现代风格的楼房杂居并处的风貌，这一切正是现代文化对传统文化的一种冲击与改变。

2. 宗教信仰中反映出的民族认同

泰国的傣泐村都有自己的佛教寺庙，傣泐人在曼栋么村虽然与泰老人混杂居住在一起，但是在宗教活动上他们保持着自己的独立性。村中的居民都信仰佛教，但是泰老人和傣泐人并不共同使用同一个寺庙，而是各自建有自己的佛寺。

傣泐人在信仰佛教的同时，也信仰原始宗教，而很多祭祀活动是和他们的祖籍相一致的。傣泐人有自己的村寨神和勐神，而在这里，村寨神和勐神是同一个神，这一点与其他傣族地区是不一样的，原因主要是由于人们是从西双版纳迁徙来的，因此他们祭祀的村神既代表了自己村寨的神灵，又同时把村寨神灵与勐神合二为一，而这个勐神同时也是迁徙来之前祖籍的勐神，因此人们把祖籍的勐神与本村寨的寨神作为同一个神灵，对祖籍勐神的祭祀也是维持对祖籍认同的一个重要途径。在村中勐神与寨神是一座铜铸的人像，这一点与其他地区的勐神和寨神又不一样，在西双版纳勐神和寨神都没有具体的形象，而仅仅是有一个标志性的场所，这里已经形象化。在每年的傣历八月初六人们都要举行寨神和勐神的祭祀，而这也是傣泐人的最重要节日，届时人们都要穿着传统的民族服装，在外地工作的人们也都要回来参加祭祀。平时如果人们要出远门，或者从外地回到村中都要前来祭祀，而人有病、有难或者有喜事等也同样要来祭祀寨神和勐神，寨神和勐神是人们现实中的保护神。寨神的祭祀地是村子后面山坡上一块专门的地方，掩映在森林中，人们已经在寨神祭祀地上建起了祭祀用的房子。在寨神的两边还有两个神灵，寨神的左边是较小的一个神坛，这里供奉的是父母的鬼魂及自己家里去世者的神灵，而勐神的右边有一座房子，里面供奉的是一只铜铸的老虎。据传在人们迁徙到这里来之前，勐神已经先到这里来察看过地方，而它来的时候是骑着老虎来的，因此老虎给了当地人力量，使当地人能够在本地定居并且拓荒，繁衍生息到今天，有了今天的繁荣，因此人们也祭祀老虎。今天由于现代化进程的影响，当地的传统文化正受到越来越大的冲击，传统文化在人们的精神生活以及对祖宗的历史记忆方面都已经发生了很多改变，尤其是年轻一代对本民族的历史并不十分了解。因此，村寨中的人们现在正在进行关于保持传统文化、保持历史记忆以及维持傣泐人认同的工作。傣泐人来自西双版纳，而在那里历史上他们属于地位较高的傣勐阶层，因此当地的傣泐人在社会地位上也较高，普遍受到人们的尊重，所以就傣泐人的文化习俗而言，也保持得较为完整。今天保持较为完整的主要是和西双版纳相同的宗教祭祀活动，尤其是佛教中的一系列祭祀活动，例如开门节、关门节等拜佛活动，而这些宗教节日在当地的其他泰人中是不存在的，只有在傣泐人中才存在。

3. 保护民族传统的努力

为了保持对自己祖宗和傣泐人文化的认同，使傣泐人的传统不丢失，村中的傣泐人采取了一些具体做法。第一，由傣泐人中的一些知识分子编辑了有关的史书，这些史书记述了傣泐人当年是如何从云南省的西双版纳迁徙到现在的居住地，并且详细记述了某一个村子来自某一个地区，如某一个村子来自云南省的勐亚、勐缩、勐那、勐坡等地，书中还详细地记载了祖籍地西双版纳的风土人情，傣泐人的历史、风俗习惯、宗教信仰等等，尤其是详细记载了傣泐宗教活动中的一系列重大活动，如赕曼哈邦活动，并且配有图片，让人们能够通过书籍了解自己的祖籍地西双版纳的各种情况。这些书不仅在人群中流传，在学校中教师还要安排专门的课程向学生教授，并且让学生阅读，目的是要让傣泐人的孩子从小就要记住自己来自云南，要尊重自己的民族文化，同时人们从小就要记住自己祖籍地的地名以及社会宗教等情况。人们认为只有保护好了自己的民族文化，不忘记自己的祖宗，才能使村寨团结一致，保持社会传统的和谐，尤其是传统的凝聚力，使人们能够生活在一个互相信任、互相帮助的社会中，这样才能够在当地长期生存下去，而不至于被同化，也不至于因为传统的丧失和社会传统的崩溃，而使人和人之间的关系疏远，使人们互不帮助，而失去凝聚力。人们认为如果失去了传统、失去了村寨传统社会中和谐的具有较强凝聚力的生活传统，那么村寨也就不复存在，人们也将会成为一些漂流在各地的散沙，而不再有凝聚力和生存的安全感，村寨的崩溃对每一个人都是不利的，它将使人们失去传统的互相依赖。傣泐人从西双版纳来此地之所以能够生存下来，依靠的是对于祖籍地的记忆以及傣泐人文化的自我认同，以及文化的传承在傣泐人中起到了凝聚关系、鼓舞人们积极向上的作用。民族文化传统在一二百年来是人们生存的基础，因此保持这种传统，在人们看来是十分重要的。

第二，人们一直维持着与西双版纳相同的传统习俗，这主要表现在宗教活动上。人们一直保持着与西双版纳相同的各种宗教活动，尤其是在与泰老人杂居的村子里，人们也顽固地维持着自己的传统，而不与泰老人在文化上进行融合，尤其是在宗教祭祀方面。今天和泰老人杂居在一个村子里，人们也相互通婚，在一般的物质文化上没有太大的区别，但是宗教信仰上人们顽固地维持着自己从西双版纳带来的传统，不愿意融合到其他的文化传统中。

第三，为了使青年一代保持传统，人们开办了传统纺织车间，要求每一个小孩子从小就要学习纺织，并且编写了教材，将傣泐人的传统图案进行了归纳与设计，把傣泐人的很多标志性图案织在裙子等纺织品上，人们不论在哪里都可以通过纺织品的图案而识别傣泐人。小孩子从小学习纺织，保持自己的传统，同时村中也办了车间，现在有近20台织布机，有不少妇女在这里进行纺织品的生产，生产之后统一在村子和清迈等地进行销售。纺织的产品有桌布、妇女的裙子、衣服、条巾和包等，由于全部是用棉线手工制作，色彩绚丽，图案美观，富有浓郁的民族特色，这些产品一直十分畅销。

第四，刻意保存一些有代表性的物质文化。例如村中一座60多年前建造的泰泐人风格的木房，被人们长期保护下去，人们对该房进行一定的修复，并且将过去使用过的一些农具及生活用具集中这里。主人家也计划将这座房子长期保存下去，现在这座房子已经成为村子内公认的代表西双版纳传统的民居。目前有一位近80岁的老太太居住在这里，老太太在房子里保持了与西双版纳相同的居住模式，同时也珍藏着自己年轻时候甚至是出嫁时候的床单、门巾和衣物等，并愿意把这些保留下去。村子中还希望这座木房将来能成为一个展示傣泐人文化的中心，能够吸引旅游者来这里参观。现在已逐渐有外地人前来参观这所老房子。人们希望通过旅游业的发展，能够给这些古老的文化带来新的价值。这里的人们十分注重传统文化的保护，但是在清迈周边的傣泐人村寨，情形就大不一样了，人们基本上已经失去了自己本支系的传统文化。

四　结论和讨论

通过上述两个傣泐人村子的调查研究表明，虽然目前泰国傣泐人的文化和其他族群文化一样，正受到外来文化和国家文化融合的影响，自己的传统文化在这个过程中受到了冲击，甚至有大量的传统文化因子正在丧失。但是近年来傣泐人中还是有很多有识之士在积极推动自己民族文化的保护与复兴，并且在农村中获得了广泛支持。在不同的地区和不同的村子之中，尽管传统文化构成因子有所不同，但人们在努力地从自己特有的文化因子中寻求保护传统文化的途径。上面两个村子虽然实际情况各有不同，但是人们都在进行维持和复兴传统文化的努力。这种努力有以下几个特点。

第一，努力保持自己民族的传统文化因子，例如自己宗教活动中的一些特殊内容、民族节日、饮食文化和服饰文化等物质文化的内容。今天，为了适应时代的发展，传统文化中的很多因子和现代社会的需要相结合起来，例如宗教祭祀活动和今天的环境保护、本民族的凝聚力等需求结合起来。传统文化保护中也加入了很多现代社会的因素，例如将传统手工纺织开发为商品而使它产生经济价值、利用特色文化开展旅游业等。

第二，努力保持自己的祖先记忆和族群的文化认同，这一点是近年来傣泐人维持传统文化的一个重要趋势。今天的傣泐人前所未有地强调自己族群认同的重要性，并且通过很多活动来加以强化。一方面是很多地方的傣泐人都通过对祖先的祭祀及其他传统文化因子来维持自己的祖先认同，这种祖先认同成为今天傣泐人文化认同的重要组成部分。① 傣泐人是历史上从中国云南省西双版纳地区迁徙到这里的，因此人们首先认同自己的祖籍地是西双版纳，其次通过对带领自己先人们迁徙来到这里的地区及村寨头人的崇拜和祭祀来强化这种历史的记忆。与西双版纳傣族地区不同的是，在这里的傣泐人村中，往往有祭祀祖先神灵的场所和祖先的雕塑。在当地傣泐人的佛教祭祀活动和节日活动之中，由于他们来自西双版纳，因此这些活动中有很多和当地其他族群不同的特点。在相关的活动之中，人们都努力地显示自己的文化特色，显示自己和其他族群的文化差别，包括在上面所提到的曼栋么村，村子中的傣泐人在宗教场所和宗教活动上与同村的其他族群有明显的区别。

另一方面是对祖籍地的文化寻根。近年来随着中国改革开放、两国相关地区的社会稳定及交通、经济的发展，泰国北部傣泐人和西双版纳地区的傣族人之间的民间交往日益增多。很多傣泐人都努力地前往西双版纳地

---

① 郑晓云:《泰国北部傣泐人的文化认同考察——以帕腰府景康镇勐满村为例》,《世界民族》2012 年第 1 期, 第 90~96 页。

区进行旅游观光、参加节日活动和宗教活动、探亲访友、做生意等，西双版纳地区的傣族人也频繁地前往泰国北部进行相应的活动。通过这些机会，傣泐人也在不断地强化自己的祖籍地认同，对青年人进行教育，在上面所提到的傣泐人村子中就将西双版纳的宗教和节日活动以及西双版纳的历史文化编写成乡土教材，让小学生和村民学习。总之，近年来傣泐人对于祖籍地的文化寻根和认同的热情是前所未有的。

事实上对于傣泐人来说，无论是努力地维持和复兴传统文化还是强化本民族的历史记忆，除了有民族传统传承、经济发展的需要外，更重要的还是要强化傣泐人的民族认同。通过认同的强化以增强本族群的凝聚力，在今天迅速变化的社会环境中傣泐人能够保持自己的文化独立性，最终也保持了自己的族群存在，让民族文化传统能够在得到传承的同时有利于经济发展，包括以自己的特色文化传统来发展旅游业、手工业和饮食业等。在田野研究中村子中的很多有识之士认为，一些看得见的文化传统的消失也许是一种大的趋势，很难保证在30年、50年之后傣泐人的物质文化还能存在，但是至少人们应该保持自己的民族认同和自己的民族身份。

对傣泐人村子的田野研究的另一个启示是，傣泐人对于保持自己的文化传统和强化自己的文化认同是发自基层的一种主动性，这就使民族文化传统的保持和传承有了重要的根基。在傣族的传统社会中，村子是一个重要的集社会、经济、文化甚至军事功能于一体的最基层的社会细胞。[①] 只要这个细胞还有活力，那么文化的传承就有希望。如果说作为民族文化传统最基层的载体，也就是傣泐人社会中最基层的社会细胞——村寨丧失了对民族文化传承的主动性，那么文化的消失也就是必然的了。

〔本项目田野研究得到泰国 PAYAP 大学的大力支持，该校在调研期间提供了车辆并安排当地接待，娜达蓬教授（Ratana-porn Sethakul）全程陪同笔者调研，特此致谢！〕

---

① 郑晓云：《西双版纳傣族的村寨文化》，《泰中学刊》（泰国），2007。

泰国傣泐人祖先偶像崇拜的历史与文化解析

在泰国北部的傣泐人居住的地方，存在一种特殊的宗教现象，那就是祖先偶像崇拜。众所周知，傣族在信仰南传上座部佛教的同时，也信仰万物有灵的自然崇拜。泰国北部的傣泐人是在历史上从云南的西双版纳迁徙到当地居住的，因此泰国的傣泐人与中国云南的傣族之间有直接的历史渊源关系。在云南的傣族中并没有具象的偶像崇拜现象，包括居住在中国境外的越南、缅甸等地的泰人社会中，也没有偶像崇拜，因此泰国北部傣泐人社会中存在的祖先偶像崇拜现象就成为一种特殊的宗教现象，记录了一段可歌可泣的跨国迁徙历史。那么这种现象是如何产生的，对当地傣泐人社会产生了什么样的影响，这种宗教现象在当地社会中的功能是什么，这都是值得探讨的问题，有助于我们了解傣泰民族历史文化渊源关系及其对当代的影响。本文将结合实地调研，从历史和文化的角度对这一宗教现象进行解析。

一　泰国北部的傣泐人的祖先偶像崇拜

傣泐人在泰国北部的难、帕腰（又译帕尧、帕瑶）、清迈、清莱等府都有广泛分布，是当地一个重要的泰人族群，是在历史上从中国云南西双版纳地区迁徙到泰国北部的。在当地被称为"泰泐"，但在其内部仍然自称"傣泐"。在当地的傣泐人社会中，普遍存在祖先偶像崇拜现象。在很多村子，都有祖先偶像的庙，供奉祖先偶像。供奉祖先的庙有的比较简单，是用一些木板搭建起来的，然后用泥土雕塑成具体的偶像。今天随着经济条件的改善，很多地方的祖先庙都已经使用水泥修建成了坚固的房子，崇拜的偶像也同样用水泥塑成，甚至是铜像。当地的傣泐人崇拜的偶像分为三类，一是带领他们从祖籍地西双版纳来到这里的头人和英雄人物，二是祖籍地的神，三是传说中带领他们来到这里的祖先，或保佑他们在这里居住留下来的神的化身，如老虎等动物。人们相信有了这些神的庇佑，村寨才能平安幸福，如果不好好供奉，则会引起灾祸。下面让我们来具体考察几个典型的例子。

帕腰府勐满村。这是靠近帕腰府景康县城镇中心的一个村子，这个村子的村寨神是带领他们来到这里的两兄弟，他们死后成为人们供奉的祖先神，也是这个村子的神。在村子中建有村寨神的小庙，是一所水泥结构的房子，里面面对面供着两座村寨神的神像，也就是前面提到的两个兄弟。他们端坐在椅子上，手持长刀。人们对祖先神非常敬重，不仅平时生、老、病、死或者家中有重要的事情、出远门的时候都要来祭祀，每年还要进行一次重大的祭祀活动。举行祭祀活动的时候，要在祭祀的地方杀一头黑色的猪，并且在祭祀的地方插上白色的菊花。祭祀活动全村的村民都要参加，这是一个村子一年中最重要的活动之一。但是在祭祀的时候，祭祀的地方只有男人能进入，女人及其他村子的人不能进入。祭祀活动由村子里德高望重的长者主持，在祭祀的时候要感谢祖先引导人们来到这里，并且保佑全村人祖祖辈辈在这里安家立业，生存下来。同时也要祈求祖先神保佑当地风调雨顺、五谷丰登、村民幸福吉祥。在祭祀活动的当天，还要准备大量食物，在祭祀活动结束以后全村子的人一起吃饭。人们在这个过程中都要身穿节日的传统服装，跳传统的舞蹈。在一些重要的年份，晚上还要放焰火进行庆祝。

难府的勐腊神祭祀。勐腊神祭祀活动是泰国北部的傣泐人祖先祭祀活动较普遍的，但难府的是规模最大的。参加祭祀召龙勐腊神的傣泐村寨主要有曼农波、曼东悍、曼銮姆三个村寨。三个村寨一起祭祀召龙勐腊神是因为这三个寨子的傣泐人最早是从西双版纳勐腊一起迁徙而来的。仪式每三年举行一次，为期三天，每三年进行一次祭祀活动。祭祀的时间根据佛历决定，在祭祀的时候，所有从勐腊搬迁到这里的傣泐人后代都要参加，当地其他的泰人也有代表参加，因此十分隆重。祭祀活动由一个村子主办，附近有最近的历史渊源关系的两个村子共同参加。勐腊神祭祀的并不是带领人们来到这里的祖先，而是祖籍地西双版纳勐腊地区的神。当然在祭祀的同时也要祭拜带领人们来这里的英雄。虽然人们今天已经找不到他们的祖籍村子在哪里，但是人们清晰地记得他们来自西双版纳的勐腊。当他们来到泰国的时候，他们不仅把新的居住地也称为勐腊，同时把祖籍地的神作为这里的祖先神进行供奉。在过去进行祭祀活动时，只有当地的三个村子的人可以参加，在祭祀过程中外地人一律不能进入举行祭祀活动的村子。在祭祀活动过程中，也要由村中的德高望重的长者赞颂祖先神灵的伟大，感谢神保佑当地的人们平安幸福和农作物丰收，祈求来年的好运程。在祭祀活动过程中，人们也要穿上节日的盛装，参加的村民一起聚餐。近年来，由于旅游业发展的影响，当地人也改变了封闭祭祀的传统，将祭祀活动对外开放，每次都能吸引大量的外地人参加活动。

祭祀的日期是经占卜选定好的最好的日子。仪式的第一天，清扫村寨，在村寨大门插上挈鸽篓（竹篾编制的祭祀用具，呈六方形），告诫其他村寨该寨要祭祀寨神，外人请不要进入，否则就要受到惩罚。仪式举行之前还要从曼峦姆邀请与勐腊王有血缘关系的直系亲属担当祭司，负责主持祭祀活动的各个环节。村民们首先设仪仗队伍邀请主祭司及选出来象征过去"难国"的"国王"下榻至曼农波寨的寨心处，在搭建好的凉亭里落座。之后，村民开始进行各种文艺活动表演。

仪式的第二天是仪式较为重要的一部分。这天是主要的祭祀活动日，主祭司先将祭祀物品一一放置在寨心处，然后开始念诵祭词，将宰杀已经准备好的黄牛、水牛和猪，并将三种动物的头部与鲜花、水果、旗帜等放置在召龙勐腊神铜像前（神龛），同时祭祀曾经带领勐腊傣泐人迁徙到难府的英雄，祈求村寨万世安宁，人民安居乐业。

仪式的第三天，主要祭祀曼农波寨的其他保护神，被选出来象征"国王"的人与全体村民享用前一天宰杀的猪、牛，一起共享丰盛的美食，听赞哈演唱，看群众唱歌跳舞。最后，还要列队欢送"国王"和主祭司回各自村寨，收起寨门挈鸽篓，表示寨神勐神祭祀活动已经结束，外寨人可以自由出入曼农波寨。

　　随着社会的不断发展，难府傣泐人祭祀寨神勐神的仪式在部分仪式环节上发生了变化。在以前，村寨祭祀寨神勐神时都要在寨门插上挈鸪艘，不允许外人进入，但现在，外来的专家、学者、亲戚朋友也可以前来参加祭祀活动，只需象征性地向寨神勐神缴纳罚款，或布施钱物和供品，同时也向游客开放。在仪式活动上，赶摆的规模也越来越大，像过节一样热闹。再者，群众准备的节目也更丰富，将原本阴森恐怖的祭祀活动不断发展演变成傣泐人缅怀祖先、祭祀祖先、教育孩子的盛大节日。因此，傣泐人的祭祀寨神勐神仪式也成为难府一道独特而亮丽的风景。总之，傣泐人把故土的信仰带到新的土地，并把这种信仰生生不息传承下去，让它成为傣泐人身份认同的一部分。

　　帕腰府景康县通满村。通满村是一个傣泐人与当地泰老人混杂居住在一起的村子，但是在宗教活动上他们保持着自己的独立性，村中的居民大都信仰佛教，但是泰老人和傣泐人并不共同使用同一个寺庙，而是各自建有自己的佛寺。傣泐人在信仰佛教的同时，也信仰自然崇拜，而很多祭祀活动都是和他们的祖籍地相一致的，在傣泐人中有自己的村神和勐神，这里村神和勐神就是同一个神，这主要是因为他们的祖先是从西双版纳迁徙来的，勐神是迁徙来之前祖籍的勐神，而村神则是他们的祖先来到这里的头人，为了表示对祖先的一致崇拜，当地人把祖籍地神与祖先神合二为一。把村寨的神灵与勐神合二为一。在村中勐神与村神是一座铜铸的人像，在每年的八月初六人们都要进行村神和勐神的祭祀，而这也是傣泐人的最重要节日，届时人们都要穿着传统的民族服装，在外地工作的人们也都要回来参加祭祀。平时如果人们要出远门，或者从外地回到村中都要前来祭祀，而人有病、有难等或者有喜事也同样要来祭祀村神和勐神，村神和勐神是人们现实中的保护神。村神的祭祀地是一块专门的地方，掩映在森林中，人们已经在村神祭祀地上建起了寺庙。在村神的两边还有两个神灵，一个是较小的神坛，这里供奉的是父母的鬼魂及自己家里死去的人的神灵，而勐神的右边有一座房子，里面供奉的是一只铜铸的老虎。传说在人们迁徙到这里之前，勐神已经先到这里察看过地方，而它来的时候是骑着老虎来的，因此老虎给了当地人力量，使当地人能够在本地定居并且拓荒，繁衍生息到今天，有了今天的繁荣，因此人们也祭祀老虎。

　　总之，祖先偶像崇拜，尤其是有实体的偶像崇拜在傣泰民族社会中形成了一种特殊的宗教文化现象，并且在社会生活中有广泛的影响。这一点成为泰国傣泐人宗教信仰的一个特殊部分。

二　祖先偶像崇拜的历史与文化解析

1. 泰国傣泐人的迁徙历史与祖先崇拜

泰国傣泐人祖先偶像崇拜现象的产生有着深刻的历史内涵，同时这种文化现象对傣泐人的文化认同构建及社会生活产生了广泛的影响。

泰国北部傣泐人的祖先多是历史上从中国云南迁移到泰国北部的，早期移民距今已有 200 年左右的历史。傣泐人的祖先从云南迁移到泰国北部的原因主要是战争，在过去 200 年的历史中，缅甸人曾经多次占领泰国北部，同时也以此为基地入侵西双版纳地区，大量掳掠人口前往泰国北部，而明末清初中国内地的频繁战乱也迫使大批西双版纳傣族人移到泰国北部，因而在这个地区形成了一个较大的傣泰族群居住区域。这个区域包括了中国的西双版纳、临沧、德宏以及相邻地区的缅甸景栋、老挝的孟欣以及泰国北部，它们一起构成了一个傣泰民族的共同居住区域，由此也开始了该区域内人们社会经济文化相互交流、相互影响的局面。中国傣族向泰国北部、老挝、缅甸等地区的迁徙从 200 年前直至 20 世纪五六十年代以来一直没有停止过，而人们也由于这种迁徙形成了巨大的亲缘网络。更为重要的是，傣泰民族在历史上是一个频繁迁徙的民族，不仅从云南迁移到泰国北部，而且同时也迁徙到越南北部、缅甸东北部和印度的阿萨姆等地区，从而在这些地方形成了一个更大的傣泰民族居住带，形成了更为广大的傣泰民族文化圈。

傣泐人是一个非常重视祖籍地文化复制的民族。在历史上，不论他们迁徙到任何地方，都会将祖籍地的文化复制到新的居住地，包括了祖籍地的地名、风俗习惯，更重要的是将祖籍地崇拜的神带到新的居住地方，同时对祖先加以崇拜，表现出对故土和祖先强烈的记忆，以此来达到维系认同、保持团结、应对社会环境变化的目的，这是傣族社会中一种特殊的文化现象。因此，泰国北部傣泐人祖先偶像崇拜现象就是这种特殊的历史的产物。

2. 祖先偶像崇拜的文化功能

祖先偶像崇拜在当地社会中不仅仅是一种简单的宗教崇拜现象，对当地的社会文化也有广泛而复杂的影响，主要表现在以下几个方面。

第一，祖先崇拜对当地傣泐人的文化认同构建产生了重要的影响。祖先认同成为傣泐人文化认同的重要构成要素。傣泐人的祖先认同较为复杂，一方面是人们认同自己的祖先，这个祖先往往并不是他们的血缘祖先，而是带领自己先人从过去的祖籍地迁徙到今天居住地的头人或英雄。人们崇拜这些英雄，因而通过崇拜而强化对祖先的认同。在调研中很多村寨的长者都说，崇拜祖先的活动的主要目的是要让居住在这里的傣泐人子子孙孙都记住自己是哪个民族、记住自己的祖籍地在哪里、记住带领自己先人迁徙的历史英雄。通过对同一个祖先的认同来保持傣泐人的团结和文化传承，包括傣泐人社区的团结和整个村寨的团结。只有保持整个傣泐人社会的团结和文化的传承，才能使傣泐人能够可持续地生存下去。

傣泐人对祖先的认同通过具体的崇拜形式表达出来并有不同的层次。

一是对作为传统行政管理区的祖先神灵的认同，即勐神的认同。勐神事实上是被神化了的勐的创建者，他们创建了勐并成为勐的头人，随后就被神化成为被崇拜和祭祀的对象。勐是历史上傣泰民族重要的行政管理单位，因此勐神也就是傣泰民族传统文化中重要的神灵和崇拜对象。每个人都会记住自己是哪一个勐的人，因此而认同自己的勐神，相应地，认同自己的勐神，也就认同了自己是哪一个勐的人，因此在泰国的傣泐人中有对勐腊神、勐勇神的祭祀等。

二是对村寨祖先的认同。人们所认同的祖先是当时带领村子里的先人们迁徙到这里的头人，而不是血缘祖先。这些祖先往往有具体的姓名，人们在村中建有相应的寺庙，并塑有这些头人的塑像。在有的村寨，由于历史久远，人们已经记不清楚自己祖先的姓名，但在传说中又不是头人带领自己的祖辈来到这里，而是由老虎、豹子等有神性的动物带领而来，因此他们祭祀的祖先不是人，而是老虎、豹子等动物。这种祖先记忆之下的认同使人们认为他们是在同一个祖先带领下来到这里，因此他们是一个祖先的后人，居住在同一个村中的人们需要保持团结和互助，在这些方面同一个村的人要优先于其他的村的人，这就是村寨祖先认同的重要性。

三是祖籍地认同。傣泐人由于有明确的迁徙历史记忆，因此人们知道自己的祖先来自什么地方，对于自己的祖籍地有明确的认同。人们会认同自己的祖籍地，如西双版纳的勐龙、勐满或者更大的勐景洪、勐腊等地。如上所述，在傣泐人的迁徙过程中，当他们迁徙到新的地方建村立寨时，往往也会将自己祖籍地的村名作为新村寨的名字，并将新的居住地用祖籍地的地名来命名。通过对祖籍地地名的记忆、祖籍地神灵的崇拜以及歌曲等文学作品的传唱，使人们能够清楚地保持自己的祖籍地认同。在历史上人们这样做也许仅仅是为了让子孙们不忘记自己的来源，但在今天这种祖籍地认同则有了新的价值。

第二，祖先崇拜重构了当地的信仰体系。由于祖先崇拜的存在，当地已形成了与祖籍地不同的信仰体系，包括不同层次的神灵的信仰。在此，以勐满村为例，勐满村的神灵崇拜有四个层次。一是祭祀勐腊神。这个祭祀活动是最大的活动，但不是这个村独有的，是整个地区从勐腊县迁到这里的村子共有的。由于这里的很多村子是在过去由中国西双版纳的勐腊地区迁到此地的，因此祖籍地的神也就成了当地重要的崇拜神，以此来表达对祖先的崇敬与记忆。二是勐满神。由于这个村子是从西双版纳勐腊地区勐满迁到这里的，因此要祭祀勐满的祖宗神，每年佛历的八月初六进行一次祭祀，全村子的人都要参加。三是村寨神。村寨神的祭祀每年进行一次，祭祀的对象是建立村寨的神灵，事实上就是建立这个村子的祖宗。四是家神。家神是家庭祖先的神灵，一般没有具体的祭祀物体，每到过节的时候在住房的一个角落供上一些食物。

第三，祖先崇拜成为维持人们身份认同的重要途径。对村寨神的祭祀是人们村寨认同的重要基础。在当地老百姓中有这样的说法：拜哪个神就是哪一个祖先的后人，因此在一个村子里面无论是哪一种族群背景，只要他崇拜这个村子的神，他就是这个村子的人。同样，拜哪个祖先的神就是哪个祖先的后人。因此对村寨的认同是依据崇拜村寨的神来确定的，村寨神成为人们维持村寨认同的重要标志。而在很多村子中，由于历史的原因，可能同一村子中有同一族群不同的支系的人共同居住，如泰老人、泰元人、傣泐人等，因此村子的认同可能不重要，但对祖先神的认同更为重要，这区分了不同支系的人的身份。同样在崇拜的仪式中，传统上也是排他的，不是本祖先的后人是不能参加祭祀活动的，如对勐腊神的祭祀活动。因此通过对祖先偶像的崇拜，维持了人们的身份认同与村寨内部的团结。

通过上面的分析我们可以看出，泰国傣泐人的祖先偶像崇拜现象的产生有其特殊的历史背景，同时这种现象对当地的傣泐人社会产生了广泛的影响，发挥着重要的功能。祖先偶像崇拜不仅是傣泰民族社会中一种特殊的宗教现象，同时它对于维系傣泐人的族群身份认同、内部的凝聚力、社会和谐都发挥着重要的功能，对于傣泐人在历史上新的生存环境中适应艰难的生活、团结互助、繁衍生息都产生了重要作用。在当代的社会环境中，祖先偶像崇拜一代一代地传承，对于传统文化传承也发挥着重要的作用。今天，作为一种典型的传统文化遗产，在很多地方也成为一种旅游资源，受到外地人的关注。但最根本的是，它是历史上一段可歌可泣的民族大迁徙的记忆，也是中泰友好历史的见证。

简论中泰跨境傣泐人历史及
其文化认同问题

　　傣泐人是指今天居住在中国云南省西双版纳的一个傣族支系，也是傣族最大的支系。傣泐人过去也被称为"摆彝""水摆彝"，今天除广泛分布在云南外，还分布在越南、老挝、泰国、缅甸等国家，其中以泰国、老挝、缅甸最多，人口总数达 300 万左右，境外的傣泐人人口总数超过中国傣泐人①。不论是生活在中国还是国外的傣泐人都有自己的方言、居住、服饰、宗教、社会习俗等特征，因此从很多文化习俗上，如语言、服饰上都可以识别出傣泐人。② 在历史上，由于民族迁徙的历史渊源关系，形成了今天云南与周边一些国家的民族渊源关系，包括中国与泰国傣泐人之间的民族渊源关系，成为一种特殊并相互产生影响的社会现象。今天，了解中国与周边国家傣泐人的历史及当代的文化联系，尤其是文化认同的形成与相互影响，对我们利用好民族渊源关系，构建一个共同发展的和谐区域有重要的意义。

一

　　傣泐人（Lu Lue Lu）是操原始侗台语（壮傣语支）语言的傣泰族群

---

① 在中国境外的傣泐人大多称为"泰泐"，但泰国北部的很多泰泐人仍然保持着"傣泐"的自称。为论述的方便，在本文中统一将中国之外的泰泐人称为傣泐人。

② Tai Groups of Thailang. Volume 2. Joachin Schliesinger，White Lotus Press，Bangkok，p. 72.

之一，主要聚居在中国云南省南端的西双版纳傣族自治州境内，其他也广泛分布在临沧、普洱、德宏、红河等州市，由于历史迁徙，目前也分布在老挝、泰国北部及缅甸东北部。西双版纳傣族自治州的西南部与缅甸掸邦景栋省接壤，南部与老挝的南塔省和丰沙里省接壤。傣泐人使用的语言与傣泰族群诸语言（如泰阮语、泰艮语、泰雅语、傣语等）相同，仅仅是方言的区别。①

今天在泰国北部及老挝、缅甸、越南等地居住着数以百万计的傣泐人，他们与云南傣族有着直接的民族渊源关系，至今仍然保持着广泛的交往。泰国北部傣泐人在历史上的不同时期（自19世纪至20世纪五六十年代）从云南迁徙到泰国北部定居②，今天在泰国社会中他们的生存状态有较大的差异，绝大多数是泰国公民，但有的甚至还是难民身份。在今天的社会环境中，泰国经济发展平稳、社会总体稳定，周边国家形势呈现出和平与发展的态势，同时泰国开放程度高，受全球化影响大，对当地的傣泐人社会产生了广泛的影响。过去由于担心受到社会歧视，当地的傣泐人对外也不公开宣称自己是傣泐人，而是讲标准的泰国语，穿着泰国服装，仅在自己的社区内保持着傣泐人传统，讲傣泐人的语言，也因为如此其传统文化也在消失。由于傣泐人在泰国是一个移民少数民族，完全融入泰民族的过程是在20世纪80年代才完成的。20世纪80年代以后，傣泐人开始注重公开保护自己的文化传统与遗产，泰国教育部也鼓励傣泐人保护自己的传统文化，从而开始了傣泐人的文化复兴过程，人们对自己的民族起源也开始充满自豪感，傣泐人的文化复兴对泰国北部到其他地区及周边国家都产生了影响。③ 傣泐人通过强化文化认同来增强民族凝聚力，获取更多的社会、政治利益。近年来受到泰国国家文化整合的影响，泰人的许多支系的民族文化正在逐渐消失。为了保持自己的文化独立性，增强在泰国社会中的生存能力与凝聚力，傣泐人开展了一系列的文化复兴运动，强化自己的民族文化认同，以此来争取自己的政治和社会地位。在这其中强化对

---

① *Introduction to Tai-kadai People*, Edited and Published by Institute of Language and Culture for Rural Development, Mahidol University, 1998, p. 19.

② "The Origins and Habitats of the Thai Peoples with a Sketch of Their Material and Spiritual Culture," By Major Eric Seidenfaden, *The Society*, 1967, Bangkok, p. 25.

③ *Tai Groups of Thailand*, Volume 2, Joachin Schliesinger, White Lotus Press, Bangkok, p. 73.

祖籍地的文化认同是重要的内容，并与中国云南的傣族人开展了频繁的交往。这一方面使傣泐人的文化认同发生了很大的变化，另一方面这种变化和中国云南的傣族有直接的关系，因此也有可能影响到中国云南的傣族社会。因此在今天深入认识泰国社会中傣泐人的社会、经济状况及文化发展的现实，尤其是傣泐人文化认同的新的构建过程、趋势以及文化认同的变化对中国傣族社会的影响，中国傣族的文化认同和泰国北部傣泐人的文化认同的关联性影响，对于我们把握这一地区的社会情势，利用好其中的有利因素，积极促进中国境内的傣族人民和境外的傣泐人之间的友好交往有十分重要的作用。但目前我们对于泰国的傣泐人的状况了解仍然十分有限，尤其是对其社会、经济、文化与现状的具体情况了解不足，对我们推动这一区域的合作发展产生了制约。

在历史上，云南南部地区，尤其是西双版纳、德宏等傣族聚居区与泰国北部地区有较深的社会与民族渊源关系。泰国北部在中国古籍中被称为"八百媳妇国"，即当地的兰那王国，是一个以今天清迈府为中心的地方王国，其辖治与文化影响覆盖了整个泰国北部。元朝时兰那王国被元军征服并设立地方政权机构进行治理。在明嘉靖三十五年，这一地区被强大起来的缅甸东吁王朝占领，从此从中国版图中分裂出去。[①] 正是因为这种历史关系，云南南部地区与泰国北部地区很早就有了紧密的关系，也促进了这个区域内人员的流动、民族的迁移。

在历史典籍记载中，西双版纳的勐泐王国与泰北的兰那王国有着十分密切的联系。从贵族统治阶层的血脉和政治联姻，到两地人民的自由迁徙和互市往来，两地有着兄弟城邦的美好赞誉。泰国北部的茫莱王（召茫莱）王朝时期、杰敦王（召杰敦）王朝时期是傣泐族群进入兰那王国人数最多的时期。无论是自发迁徙前往，还是战争掳劫形式，都导致了兰那王国疆域内出现了大量傣泐人居住的城邑。

泰国北部的傣泐人的祖先基本上是在历史上从中国的云南迁移来的，较早的移民至今有 500 余年的历史，傣泐人的大规模迁徙发生在过去的200 年间。在缅甸、泰国、中国云南接壤地带形成了一个大的傣泰族群居住区域。这个地区包括中国的西双版纳、临沧、德宏，缅甸景栋、老挝孟

---

① 江应樑：《傣族史》，四川民族出版社，1983，第 205 页。

欣和泰国北部，形成一个傣泰民族文化圈。① 由此也开始了一个在这个区域内人们社会经济文化的相互交流和相互影响的局面。这个区域被公认为傣泰民族的传统居住区，人们认为这个居住地区是傣泰民族的传统家园，人们在这个家园之内可以自由流动，当然也形成了人们之间的相互认同感，形成了傣泰民族在这个巨大的居住区域内的民族认同和文化认同。这种民族文化认同感在今天仍然存在，并且对人们的社会文化交往产生着重要的影响。更为重要的是，傣泰民族在历史上是一个频繁迁徙的民族，不仅从云南迁移到泰国北部，同时也迁徙到越南北部、缅甸东北部和印度的阿萨姆等地区，从而形成了一个巨大的傣泰民族居住带，形成了更为巨大的傣泰民族文化圈，在这个文化圈内人们同样有相互之间的民族认同和文化认同。

泰国北部的傣泐人今天广泛地分布在难府、帕腰、南邦、清迈等府。主要包括傣泐人和傣勇人两个部分。泰国的傣泐人今天已经融入泰国的社会中。他们是当地的土著民族之一，有泰国的国民身份，享受泰国的国民待遇，接受泰国统一的国民教育。在今天泰国的傣泐人基本已经本土化，但傣泐人从迁移到泰国北部至今都有相应的居住区域，仍然保持着傣泐人的村子，保持着文化认同、传统的宗教和很多文化习俗，在傣泐人的村子中至今仍然使用傣泐语言和少量文字，因此今天傣泐人不论从历史的记忆、民族认同和文化认同到文化习俗都还维持着自己作为傣泐人的身份和传统，和其他傣泰民族族群的支系有着明显的区别。他们仍然保留着傣泐人的诸多文化传统，包括在傣泐人的村子集中居住、使用傣泐人的语言和文字、崇拜自己的祖先、保持自己的宗教传统、保持傣泐人的服饰特征和饮食文化习俗等，这些传统成为当地的傣泐人区别于其他傣泰民族支系的重要特征，也成为傣泐人文化认同的重要载体。

泰国的傣泐人在文化传统的构建过程中有较多的特殊性。泰国有国家的文化传统，同时也有地域文化。对于泰国北部的居民来说，最重要的地域文化是兰那文化。这个区域在过去的 700 年中存在一个地方王国——兰那王国。兰那王国的文化自成一统，对当地的文化产生了深远的影响。② 傣泐人在迁移到泰国北部以后，同样也受到兰那文化的深刻影响，接受了

---

① 参见郑晓云《傣泰民族起源与傣泰民族文化圈的形成新探》，《云南社会科学》2005 年第 3 期。

② 宋迈·普拉奇、安派·朵雷：《兰那十二个月的传统》第一章，云南民族出版社，2001。

兰那文化。随着泰国国家文化的一体化进程，以曼谷文化为代表的国家文化对泰国北部的影响不断扩大，如通过现代教育推行的国家标准语言和文字等。对于傣泐人来说，他们的文化传统构建过程包括多个层面，既包括傣泐人自己的文化传统，也包括泰国北部的兰那文化传统和泰国的国家文化，同时也受到外来文化的广泛影响。因此在今天泰国的傣泐人的文化认同在结构上也是多层面的，甚至表现出了比其他当地很多民族更为复杂的文化认同现象。傣泐人作为泰国的公民，通过社会、文化、教育的融合，对自己的国家身份有明确的认同，同时也对国家文化有认同，接受了泰国的国家主体文化，但与此同时又保持着传统的民族文化认同。泰国傣泐人传统的文化认同包括两个层次，一个层次是对兰那文化的认同，另一个层次是傣泐人自己的文化认同。

事实上在今天的傣泐人社会中，文化认同结构之间的关系不仅十分复杂，文化认同结构之间的冲突和调适也同样是非常复杂的，同时也随着社会内部和外部环境的变化在不断地重新构建。作为泰国的公民，今天傣泐人的主体在泰国已经居住了两个世纪，虽然他们保持着本民族的文化认同和祖先记忆，但他们很容易融入泰国的国家主体文化之中，尤其是20世纪50年代末以来随着泰国社会的开放，尤其是泰国北部社会开放，国家的教育、文化、社会等各项事业的推进，当代的全球化影响等，泰国国家的主体文化的影响力不断增大，地方文化的影响力相应地在弱化，尤其是青年一代对于当地文化的知识越来越少，在语言和文字应用、文化感受上基本是受国家主体文化的影响，从而也形成了和国家主体文化融合进程中的一致趋势。① 在今天的国家文化融合进程中，兰那文化对傣泐人来说已经没有明显的重要性，因为兰那文化作为一种泰国北部重要的地方文化也正在融入国家主体文化中，同时它对傣泐人保持自己的传统文化认同并没有重要的意义。傣泐人自己的民族传统文化认同仍然有十分重要的意义，并且在新的形势发展中显示出特殊的作用。傣泐人的传统文化认同包括了自己原有的各种文化要素，尤其是对祖先的认同。这种民族文化认同的存在，对维系傣泐人在泰国北部的社会团结、保护民族文化、争取政治权益起到了积极的作用。

① 参见郑晓云《全球化背景下的中国及东南亚傣泰民族文化》，民族出版社，2008。

在今天随着形势的发展，傣泐人对本民族认同的因子中得到强化的是对祖先的认同，尤其是对祖籍地的认同感，这一点是最近几十年来出现的一个鲜明的特点。傣泐人近年来强化的祖籍地认同，事实上就是对他们的发源地——中国云南省傣族地区的认同，尤其是对西双版纳的认同感。这种认同感的增强有复杂的原因。一方面，随着社会的开放、社会交往的便捷，泰国的傣泐人和云南的傣族人之间的往来不断增多，越来越多的泰国傣泐人回到祖先的故乡寻根问祖，旅游观光，强化了对自己发源地的认同。另一方面，在泰国国家文化影响日趋强大的今天，为了争取保持自己的民族文化独立性，争取更多的政治权益，甚至是发展旅游业的需要，人们要保持和增强自己的传统文化认同，这是泰国傣泐人的社会精英和年长的一代人期望维系本民族文化认同的重要原因。因此近年来泰国傣泐人中的很多精英人士推动了傣泐人的文化复兴运动，通过开展文化活动、各地傣泐人的文化联络、传统手工艺品生产等活动积极推动傣泐人文化的保护和传承，挖掘传统文化。各地的傣泐人也积极保护自己的传统文化，傣泐人在泰国各地的联系不断加强，文化意识不断被强化。

二

云南省作为傣泐人的发源地，当地的傣族人的文化认同和境外尤其是泰国北部傣泐人的文化认同有较大的差异，但是又有非常特殊的社会历史背景中的相互联系，尤其是拥有共同的民族认同。在历史上，大量的傣族人从云南迁移到老挝和泰国北部，这种迁移一直到20世纪60年代都还存在。在历史上一旦西双版纳等地发生战乱或者社会不安定，人们就会很快集体迁移到境外寻找自己的亲戚或者新的居住地。20世纪五六十年代，中国境内政治运动造成边境地区社会动荡，很多傣族人非法迁移到境外。如上所述，在历史上由于迁移几百年来已经形成了一个包括中国、老挝、缅甸、泰国北部、越南和印度等国家的部分地区构成的傣泰民族居住区域和文化圈，构成了傣泰民族人民共同认同的居住家园。这种特殊的历史背景，激发了人们对于共同的居住区域的认同感，在人们的心目中不论居住在哪一个国家，傣泰民族总有一个共同的家园存在。因此在历史上，对这一个家园的认同感对于居住在各个国家的傣泰民族人民来说高于对居住国的认同感，也就是民族认同和对于居住区域的认同高于对国家的认同，这是一个客观的历史现象。尤其是 20 世纪 50 年代后期到 70 年代末，经济发展欣欣向荣、宗教信仰自由的泰国成为人们心目中的美好家园，因此人们对泰国更加向往，对泰国的很多文化因子，包括服装、饮食、歌舞，尤其是宗教有较强的认同感。泰国的服装成为傣族妇女热衷的款式，很多农村将自己的古老的寺庙拆除后，按泰国北部的样式建造，很多傣族青年到泰国北部去学习宗教知识，到今天这种模仿还没有结束。因此泰国北部的傣泐人的文化对今天的中国傣族尤其是西双版纳傣族的影响是非常大的。这就形成了另一个更重要的现象，泰国北部的傣泐人对自己的祖籍地有着越来越强烈的认同感，这是一种对祖籍地的认同感和对自己民族文化渊源的文化认同，这种认同感对保持当地的民族文化传统、增加傣泐人社会的凝聚力和团结，对本民族在当地能够长期生存下去而不被融合到其他民族文化中有重要的作用。而云南的傣族人民对于泰国傣泐人文化的认同，出自共同的民族渊源和文化上的向往。这两种相互之间的民族和文化认同，一方面来自共同的民族渊源关系，另一方面是由各自不同的居住国的政治、经济、文化环境所造成的。他们相互之间有着较强的影响力，构成了十分特殊和复杂的文化认同情况。这种情况在未来的社会经济文化的互动中还会显得更为复杂。

从中国方面的傣族人来说，泰国北部傣泐人的状况发展变化，文化认同的重构、文化复兴运动会对中国傣族产生不可避免的影响，这也是一种看得到的现实。因此在今天我们深入研究泰国北部傣泐人的社会经济文化状况，研究傣泐人文化认同形成的背景、结构、特征和重构的趋势，傣泐人的文化和中国傣族文化在当代的互动关系，文化认同上的相互影响，作为一项学术上的开拓性研究不仅有重要的学术价值，也有较大的现实意义，成为我们认识边疆民族地区基本国情的重要切入点。

三

从上面简要的论述中我们可以看到，中泰傣泐人由于历史渊源关系也同样形成了密切的民族渊源关系，这种渊源关系在今天仍然在产生着作用，并且产生着相互之间的影响。在两国国内环境变化的影响及国际关系的互动、当代区域发展环境的变化中，其相互之间的影响也呈现出很多新势态，甚至还会有更多新情况出现，值得深入加以研究。总之，笔者认为这一地区民族之间的相互理解和友好关系、和谐状态是一种重要的和平发展的基础。在今天，应积极地利用傣泰民族既已存在的民族渊源关系，推动这一地区的和平与和谐发展，为中国构建和谐边疆创造一个和谐的周边环境，与此同时也要注意避免这其中的消极因素。应该大力推进中国傣族和老挝、缅甸、泰国等国傣泰民族人民之间的社会经济交流，创造条件使人们能够更多地相互了解、促进友谊、构建和谐社会，实现这一地区的长久和平。应积极推动这一地区民间友好交往活动的开展，推动经济的合作和发展，使境外的跨境民族人民了解中国的发展，同时也显示出必要的关心，赢得境外同根民族的认同感，消除可能在历史上形成的误解和一些对立情绪，这样傣泰民族历史上所形成的历史渊源关系必然能成为我们构建和平发展区域的有利因素。

从物质生存到民族文化生存[*]

——美国丹佛市傣泐人现状调查研究

美国科罗拉多州丹佛市是美国傣泐人居住最集中的地区，有 1200 余人、140 余户。他们的祖籍是中国西双版纳和老挝勐勇。① 当地的第一代傣泐人在美国定居已经超过 40 年，是 1975 年印度支那战争结束以后的移民，第二代、第三代则出生在美国。目前约有 50% 的傣泐人拥有美国国籍，其他人持有绿卡。近年来随着美国傣泐人与其祖籍地老挝勐勇和中国西双版纳交往的增多，不断有新的移民来到美国。当前随着电子信息化的普及，美国各地区傣泐人和祖籍地的信息沟通十分便利，带来了更多的信息交流和更频繁的人员交往，人们在重新构建现实社区的同时也在构建一个虚拟的社区。② 这种基于电子信息化技术的虚拟社区为当地傣泐人恢复民族文化、重构民族文化认同提供了平台，使傣泐人在当地成为一个联系越来越密切的族群。2017 年 6 月，在当地傣泐人佛寺举办新的佛塔塔心安放典礼期间，笔者前往进行了 3 天的实地调查，参加了典礼的全过程。在随后的 10 天里，继续在当地与傣泐人进行了广泛的接触，了解到很多当地傣泐人的情况。回国后，通过微信对当地傣泐人继续进行了大量的访谈。

傣泐人是中国傣族中最大的支系，周边国家傣泐人也是历史上从中国

---

  * 本文原载《世界民族》2019 年第 3 期。

① 本数字为当地老挝傣泐协会提供。

② 此处的虚拟社区指人们通过微信、Facebook 等网络手段建立起来的傣泐人社会网络，有信息交流与组织相关社会生活与宗教活动的功能。

云南迁徙出去的。尽管近年来对傣族先民从云南向周边国家的迁徙有了较
多的研究，但是局限于到美国进行田野研究的困难，加之当地傣泐人的文
献资料基本处于空白状态，甚至在美国官方的人口统计资料上也没有显示
傣泐人的存在，外界对美国傣泐人的情况知之甚少，至今没有开展对旅美
傣泐人的研究，也没有相关的学术成果发表，美国傣泐人一直是傣泰民族
研究中的一个空白。傣泐人在美国社会的生存与融入状况是鲜活而生动
的，对其祖籍地中国云南及老挝的傣泐人的影响也客观存在并且在不断扩
大，因此我们有必要对其发展现状进行系统考察。本文主要依据实地调查
及微信访谈所获得的资料及了解到的情况，对当地傣泐人社会状况和族群
社区的重构进行分析，同时也为学术界提供一个理解当代海外移民族群生
存状态的个案。

一　傣泐人及其移民美国的历史背景

傣族是中国的一个单一民族。与中国傣族拥有共同民族认同和历史渊
源关系的泰人广泛分布在中国西南周边国家，形成了一个跨越多国的民
族——傣泰民族。傣泰民族分布在中国云南以及周边越南、老挝、缅甸、
泰国、印度等国家，他们有共同的历史渊源关系、语言和文化，大多数民
众信仰南传上座部佛教。[1] 据研究，今天居住在中国周边国家、有共同民
族渊源关系的泰人都起源于中国，在 10 世纪后从中国云南地区逐步迁徙到
周边国家。[2] 由于泰语是在中国和东南亚、南亚一些国家和地区被广泛使
用的语言，因此说泰语的民族较多，按照国际上的归类方法，也从语言学
的角度把他们归类为泰－卡代语族群[3]（Tai－Kadai People），在中国包括
壮族、侗族、水族、毛南族等。在泰国泰人（Tai）有 30 多种，虽然使用
同样的语言，但是不一定都有民族渊源关系。

---

[1]　参见范宏贵《同根生的民族》，光明日报出版社，2000。

[2]　郑晓云：《傣泰民族先民从云南向东南亚的迁徙与傣泰文化圈的形成》，《云南社会科学》2005 年第 3 期，第 82～87 页。

[3]　Introduction to Tai-Kadai People, Institute of language and Culture For Rural Development, Mahaidol University, Thailand, 2001.

由于久远的历史迁徙过程及在当地的融合发展，傣族以及与中国周边国家有共同历史和民族渊源关系的傣泰民族也形成了诸多的支系及支系文化。[①] 傣泐人是傣泰民族中较大的一个支系，不仅是中国傣族中最大的支系，同时也是周边国家分布最广泛的傣泰民族支系。学术界近几十年来对东南亚、南亚国家傣泰民族的迁徙、定居、融合都有很多研究，探讨了其迁徙过程，尤其是从中国迁徙到周边国家的过程。如从中国云南迁徙到印度阿萨姆邦[②]，向缅甸[③]和向越南的迁徙[④]，以及本文所重点涉及的向老挝迁徙的傣泐人也有研究。老挝是傣泐人从云南迁徙到东南亚一些国家的重要通道，越南、泰国的很多泰人（当地称 Tai）都是通过老挝从云南迁徙出去的，其中很多人也因此而停留在老挝。这种迁徙从公元 12 世纪至 20 世纪 50 年代都存在，这也是西双版纳傣族民众与老挝泰人至今仍然有较多亲缘关系的缘由。[⑤] 了解这些背景，有利于我们理解今天傣泐人在海外，尤其是本研究聚焦的美国傣泐人的民族社会关系。

傣泐人在美国的定居有特殊的历史背景。在印度支那战争中，美国政府曾经扶持了越南和老挝亲美政府，有很多当地少数民族民众因此参加了亲美的政府武装，包括苗、瑶、泰等族。在这一过程中，老挝也有很多傣泐人参加了美国政府支持的老挝武装，有的直接参加了美国军队后勤组织，其中尤以居住在老挝勐勇地区的傣泐人最多，根据参加过军队的老人回忆，可能有六七百人之多。印度支那战争结束之后，美国政府愿意接受参加亲美政府武装部队的当地人前往美国定居。因此在 1975 年后的几年中，有大批当地少数民族民众开始迁到美国定居。据迁来的老人们回忆，申请迁往美国的手续比较简单，只要到美国军队办事处进行登记即可。在

① 目前对中国与东南亚傣泰民族历史与文化多样性研究较为集中的成果是郑晓云《全球化背景下的中国与东南亚傣泰民族文化》（民族出版社，2008）。

② 参见何平《从云南到阿萨姆——傣泰民族历史再考与重构》，云南大学出版社，2001。

③ Sai Aung Tun, *The TAI Ethnic Migration and Settlement in Myanmar*, Yangoon University, Yangoon, 2002. Nel Adams Alias and Sao Noan Oo, *The Tai of the Shan State*, Manuscript presented at 4Th International Conference on Thai Studies, Kunming. 1990.

④ 越南社会科学委员会民族学研究所编著《越南北方少数民族——泰族》，范宏贵等译，广西民族学院民族研究所编印，1986；并参见 Nguyen Van Huy, et al. , *The Cultural Mosaic of Ethnic Groups in Vietnam*, Education Publishing House, Hanoi, 2001。

⑤ （老）昭坎曼 - 翁骨拉达纳：《老挝丰沙里省诸民族》，蔡文枫译，《东南亚资料》1983 年第 2 期，第 27 ~ 31 页。

登记的时候只需出示自己参加亲美政府武装部队证件，甚至够说明自己部队的番号亦可，同时回答几个简单的问题，包括为什么要到美国、家庭情况等，就可以获得前往美国的证件，甚至可以携带直系亲属一同前往。获得证件之后就可以搭乘美军运输机前往美国，有时早上获得证件，下午就可以乘机。老人们回忆，当时乘机前往美国的人较多，在飞机场可以看到不同民族的人们熙熙攘攘排队等候乘机。

被接受的移民者到达美国后，其中很大的一部分被安置在科罗拉多州丹佛市附近。有一些参加过美国海军后勤部队的人，则被安置在加利福尼亚州圣地亚哥市海军基地附近，其他人则被分散安置在加利福尼亚州的不同地区。因此科罗拉多州和加利福尼亚州是今天美国傣渳人最集中的地区，其中尤以科罗拉多州的丹佛市最为集中。

美国政府为新到达的移民提供 3 年的生活资助，包括安家费和日常生活的费用，让他们能够租房及维持基本生活。与此同时，对于青壮年人开展语言、就业和适应当地生活的培训，对有学习需求的青少年也安排了学校。这样的政策安排使这一批先期到达美国的移民能够很快定居下来，并适应当地的生活环境。3 年以后，傣渳人在政府的帮助下自谋职业，没有职业的家属只能领取社会保障金。事实上，在 1975 年以后的 3~4 年中，不断有人迁往美国，有的对到达美国后的生活有较大顾虑，因此一个家庭中先来 1~2 人，在了解实际情况之后，又有很多符合条件的申请前往美国，同时也把家属接到美国。

先期到达美国的傣渳人虽然和中国西双版纳有历史渊源关系，但并不是从西双版纳直接迁移出去的，而是来自老挝的勐勇。勐勇是老挝傣渳人较为集中的地区，他们的祖辈都是在历史上从西双版纳地区迁徙的①，因此其历史文化和语言文字都与云南傣族地区基本相同。和西双版纳的傣族人一样，他们自称傣渳人，并且相互之间有较强的认同感，这也是当代他们之间有密切互动的历史原因②。今天居住在美国的傣渳人由于大部分是来自老挝，因此他们对外一般自称老渳人。由于有历史的渊源关系，老挝

---

① 昆尼 - 宋差：《从勐勇到南奔：1805—2008》，泰国清迈大学出版社，2005，第 17 页，泰文版。

② 郑晓云：《傣泰民族先民从云南向东南亚的迁徙与傣泰文化圈的形成》，《云南社会科学》2005 年第 3 期，第 82~87 页。

傣泐人认同西双版纳傣泐人为同一民族支系，在 20 世纪 90 年代就不断回到西双版纳寻根问祖，因此今天在美老挝傣泐人也把西双版纳傣泐人视为一家，双方的互动较为频繁，甚至一些男青年寻找对象都首选西双版纳女性。

20 世纪八九十年代以后，很多居住在美国的傣泐人纷纷回乡寻根问祖，他们不仅回到了老挝，同时也纷纷回到更久远的祖籍地西双版纳，寻找自己的亲戚朋友。在西双版纳的大勐龙一带，就有很多傣族人有亲戚朋友在美国。他们经常在有重大的宗教活动时回到西双版纳，参加佛事活动，并捐款修建寺庙等。由于美国当地的傣泐人社会是一个相对封闭的社会，很多男性寻找配偶有困难，因此有一些青年人回到西双版纳或老挝寻找配偶，导致了新的婚姻移民现象。近年来嫁到丹佛市的西双版纳女性就有近 20 人，这种现象在未来还会增多。

二　当前生活状况

傣泐人到达美国之后，经历了近 40 年的生存发展过程，目前基本已经适应美国社会，进入了平稳的生活状态中。根据当地老挝傣泐人协会会长阮赛空－桑迪（Saengkham Sandy Nguyen）女士介绍，今天居住在美国的傣泐人基本都属于中产阶级，生活没有大的顾虑。部分人由于有较好的工作、经营生意等，生活条件还很优越。

在到达美国初期，傣泐人由于统一的安置居住在相对集中的一个区域。但是在人们有了稳定的收入之后，便开始购买适合自己的住房，有的几兄弟相约在一个街区购买住房，以便照顾。尽管如此，大部分傣泐人还是因此而分散开来，因此今天在丹佛市的傣泐人并没有居住在一个集中的区域，而是分散居住在丹佛市不同的地区。从居住的角度而言，并不存在一个傣泐人的社区，他们分别融入当地的社区中。

今天居住在当地的傣泐人全部拥有自己的住房。近年来不少当地傣泐人还换购自己的房子，购买更大、更好的住房。这里的住房都是单家独户的，傣泐人购买更大的住房一方面是进一步改善自己的居住条件，另一方面是为了保持亲戚朋友在逢年过节等一些特殊日子聚会的传统。在傣泐人社会中亲戚朋友聚会是非常重要的传统，过新年及一些集体的佛事活动中，人们都会在家中轮流聚会，因此需要更大的空间。在我们访问过的一些朋友家，虽然目前居住的空间已经足够，但是他们仍然在谋划购买更大住房，理由之一就是有更大的空间满足亲戚朋友聚会的需求。这一点作为旅居海外的人们来说被看得更重，可以保持和亲戚朋友的良好关系。生活在美国这样一个汽车社会中，当地傣泐人家家户户都拥有汽车，大多数家庭中有两辆汽车。

职业是生计的重要保障。今天生活在美国的青壮年傣泐人基本上都有相对稳定的工作。工作的状况和受教育程度有直接关系。一些受过高等教育的第一代、第二代傣泐人有较好的工作，有的在政府机构中工作，有的在一些知名的企业中工作，甚至是高级职员。例如毕业于哈佛大学的老挝傣泐人协会会长阮赛空－桑迪女士就曾经在美国联邦政府做过法律方面的高级职员。出生于美国的拿文先生目前在位于加利福尼亚州的国家空间试验室工作；其他也有的在美国著名的医院、文教机构工作等。但是总体而言，大多数在美的傣泐人受教育程度并不高，大部分中青年人主要在一些企业中从事普通工作，例如很多年轻人目前在丹佛市一家生产窗帘的工厂工作，这家企业规模较大，经营效益好，有长期稳定的用工需求。这家工厂的工作不仅是稳定的，且对工人的受教育程度要求不高，同时提供政府规定的各种福利条件，包括每年的带薪休假等，因此有一些傣泐人在这家工厂已经工作了一二十年。这家工厂的工作基本上都属于体力活动，每天工作 8 小时，每周还有几天是早上 4 点的早班。尽管工作很辛苦，但是这些工厂为受教育程度不高的年轻人尤其是新移民提供了稳定的工作，对此人们还是很珍惜的。此外还有一些青年人在百货商场、饭店工作，属于短期工作。这些工作的好处是工资结算较快，有的当天就可以拿到工资，因此有人喜欢这种工作。总之，在就业方面当地的傣泐人没有很大的困难，使大家的生计有了基本保障。傣泐人中有一部分人经商，有的经营较为成功，拥有餐馆、商场及小型工厂等产业。

目前大多数第三代傣泐人还在学校读书。在美国，小学及初中等教育条件较好，学龄儿童都能够到学校读书，因此傣泐人家庭对于孩子上学读书没有太多的顾虑，同时在经济上也没有大的压力。在高中毕业后傣泐人也能顺利进入大学接受高等教育。在美国出生长大的青少年一般都能够讲傣语和英语两种语言。在傣泐人的家庭中，基本上完整地使用傣语，这为青年人通晓傣语提供了环境。在生活方式方面第三代傣泐人受到美国社会的影响更大，包括饮食习惯，年轻人更偏爱美国的饮食。

在社会交往方面，时至今日生活在美国的傣泐人的社会生活相对而言仍然是封闭的，并没有全面融入美国社会中，社会交往基本上局限在傣泐人圈子中。在当地有从亚洲迁徙去的苗族人、瑶族人及其他族裔的泰国人、老挝人等，逢年过节也会邀请其他族裔的头面人物参加，但是日常并不过多来往，包括关系比较密切的其他族裔老挝人。虽然说大多数的傣泐人来自老挝，但是傣泐人和其他老挝人交往不多，丹佛的老挝人也有自己的寺庙，但是傣泐人并不参加他们的活动，尤其是傣泐人有了自己的寺庙之后，与其他老挝裔族群的宗教和社会交往越来越少。在2007年傣泐人拥有自己的寺庙之前，由于文化及语言相近，他们都是参加城里泰国佛教寺庙的活动，但是自从有了自己的寺庙之后，他们就不再参与泰国人的宗教活动，相互之间的交往也因此而淡化。

三　佛教信仰与民族认同的重构

傣泐人信仰南传佛教，南传佛教在美国丹佛市傣泐人社会生活中非常重要。在当地的社会环境中，南传佛教的意义甚至超过了宗教信仰本身，成为当地傣泐人民族认同和社会关系构建的重要因素。

对佛教的信仰是傣泐人社会生活中不可或缺的。20世纪八九十年代，由于当地的傣泐人人数不多，经济实力有限，因此没有自己的佛教寺庙，参加佛教活动和日常礼佛主要是在丹佛市区泰国人的寺庙。据说由于一些历史原因，当地泰国人对傣泐人也有一定的歧视。因此，傣泐人决定要修建自己的寺庙。2000年初，人们在丹佛市郊区租下一块土地，建起了一座寺庙。2006年集资买下了一块农场的土地，建起了今天的寺庙——科罗拉多潘亚拉姆寺（Wat Buddhapunyaram of Colorado，USA）。这座寺庙有一个可以容纳二三百人的佛堂，一座别墅式的僧人住房，一个供人们集会进餐用的礼堂，还有一个菩萨雕塑园，占地面积超过100亩。在佛堂中，有南传佛教风格的佛祖雕像，内部的装饰风格与老挝、西双版纳完全一样。在菩萨园中，有几十尊菩萨的雕像供人们参观。礼堂提供了一个在节日、宗教活动中集会、娱乐、用餐的场所。今天很多婚丧嫁娶和一些个人的庆典活动也会到这里来举办，因此，这一个寺庙在傣渌人的社会生活中变得越来越重要。

寺庙中目前有常住僧人3人，其中一名高僧来自老挝，另外两人是在当地出家多年的傣渌人。他们的日常生活一方面是修行，另一方面是主持各种佛教活动。他们的饮食及生活用品由当地人供奉，每天都会有人做好食物送去或上门烹制。

当前这里的佛事活动与其他地方的已经没有多少差别，各种既定时间的活动在这里都开展，包括佛历新年、开门节、关门节等重要活动，也包括祭祀当地的佛塔、亡人的超度等，甚至包括赕"曼哈邦"① 等大的佛事活动近年来也时常举办。佛事活动越来越频繁、越来越规范化已经成为一种现实，同时佛事活动也使人们有机会频繁接触，关系变得紧密，这是一个较大的变化。

2017年6月18日、19日，人们为正在建设中的佛塔安放塔心举行了隆重的庆典活动，这次活动是近年来规模最大的佛事活动。笔者全程参加了这次活动，通过观察了解到了当地佛事活动的很多情况，非常有助于理解佛教在人们的宗教信仰、民族认同和社会关系构建的角色极有助益。

正在建设中的佛塔将花费20万美元，将建成一个基座为莲花造型的佛塔，据设计者说，这将是一座造型十分精美、别致，具有独一无二造型特点的佛塔。

当地的傣渌人协会为了这一活动做了大量准备工作。他们专门邀请了在老挝德高望重的高僧祜巴香腊前来参加，同时也邀请到了加利福尼亚的其他僧人，当日参加典礼的僧人有18位。参加的信众不仅有当地的傣渌人，也有一些居住在加利福尼亚等其他地区的傣渌人和其他族群的成员。

6月18日，是庆典活动的第一天。早上9点高僧们进行诵经，随后前来参加的人们将自己的供品放在佛堂中。

11点，全体参加活动的僧人和客人共进午餐。午餐的食物及饮料由一

---

① 曼哈邦是西双版纳以及老挝、泰国、缅甸等地南传佛教礼佛活动规模较大的一种，意思是为来世做奉献，做牺牲。由个人或者家庭自愿，往往花费大量的钱财和物品到寺庙做这个活动，意涵为把这些钱财和物品奉献给来世。

些个人捐资承担，同时也现场出售。参加进餐的人自己购买食物，以示对寺庙的支持，出售食物的收入将全部捐献给寺庙。午餐准备丰盛的傣渺人菜食，食物的烹调都十分地道，使用的原料几乎完全和老挝、西双版纳一样。这些食物的原料有的在美国生产，有的是傣渺人从老挝探亲带回来在美国种植的。很多傣渺人保持着制作传统食物的习惯，身在美国也能够吃到地道的傣渺人菜肴。制作传统饮食是当地傣渺人抚慰乡愁的一种重要方式。吃饭的时候，来自不同地区的傣渺人相聚在一个轻松愉快的场所中，互致问候、聊天说笑、演唱传统歌曲，表达亲情。

下午 3 点，开始进行文艺表演。傣渺人妇女身穿节日的盛装，表演传统舞蹈，当地其他族群社区也应邀前来表演，包括老挝人、泰国人、柬埔寨人、缅甸人、中国人的舞蹈，依次进行表演。这其中不断穿插进行傣渺人的传统的集体舞，邀请全体人同时起舞。

晚上 8 点，再次进行僧人的诵经仪式。

6 月 19 日，此日是庆典的主要活动日。

上午 4 点，开始宗教活动，进行僧人的诵经仪式及信众贡奉由稻米、甘蔗、椰奶制成的甜食"玛都帕亚"（matupayad）仪式。

上午 8 点 29 分，人们簇拥着僧人，抬着圣物围绕着佛堂游行一周，然后游行到新建的佛塔举行圣物安放仪式。在这个过程中高僧不断诵经，人们载歌载舞，表达喜悦之情。在高僧的主持下，将圣物安放进佛的基座中央。随后进行大规模的布施活动，将钱和一些食物列队放入大棚中事先准备好的一长列僧钵中。

上午 11 点，全体参加活动的人共进午餐。由于当日参加的人更多，气氛也更为浓厚。

中午 1 点，全体人员参加诵经。由老挝高僧进行诵经，为当地的傣渺人祈福。随后当地傣渺人协会的负责人进行工作报告，介绍下一步的工作安排。活动一直到下午 3 点结束。

活动结束后，参加活动的人们便到自己所属的小组中某一个成员的家中聚会。我们被邀请到了两个傣渺人家中。每一家都准备了丰富的食物，包括烧烤和各种傣渺人传统食物、酒类、饮料和水果等。主人忙里忙外招待客人，客人来来往往、围坐在屋里屋外，享用美食，开心聊天。这样的聚会活动人们会轮流主办，这是当地傣渺人节假日中最重要的活动之一，显示了当地人的友善和团结，因此人们都十分重视。如上所述，很多家庭把承办这样的家庭聚会活动看作一件荣耀的大事，一些有条件的家庭甚至为了能办好家庭聚会活动而更换更大的房子。

自有的寺庙不仅满足了人们的宗教信仰需求，同时也促进了当地傣泐人社区社会关系和民族认同的重构，这可以从以下几点反映出来。

第一，寺庙满足了人们的宗教信仰活动的需求，有条件开展各种佛事活动。

第二，提升了傣泐人的文化自信。有了自己的寺庙，人们不再到其他族群的寺庙参与宗教活动，自己变成了宗教活动的主体，从过去的参与者成为现在的主导者。在自己的寺庙，当地傣泐人可以按照自己的传统开展佛事活动，当地的傣泐人对此感到非常自豪。同时，傣泐人的佛事活动传统与泰国人还是有很多差别的，因此拥有自己的寺庙具有非常重要的意义。

第三，通过宗教活动，强化了傣泐人的文化认同。由于有了自己的宗教活动场所，人们有了满足精神需求的场所，更重要的是寺庙乃一个民族精神归属之所，使傣泐人的精神获得了更强的凝聚。与此同时，傣泐人佛寺对人们的精神凝聚，也凸显了傣泐人与其他族群的界限，人们有了建立在宗教上的更多的“自我”存在感，彰显出与同样信仰南传上座部佛教，并且来自同一亚洲近邻地区的泰国人、老挝人之间的差别。由于有了自己的佛寺，傣泐人的宗教活动变得更规律化、规范化并且频繁起来，这使傣泐人的社会交往更加频繁，人们也变得更加亲近，甚至居住在其他地区的傣泐人也因为宗教活动而加强了联系和交往。这一切都提升了傣泐人的民族文化认同。但是傣泐人认同意识及内部凝聚力的增强也在一定程度上带来了自我封闭的后果，相对弱化了与其他族群的社会联系，从长远来看在这可能是一种不利的影响。

第四，宗教活动促进了傣泐人的文化复兴。为了使自己的宗教活动更为完美，更好地体现傣泐人的传统，在宗教活动中人们尽力去再现和祖籍地相同的宗教文化和相关的传统，包括佛事活动的仪式、使用传统方式制作各种宗教供品、用品、食品、表演的舞蹈、穿着传统民族服装、邀请家乡的僧人作主持等等，这些传统文化因为宗教活动而在当地被尽可能地复制和提升。尤其是作为集体的行为，更有利于这些传统在当地的复制和提升，甚至是创新，成为当地傣泐人的重要文化支撑。

第五，提升了当地傣泐人的社会凝聚力，密切了傣泐人的社会关系。由于佛事活动，人们的交往变得越来越频繁。事实上在日常生活中由于居住分散且工作忙碌，当地傣泐人并没有多少机会联系接触。但是有了规律性佛事活动之后，人们相互见面的机会多了，有的时候每个月要多次到寺庙中参加活动。在访谈中，一些当地人说过去半年一载都没有机会见面，现在每个月不见面都不行。这种变化对傣泐人来说非常重要，它加强了人们之间的社会交往，使相互之间的联系更加紧密。在佛教活动的公共性被彰显的同时，一些私人的事务也越来越多地带有公共性色彩。例如孩子满月、结婚、丧事等活动，人们也越来越多地借用佛寺场地来操办，包括这些活动中需要做的法事、宴请等，都在佛寺举办，这样人们也越来越多地受到邀请前去参加。因为参加活动变得越来越频繁，不仅增加了人们的日常联系，也体现了人们的"泐人"身份和责任，由此带来的是人们在社会生活中更多的互帮互助。

基于以上现实，宗教的意义已超越了信仰本身，成为当地傣泐人认同与社区构建重要因素。今天傣泐人在美国丹佛市已成为一个有越来越明显的文化内涵和边际的族群。佛教信仰是其中一个重要的因素，当地宗教也有神圣与世俗相结合的特点，一方面是人们的信仰，另一方面也成为强化并维持傣泐人认同的重要途径。

在宗教复兴等因素的推动下，今天当地傣泐人民族认同的重构已基本完成。支撑美国傣泐人民族认同的要素包括5个主要的方面：共同的祖籍地、民族身份、宗教、民族文化、美国身份。他们拥有共同的祖籍地西双版纳、傣泐人身份、共同信仰南传上座部佛教、拥有傣族的传统文化、拥有在美国居住的身份。其中美的身份认同也是非常重要的，表明他们是有新的居住国身份的傣族人。这种民族认同，已经和其他地域的傣族人有了区分：同是傣族人，但他们已经不是传统的中国西双版纳或老挝的傣族人，而是美国傣族人，从这一点来说，当地的人们在身份认同上都是非常明确的。他们的民族认同已经完成了从作为一个外来移民族群所保持的原有的民族认同，到已经本地化的一个族群所拥有的族群认同的转变。这对他们在美国土地上最终形成一个新的族群提供了自我意识的支撑，在族群混杂的美国社会中拥有了自我。

四　傣泐人社区社会的构建

今天，除了在当地构建起新的民族认同外，一个基于族群关系的傣泐人社区也正在构建之中。其中美国老泐人协会（US Lao-Lue Association）扮演了重要的角色，是美国傣泐人社会关系最重要的维系者。协会在傣泐语中称"Samahong"，即"四方来的人相聚之处"。在老泐人协会内部，成员按照一家一户被划分成不同的小组，目前共有 11 个小组，最多的一个小组有 17 户。小组的划分与佛教习俗有关，按照傣泐人的佛教传统，每年公历 7 月到 10 月属于"关门节"与"开门节"期间，是佛教闭门修行期间。在此期间约每 7 天举行一次礼佛活动，每次活动由不同的人家主要参加并作奉献，傣语称"多星"，并非全部人参加。依此，村子中的家庭分为不同的小组，即不同的"星"。这里的人们也同样被划分为不同的"多星"成员，形成一个小组，参加佛教活动时是一个小的群体，在日常生活中也就有了"小组"的功能。除了尽佛事义务外，还要承担一些社会责任。

参加傣泐人协会必须要缴纳年度会费，每户每年 130 美元。参加协会必须要经过申请，由理事会批准。除了每年重大节日活动之外，日常的活动由每一个小组自行组织，按照协会的章程安排相关事务。目前协会的工作主要是组织好每年新年等联谊活动、重要的宗教节日活动，同时帮助有困难的傣泐人家庭，为有需求的傣泐人提供法律、就业服务等社会服务。协会对一些新移民的入籍法律服务较有成效，一些近年来通过婚姻、亲戚移民的傣泐人，在协会的帮助下较快获得了留居和入籍的资格。小组在日常生活中也显现出更多的互相帮助的功能，在节庆活动中很多聚会也是以小组为单位组织的，因此在日常生活中不同的小组都会由成员轮流举办聚会活动。

现任会长阮赛空－桑迪女士说，目前的协会的工作主要还停留在联络当地的傣泐人、帮助有困难的成员、组织重大活动方面，但这些工作将来是不够的，在未来将开展更多的文化活动，尤其是傣泐人的传统文化传承活动，例如舞蹈、文字、传统手工艺等的传承、培训教育工作，编撰傣泐人的历史文化书籍、制作音像制品以记录宣传傣泐人的历史文化、推动青年人更高层次的教育和就业等。傣泐人协会将会努力使当地的傣泐人社会成为一个有更紧密联系和凝聚力的群体，最终使傣泐人在这片土地上能够更有保障、有尊严、有文化维系地生活。

由于傣泐人协会的工作成效，尤其是在组织维系傣泐人社会生活方面起到的积极作用，协会受到了当地傣泐人的认可，很多过去没有加入协会的人都在申请加入。例如过去有一些较早来到美国的傣泐人，由于各种原因没有和傣泐人协会联系，还有一些分散生活在加利福尼亚州和其他州的傣泐人，目前也申请加入协会，协会的网络得以不断扩大。

傣泐人协会的有效工作，使美国丹佛市分散的傣泐人被组织起来，他们有了自己的社会组织和宗教场所，傣泐人成为一个有组织的、有宗教联系和文化传统的社会群体，作为一个美国的新族群的特征正在凸显。与此同时对于当地的傣泐人来说，有了自己的组织依靠、更紧密的社会关系和宗教信仰的满足，也使他们获得了凝聚力和自信心，令生活在异国他乡的他们倍感欣慰。

今天促成当地傣泐人社会联系增强的又一个重要因素是通信技术的发达带来了信息沟通的便利。脸书（Facebook）与微信是人们日常沟通的两种重要工具。在美国的傣泐人之间尽管居住分散，但是由于有了社交软件人们也能够方便地进行沟通交流，这一点和十年前是不一样的。人们回忆，过去尽管有电话和书信来往，但相互间的沟通仍然是有限的。通过社交软件，今天人们的交流和沟通空前频繁，人们之间的距离被拉近了。祖籍地在老挝的美国傣泐人可以使用脸书和家乡亲戚朋友沟通交流，而祖籍地在西双版纳的傣泐人则使用微信进行沟通，他们中的很多人加入了家乡亲戚朋友的多个微信群，每天频繁交流。这样一方面能够排解他们的乡愁，化解他们的孤独感，另一方面也可以了解家乡亲戚朋友和故土的发展变化。新的通信手段不仅方便了人们的信息沟通，同时也形成了一种新的生活空间，一方面使人们更加小群体化，更多地把沟通的范围限制在一定的群体之内；另一方面，也构建起一个更大的虚拟社会空间，很多人虽然相隔万里，不仅能与当地亲朋好友沟通，还能与家乡的亲友随时沟通，交流信息，甚至协调处理一些事务。这一点的后续影响是不容忽视的。

今天傣泐人社区的重构有意义之处在于它并不是一个完全由人们集中居住而形成的传统社区，而是在某些特定的文化与社会关系中形成的一个文化意义上的社区。它的基础维系在以下几个方面：一是有历史渊源关系，人们都来自同一区域，即源自中国的西双版纳、老挝的勐勇，这两个地方又有同源关系；二是有共同的宗教与文化传统，都信仰南传上座部佛教相同的派别，有共同的宗教习俗、社会生活习俗；三是有相关的社会组织与社会联系，即老挝傣渺人协会，形成了有形的社会网络。这些要素强化了人们的族群认同、宗教与社会联系，因此有同样历史渊源、有宗教和文化传统、有组织联系的和社会联系、以丹佛市为主要居住区域的傣渺人社区社会今天正在形成。

五　余论

综上所述，移居到美国丹佛市的傣渺人社会生活经历了三个阶段。第一阶段是 20 世纪 70 年代中期到 80 年代中期，这一个时期是一个适应当地生活环境的时期，人们在新的环境中适应当地的生活、寻求新的生计方式、提高语言能力、接受当地的就业培训和教育。第二个阶段是 20 世纪 80 年代中期到 2000 年前后，这一个阶段人们逐步适应了当地的社会生活环境，大多数有工作能力的人找到了工作，有了稳定的收入，有部分人开始了自己的经营活动。大多数家庭在这个时期购买了自己的住房，有了稳定的居所。此时第二代傣渺人出生，少年儿童在当地学校接受义务教育，并且有不断提升教育的机会，很多青年人进入大学接受教育、更广泛地融入了美国社会。但是在这个阶段，当地傣渺人之间的社会联系仍然是不紧密的，没有自己的宗教活动场所和常规化的社会联系。由此，傣渺人没有形成自己的社会群体实力以及在当地的文化和民族凝聚力，相应地人们也没有较强的文化自信心，甚至感觉受到当地其他族群的歧视。

第三个阶段从 2000 年至今。傣渺人有了自己的宗教活动场所和社会组织，人们的社会活动和宗教活动都有了主体性，并且不断趋于频繁、有序。宗教活动按照传统规范逐渐走向正轨，在此基础上人们的社会关系更加紧密、文化自信心和民族自豪感得到增强，传统文化在这里得到复兴，民族凝聚力得以提升。在这一时期，人们经济状况有了更大的改善，工薪阶层有稳定的收入和居住场所，一些人有了自己的生意，人们也拥有了开展宗教活动和复兴传统文化的经济能力。很多人乐于捐助宗教活动，包括集资建设寺庙和佛塔等，这是宗教活动蓬勃兴旺的一个重要原因。与此同时，傣泐人协会的工作使人们的社会关系更加密切，人们相关的社会关系被制度化，有了规律性的社会活动。这样，当地的傣泐人社会被组织起来、有了以佛教信仰为中心的传统文化凝聚力，傣泐人在当地社会中构建起了一个以族群为基础、以丹佛市为主要的居住区域、以佛教和的传统文化为文化纽带、以协会组织为组织框架的傣泐人社区。

丹佛的傣泐人社区是依靠协会组织关系、宗教和传统文化、族群关系构建起来的一个族群文化社区，在当地社会中日益凸显。但是与傣族传统的社区社会不同的是人们仅是居住在同一个地区，并没有集中居住的聚落，而是构建起了一个以民族文化为基础的文化网络社区。因此，协会组织关系、宗教和传统文化、族群关系、相对集中的居住区域是美国丹佛市傣泐人社区构建的四个关键因素。这个社区有了明显的人际、宗教、文化边界。与此同时，由于其社会内部的互助力的增强，增强了人们对于当地本民族社会的依赖性，傣泐人社会和其他当地社会的联系有所疏远，甚至不需要较好的英语技能，仅依靠傣泐语言也可以自如地生活。这种状况可能导致傣泐人走向一定的自我封闭，不利于融入美国社会。

特别需要指出的是，在同时期及相同背景下移民美国的苗族，其文化认同在近几年开始出现差异分化，第二代以后的苗族人更倾向于认同美国主流文化，从"美国苗族"到"苗裔美国人"，最终向"美国人"过渡。[①]当地傣泐人则处在一个民族社会与认同被强化的时期，内部关系及凝聚力在强化的同时也出现趋于封闭的现象，今天更加强调"泐人"的身份。这一点与同样处于美国社会中的亚洲移民的发展状态还是有很大的差别的。傣泰民族是一个在历史上从中国云南不断向老挝、缅甸、越南、泰国、印度迁徙的民族，在迁徙的过程中不断复制祖籍地的文化传统去构建新的社会是其生存的基本手段。[②]今天这种现象在美国傣泐人社会中也在再现，他们通过复制民族文化而在当地构建起一个以文化为纽带的族群社会。就目前的态势而言，傣泐人正从一个分散的移民群体在当地社会中构建为一

---

① 黄秀蓉：《从"苗族"、"美国苗族"到"苗裔美国人"——美国苗族群体文化认同变迁》，《世界民族》2017年第1期，第86页。

② 郑晓云：《全球化背景下的中国及东南亚傣泰民族文化》，民族出版社，2008，第80页。

个新的族群集体，正在完成一个在美国土地上从物质生存到文化生存的过程，从定居、环境适应、就业、物质生活条件改善到民族关系、民族传统、宗教、社会生活等的恢复与重构。这一切对当地傣泐人的生存是十分有利的，将极大地提升傣泐人在当地的群体性生存能力并惠及个体，包括家庭与个人。因此，这个过程也还将维持较长的时间，这与放弃本民族文化向"美国人"过渡的阶段还有很长的距离。

附：20 世纪 80 年代以来云南和
泰国学术交流的回顾和展望[*]

中国和泰国是两个有着久远历史渊源关系的友好国家。20 世纪 80 年代以后，随着中国的对外开放，两个国家的社会经济文化交往不断增多，不仅巩固了两国人民的友好传统，对于区域的和平也做出了贡献。在这个过程中，学术交流是促进两国人民相互认识和理解的重要桥梁，在两国学者的共同努力下，学术交流已经成为中泰两国全面合作中的重要文化纽带，不仅在过去的两国关系中发挥了积极的作用，在未来仍然将发挥重要的作用。本文将通过笔者个人在 20 世纪 80 年代以来了解及参与的与泰国学术界交流的经历，来回顾中国云南省和泰国的学术交流历程。这个过程也反映了不同的时代背景下两国学术交流的特征，是中泰文化交流的一个侧影。

一　20 世纪 80 年代的学术交流

20 世纪 80 年代，是中国和泰国全面开启两国社会经济文化交流的一个里程碑式的时代。在此之前，由于历史的影响，两国之间的文化交流并不多。开启这个新的交流时代的重要机遇是中国对外开放政策的实施，中

---

* 本文原载《南亚东南亚研究》2019 年第 2 期。

国向世界打开了国门，从而也带动了中泰两国之间的学术交流。

中泰两国之间的学术交流的开启还有着特殊的背景，这就是两国对于泰族起源历史的关注，甚至也是一个特殊的机缘。1975 年 7 月，时任泰国总理克立·巴莫亲王访问中国，在回国途中经过昆明的时候，他说来到云南就等于回到了老家，"我们泰国的首都原来在大理，后来迁到了昆明"。这些言论引起了中方的高度重视，并且责成云南省历史研究所部分研究人员迅速展开中泰关系若干问题研究小组，就泰族起源问题和历史迁徙问题进行研究。1978 年杜玉亭、陈吕范两位学者撰写的《忽必烈平大理国是否引起泰族大量南迁》一文发表在《历史研究》1978 年第 2 期上，这篇文章的英文版被泰国总理克立·巴莫亲王亲自翻译成泰文，向泰国学术界推荐，在泰国学术界引起了较大的反响。泰族起源问题同时也引起了泰国的一些王室和政界要人的重视和兴趣，如泰王国王姐干拉雅妮·瓦塔娜公主殿下，前总理江萨、炳·廷素拉暖、川·立派。应该说，这段机缘开启了中泰在新时期学术交流的序幕。包括泰国的王室成员、政府前总理和很多学者都先后访问云南，就历史问题进行探讨。1984 年 4 月 17 日应云南省社会科学院的邀请，泰国总理府中文文献有关泰国史料研究委员会学术代表团一行九人来到云南进行访问，与中国学者就泰国古代史、傣族古代史、南诏大理国问题等感兴趣的问题进行了深入的研究探讨，并且先后对大理和西双版纳进行了实地考察访问。随后陈吕范教授等中国学者先后多次应邀前往泰国进行访问，包括出席 1984 年 8 月在泰国朱拉隆功大学召开的泰国研究国际学术研讨会等。泰王国王姐干拉雅妮·瓦塔娜公主殿下和川·立派总理曾在访问期间接见了陈吕范教授。云南省地方志办公室代表团也访问了泰国。在这些互动中，加强了两国学者对于共同关心的学术问题的交流。这些研究也同样产生了积极的成效，尤其是西方学者关于泰人在压迫之下被迫南迁的观点受到了质疑。在近 20 年的过程中，中泰两国学者和有关人士围绕中方学者的观点，通过相互访问、实地考察、学术交流、撰写文章、翻译介绍、讲学演讲、专题采访、召开国际会议等多种途径和方式，不断进行探讨、研究甚至争论，使中国学者的观点在泰国学术界和其他社会各界中不断传播。不少泰国的主流媒体，包括教科书，已经不再把西方的观点作为唯一的观点。在泰国中小学目前正在使用的历史教材（1978 年初版，1990 年修改）的第三章第一节"关于泰人发源地的论据学说"中，正式引用中国学者陈吕范的观点："泰族的发源地是在中印半岛北部和云南南部的峡谷平原地带，而不是阿尔泰山，也不是在四川省北部。"在介绍泰国历代王朝时，教材说目前关于"南诏是泰人建立的观点还没有得到多数专家的承认"。教材中也未见素可泰王国系由忽必烈平定大理国被迫南迁的泰族所建的内容。这都是两国学者共同努力的结果。

1986年10月，云南省社会科学院学术代表团应泰国西北大学的邀请，前往泰国进行了一个半月的考察交流活动，笔者有幸参加了这次对泰国的访问，第一次踏上了泰国的土地，也开启了笔者几十年来对泰国的研究。泰国西北大学是泰国基督教会创办的大学，但是学科较为健全，尤其是医学、社会科学、旅游学、宗教学等领域在泰国是较强的。当时的访问由于签证等手续问题推迟了一年，说明还是有一些不方便之处。在泰国访问的一个半月中，西北大学做了精心的安排，除了组织与学校相关学院和清迈大学等大学相关专家的座谈以外，重点组织代表团对泰国北部的多个农村发展项目进行了深入的考察。这些考察过程中不仅使我们中国学者对泰国北部民族，包括泰族、苗族、瑶族等民族有了一个初步的了解，同时对于泰国农村发展项目也有了一个深入的了解。这一切对我们来说都是新鲜的，因为对泰国北部的民族状况、泰国如何实施农村发展项目等情况我们当时是不了解的。泰国的农村发展项目，由泰国政府和一些国际国内非政府组织共同组织实施，每一个发展项目都有明确的发展目标，因地制宜发展经济作物种植，调整产业结构。当地的农村虽然不富裕，但是村村寨寨环境整洁，每家每户都有简单的冲水厕所和洗澡设施，这些都给我留下了深刻的印象。回到国内，笔者在调研报告中重点写了泰国北部少数民族村落中发展项目的实施情况，这些观念对笔者后面的研究一直都是有启发的，因为这些项目的实施是从改变一个村子贫困的一些最基本的要素开始，包括卫生状况。

在这次长达45天的考察交流中，有两件事情是笔者印象较为深刻的。一件事是我们拜访了当地的著名人士盖西先生，他的家族在当地是一个富裕的大家族，他的两个儿子都曾经担任泰国政府的部长。在谈话中，他认为泰国北部泰人的祖先基本是来自中国的西双版纳，包括他本人的祖籍肯定是西双版纳。清迈泰人就是云南傣族的后人、亲戚，因此双方应该利用好这些历史渊源关系，发展两国的友好关系。这种观点是我们过去从来没有听说过的，因此引起了我的思考，在随后长期的研究过程中注意验证这一观点的准确性。

另一件事，是我们访问了落籍在泰国清莱府美斯乐地区的汉族人村子，他们基本是在1950年以后定居在这个地区的国民党军队和家属，当时都还没有泰国公民身份。我们的访问是几十年第一次有来自云南家乡的人前来造访，因此受到了他们的热烈欢迎。这个村子中有一个发展项目点，并有单间的住宿条件，因此我们在村子中住了一个晚上。亲人相见，大家都非常感动，有的村民抱着我痛哭流泪，不断向我们讲述他们的故事，同时也拿出很多亲人的照片让我们帮助他们寻亲。这天晚上村中杀猪办宴，大家都非常高兴。笔者真没有想到，在不远的一个国度里有那么一批在日夜思念亲人的同胞。

同时，在80年代末双方也有一些学术代表团互相访问，增进了学术交流。1986年11月，云南省还有一个学术代表团访问泰国，参加在泰国清迈举办的"兰那与西双版纳文化：继承与演变"学术研讨会。在这个代表团中，刀世勋先生为团长，团员包括高校和研究机构的8位相关领域的学者。在会议之后，代表团还访问了泰国北部7个府的泰人村子。由于刀世勋先生具有西双版纳地方政权末代召片领的特殊身份，他的到达受到了当地老百姓的重视。笔者在90年代到达他们访问过的一个来自西双版纳的村子——清迈勐龙村调研的时候，当地人还提起这次访问。

1987年8月，由陈吕范所长任团长的云南省社会科学院东南亚研究所代表团访问泰国，在访问期间受到了泰王国王姐在内的王室成员和高官的接待，和泰国学术界和政界就双方关心的泰人起源问题进行了广泛的交流和考察，这次访问的重要意义在于双方就有关的问题进行了直接的进一步的交流与实地考察。

概括而言，在20世纪80年代，伴随着中泰的建交，历史遗留的问题正好成为开启中泰，尤其是云南和泰国学术交流的一个良好机缘。两国学者围绕共同关心的历史问题开展研究，并且受到了两国政府的高度重视，使学术交流得到了较大的推动。在这个时期，应该说两国的学术交流还处在一个互相认识、建立联系的过程中，由于政治等因素的长期阻隔，对很多问题还没有清晰的了解和共识，两国学者相互之间的了解也处于一个起步的阶段，交流的渠道不多，频率也并不高，但这毕竟是一个开启双方交流的重要时期。对具有较强政治性的历史遗留问题的探讨，成为这一个时期学术交流的主旋律。

二 20 世纪 90 年代的学术交流

20 世纪 90 年代，云南和泰国的学术交流再次迎来一次重要的机遇，那就是第四届泰学研究国际会议于 1990 年 5 月在昆明市召开。泰学研究国际会议每三年在不同的国家举办一次，涉及民族、经济、社会、文化、政治、历史等诸多方面，是国际上最有影响力的泰学研究学术平台。这次会议由云南省社会科学院主办，来自世界不同国家的近 400 名学者参加了会议，堪称在云南举办的一次泰学研究学者聚会的盛会。云南省政府主要领导及泰王国王姐等一些泰国重要的政要学者出席了会议。笔者在此次会议上发表了介绍西双版纳傣族历史和当代文化变迁的论文，引起了很多泰国学者的兴趣，很多泰国学者也是第一次通过这篇论文了解到当代西双版纳傣族社会文化状况，因此论文也很快被翻译成泰文在泰国发表，一些泰国学者在随后的西双版纳调查研究中将这一篇文章作为调查的蓝本。这次会议作为一个重要的交流平台，促进了中国学者和世界各国泰学研究的专家学者的认识和交流，不仅使中国学者有机会了解国际泰学研究的动态，同时更提供了建立未来交流关系的一次机遇，很多学者在随后对泰国的交流与这次机会有直接的关系。1993 年，于澳大利亚堪培拉举办的第五届泰学研究国际会议召开，中国学者参加了这次会议。笔者也在这次会议上认识了泰国法政大学教授素密、日本著名学者白鸟芳郎教授等重要的泰族历史文化研究专家。会议编印厚厚的三大本英文、泰文论文集，至今仍有很大的参考价值，笔者至今仍然时常阅读、引用。

1996 年是泰国清迈建城 700 周年，泰国政府为此举行了隆重的纪念活动，其间也召开了清迈的历史和文化国际学术研讨会。应泰国政府的邀请，云南省政府派出了包括政府官员、学者和红河州歌舞团组成的代表团前往参加纪念活动。笔者作为唯一的一名学者参加了这次重要的访问活动，参加了国际学术研讨会。在研讨会上，笔者做了关于中国云南和泰国清迈的民族关系的发言，探讨了在历史上西双版纳地区的傣泐人和泰国北部傣泐人的历史渊源，证明了中国西双版纳地区的傣泐人和泰国北部的傣泐人是同宗同源的关系，因为这样的观点来自一个中国学者，因此引起了大家的兴趣。但让笔者意外的是，几位泰国学者在自由发言中都说到西双版纳是大王国、大宗室，清迈的兰那国是小王国、小宗室，"你们是哥哥，我们是弟弟"，泰国北部的傣泐人就是云南西双版纳的傣泐人的后裔。对话是在友好的气氛中进行的，泰国学者也反复强调这一点对中泰友好有很大的益处。

事实上就今天而言，我们理解这个问题是比较容易的，大量的历史事实和现实已经说明了泰国北部的很多泰人支系是历史上从中国云南迁徙来的，也包括其他一些山区的彝族、苗族、瑶族等民族。在90年代初期和中期，笔者已经到泰国北部的很多村子进行了实地考察，很多村子的人们从西双版纳迁徙到泰国北部也就几代人的时间。然而当时的问题在于中国学者反对泰人南迁论的论战还没有结束，在中国长期的政治影响下也没有明确承认中国境内的傣族和境外的傣泐人是同一个民族这样一个基本的事实。记得在1998年西双版纳召开的一次全国傣族研究的学术会议上，西双版纳著名学者征鹏先生曾非常激动地说："我们必须要承认境内外的傣族是一家的这个基本事实，这样才是科学的。我必须要冒着风险把这一点说清楚，如果认为我说错了，就算解除我的职务我也不在乎。"可见当时政治的影响还没有完全消除。因此中泰学者之间关于历史文化的交流和沟通意义是非常大的，因为它在中泰两国之间具有一些特殊性。90年代末期，笔者提出了"傣泰民族"这个概念，今天也被广泛接受了。

1993年成立的泰中学会，是中泰学术交流过程中重要的桥梁。泰中学会成立以后，通过创办刊物、举办学术研讨会、促进学者之间的交往做了大量积极有效的工作。泰中学会主办的《泰中学刊》每年出版一期，刊发了很多的关于泰国和中国社会经济文化研究的文章的学术动态。笔者也受到学会两位主要创始人洪林、黎道刚的邀请，从90年代末基本每年都刊发一篇文章。尤其值得一提的是，洪林先生时任《星暹日报》"湄南河畔"专版的主编，积极编发来自中国学者的论文，笔者也有多篇论文在《星暹日报》上连载。这让泰国读者看到了中国学者的文章，介绍了中国学者的观点，对于促进中泰学者之间的沟通交流起到了重要的桥梁作用。

在这个时期，泰国学者的论文同样也被介绍到了中国，比较重要的学术平台是云南省社会科学院东南亚研究所出版的《东南亚》杂志。关于历史文化比较重要的文章包括黎道刚先生的《八百媳妇国疆域考》《八百媳妇请属元廷考》等分别载于《东南亚》杂志 1995 年第 1、3 期，这些文章从泰国学者的角度论证了泰国清迈地方政权在历史上和中国的关系，应用了很多泰国的资料，尤其是提出了一些与中国学者不同的观点，多了一个视角，对澄清历史上的一些重要史实是非常重要的。因此，除了人员的交往之外，双方的文章能够互相翻译发表，同样也是重要的一条学术交流渠道。这里特别需要指出的是，在过去很多泰国学者的文章主要发表在中国的内部刊物上，而这个时期大都发表在了公开的学术刊物上，让更多的学者能够读到这些文章，这无疑是学术交流的一大进步。

在 90 年代，笔者已经有了很多机会到泰国去考察研究，但这些研究很多是受到国外的邀请进行的。尤其是在泰国西北大学、清迈大学的协助下，笔者有了很多次到泰国开会并且到泰国泰人农村进行实地考察的机会。在泰国的研究有明显的方便之处：一是资料收集的便捷。几乎所有的大学图书馆和相关院系的图书馆是全部对外开放的，不要任何手续就可以进入查阅、复印资料，这样使我有机会复制了大量研究资料。二是到任何地方都不需要获得批准，都可以自由地访谈，包括前往政府部门搜集资料和拜访有关官员和专家，到农村去进行调查研究，这些是笔者印象深刻的，当时中国的开放程度和他们相比还是有差距的。1998 年在笔者兄长的资助下，笔者前往泰国西北大学做了两个月的访问研究。虽然说是自费，但是在此期间，西北大学还是为笔者免费安排多次到泰国北部农村做调查研究，著名泰学专家娜达蓬教授多次陪同笔者前往农村进行调查。由于这一次在泰国停留的时间较长，有机会和更多的当地学者进行了广泛的交流，笔者在西北大学和清迈大学做了多次学术报告。加上过去十来年的交往，笔者"阿章郑"（泰国语"郑老师"）也在泰国学术圈内被人们所熟知，这为下一步的工作奠定了更好的基础。

对笔者来说，更重要的一个机会是 1999 年成功申请到了一个国家社会科学基金项目"全球化进程中的中国及东南亚傣泰民族文化多样性比较研究"，这意味着笔者有一项专项经费进行泰国北部研究，笔者有了更多的机会前往泰国进行实地考察。

三　21世纪以来的学术交流

　　每一个新的十年伊始，总有一件中泰学术交流的盛事出现。2001年2月，由云南省政府新闻办公室、云南省社会科学院主办，新平彝族傣族自治县人民政府承办的"中国云南·新平花腰傣文化国际学术研讨会"在昆明召开。新平县是元江流域中部一个傣族集中居住的地区，也曾经是傣族先民顺着元江流域向南部迁徙，进入越南、老挝的重要通道，对傣族的历史和文化来说有着重要的地位。笔者作为会议学术部分的实际操办人负责了会议的代表邀请、学术结构设计和会议研讨的组织工作。会议邀请了以泰国学者为主体的国际学者80多人及中国学者50多人参加会议。这次会议除了有集中的学术发言之外，主办单位还精心安排了参会代表对傣族村子进行了两天的实地考察，安排了很多民族文化表演展示。泰国很多知名的专家学者也是第一次来到这里，亲身体验元江流域傣族的历史和文化，通过对傣族村民的访谈、参观各种表演展示，专家们得出一个重要的结论，那就是这里的傣族文化保留了傣族古代文化习俗的很多痕迹，包括语言、身体装饰和其他一些社会习俗，这些习俗在其他地方已经见不到了。参加会议的日本专家还指出当地的很多习俗和日本的古老习俗完全相同，这是一种特殊的文化现象。在这次国际学术研讨会上，中国和泰国两国学者通过考察、交流，深化了对傣族历史文化的认识，对中国学者和泰国学者都产生了较大的影响。随后几年笔者在与参加过这次会议的素密、娜达蓬等泰国著名学者交流时，他们还不断提及新平花腰傣文化国际学术研讨会对他们研究的启发。此外还有一个插曲，对新平县来说，这次会议是有史以来外国人集中造访最多的一次，国际学术研讨会期间的热闹和铺天盖地的新闻报道迅速引爆了当地的旅游业，当年就有大批游客造访花腰傣村寨，给当地旅游接待带来了巨大的压力。

　　学者之间的交流还在于互相的影响。2002年2月9日泰国《曼谷邮报》在《前景》专栏中发表了对笔者的长篇专访《泰人之根》，其中重点谈到了笔者对傣族历史的一些看法。笔者认为，大规模的泰民族先民从蒙古地区不断南迁的历史史实难以考证，但是在汉代以后中国云南滇中地区有大量傣族先民居住，随后不断向南迁徙，包括向泰国在内的周边国家迁徙的历史事实是存在的，并且原因是多样的，不一定是因为战争。因此尊重这些事实，对构建中泰的友好关系是有利的。此外，泰国曼谷邮报 2001 年 1 月 30 日在一篇名为《他们从哪里来》的新年社论中也提到了笔者对泰民历史的看法。

2001 年 10 月 19 日，泰国学者黎道刚先生应邀在云南省社会科学院做了一个报告，指出泰国的泰族是个泰文化体，文化的影响比血缘的影响要大。这些观点对中国学者认识泰国的民族构成是有较大启发的。总之，在两国学者之间的互动中对学术的认识和研究都在不断深化。

2004 年，笔者协助陈吕范教授主编的《泰族起源与南诏国研究文集》出版，在三卷本的文集中收录了国内外学者关于泰族历史研究相关的重要论文、历史文献档案和一些重要工作记录，是到目前为止这个问题研究最全面的文献，出版以后受到了学术界的广泛好评。

2006 年，笔者在云南昆明再次主持召开了"傣泰民族的历史与文化国际研讨会"，有 80 多位中外专家参加了会议，其中泰国学者近 30 位。

21 世纪以来，也是笔者到泰国进行研究交流最频繁的时期，几乎每年都要进行多次访问研究，至今累计到泰国已经超过了 50 次。除了对历史问题的探讨，笔者和其他一些学者将更多的精力投入泰国农村的实际调查研究中，这应该是一个新的变化。在完成了 1999 年国家社会科学基金项目之后，2008 年笔者再次申请到了一项关于泰国历史文化研究的项目"泰国泰泐人的文化认同及其对中国和谐边疆建设的影响"，获得了对泰国北部历史文化研究的支持。在这些项目的实施中，笔者获得了泰国西北大学的鼎力协助，泰国西北大学时任研究生院院长娜达蓬教授全程参与了 2008 年后笔者这个国家社会科学基金项目的研究，我们共同的研究成果也即将在中国出版。

通过对泰国北部农村泰人社会的调查，揭示了在过去中国学者不了解的大量事实。在泰国北部，确实存在大量的与中国西双版纳有直接或者间接的历史渊源的村子。这些村子的祖先迁徙到泰国有不同的路线，大多数是先迁徙到老挝、缅甸，例如勐勇，再从老挝等地迁徙到泰国北部的，另外一些人是从西双版纳直接迁徙到这里的。在历史上的迁徙有多种原因，其中很重要的还是战争以及战后对于人口的掳掠，大量西双版纳傣泐人被迫整个村子迁徙到泰国北部定居。但是这种迁徙的历史，从距今 200 年左右大规模的迁徙到 20 世纪 50 年代一直没有停止过。今天，泰国北部的泰人村子里面仍然保留有大量的有关历史迁徙记忆的祭祀活动，例如祖先神灵的祭祀活动，在难府每三年就有一次大规模的祭祀中国的祖籍地勐腊神的活动。在很多村子中，人们所使用的语言仍然是和西双版纳基本一致的傣泐语，保持着对西双版纳祖籍地的历史记忆。人们仍然保存着位于西双版纳的祖籍地认同。在我和我来自西双版纳的傣族妻子一同到达一些村子访问调研的时候，村民们敲锣打鼓，跳起孔雀舞，制作传统美食，将我们奉为上宾，对此我们非常感动，至今记忆尤深，这都是因为他们把我们当作家乡人的缘故。今天在泰国北部的很多傣族村子中，对于西双版纳的历史文化记忆正在不断地重新构建中。近年来，随着中国对外开放，越来越多的西双版纳傣族人来到泰国北部探亲访友，参加各种宗教活动，社会文化交流不断扩大，历史的民族渊源记忆也正在现实中重建。

近年来，泰国西北大学的娜达蓬教授及清迈大学的一些学者经常到云南来进行调查研究。娜达蓬教授在 2009 年前后主持了关于西双版纳民间文献的整理研究项目，多次到西双版纳进行调查研究和资料收集工作。

实地的调查研究揭示了民间最基本的历史真实和现实的互动，笔者认为来自这种草根社会研究的知识，对于复原历史、佐证史实、了解现状有十分重要的意义。笔者关于泰国泰人研究的成果《全球化背景下的中国及东南亚傣泰民族文化》已于 2008 年在北京出版，《泰国北部傣泐人的文化认同》一书也即将出版。近年来有越来越多的学者有机会前往泰国进行实地调查研究，出版了一些有价值的研究成果，如杨六金等的《泰国罗米阿卡人的文化调查研究》，张锦鹏的《从逃离到回归：泰国北部美良河村村民国家认同的建构历程》等。

2000 年以来，云南和泰国的学术交流已经从单一的历史文化研究发展到多层面的合作和关注，涉及政治、经济、社会、文化、历史各个层面。各种学术会议在两个国家频繁主办，人员来往密切，并签订了很多合作的协议，和泰国的交往已经遍及云南大多数的高等学校和很多重要的研究机构。2015 年 6 月 24 日，为庆祝中泰建交 40 周年，泰王国驻昆明总领事馆、云南省社会科学院东南亚研究所、泰王国朱拉隆功大学在云南省社会科学院联合举办了主题为"'一带一路'倡议和东盟一体化背景下的中泰合作"的学术研讨会。2016 年 9 月 28 日，云南省社会科学院、中国（昆明）南亚东南亚研究院和泰国朱拉隆功大学联袂主办，云南省社会科学院西双版纳州分院承办的 2016 年度中泰合作研讨会在西双版纳州景洪市顺利召开。

在不断扩大的学术交往层面上，最具有代表性的是宗教学术的交流。近年来宗教学界也不断开展与泰国的交流，这可以说是一种新的学术交流的突破。2016 年 2 月首届"南传佛教高峰论坛"在西双版纳召开，吸引了多国僧王、海内外上百位高僧和众多专家学者参加。围绕南传佛教与国际和平、南传佛教与文化交流、南传佛教与环境保护、南传佛教黄金纽带的传承与弘扬等议题展开研讨。笔者出席了这次会议。2017 年 4 月第二届"南传佛教高峰论坛"在云南省德宏州芒市召开，吸引了上千名中外代表参加。在这两次佛教论坛会议中，有很多来自泰国，尤其是泰国北部的僧侣和专家学者。

在不断扩大的和泰国学术交流的层面上，可喜的是一批年轻学者成长起来，并且日益活跃。中国学者，包括云南省社会科学院的余海秋、梁晓芬，云南大学周娅、张锦鹏等多次前往泰国参加交流活动和学术研究。近年来一批在泰国留学归来的学者也成为对泰国学术交流的骨干。

我们还要特别指出的是，虽然由于文章篇幅的限制不能一一记述，但是 20 世纪 80 年代以来在中泰学术交流做出了贡献的刀世勋、陈吕范、邹启宇、黄惠琨、宁超、谢远章、王国强、简佑嘉、朱振明、杨光远等诸位先生不能被忘记。我们也必须再次提及泰国泰中学会对于中泰学术交流的长期坚守和做出的突出贡献，它作为一座桥梁一直在促进中泰学者之间的交流，坚守着这块不大的阵地。

四　总结与建议

以上自 20 世纪 80 年代以来的云南和泰国的学术交流的记述，主要以笔者个人了解和亲身经历为主要线索，必然挂一漏万，但是也可以看出在这个过程中不同时期学术交流的特点。在 20 世纪 80 年代，主要是围绕着中泰历史问题展开研究，是一个双方互相认识、交流资料、建立关系、共同探讨问题的阶段。进入20世纪90年代，云南与泰国的学术交流进入了一个新的阶段，在这个阶段搭建起更大的学术交流平台，尤其是通过国际会议的主办使双方有了更多的交流机会。中泰两国的学者开始了更广泛的接触，互相访问研究，互相介绍研究成果，使一些共同关心的历史问题更清晰化，有了更多的共识，同时也开拓了更广的研究领域。21世纪以来，双方的学术交流进入了一个全新的局面中，交流的领域不断扩大，交流的层面也不断增多，尤其可喜的是中国学者更多地到泰国进行实地研究，产生了很多相关的成果。目前中国和泰国的学术交流已经进入了一种全方位的正常发展状态。两国政府同时也在推动双方的学术交流，有更多的学术机构参与其中，青年一代学者成长起来。

从以上不同时期的学术交流中，我们可以总结出云南和泰国学术交流基本线索。

一是从对历史问题共同关注开始到广泛的学术研究交流。20世纪70年代以后，对于泰族起源问题的研究得到共同关注，成为启动双方学术交流的契机，在两国政府的共同支持下，学者们开展了相关的学术研究和交流探索，并且取得了重要的成果。随着时间的推移，双方的学术交流从历史问题扩大到民族、社会、政治、文化、教育、宗教、经济等各个学术领域。感兴趣的问题从宏观到微观，既有大的历史问题的探索，也有一个村子层面的田野研究。

二是中泰两国的学者从不认识到认识，从不了解到了解，建立友谊，交流学术，有力地推动了双方的学术交流。由于历史的原因，中泰两国的学者在20世纪80年代以前相互不认识，也不了解，通过几十年的交流，大家成为朋友同事，对双方关心的各种层面上的问题进行研究、交流探讨，不断达成共识，成为推动两国友谊发展、社会经济文化全面合作的文化动力。

三是交流的层面从官方到民间。在早期的双方学术交流中，官方的推动起到了积极的作用。虽然至今双方政府仍然在推动学术交流，但更多的已经转变为民间层面，由民间的机构和人士在主导，使学术交流更具广泛性。

四是中泰的学术交流反映了中泰两国历史发展的进程。学术交流以中国和泰国建交为契机而展开，并且不断扩大。对泰国学者来说，过去长期对中国的不了解随着中泰建交和学术交流的扩大而改变。中国和泰国的学术交流，则反映了中国实行改革开放政策的实效，中国学者从被动接受邀请，进行一般性的访问研究，到主动地走出去研究，搭建研究的平台邀请泰国学者参与，今天进入一个多层面、多领域的学术合作势态中，这一切也反映了中国社会的变化。

总之，中国和泰国两国的学术交流不仅反映了两国的社会变化和两国友好关系的发展轨迹，同时也证明了学术交流在两国友好关系发展过程中不可替代的重要作用和积极贡献。在未来仍然需要不断地推进两国的人文社会科学交流，为两国的合作和友好做出更大的贡献。

展望未来，笔者认为，云南和泰国的学术交流，应该在以下几个方面有更进一步的拓展。

第一，应该搭建更多的学术交流平台，举办更多的国际学术会议，让学者有更多的机会在学术会议上交流。

第二，双方应该联合设立国际学术研究项目或研究机构，双方合作，共同开展一些共同感兴趣的项目研究，而不仅仅停留在各自研究兴趣的层面上。

第三，应该建立学术交流的共同机制，包括资料交流、人员交流、学术合作等，两国政府都应设立研究基金以支持研究。

第四，应该加大人才的培养力度，尤其是对青年一代研究人员的培养，互相提供奖学金，让青年一代研究人才更快地成长起来。

第五，双方都应该鼓励自己的研究人员到对方国家进行长期的研究，改变目前以短期研究为主的现状，这样才能使研究的成效和品质得到较大的提高。

第六，双方应该加大对对方研究成果的介绍力度，更多地翻译介绍对方的研究成果，尤其是最新的研究成果。

图书在版编目(CIP)数据

傣泰民族研究文集 / 郑晓云著. —— 北京：社会科
学文献出版社，2019.9
ISBN 978 - 7 - 5201 - 5280 - 8

Ⅰ.①傣… Ⅱ.①郑… Ⅲ.①傣族 - 民族历史 - 中国
- 文集②傣族 - 民族文化 - 中国 - 文集③傣族 - 民族历史
- 东南亚 - 文集④傣族 - 民族文化 - 东南亚 - 文集 Ⅳ.
①K285.3 - 53②K330.8 - 53

中国版本图书馆 CIP 数据核字(2019)第 164121 号

傣泰民族研究文集

著　　者／郑晓云

出 版 人／谢寿光

责任编辑／黄金平

出　　版／社会科学文献出版社·社会政法分社 (010)59367156
　　　　　　地址：北京市北三环中路甲 29 号院华龙大厦　邮编：100029
　　　　　　网址：www.ssap.com.cn
发　　行／市场营销中心 (010)59367081　59367083
印　　装／三河市东方印刷有限公司

规　　格／开　本：787mm×1092mm　1/16
　　　　　　印　张：26.75　字　数：437 千字
版　　次／2019 年 9 月第 1 版　2019 年 9 月第 1 次印刷
书　　号／ISBN 978 - 7 - 5201 - 5280 - 8
定　　价／138.00 元

本书如有印装质量问题，请与读者服务中心 (010 - 59367028)联系